EL ADN DE LAS RELACIONES PARA PAREJAS

un libro en

LA CAMPAÑA DE *EL ADN DE LAS RELACIONES*

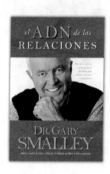

*Para comunicarse con el Dr. Robert S. Paul, o para conseguir información
adicional sobre los Encuentros Matrimoniales Intensivos,
por favor dirigirse al:*
INSTITUTO NACIONAL DEL MATRIMONIO
1-417-335-5882
www.nationalmarriage.com

+ + +

Para comunicarse con el Dr. Greg Smalley, por favor dirigirse al:
CENTRO PARA EL ENRIQUECIMIENTO
DE LAS RELACIONES
DE LA UNIVERSIDAD JOHN BROWN
1-479-524-7105
www.liferelationships.com

+ + +

el ADN *de las* RELACIONES *para* PAREJAS

❖ ❖ ❖

Dr. Greg Smalley
Dr. Robert S. Paul

con

Donna K. Wallace

Tyndale House Publishers, Inc.
Carol Stream, Illinois

Visite la apasionante página de Tyndale en Internet: www.tyndale.com

TYNDALE y la pluma del logotipo de Tyndale son marcas registradas de Tyndale House Publishers, Inc.

El ADN de las Relaciones para Parejas

© 2006 por Smalley Publishing Group LLC. Todos los derechos reservados.

© Fotografías de la cubierta – pareja en el jardín, por © Digital Vision. Todos los derechos reservados.

© Fotografías de la cubierta – pareja besándose, por © Photo Alto. Todos los derechos reservados.

© Fotografías de la cubierta – pareja riéndose, por © Banana Stock. Todos los derechos reservados.

© Fotografías de la cubierta – pareja en el campo, por © Comstock. Todos los derechos reservados.

© Fotografías de los autores, por © Shann Swift. Todos los derechos reservados.

Diseño por Dean H. Renninger

Traducción al español: Adriana Powell y Omar Cabral

Edición del español: José Luis Riverón

Publicado en asociación con la agencia literaria Alive Communications, Inc., 7680 Goddard Street, Suite 200, Colorado Springs, CO 80920.

Versículos bíblicos sin otra indicación han sido tomados de la *Santa Biblia*, Nueva Versión Internacional ®. NVI ®. © 1999 por la Sociedad Bíblica Internacional. Usado con permiso de Zondervan. Todos los derechos reservados.

Versículos bíblicos sin otra indicación han sido tomados de la *Santa Biblia*, versión Reina-Valera 1995 (RVR 1995) © 1995 por las Sociedades Bíblicas Unidas. Usado con permiso. Todos los derechos reservados.

Versículos bíblicos sin otra indicación han sido tomados de *La Biblia, Dios Habla Hoy* © 1996 por las Sociedades Bíblicas Unidas. Usado con permiso. Todos los derechos reservados.

Publicado anteriormente en el 2006 como *The DNA of Relationships for Couples* por Tyndale House Publishers, Inc. ISBN-10: 0-8423-8322-0; ISBN-13: 978-0-8423-8322-6.

Library of Congress Cataloging-in-Publication Data

Smalley, Greg.
[The DNA of relationships for couples. Spanish]
El ADN de las relaciones para parejas / Greg Smalley, Robert S. Paul con Donna K. Wallace.
    p. cm

   ISBN-13: 978-1-4143-1285-9 (sc)
   ISBN-10: 1-4143-1285-7 (sc)
   1. Parejas—Vida religiosa. 2. Matrimonio—Aspectos religiosos—Cristianidad. I. Paul, Robert S.
II. Donna K. III. Título.

Impreso en los Estados Unidos de América

14 13 12 11 10 09 08 07 06
9   8 7   6   5   4   3   2   1

*Greg Smalley dedica este libro a su esposa, Erin.
Gracias por el amor incondicional que me has
brindado tan generosamente. No podría haber escrito
este libro sin haber contado con tu sacrificio, tu apoyo y
tu constante respaldo. Tú eres mi gran amor y mi
mejor amiga. Te amo.*

*Bob Paul dedica este libro a su esposa, Jenni.
Gracias por todos los años en que me has acompañado
con paciencia en esta increíble travesía. No tengo
palabras para expresar adecuadamente cuánto has
enriquecido mi vida. Gracias a ti podremos disfrutar
juntos de la eternidad.*

RECONOCIMIENTOS

ESTE LIBRO no podría haber sido realizado sin la ayuda de muchos amigos y colegas. Gracias a nuestras familias por todo su apoyo, respaldo y paciencia: Erin, Taylor, Maddy, y Garrison Smalley, que dan sentido y alegría a la vida de Greg; y Jenni, Chris y Amara, Jessica y Chris Blackwell, y Rebecca y Nathan, que son los regalos que Dios le dio a Bob.

Queremos hacer extensivo nuestro especial agradecimiento a nuestra colaboradora, Donna K. Wallace, cuya creatividad y entusiasmo por este proyecto fueron asombrosos. Donna, tú le diste vida a todos los personajes y a sus relatos. Nuestro especial agradecimiento para los miembros de tu familia —James, Cierra, y Spencer— por haberte compartido con nosotros durante doce semanas intensivas. Cierra, apreciamos toda tu ayuda y tu maestría en el uso de las palabras. Es un verdadero arte.

Gracias, Gary Smalley, por tu apoyo constante y por tu convicción en nuestra tarea. Nos has entregado un legado maravilloso. Eres un verdadero amigo y compañero en este ministerio.

Mark Pyatt, nuestro colega entre bambalinas: Este ministerio no sería lo mismo sin tu presencia y colaboración. Traes a la mesa dones que ninguno de nosotros tiene. Gracias por tu pasión por el matrimonio y tu disposición para servir fielmente al Señor, a este ministerio y a los cientos de parejas a las que asistimos.

Muchos colegas profesionales han dejado huellas indelebles en el desarrollo de las ideas que se presenta en este libro. En este momento nuestro equipo está conformado por: Chris Arnzen, Tricia Cunningham, el doctor Shawn Stoever, Nathan Phillips, Jane Phillips, el doctor Robert K. Burbee, el doctor Brett Sparks, Cindy Irwin, Pat McLean, Tamara Hanna y Gary Bruegman. Además, hemos tenido la oportunidad de trabajar, a través de los años, con personas increíblemente brillantes, creativas y talentosas entre las que se encuentran el doctor Scott Sticksell, el doctor Peter Larson, la doctora Kelly Vick-Morse, Sheryl Haile, Amy Smalley y el doctor David Swift.

Agradecemos también a todo el personal leal y consagrado del Instituto Nacional del Matrimonio (National Institute of Marriage): Sheila Brawley, Vicki Wrosch, Sara Newhard, y Shari Radford. Vuestra dedicación constante hace que nuestro mundo funcione.

Agradecemos también a la maravillosa junta directiva por su visión, apoyo y respaldo incondicional: Jack Herschend, Cary Summers, y el doctor Gary Oliver.

También queremos agradecer a algunos de nuestros amigos especiales en Chick-fil-A y WinShape Marriage —Bubba y Cindy, Cathy y Bob, y Bev Maday— por su colaboración y por la visión que tienen acerca de matrimonios exitosos y de relaciones extraordinarias.

Estamos en deuda con la maravillosa gente de Tyndale House Publishers, Inc. Agradecemos especialmente a Jon Farrar y Mary Keeley por habernos acompañado en todo el proceso, desde el desarrollo del concepto hasta la culminación del mismo. También estamos muy agradecidos por la oportunidad de trabajar con Kathy Olson, una editora asombrosa.

Gracias, Lee Hough, nuestro agente en Alive Communications, por ocuparse de nuestros asuntos.

El ADN de las Relaciones para Parejas está basado en el trabajo y en el ministerio desarrollado en el Instituto Nacional del Matrimonio y en el Centro de Relaciones Smalley. Por consiguiente, cuenta con muchos elementos coherentes con los encuentros del Seminario Intensivo de Cuatro Días para Parejas. Sin embargo, los personajes han sido creados en base a la combinación de personalidades tipo y, por lo tanto, son totalmente ficticios. Cualquier semejanza con casos particulares o individuales es pura coincidencia. Posible similitud con gente viva o fallecida, lugares, situaciones, organizaciones, etc., es totalmente accidental y sin nuestra intención.

El propósito de este libro es el de educar. No se deberá usar la información que contiene este libro para realizar un autodiagnóstico o para seguir un tratamiento, ni para justificar la aceptación o el rechazo del consejo y del tratamiento profesional.

El relato de *El ADN de las Relaciones para Parejas* está ubicado en Branson, Missouri. Algunos puntos de referencia, tales como la elegante Casa Bradford que ofrece alojamiento de categoría, han sido ubicados en su entorno real, pero embellecidos para favorecer la lectura. Otros edificios, parques y establecimientos mencionados, son producto de nuestra imaginación. Esperamos que aquellos que nos visiten, se diviertan distinguiendo la realidad de la fantasía.

"¿Cómo? ¿El matrimonio debería ser emocionante?"

La historia de Greg

—¿Qué tal soy como esposa?

No estaba seguro de qué manera contestar a lo que parecía ser una pregunta inocente. Pero como Erin y yo llevábamos sólo cuatro meses de casados, me dije que sería difícil de responder.

—Buena —contesté.

¿Has dicho alguna vez algo que hubieras deseado borrar de inmediato, como las palabras sobre la pantalla de la computadora? El hecho de que Erin repentinamente contuviera el aliento, hizo que yo me preguntara si "buena" no era la palabra que había deseado escuchar.

—¿*Buena*? —repitió.

—¿Qué? —pregunté. Si me hubiera tocado batear en un juego de béisbol, habrías escuchado un estridente "zumm", cuando por segunda vez en cuatro segundos sólo golpeaba el aire.

—¡Piensas que soy sólo *buena*! —exclamó Erin.

Otra vez. La forma en que ella repetía "buena" tenía un matiz muy diferente del que yo había intentado darle.

Luego Erin me pidió que hiciera algo que todavía me da escalofríos.

—En la escala de uno a diez, dame un puntaje como esposa.

—¿Es diez la mejor nota? —me temblaba la voz.

—Estás contestando con evasivas.

Es buena, pensé. Luego me enfrenté con la temible realidad de que debería responder a su pregunta.

—Pues bien —comencé... Me sentía como si estuviera caminando no sólo sobre huevos sino sobre cabezas de pollitos—, te daría un puntaje de... —y entonces se hizo la luz para mí: ¡Había encontrado la respuesta! Mostré mi sonrisa confiada y le dije—: Eres una 9,4.

Ya sé lo que estás pensando: *¡Tonto Greg, te equivocaste!* Lo sé. Pero recuerda que tú no estabas allí para sacudir frenéticamente los brazos y advertirme a gritos: "¡No!", como el banderillero en la cubierta de un portaviones al avión de combate que está a punto de estrellarse contra un costado de la nave.

Me entenderás. En mi pensamiento Dios tiene el 10, y como Erin no es Dios y me parecía que ella todavía podía mejorar, un 9,4 resultaba un buen puntaje.

No podría haber cometido peor error. Fue como si le hubiera dado un 0,000439.

—¿En qué estoy fallando? —fue su reacción inmediata (y permíteme enfatizar la palabra *inmediata*).

—¿Qué?

¡Tercero y afuera!

—¿Por qué piensas que no lo estoy haciendo bien? —preguntó Erin, visiblemente herida.

—Querida —supliqué—, un 9,4 es extraordinario. Lo dije como un cumplido.

—Pero yo quiero ser perfecta como esposa.

Erin y yo pasamos un rato en la cama esa noche discutiendo acerca de su puntaje. Discutimos cuarenta y cinco largos minutos antes de que cada uno se diera vuelta hacia su lado para dormirse, sintiéndose desdichado.

Mi último pensamiento antes de dormirme fue: *¿Por qué no la evalué 9,9?*

Erin y yo no habíamos buscado consejería ni preparación prematrimonial; después de todo, estábamos "enamorados". Además, yo era el hijo de Gary Smalley, el famoso especialista en matrimonios. Teníamos un billete infalible hacia un matrimonio grandioso. Recuerdo haberle dicho a Erin: "Nosotros no seremos como esa otra gente que pelea y discute todo el tiempo".

Lamentablemente, estaba muy equivocado. Erin y yo no teníamos la menor idea de lo que hacía falta para construir una buena relación. La cosa se complicó tanto que, tres años después de casarnos, yo sentía que con una discusión más, Erin me dejaría y se volvería a la ciudad de Phoenix. No pensé que se divorciaría, pero estaba convencido de que ella no querría vivir más conmigo.

Finalmente, Erin y yo buscamos ayuda. Aprendimos la manera de manejar nuestros conflictos, y nuestro matrimonio mejoró. Sin embargo, lamentablemente, por nuestra experiencia inicial con las dificultades conyugales, comenzamos a esperar menos del matrimonio. Pasamos del sueño de felicidad del día de bodas, al simple alivio que daba encontrar *un poco* de felicidad y *un poco* de éxito. Estar casados fue mucho más desafiante de lo que había imaginado, de modo que sin darme cuenta aprendí a sentirme conforme con un "buen" matrimonio. Es decir, hasta que comencé a trabajar con Bob Paul.

La historia de Bob

Al igual que Greg, vengo de una familia de especialistas que han publicado libros sobre la relación matrimonial. Me casé con Jenni convencido de que conocía el camino hacia la tierra prometida del matrimonio; ella sólo tenía que seguirme. Como podrás adivinar, avanzamos con muchos conflictos durante los primeros trece años. Durante ese tiempo llegaron nuestros cuatro hermosos hijos, y recibimos muchas bendiciones. Pero la relación entre mi esposa y yo se volvió cada vez peor.

Siempre amé a Jenni y deseaba tener un matrimonio maravilloso; sin embargo, no importa de cuántas maneras intentaba solucionar nuestros problemas e indicarle en qué debíamos cambiar, nos lastimábamos y desilusionábamos cada vez más. Con el tiempo, la idea de tener un "matrimonio grandioso" fue transformándose en la inquietud acerca de si *habíamos hecho bien* en casarnos. Nuestros problemas avanzaron hasta el revelador momento en que Jenni dijo algo que yo tomé como un símbolo imborrable del estado desesperante en el que nos encontrábamos como pareja en ese momento. En un instante de acalorado enojo, llena de dolor, de ira y de rabia, me miró y dijo: "La sola idea de hacer de nuevo el amor contigo me da náuseas".

No tenía la menor idea de qué hacer ni a quién recurrir. Por muchos años yo había estado convencido de que si Jenni sólo hacía lo que yo le sugería, andaríamos bien. Ahora me daba cuenta de que no. Ya no podía creer en mí mismo. Proverbios 14:12 resonaba en mis oídos: "Hay caminos que al hombre parecen derechos, pero al final de ellos está la muerte". Yo había intentado hacerlo a mi manera durante trece años, pero ahora la amenaza de perder mi matrimonio rondaba demasiado cerca. Afortunadamente, la falta total de esperanza me llevó a buscar a Dios de una manera en que nunca antes lo había hecho. "Seguramente hay algo que necesito aprender a través de este sufrimiento y de este desastre matrimonial", clamé. "Estoy dispuesto a aprender lo que sea necesario para llegar a ser un hombre del que puedas sentirte satisfecho. Enséñame, Señor."

Pasé dos años dolorosos en el camino de un increíble reto y crecimiento personal. En muchas ocasiones perdí la esperanza de que mi matrimonio se recuperara alguna vez, pero decidí que cualquiera fuera el resultado, estaba dispuesto a aprender qué significaba amar como Dios ama y ser un hombre conforme a su corazón.

Durante los años en los que me desempeñé como terapeuta matrimonial, tuve la oportunidad de presenciar innumerables milagros en las parejas: Transformaciones que desafían a la imaginación. Pero el caso que prefiero entre todos es el cambio que ocurrió en mi propio matrimonio. Dos años después de que mi esposa me diera la espalda, Dios animó a Jenni a reabrir su corazón. De pronto, sin previo aviso, lo hizo... ¡Y yo estaba preparado! Se me daba otra oportunidad a pesar de que había creído que ya no la tendría, y estaba decidido a no desperdiciarla.

Hoy, casi doce años más tarde, Jenni y yo estamos entusiasmados; sí, *entusiasmados* con nuestro matrimonio. No es perfecto, pero ya no pretendo la perfección. Somos personas imperfectas que vivimos en un mundo trastornado y confundido.

¿Qué cambió? ¿Qué fue lo que motivó a nuestro matrimonio a pasar del umbral del desastre a una relación mucho mejor de lo que cualquiera de nosotros hubiera considerado posible?

Encontrarás muchas de las respuestas en este libro.

Como Greg, quizá pienses que tu matrimonio está bien... o como yo, consideras que tu matrimonio está perdido. Cualquiera sea el caso, muy pocas personas creen que el matrimonio puede resultar "emocionante". Sin embargo, puede serlo. Sabemos que no escuchas a menudo esta palabra, especialmente en relación con el matrimonio. Queremos mostrarte la manera en que puedes lograrlo. ¿Te parece una meta demasiado lejana? ¿Crees que es imposible? No importa. Sigue con nosotros. Todavía no hemos visto fracasar a una pareja en la que él y ella se hayan comprometido a descubrir el propósito que Dios tiene para ellos.

¡Bienvenido a una nueva experiencia!

Hemos recorrido este camino hacia la esperanza con miles de parejas de variadas maneras: Seminarios, conferencias, talleres, vídeos y libros, y hemos tenido respuestas asombrosas. Pero no hay nada que iguale al programa de encuentros intensivos para ayudar a las parejas a comprender la esperanza que Dios brinda al matrimonio.

Una y otra vez, las personas nos piden que demos testimonios de la vida real que los ayuden a entender de qué manera poner en práctica los principios que enseñamos. Somos conscientes del extraordinario poder que encierra el observar los principios relacionales puestos en acción, y por eso hemos tomado en serio el pedido que nos hacen. Nos entusiasma presentar este libro, escrito para ofrecer exactamente eso: Un enfoque completamente nuevo que utiliza historias para que descubras por tu cuenta las verdades que podrás aplicar en tu vida.

Este libro no se parece a otros libros sobre matrimonios que están a tu alcance. En lugar de intentar seguir los pasos como si fuera simplemente otro libro de autoayuda, estás a punto de entrar con nosotros en un viaje imaginario, fiel a la realidad, y a recorrer un programa de encuentro intensivo de cuatro días. Aunque tiene el aspecto y la sensación de una novela, no te encontrarás con una fantasía bellamente presentada, un romance que supera a la realidad. En lugar de eso, te invitamos a entrar en nuestro mundo, a comprometerte con nosotros en una travesía realista, basada en los relatos auténticos sobre conflictos, intrigas y angustias... y a la vez recorrer una visita guiada a través del asombroso mundo de las esperanzas renovadas y el amor redimido.

Cómo aprovechar y disfrutar este libro

Vamos a presentarte a cuatro parejas que están por llegar a un encuentro intensivo de cuatro días, en Branson, Missouri. Son personas normales con problemas normales, y todas están luchando en su peregrinaje conyugal. Los asuntos de los que tienen que ocuparse representan algunos de los problemas más comunes que todos encontramos en nuestras relaciones, cosas con las cuales la mayoría de nosotros puede identificarse.

Imagina que te pedimos que aproveches el último lugar disponible. Uno de los beneficios más grandes que tiene el asistir al encuentro intensivo es el de descubrir que el matrimonio es un reto para todos, y que las situaciones con las que nos enfrentamos son asombrosamente similares. Pueden variar los detalles, como también la gravedad, pero los retos subyacentes tienen que ver más con nuestra naturaleza humana y con nuestros intentos de mantener relaciones íntimas en un mundo caído, que con nuestras diferencias particulares. Las otras cuatro parejas en tu grupo son personas apasionadas y dinámicas. Igual que tú, ellas buscan respuestas y se atreven a imaginar que tienen posibilidades de cambiar. Te invitamos a entrar a este ambiente reservado donde serás testigo de diálogos a corazón abierto, donde expondrán sus preocupaciones más profundas, sus esperanzas y sus heridas... quizá no muy diferentes de las que tú tienes.

Nos damos cuenta de que no todos los matrimonios se encuentran en la misma situación que los participantes de este encuentro. Es posible que no estés al borde de un divorcio o en medio de un romance extramatrimonial, como lo están Pablo y Rebeca. Quizá no tengas expectativas frustradas como les ocurre a Rafael y Cristina. A lo mejor no tienes la comunicación cortada como Tomás y Pamela, o una falta de entendimiento tan prolongada como la de Carlos y Victoria. Pero también necesitas aprender a generar un ambiente seguro en tu hogar, donde puedas abrir tu corazón frente a tu familia. Por medio de nuestro trabajo con cientos de parejas hemos comprobado que una relación no tiene que estar en crisis para beneficiarse con estas ideas y herramientas extraordinarias. Las parejas que tienen *buenos* matrimonios descubren maneras de tener matrimonios *extraordinarios*.

A todos los que están por asistir a uno de nuestros encuentros intensivos les pedimos que estén abiertos a la posibilidad de que Dios obre un milagro en su matrimonio. Éste es el único compromiso que les pedimos. Queremos sugerirte, lector, que hagas un compromiso similar mientras lees este libro. No te conformes con un matrimonio mediocre o con un matrimonio que anda "bien", como lo estaba Greg. No te quedes satisfecho con las cosas como están.

Nos damos cuenta de que llegar a la meta final y experimentar lo máximo del matrimonio requiere de dos personas decididas a seguir la dirección del Señor, y quizá tu cónyuge no se una a ti. La buena noticia es que hemos comprobado que es suficiente que uno de los dos se decida: Logrará un gran cambio si aprende y usa estos principios.

Imagínate

¿Sientes a veces que estás viviendo con un extraño? ¿Sientes que la pasión se ha retirado como la marea? ¿Quizá te sientes atrapado en las viejas discusiones en cuanto a las finanzas o a los niños? La vida parece continuar con sus tensiones cotidianas, produciendo un distanciamiento emocional cada vez más profundo entre tú y tu ser amado. Es posible que el aburrimiento reine en tu dormitorio.

Quizá te sientes solo.

Imagínate cómo sería si las cosas fueran distintas.

Para participar de una historia, necesitamos imaginación. Eso es lo que te invitamos a hacer. Deja a un lado tus juicios y expectativas prefijadas a fin de que puedas imaginar a tu matrimonio sin ansiedades ni malentendidos y en cambio, lleno de gracia e intimidad, tan libre como el movimiento de un hermoso ballet; o aromático y floreciente como un jardín en primavera, pleno de nueva esperanza y de vida.

Imagina lo que Dios desea para ti y tu ser amado.

Imagina que puedes venir a Branson, Missouri, al comienzo de la primavera, a pasar cuatro días con nosotros mientras te adiestramos personalmente en aquellas áreas en las que probablemente tienes más dificultades... Imagina entrar a un suntuoso hotel donde no te interrumpirán las tareas cotidianas, tus jefes, los niños y las complicaciones habituales. Concédete imaginarlo.

No podemos garantizarte el éxito, ni envolver a un matrimonio como para regalo. Cada persona tiene que tomar una decisión. ¿Cuál será? Vamos, pasa, ponte cómodo y hablemos. Estos serán cuatro días que jamás olvidarás.

Rafael se acercó una vez más a la ventana de la cocina. Se inclinó sobre el fregadero y se aproximó a la ventana para abrir la cortina, como si pudiera lograr con sus pensamientos que Cristina le hiciera juegos de luces desde la distancia para indicar su regreso. Todo estaba oscuro, con excepción de la pequeña luz de la calle al final de la cuadra. Su esposa no había respondido en la oficina ni en el celular. ¿Debería llamar a la policía? Por su garganta subió una mezcla de preocupación, de ira y de miedo. Quizá su esposa estaba en problemas.

Él había jugado con los niños y luego les había dado la cena, suponiendo que ella se demoraba en el trabajo. Luego bañó a los dos pequeños, les leyó algunas páginas de un libro y los abrigó en la cama. Pero Cristina no llegaba. Comenzó a ponerse nervioso. Se entretuvo mirando una comedia en la televisión y se armó de ánimo para lavar la vajilla, especialmente para quedarse cerca de la ventana. Pasaron tres horas. Rafael no sabía qué hacer. No era la primera vez que su esposa, una profesional que se negaba a ser controlada por nada ni por nadie, llegaba a casa mucho más tarde de lo que se esperaba. Sin embargo, nunca había demorado tanto. Pero si llamaba a la policía ella se pondría furiosa.

Rafael se dejó caer en el sofá, sin prestar mucha atención al piso de la sala que estaba sembrado de juguetes y de libros. Más bien pasaban por su mente imágenes de su esposa. Se hacía preguntas, se preocupaba, y peleaba con su desconfianza. *Había tenido demasiado trabajo . . . se había sentido molesta conmigo . . . sé que de vez en cuando sale después del trabajo para tomar algo . . . tiene trabajos que deben cumplirse en su fecha . . . y está con esos hombres atractivos, vestidos con trajes.* Se levantó del sofá, fue una vez más a mirar por la ventana y luego a cerciorarse cómo estaban los niños.

Javier tenía su mejilla aplastada contra la almohada y los labios entreabiertos. Su manito regordeta abierta con la palma hacia arriba le daba un aspecto vulnerable e inocente, como el de cualquier pequeño. Ana dormía boca abajo en la cuna, apoyada en las rodillas y con el traserito para arriba. Rafael se inclinó, apartó los rizos de la niñita y le besó la mejilla.

Mientras contemplaba a sus hijos dormidos, Rafael sintió un deseo más intenso de que Cristina regresara. A la hora de ir a dormir, el pequeño Javier había preguntado por su mamá y no se había consolado hasta que Rafael le había prometido que ella le daría un beso cuando llegara. Estos niños necesitaban a su madre. ¿Dónde estaba ella?

Cuando la camioneta de Cristina subió la rampa de entrada, en el reloj del microondas eran las 2 y 13 minutos de la madrugada. Las emociones de Rafael habían recorrido todo el abanico. Sentía una mezcla de alivio y de ira, pero tenía claro qué debía hacer. Debería enfrentar a su esposa y preguntarle dónde había estado hasta esa hora. La esperaría en la puerta y le exigiría una explicación. Ella estaba por abrir. Él había esperado esas horas y estaba decidido a hacerle frente y preguntarle sin rodeos qué estaba pasando.

La puerta se abrió suavemente. Rafael entró en pánico y quedó paralizado en el sillón. Escuchó que su esposa esquivaba al gato y pasaba en puntas de pie junto al sofá, mientras él simulaba estar dormido.

❂ ❂ ❂

—Soy Julia. ¿En qué puedo ayudarlo?

Rafael sintió que se congelaba. Le había parecido que era una buena idea llamar al Instituto Nacional del Matrimonio, pero ahora no sabía qué decir.

—Ejem . . . —tartamudeó—, un . . . amigo . . . me dio su número y . . . y . . . y . . . me di . . . dijo que . . . que . . . debía llamar —tomó aire—. No sé qué hacer. Hace varios días, mi esposa se marchó con los niños y dice que quiere separarse de mí —la casa estaba desolada y vacía. Nada de risas, ni gritos de niños, ni dibujos animados en la televisión. Podía escuchar el temblor de su propia voz, pero de todos modos continuó—. Amo a mi esposa y a mis hijos, y no quiero perderlos. ¿Pueden ustedes ayudarnos?

—Eso espero —dijo Julia—. Pero antes, dígame qué pasaba en su matrimonio, para ayudarlo a decidir si nuestros programas son los que usted necesita, y si es así, cuál es el apropiado para usted.

Rafael se secó los ojos con la manga.

—Mi esposa dice que yo no tomo ninguna iniciativa en nuestra relación. No es que no la ame, la amo con todo mi corazón —se esforzaba por no llorar—. Temo que sea demasiado tarde. No estoy seguro de lo que debo hacer.

—¿Hay otros problemas concretos entre ustedes?

—Bueno . . . digamos que sí . . .

Rafael explicó que él no ganaba lo suficiente, y que si bien su esposa argumentaba que quería estar en la casa con los niños, volvía tarde por la noche. Por mucho que él se esforzara, el resentimiento de su esposa crecía cada vez más. Ella detestaba el hecho de que él siguiera trabajando en los clubes para niños, y le insistía que se capacitara en administración o avanzara en sus estudios.

—Pero me gusta mi puesto —le dijo a Julia—. El trabajo es estable, tengo horarios flexibles y sé manejar a los niños . . . discúlpeme por divagar.

—No, está bien —dijo Julia. Tenía una voz agradable y parecía paciente. Rafael comenzó a relajarse—. Es conveniente entender un poco lo que está ocurriendo en su relación. Da la impresión de que ambos se sienten desdichados e incomprendidos. Me parece que todavía no han llegado a la raíz del problema.

Era exactamente así como se sentía, pero la idea de llegar a la raíz del problema lo inquietaba. Es más, le resultaba aterradora. ¿*Qué* descubrirían en la raíz de su conflictivo matrimonio?

Julia le explicó que los consejeros con los que trabajaba, los doctores Greg Smalley y Bob Paul, eran especialistas en problemas matrimoniales y que día tras día ayudaban a las personas a llegar a la raíz de esta clase de problemas. Tomaban la precaución de que ambos se sintieran seguros antes de zambullirse en lo más profundo de sus dificultades. Luego le describió los programas disponibles y animó a Rafael a visitar el sitio Web del Instituto para conocer más detalles.

UNA CONVERSACIÓN CON LOS DOCTORES

No intentes resolverlo solo

Nos gustaría poner a un lado la historia de Rafael y Cristina y conversar un momento contigo. A lo largo de este libro, a medida que conozcas a estas parejas imaginarias y escuches las sesiones de consejería, interrumpiremos de vez en cuando con algunas palabras de aliento, de reto o de explicación. A estos breves "paréntesis con el lector" los llamaremos "Una conversación con los doctores", y estarán incluidos en secciones como ésta.

Lo primero que queremos decir es que nunca se esperaba que las personas debieran arreglárselas para construir relaciones extraordinarias sin la ayuda y el apoyo de otras. Si tu relación es buena y quieres que sea extraordinaria, si tienes frustraciones o dificultades que no sabes de qué manera resolver, o si tu matrimonio es un desastre, no intentes resolverlo solo. Cuando estés lidiando con problemas en la relación, busca ayuda. Hay diferentes maneras de hacerlo. Puedes hablar con un amigo de confianza o con tu pastor, encontrarte en privado con un miembro de tu grupo de estudio bíblico o de discipulado, consultar a un consejero profesional, o asistir a un encuentro intensivo como el que describe este libro. A menudo cuesta dar el primer paso, así como le fue difícil a Rafael hacer esa llamada telefónica. ¡Pero tú y tu matrimonio lo valen!

Quizás estás leyendo este libro no porque tengas problemas matrimoniales, sino porque alguien a quien amas tiene conflictos. Si es así, te recomendamos que tengas compasión. Tenemos la confianza de que lo que aprenderás en estas páginas te capacitará para brindar un oído atento en caso que tu amigo o amiga decidan pedirte ayuda.

Cualquiera sea tu situación personal, te invitamos una vez más a participar con nosotros como la quinta pareja durante esta semana del encuentro intensivo en Branson. Nuestra esperanza y oración son que a medida que conozcas la vida de estas parejas imaginarias aprendas algo acerca de tu propia relación matrimonial y quizás hasta algo nuevo y estimulante acerca de ti mismo.

—Parece que un encuentro de ese tipo es el que necesitamos —le dijo Rafael a Julia, todavía nervioso con la perspectiva de descubrir la raíz de su problema—. Pero no estoy seguro de que Cristina quiera venir. ¿Podría usted hablar con ella?

Julia le dijo que, así como los médicos no pueden forzar a sus pacientes para que asistan a una consulta, por razones éticas tampoco el Instituto permite a su personal presionar a los pacientes. Tendrían que esperar hasta que Cristina estuviera interesada en comunicarse con ellos.

—Con gusto responderé a sus preguntas, inquietudes o dudas, en el caso de que esté dispuesta. ¿Le parece bien?

—¿Rafael . . . ?

Como si la hubiera llamado con sus pensamientos, de pronto Rafael oyó la voz de Cristina. Ella había entrado por la puerta trasera y él no lo había notado.

—Vine a buscar ropa para los niños, pero no me demoraré. Disculpa que te interrumpa.

—No hay problema. ¡Ejem! Estaba hablando con alguien que quizá pudiera ayudarnos. Ellos . . . ella quiere hablar contigo —le alcanzó el teléfono, esperando que ella lo recibiera. Con un gesto de escepticismo Cristina lo tomó. Rafael se escabulló hacia la galería y se sentó a esperar en los escalones de la entrada.

✪ ✪ ✪

—¿Hola? Soy Cristina.

Cristina escuchó mientras Julia le explicaba quién era y por qué había llamado Rafael. Impaciente, caminaba por la cocina mientras le daba a Julia la oportunidad de describir el programa de cuatro días del encuentro intensivo y de preguntarle si eso le interesaría como pareja.

—Le diré . . . , —comenzó Cristina con vacilación, mientras buscaba vasos en el armario—, para ser honesta, ni siquiera sé si quiero que este matrimonio funcione. Lo intenté durante demasiado tiempo. Estoy cansada de esperar que mi esposo cambie. No estoy segura de tener ganas de esforzarme para que funcione.

Julia le preguntó a Cristina si tenía miedo de darle a su matrimonio otra oportunidad.

—Sí, estoy desilusionada y ya no quiero probar otra vez. —Se dejó caer sobre un viejo banco en la cocina, se cruzó de piernas y movió nerviosamente el pie apoyando su cabeza contra la pared. Las puertas del armario necesitaban una limpieza, había migas y restos de comida bajo la mesa y marcas de barro en la puerta—. Lo que más deseo es ser feliz y que mis hijos sean felices, y no puedo imaginar que podamos lograrlo con Rafael incluido.

Julia admitió que cada persona tiene que abrirse camino en

estas situaciones y que no le correspondía a ella decirle a Cristina lo que necesitaba hacer o dejar de hacer con su vida o con su matrimonio. —Eso es algo entre usted y Dios. Esperamos que usted y Él puedan resolverlo. —Julia le aclaró que la meta del centro de consejería era acompañar a las parejas de una manera que resultara útil para cada persona.

—Es más, en realidad hacemos una sola pregunta a las parejas, con el propósito de definir si podemos o no acompañarlas —le dijo Julia.

—¿Sólo una pregunta? —preguntó Cristina. Mientras sostenía el teléfono entre el hombro y la oreja, Cristina tomó la escoba y comenzó a barrer el piso.

—Para estar seguros de que ya están listos para iniciar nuestro programa, deben responder a una sola pregunta: Si Dios quisiera hacer un milagro en su matrimonio, aunque tuviera la magnitud similar a la de separar las aguas del Mar Rojo, ¿estaría dispuesta a recibir ese milagro? En otras palabras, si Dios separara el mar ante sus ojos ¿estaría dispuesta a caminar a través de él? —Julia hizo una pausa y luego continuó—. No hace falta que usted crea que el milagro *podría* producirse, ni siquiera es necesario que lo desee. La única pregunta es: Si ocurriera, ¿lo aceptaría? Si la respuesta es sí, estamos dispuestos a acompañarlos a ambos para ver qué ocurre. Si la respuesta es no, le diríamos que ahorre su tiempo y su dinero.

Hubo una larga pausa. Cristina echó una mirada a Rafael, que estaba apoyado contra el marco de la puerta, mostrándose un poco ansioso.

—Mmm —fue lo primero que le salió—. No sé que pensar. Supongo que si Dios quiere hacer un milagro, yo estaría dispuesta a recibirlo.

❂ ❂ ❂

Rebeca Stuart no sabía muy bien de qué manera ella y su esposo habían llegado juntos. En un primer momento habían pensado viajar por separado, pero luego ella lo pensó nuevamente y decidió que sería una buena idea pasar juntos algunas horas en la ruta para hablar un poco. Ella y Pablo habían estado separados durante un mes, y había sido imposible lograr algún grado de comunicación. Pero no fue mejor mientras viajaban.

—Ahí está el cartel, Pablo. Tenemos que ir por la autopista 65; tendrías que doblar aquí.

En cuanto encontraron el acceso correcto a Branson, sonó el teléfono de Pablo.

—Espero que no sea el hospital—dijo Rebeca. Habían transcurrido apenas cinco minutos desde que el joven médico y su esposa habían salido de la agencia de autos de alquiler en Springfield, y el hospital estaba llamando *otra vez*—. ¿No pueden dejarte tranquilo?

Pablo ignoró a su esposa y atendió la llamada. —Sí, Monty. Dime nuevamente cuáles son los síntomas, porque no pude escucharte —le lanzó a Rebeca una mirada de reproche.

Rebeca podía escuchar la voz de Monty en el teléfono, mientras describía los síntomas de la paciente. Dolor de cabeza, náuseas, malestares estomacales, hemorragia, hinchazón, presión elevada y proteínas en la orina. Ella sabía que los síntomas del síndrome Hellp eran graves. La situación requería la intervención inmediata de un ginecólogo. Rebeca advertía la frustración que sentía su esposo y sabía que se sentía culpable de abandonar el hospital cuando lo necesitaban. Frunciendo el ceño, él respondió: —Coincido con tu diagnóstico, Monty. Te conviene hacer . . .

—¡Pablo, lo prometiste! —Rebeca estaba furiosa—. Termina de hablar por teléfono. —Aunque era un cuadro grave, ella estaba segura de que el doctor Monty Burleson podía manejar la situación por su cuenta.

Pablo sacudió la cabeza con disgusto y le lanzó a su esposa una mirada que ya le era demasiado familiar. Una mirada que expresaba: *Basta de fastidiar, déjame tranquilo.*

—Te comprometiste con este encuentro intensivo, y ahora me

dices que no puedes dejar que por unos días los otros médicos tomen las decisiones —ella comenzó a sentir el conocido ataque de desesperación—. No puedo creer que yo realmente haya pensado que esto podía funcionar. —Impulsivamente, arrancó el cargador del teléfono donde había estado reponiendo la batería después de un día de intenso uso.

Habían viajado todo el día, haciendo escala entre el sur de California y Springfield. La tarea de dejar a sus dos hijas con los padres de Pablo, durante varios días, había sido agotadora para Rebeca, y ahora no le importaba quién estuviera al otro lado de la línea. Había esperado demasiado tiempo para que Pablo le prestara atención. Necesitaba que estuviera exclusivamente con ella, sólo esta vez. Esta decisión, al igual que el viaje, era una deuda pendiente; aunque quizá ya era demasiado tarde.

Pablo apenas perdió el ritmo de la conversación. Lamentablemente para Rebeca, el teléfono t enía suficiente batería como para seguir hablando.

—Monty, perdona la interrupción. Aguarda un segundo, por favor —cubrió el teléfono y aferró la muñeca de su esposa. Por la expresión en su rostro, ella sabía que su comportamiento lo había enfurecido—. Deja de hacer un drama, Rebeca. Esto llevará apenas unos minutos. Están en juego la vida de un bebé y la de su madre. —Empujó la mano de Rebeca hacia su falda, le echó otra mirada furibunda y se frotó la frente—. No eres la única en el mundo, ya lo sabes. —Pablo retomó la conversación que había interrumpido.

En un acceso de ira, Rebeca dio media vuelta y se quedó mirando por la ventanilla, leyendo en voz alta los carteles publicitarios al costado de la carretera.

—*Silver Dollar City* . . . —anunció Rebeca con sarcasmo—. Quizá deberíamos ir allí en lugar del encuentro intensivo, ya que nuestra vida parece girar en torno al dinero. —Inclinándose hacia el teléfono, gritó—: ¡Eh, Monty! ¿Sabías que hay una *famosa* autopista 76? ¡Que bueno . . . ! Mira, Pablo . . . Andy Williams canta en el teatro Moon River, ¿no les encantaría a tus padres?

Pablo estaba lívido. Sostuvo el teléfono lejos, cubrió el micrófono con el pulgar, y amenazó con un susurro: —¿Ya terminaste?

Ella no había terminado. Con toda su energía, le haría saber a Pablo y a cualquiera que la pudiera escuchar, cuán miserable le había hecho él la vida, y no se sentía culpable en lo más mínimo por ponerlo incómodo. —Yacov Smirnoff presenta un espectáculo. ¿Te acuerdas cuando lo vimos en televisión? ¡Ay, madre mía! —simuló aflautando la voz—. ¡Shoji Tabuchi también está en Branson!

—Monty —dijo Pablo casi a gritos—, te llamaré dentro de cinco minutos . . . gracias. Aferró el volante con ambas manos, como si tuviera que sostenerse de él para evitar pegarle a ella.

—Rebeca, ¿*cuál* es tu problema?

—Ah . . . miren quién se interesa finalmente.

—Mira, Rebeca, tengo pacientes a las que estuve controlando casi nueve meses. Te he dicho, no sé cuántas veces, que me siento mal al dejarlas cuando están a punto de dar a luz. No puedo simplemente ignorar el hospital —le echó otra mirada—. ¿Te hubiera gustado que el doctor Jacobson se hubiera ido de la ciudad precisamente antes del nacimiento de Micaela y de Silvia?

—No me vengas con eso. No es el matrimonio del doctor Jacobson el que me preocupa. Estoy preocupada por el nuestro. No puedo imaginarlo trabajando noche y día, y yéndose luego directamente al gimnasio, a navegar, o . . . a la salita de descanso del personal para un rápido encuentro.

Silencio.

—En realidad, tu "héroe", el doctor Jacobson, se ha divorciado.

—No me sorprende —la delicada situación de su propio matrimonio en ruinas se presentó una vez más como algo insuperable—. Ése es el lugar hacia el que vamos.

—Lo que sea —murmuró Pablo mientras dirigía su atención al dial de la radio.

—Vaya, querido, esta vez concediste un minuto completo a la

conversación antes de encerrarte. Creo que ése es un punto a tu favor —Rebeca sabía que estaba llevando a su esposo hasta el límite, pero no le importaba.

—Nunca debí haber aceptado venir a este encuentro —dijo él—. ¿Te ayudarán a admitir la realidad de que estás casada con un médico? Esta discusión es siempre la misma. Quieres todas las ventajas, Rebeca, pero ninguno de los inconvenientes. Estoy harto de esta conversación. Es como si estuviéramos atrapados en un círculo vicioso. Hay un precio que pagar por las cosas que deseamos tener. ¿Por qué crees que trabajo tanto?

—Porque estás dominado.

—Oh, eso sí que es maduro.

Rebeca comenzó a leer nuevamente los carteles de la ruta. Hubo un prolongado silencio antes de que Pablo volviera a hablar.

—La verdadera pregunta es: ¿Volverás a confiar en mí alguna vez?

Ella no tenía respuesta.

—Insistes en crearme problemas por mi trabajo —continuó él—, pero creo que tu falta de voluntad para renunciar a algunos de tus reclamos mezquinos está causando un conflicto enorme.

—¿Te has vuelto loco? —atacó ella—. El "enorme" conflicto en nuestro matrimonio, Pablo, es que eres incapaz de tener los pantalones bien puestos. No soy yo la que está diciendo constantemente: "No sé que quiero. He intentado dejar de verla. Ella es la que insiste en llamarme . . . Estoy muy confundido". Dame un respiro. ¿Y qué de honrar a Dios honrando el compromiso en nuestro matrimonio? ¿Qué te parece si comenzamos por ahí?

—Basta, es suficiente. Estoy harto —contraatacó Pablo—. Estoy convencido, Rebeca: Esto nunca funcionará. Sería mejor volvernos a casa.

En eso sonó de nuevo el celular.

—Hola, doctor Waterman —respondió Pablo—. No, no interrumpe nada importante.

Tomás y Pamela Davis eran la tercera pareja en llegar al encuentro intensivo. Pamela estaba eufórica ante la vista del lugar al que habían llegado. La Casa Bradford, una mansión de estilo victoriano, con el atractivo encanto de los comienzos de siglo y amoblada con el estilo característico de los años '20, se hallaba escondida a un costado del camino Blue Meadows. Estaba rodeada de enormes árboles, arbustos en flor y hermosas flores de primavera. La amplia galería que rodeaba la casa y la doble puerta de entrada eran sencillas. Cuando Tomás entró por el camino hacia el estacionamiento bordeado de robles y arces, a Pamela le pareció que estaban en el campo, a pesar de que la casa estaba cerca de todo lo que ofrecía Branson. Sobriamente escultural, la propiedad le parecía un rincón del paraíso.

Su esposo frunció el ceño.

Aunque era enorme, la Casa Bradford resultaba acogedora, quizás hasta romántica para aquellos cuyo matrimonio no estuviera al borde de la ruina. ¡Qué contraste con su sencillo vecindario en Phoenix! *Todo parece un poco exagerado, pero maravilloso para parejas lastimadas*, pensó Pamela. El césped, aterciopelado y sombreado, estaba enmarcado con canteros de tulipanes, narcisos, jacintos, begonias, rosas y lirios, con brotes grandes y carnosos a punto de abrirse.

Pamela sabía que a Tomás esto no lo impresionaba. Al pastor Tomás Davis semejante frivolidad le parecía un derroche. Era un hombre práctico, y el alojamiento le parecía exagerado. Pamela, con los brazos alrededor de su gruesa cintura, confiaba en que podría dominar la náusea que iba en aumento. "Tomás, me siento mal. Será mejor que espere un momento dentro del vehículo". Sus náuseas estaban más relacionadas con la persona que estaba al volante del automóvil que con el sinuoso camino que subía y bajaba como una montaña rusa. Pamela había estado procurando ocultar su entusiasmo. Estos cuatro días estaban pensados para su beneficio, pero el costo era excesivo. Tomás esperaba que ella mostrara una mejoría equivalente al sacrificio que él había hecho. A ella le desagradaba sentirse endeudada.

Su esposo todavía estaba molesto por el dinero que había pagado para inscribirse en el encuentro de cuatro días. Él no había elegido hacer esto. Y aunque nunca lo dijo de manera directa, el tono agudo de su voz comunicaba que no la encontraba a ella lo bastante valiosa como para hacer el gasto de intentar que mejorara.

Si yo fuera un vehículo, hace rato que me hubiera vendido, pensó Pamela.

Observó a su esposo mientras bajaba del automóvil dando un portazo y embestía hacia la puerta de entrada del hermoso lugar. Él le había hecho saber que esto le parecía un gasto desmedido de su valioso tiempo y del dinero de Dios. Cuanto antes completaran esta primera parte del asunto, mejor.

Con ansiedad, Pamela sintió que el miedo le atenazaba la garganta. Abrió un poco la ventanilla de su lado para tomar aire fresco. Quizá le había bajado el nivel de azúcar. Se hizo un rápido chequeo para medir el nivel de glucosa en la sangre. El resultado era aceptable. Su ansiedad se debía a algo más profundo que a los síntomas físicos de la diabetes. Su mente y su corazón estaban sufriendo un trauma. ¿Cómo podría recibir ayuda sin sentirse expuesta, si Tomás estaba con ella todo el tiempo? ¿Y si los terapeutas le daban la información necesaria para que su esposo recargara las armas y las usara en su contra cuando volvieran a su casa?

No pasó mucho tiempo antes de que Roberto y Graciela, la pareja en la recepción de la Casa Bradford, salieran con Tomás por la entrada. Estaban allí para recibir personalmente a cada invitado. Se mostraron simpáticos y amables y ayudaron con el equipaje mientras acompañaban a Tomás y Pamela al interior de la casa. Sin embargo, Pamela apenas pudo prestar atención al diálogo. Una vez adentro, sus temores se esfumaron cuando vio el decorado victoriano. Estos cuatro días serían para ella un disfrute, más allá de lo que ocurriera con la consejería. ¡Cómo deseaba explorar! El lugar tenía un delicioso aroma a manzana y canela que le dio deseos de encontrar la cocina. Sus ojos recorrieron la escalera que cruzaba la entrada de arcos hacia la gran sala. Por el momento, siguió obediente a Roberto y a Graciela hacia el enorme escritorio de caoba. Dejaría la exploración para más adelante.

Roberto mantuvo la conversación animada y preguntó a los nuevos huéspedes cómo se habían conocido. Sin dudar, Tomás respondió con agresivo sarcasmo: "Yo estaba evangelizando a la salida de un club de desnudo". Se rió de su propio chiste y luego insinuó que había estado esperando que su esposa terminara su turno.

Pamela se sentía mortificada, pero Tomás se mostraba indiferente al incómodo silencio que se produjo.

Los anfitriones, levantando las cejas, procuraron disimular el humor enfermizo del marido ocupándose de entregarles las llaves de la habitación y de brindarles detalles acerca de su estadía.

❂ ❂ ❂

Pamela se sintió herida por la respuesta de mal gusto de Tomás a la pregunta de Roberto, pero no quería comenzar un escándalo apenas habían cruzado la puerta de la habitación.

—¿Qué crees que quiso decir Graciela? —preguntó ella.

—No sé de qué estás hablando.

Ella se estaba refiriendo a lo que había dicho Graciela mientras se registraban. Había mencionado que no se olvidaran de leer lo que estaba escrito en el interior del guardarropa. *¿Y por qué Graciela me miró directamente y dijo que eso me daría esperanza? ¡Si tan sólo supiera que estoy muy lejos de la esperanza!*

Tomás había salido de la habitación sin decir cuándo volvería. Pamela se sentó, quieta, apretando los ojos con fuerza, haciendo tratos con Dios. ¿Cómo podría sobrevivir con este hombre?

Sola por fin, Pamela abrió los ojos para admirar su habitación en paz. Estaba maravillada con el hermoso mobiliario de estilo. Su modo de vivir era sencillo, pero amaba las cosas bellas. Sintiéndose como una reina, se dispuso a acomodar sus pertenencias e instalarse en el lugar. Las palabras de Graciela volvían a su mente. ¿Qué había querido decir su anfitriona?

La habitación estaba amoblada con una majestuosa cómoda que hacía juego con la cama extra grande de madera de cerezo, pero a ella le atrajo el guardarropa que estaba a un costado. Se le aceleró el corazón. Graciela había dicho que leer lo que estaba escrito en el interior le daría esperanza. *Me vendría bien un poco de esperanza.*

Abrió el armario y esperó que sus ojos se adaptaran a la oscuridad del interior. Parecía bastante común: Frío y un poco húmedo. A primera vista no lucía para nada especial. Con todo lo hermoso que era el resto de la casa, parecía que al armario le hubieran faltado las últimas manos de restauración que le habían dado al resto de la casa. Más aún, con una mirada más crítica, el armario parecía gastado y desvencijado por el intenso uso. No se habían ocupado de su mantenimiento. No podía haber esperanza allí. Quizá se le había escapado un detalle en lo que había dicho Graciela.

En un sentido poético, Pamela reconoció cuánto se parecía este viejo armario a su propia vida. Esposa de pastor, cuarenta y cinco años, dos hijos adolescentes y otro de once años. Se sentía marginada, un poco desvencijada y vacía. Especialmente vacía. A lo largo de los años su vida había estado llena de niños, campañas de evangelización y actividades de la iglesia. Se había sentido satisfecha. Nunca podría haber imaginado lo doloroso y confuso que sería criar a hijos adolescentes . . . y la pérdida devastadora cuando las cosas no marchaban bien.

Las tinieblas amenazaban con aplastarla. ¡No! Hoy se mantendría firme. Luchando con sus pensamientos, se dedicó a las tareas en la habitación.

La enorme bañera *jacuzzi* parecía invitarla con insistencia, pero Pamela supuso que primero debía ordenar las cosas. A Tomás le gustaba que todo estuviera en orden, y ella quería que las cosas anduvieran bien los próximos cuatro días. ¿Acaso ella no valía la inversión?

En primer lugar acomodó los materiales de estudio y la Biblia de Tomás sobre el antiguo escritorio. Luego colocó con cuidado los elementos de higiene personal sobre el mármol de la cómoda, tal como a él le gustaba que estuvieran en su casa. Por un momento Pamela se apoyó sobre sus codos en el mármol frío, miró profundamente sus ojos azules en el espejo, y se permitió imaginar que estaba allí con un amante. Un hombre que había ido a buscar flores para ella, o quizá . . . No tenía a nadie más en mente que a Tomás; sólo que pensar en ese tipo de hombre era maravilloso.

Sacó la prolija pila de ropa de la estropeada valija y la llevó al guardarropa. Abrió el cierre de la funda de vinilo con la ropa que había planchado cuidadosamente en su casa. Le encantaba el aroma de la ropa limpia y recién almidonada. Después de fijarse cuáles tendría que repasar con la plancha, encendió la luz en el guardarropas y comenzó a colgar los pantalones de Tomás y sus impecables camisas. Y en ese momento lo vio.

Sobre la pared posterior, el armario estaba lleno de notas manuscritas. Parecían las páginas de un viejo álbum, llenas de fechas, nombres de parejas y mensajes breves.

Hizo a un lado la ropa y metió su cabeza en el armario. Efectivamente, varias personas habían escrito mensajes especiales sobre la pared. Cuando Pamela leyó el primero, quedó pasmada.

"Recibimos la oportunidad de una nueva vida."
DAVID Y NOEMÍ, ABRIL DE 2006

Leyó el siguiente.

"Dios sí alcanza la parte más profunda de tu corazón. Nuestro milagro ocurrió, ¡y el tuyo también puede suceder!"
JAIME Y DÉBORA, DICIEMBRE DE 2005

Mensajes que habían dejado para ella personas que habían asistido antes a los encuentros intensivos. Seguramente se habían hospedado en esta misma habitación. El corazón de Pamela comenzó a latir más fuerte a medida que iba leyendo.

> *"En el sentido emocional, espiritual, mental y físico . . .*
> *puedes conocer el corazón de tu pareja."*
> RAMÓN Y JIMENA, AGOSTO DE 2005

Lo que a primera vista parecía un graffiti en realidad resultó un aceite tibio que calmaba su profunda grieta de dolor. A Pamela se le enturbiaron los ojos mientras leía cada mensaje. No tenía idea de quiénes eran, pero percibía un vínculo tangible, un cordón umbilical con su aplastante soledad. Estaba recibiendo, literalmente, cartas de amor garabateadas en un armario. Leyó acerca de la forma en que Dios había devuelto esperanza y sanidad a esos matrimonios. "Una oportunidad para una nueva vida." Eso era lo que ella necesitaba más. *Es imposible que hayan estado en una situación tan deteriorada como la nuestra,* pensó. *¿O sí?*

Cuando por fin ella y su esposo Carlos cruzaron el acceso a la casa, Victoria Templeton sintió como si hubiera estado respirando por un delgado tubo. El viaje había sido bueno pero había estado marcado por largos períodos de silencio. Victoria estaba segura de que se amaban sinceramente, pero ya no sabían cómo comunicarlo. Cada uno alimentaba su propia pena; eran como las toallas individuales bordadas "él" y "ella" que habían quedado colgadas en el baño principal de su enorme casa en Dallas. A menos que hicieran algo, se alejarían aún más. Victoria no sabía cuánto más podían alejarse antes de que no hubiera retorno.

Ambos habían estado de acuerdo en asistir al encuentro, pero ahora estaban encerrados en sus propios pensamientos. Victoria especulaba hasta qué punto se las arreglaría Carlos para estar recluido durante cuatro días con otras tres parejas con problemas. El ambiente tranquilo de la casa, para no mencionar los cuatro días de terapia intensiva, podía ser desalentador.

Una vez que pudo volver a respirar, Victoria se sintió a gusto en el coqueto lugar. Mientras subía la monumental escalera, se detuvo en el balcón y contempló a través de los impresionantes ventanales de siete metros, el espléndido paisaje de las montañas Ozark, azules y difusas a la luz del atardecer. Era glorioso. Volvería más tarde para contemplar con más tiempo el paisaje a través de las ventanas y la enorme chimenea que abarcaba desde el suelo hasta el cieloraso. A pesar del dolor en su corazón, Victoria disfrutaría del hermoso cambio de escenario.

Los esposos se dirigieron cada uno a su habitación, como lo habían pedido. Aunque parecía poco elegante, era mejor de esa manera. Ella sabía que se sentiría motivada durante los próximos días y quería asegurarse de tener su propio espacio para enfrentar sus problemas. Consideraba que podría pensar y orar con más claridad estando sola. Por supuesto, Carlos no coincidía en absoluto.

Era bueno estirarse después de un viaje tan largo. Se ubicó de pie junto a la ventana para hacer sus ejercicios físicos de rutina. En ese momento vio a un águila que remontaba vuelo sobre los árboles contra el pintoresco fondo de las montañas. Estaba segura de que era eso lo que había visto. Estiró el cuello, esperando verla nuevamente. Le hubiera encantado participar de este momento con su esposo o contárselo más tarde, pero sabía que él le apagaría el entusiasmo cuando pusiera en duda la posibilidad de que hubiera tales pájaros en esta región.

Respiró profundamente, se flexionó, se estiró, giró y adoptó posiciones que le daban relajación y firmeza a su cuerpo. Esta era su pasión: *solo, forte, moderato*.

Victoria había comenzado a leer *El ADN de las Relaciones* unas semanas antes y se había sentido cautivada por la sencilla pero profunda metáfora de la danza del miedo. Describía a la perfección su conflictiva relación con Carlos: Cómo habían perdido la sintonía y poco a poco se habían alejado uno del otro, con la melodía de la vida como fondo. Ella era una bailarina innata y anhelaba sentirse libre para lanzarse a girar, para moverse al ritmo que Dios le había dado . . . y lo hacía, cuando estaba sola. Pero cuando invitaba a su esposo a sumarse, en lugar de ser un hermoso reflejo del amor de Dios en acción, ofrecían una imagen grotesca, tullida y encorvada por el dolor y el rechazo.

Ella y Carlos habían llegado al encuentro intensivo con la expectativa no sólo de aprender qué era lo que paralizaba su relación, sino también con la esperanza de aprender nuevos pasos de libertad. Abrió nuevamente el libro.

Victoria se despertó con frío y adolorida. El enorme colchón de su cama había resultado excesivo para una mujer sola. Cuando encontró sus anteojos y se los puso, la luz del reloj le indicó que eran las once y treinta y ocho de la noche. Sentía hambre y había perdido la cena, pero había tenido la buena idea de traer nueces y frutas secas para tener algún bocado a mano. ¿Estaría preocupado Carlos? Victoria suspiró. Hubiera podido llorar a sus anchas, pero se resistió. Había llorado hasta quedar dormida y la pulsera le había dejado una marca perfecta sobre la mejilla.

La perturbadora pesadilla de bailarines tullidos que había invadido su breve descanso, continuó persiguiéndola ahora que estaba despierta. Su ansiedad había aumentado, no sólo ante la perspectiva de comenzar una sesión de terapia de cuatro días, sino también porque se sentía segura dentro de las paredes protectoras que había construido y no quería que se las derrumbaran. Había aprendido a danzar bien sola. *Señor Jesús, necesito tu paz.*

Buscó su gorro de baño y se dio un baño caliente y prolongado en el *jacuzzi*. Después de algunos minutos en las burbujas tibias y unos momentos para orar, comenzó a sentirse mejor. Sin embargo, no tenía ganas de soportar más pesadillas. Envuelta en su bata de baño de terciopelo color vino, decidió escribir en su diario durante un rato hasta sentirse relajada y lista para dormir.

Meditó en la forma en que había sido entretejido el ADN original de la humanidad por la mano de Dios, el Señor creador, a fin de que pudiéramos danzar con intimidad y libertad con él y con aquellos a quienes amamos. Abrió su diario y escribió frenéticamente:

El ADN de las Relaciones = Nuestro CÓDIGO para
  vivir = Fuimos creados para tener intimidad con
  nosotros mismos, con Dios y con otros.
Nuestro ADN define la estructura de nuestro ser y la forma en que fuimos creados para relacionarnos. Nuestro ADN determina nuestros movimientos a lo largo
  de la vida, nuestra danza. A pesar de las desilusiones
  y del dolor que experimentamos por haber nacido en
  un mundo caído, estamos innegablemente entrelaza-
  dos para vivir en intimidad, a imagen de nuestro
  Padre.
Cuando perdemos de vista el ADN de las relaciones, ya
  no podemos reconocer la hermosa imagen de Dios
  que se refleja en nosotros, y nuestra danza se vuelve
  grotesca. Fuimos diseñados para conocer y experimentar su amor perfecto en la relación con nosotros
  mismos, con otros y con Él. A causa del pecado,
  hemos aprendido a sobrevivir actuando a partir de
  la desconfianza y el temor, y nuestra danza se
  transforma en una renguera dolorosa.

LUNES, 8:00 A.M.

Aferrando su carpeta, Victoria caminó por la amplia escalera de la sala hacia la puerta que tenía el cartel: "Privado: Sesión de consejería". Las demás parejas se reunían en silencio en la pequeña sala, con visible aprehensión, y cada uno iba encontrando un lugar donde sentarse, en divanes o en mullidos sillones. La habitación parecía estrecha.

Victoria, que había sufrido claustrofobia desde niña, había aprendido a prever salidas de emergencia, ya sea que estuviera en una habitación, en un vehículo o poniéndose una blusa por la cabeza. Sus ojos recorrieron el perímetro de la sala. Con alivio, divisó dos puertas que daban al exterior y también a la escalera que iba al piso principal. Como al descuido, cruzó la habitación y abrió una de las puertas como para asegurarse que no estuviera con llave o trabada. Era absurdo, lo sabía, pero ahora podía respirar con mayor facilidad.

Los doctores Greg Smalley y Bob Paul dieron la bienvenida a cada uno de los asistentes. Los dos terapeutas estaban vestidos de manera informal, con pantalones vaqueros, y se les veía tan cómodos en el lugar y entre ellos como si estuvieran en su propia casa. ¡Qué diferencia con el terapeuta que tenía en su ciudad!

Aunque sentía curiosidad por conocer a las demás personas en la sala, Victoria concentró su atención en los dos hombres que la guiarían durante los próximos cuatro días. Quería captar en forma cabal cómo eran, antes de que llegara el momento de revelar algo demasiado personal.

—Es un gusto conocerte, Carlos —dijo Bob. Había llegado el esposo de Victoria y Bob le dio un fuerte apretón de manos, mientras colocaba la otra mano sobre el hombro de Carlos. Victoria observó mientras los dos hombres conversaban por un momento. Carlos era bien parecido y tenía un porte elegante y erguido. Estaba levemente encorvado por la edad, pero bien vestido y con apariencia distinguida a pesar de ser un jubilado. Sus enormes ojos brillantes . . . ¿por qué no comunicaban sus sentimientos?

Su marido se mostraba en guardia pero sensible. Victoria sintió un golpe de celos por la manera en la que de inmediato hizo contacto con Bob: Una rápida aproximación visual y poca inhibición. ¿Cuánto tiempo había transcurrido desde la época en que podía disfrutar de la mirada o el contacto físico con su esposo? Cada día que pasaba la barrera se hacía más grande, y el matrimonio se hundía en el silencio y la indiferencia.

Victoria decidió sentarse junto a una extraña pareja que andaba por los cuarenta, y cuyas tarjetas de identificación los presentaban como Tomás y Pamela. Tomás, el esposo, estaba rígido como una figura de cartón. A su lado estaba sentada una dama rolliza que mostraba una sonrisa con hoyuelos que parecían tallados en sus pómulos. Victoria les hizo un gesto de saludo pero no sintió la necesidad de hablar con ellos.

—Cristina, Rafael, me alegro de que hayan llegado —dijo Greg a una joven pareja que acababa de llegar. Entraron a la habitación al mismo tiempo, lo cual fue la única indicación de que formaban una pareja—. Ésas son sus tarjetas de identificación. Pueden sentarse donde les resulte más cómodo. Sólo eviten sentarse en las rodillas de Bob. —Greg les brindó una amplia y afectuosa sonrisa—. Me alegro mucho de tenerlos aquí. Comenzaremos de inmediato.

Hubo luego una seguidilla desordenada de frases amables, mezcladas con pausas y muchas miradas de observación, mientras esperaban algunos minutos hasta que llegara la última pareja. La actitud despreocupada de Bob y Greg calmaba la tensión en la sala. Era evidente que a los dos les encantaba reírse.

Victoria ocupó su mente memorizando las palabras que había en algunas láminas sobre la pared. Una de ellas decía: "La vida consiste de relaciones; lo demás son detalles."

La otra lámina tenía como título *El ADN de las Relaciones* y decía:

1. Fuiste creado para tener vínculos.
2. Fuiste creado con la capacidad de elegir.
3. Fuiste creado para asumir responsabilidades
   por ti mismo.

Las palabras le resultaban familiares porque había terminado de leer el libro poco antes de venir. Cuando descubrió su propia capacidad de elegir, llamó y se inscribió. Necesitaba ayuda para poner en práctica lo demás.

La última pareja, la de California, llegó tarde como de costumbre. Pablo y Rebeca bajaron raudamente por la escalera en un torbellino de perfume francés y la colección de primavera de *Mark Jacobs*. Él usaba ropa de la mejor marca y ella un realzador de busto. Ambos miembros de la pareja estaban bronceados y estilizados.

Victoria había escuchado a una de las otras parejas mencionar que la llegada con atraso del doctor Stuart y su esposa se debía a dificultades para coordinar el viaje. Le gustó la distracción que produjo la pareja "supermodelo". Quizá con su entrada ella atraería menos la atención. Había aprendido a aceptar que hay muchas situaciones en las que la edad y el color la alejaban de los demás, y se sentía mejor si podía estar fuera de los reflectores. A pesar de su arribo tardío, seguramente fueron de los primeros en levantarse esa mañana, a juzgar por lo meticuloso de su arreglo personal. *¿Esta chica pensará evitar que se le corra el maquillaje?*

¡Esto es terapia!, sonrió Victoria.

Después de ocuparse de que cada uno estuviera lo mejor ubicado y cómodo posible, Bob se acomodó en su silla y estiró su larga figura de un metro ochenta. *Podría jugar muy bien al básquet,* pensó Victoria. Bob se sacó los zapatos y cruzó los pies sobre un taburete. A Victoria le resultó agradable la figura de su cara enmarcada por la barba y sus ojos oscuros, expresivos y confiables. Bob tenía un rostro que les quedaría grabado al cabo de los cuatro días; de alguna manera les comunicaba seguridad.

—Nos alegra que todos hayan llegado —dijo—. Si son como la mayoría de las personas, es probable que se estén preguntando en qué lío se han metido. Es más, puedo asegurarles que si sintieron temor de venir, no son los únicos ni los primeros. La mayoría de las personas siente miedo, pero, créase o no, cuando llega el jueves no quieren irse. Quizás en este momento les resulte difícil imaginarlo, pero es algo tan común, que no nos preocupa decirlo de frente.

Ambos terapeutas se presentaron y hablaron algunas palabras acerca de la tarea y el propósito que tenían en común.

Victoria observó que el doctor Greg Smalley, compañero de Bob y fundador del Instituto Nacional del Matrimonio, era mucho más bajo que su compañero. Tenía una expresión juvenil, con rasgos nítidos sobre una tez clara y el cabello del color de la arena húmeda. Se inclinó hacia adelante con los codos apoyados en los brazos de la silla. Tenía la voz sedante y tranquila. Nada en él sugería que necesitara darse aires o presentarse como "especialista". A Victoria le cautivó la manera en que Bob mostraba franca admiración hacia su colega, quien, como un guía de turismo, parecía estar listo para emprender las marchas y contramarchas de la travesía matrimonial, señalando los accidentes en el camino y los abismos que de otra manera pasarían sin darnos cuenta.

—Lo que me encanta de estos encuentros intensivos —dijo Greg—, es que hablamos acerca de las cosas que revolucionaron nuestros matrimonios y el amor a nuestras esposas. Bob y yo estamos, ambos, llenos de confianza y esperanza en el camino que ustedes recorrerán a través del dolor, porque recordamos el nuestro. Es un privilegio que me permitan acompañarlos hacia ese lugar.

El doctor Smalley inició la próxima etapa con una oración de apertura. Nada retórico. Simplemente pidió a Dios que los guiara y les diera protección, luego hizo una pausa y pidió a los presentes que dedicaran un momento a orar en silencio por sus seres queridos.

Ya comenzaban a correr las lágrimas, y Victoria sintió alivio cuando vio cerca una caja de pañuelos de papel. Sacó algunos pañuelos extra y los dejó sobre su falda mientras se concentraba en orar por su Carlos. Lo único que podía susurrar era *Dios, ayúdanos.* Las lágrimas cayeron sobre el puñado de pañuelos. Sin embargo, en medio del mar de dudas y de confusión, se sentía en paz.

—Amén.

Preparados o no, estaban a punto de comenzar.

Comenzó Bob. —Quizá pocos de ustedes imaginen la historia que ocurrirá en este lugar. Es el santuario que tendrán, alejados de los conflictos y las batallas de la vida. Esta pequeña habitación ha sido el lugar donde han ocurrido milagros tan grandes como la separación del Mar Rojo.

Victoria se preguntó qué significaría esto para Rafael. Él le había hecho un gesto a Cristina; cuando su esposa lo miró, él sondeó su rostro pero no encontró ninguna expresión.

Los dos consejeros se mostraron amables. Con ese enfoque cuidadoso de calmar los temores que pudieran experimentar desde el principio, Victoria comenzó a respirar con más facilidad.

Bob se ocupó de explicar los detalles del enfoque. —Queremos que sepan que aquí no seguimos una receta. En lugar de eso, nos esforzamos por seguir la guía del Espíritu Santo. Nuestra intención es ayudarlos a encontrar el camino hacia lo que anhelan, en lugar de decirles lo que nosotros pensamos que deben querer y cómo debiera ser su matrimonio. Todavía no sabemos lo que necesitan en forma personal. Esto significa que nuestros días aquí no consistirán sólo de un proceso relacional, sino también de uno espiritual. Sin conocer los detalles de su fe ni de sus prácticas de adoración, quiero que sepan que Greg y yo hemos estado orando por ustedes y estamos convencidos de que necesitamos ser guiados por el Espíritu Santo.

Greg hizo un gesto de asentimiento y dijo: —Comencemos la tarea.

Luego pidió a cada pareja que se presentara. —Comenten qué los trajo aquí y qué esperan lograr durante este encuentro. Tanto sus opiniones como sus lágrimas son bienvenidas. Por favor expresen cuáles son sus preocupaciones, tal como ustedes las entienden. No importa si su percepción es absolutamente diferente de la de su cónyuge. Eso es bastante normal.

Greg continuó: —Es más, Bob y yo rara vez coincidimos en algo. ¡Por supuesto, no estamos casados! —Greg mantuvo una expresión solemne fingiendo seriedad, antes de traicionarse con una amplia sonrisa. Victoria sintió que Carlos se puso tenso. Aunque otros en la habitación se rieron, ella sabía que su esposo no encontraría diversión hasta que sus conflictos estuvieran resueltos.

Bob se rió y se dispuso a trabajar: —¿Quién quisiera ser el primero?

UNA CONVERSACIÓN CON LOS DOCTORES
Pedir ayuda

Siempre es difícil, en cualquier situación, admitir que necesitamos ayuda. Así como los participantes en un encuentro intensivo se muestran con frecuencia renuentes a hablar, es posible que te sientas de esa manera en tu propia situación. Dar a conocer tus conflictos y quebrantos a otra persona es complicado y doloroso. Siempre decimos: "¡Esta no es la parte divertida!" Pero no nos cansamos de recalcar lo importante que es abrirnos ante alguien en quien podemos confiar: Un amigo cercano, un pastor, alguien en tu grupo más allegado, un consejero profesional. Es algo sumamente necesario e importante si quieres comenzar el proceso de sanidad.

Si no estás experimentando conflictos en tu matrimonio, es casi seguro que conoces o te preocupas por alguien que los está pasando. Si alguien te confía su dolor y está buscando respuestas, recuerda cuán difícil le fue a esa persona pedir ayuda, y ofrécele todo el apoyo y el aliento que te sea posible.

Pamela echó una mirada por la habitación y se sintió asombrada de la aparente incompatibilidad en el grupo de parejas. Las edades cubrían varias décadas, algunos eran bien parecidos, algunos parecían de buena posición económica, otros no . . . Ella pertenecía a estos últimos: Un aspecto sencillo y una posición económica promedio. Los contrastes llamativos le hicieron tomar especial conciencia de sí misma. ¡Era imposible que Bob y Greg hubieran hecho esa selección de personas a propósito! En cualquier otra circunstancia, las cuatro parejas que ocupaban este reducido espacio no hubieran compartido cuatro minutos, mucho menos cuatro días de intimidad en los que tendrían que revelar sus agonías más reservadas. A Pamela se le humedecieron las manos. Una cosa era obvia: Todos tenían sueños rotos. Estaban rígidos y distantes, y la tensión llenaba la habitación.

Pamela se mantuvo en silencio, deseando que alguna otra persona se ofreciera como voluntaria. Ni siquiera después de veinte años de ser la esposa de un pastor, lograba superar la incomodidad de esos momentos de silencio en los que se espera que alguien hable. Ella sabía que su esposo rompería el silencio, pero no se sentía en absoluto preparada para hablar de sí misma.

—Supongo que podemos ser los primeros. ¿Te parece bien, Cris?

Rafael no tenía idea del alivio que significaba para Pamela, una mujer desconocida que estaba sentada al otro lado de la habitación, que él hubiera sido el primero en hablar. Descansando en la esquina del diván, Rafael había estado retorciendo nerviosamente su arito en la oreja izquierda. Pamela sonrió al mirar su enorme camiseta con una figura gastada de Elmo y una leyenda que decía "Hazme cosquillas" que cubría su barriga y sus pantalones cortos de gimnasia. A ella le hacía pensar en una enorme y suave mascota. La esposa, en cambio, estaba sentada en una silla a su lado, con una postura erguida perfecta, y era evidente el distanciamiento entre ellos.

Pamela no sentía lo mismo respecto a la esposa de este joven. Parecían tan mal combinados como un San Bernardo y un Chihuahua. La delgada y atlética esposa de Rafael no pesaría más de cincuenta kilos y tenía el brillo de una moneda nueva. Se le veía bien cuidada y en perfecto estado físico. Aunque estaba vestida de manera informal, con pantalones vaqueros y una camiseta con capucha, todo estaba cuidadosamente elegido. Parecía ansiosa por comenzar. —Por supuesto, estoy lista —dijo.

Dio una mirada en torno a la habitación e hizo contacto visual con cada persona. —Soy Cristina Conner y este es mi esposo Rafael. Vivimos en Springfield, Missouri, apenas a una hora de aquí. Estuvimos casados siete años, tenemos dos hijos, y ahora estamos separados.

Movía su pierna cruzada hacia arriba y hacia abajo.

—Nuestra historia es que nos casamos demasiado jóvenes, y ahora que sé lo que quiero en la vida me doy cuenta de que no somos el uno para el otro.

Sin poder evitarlo, Pamela hizo un gesto de asentimiento.

—Rafael es un buen muchacho, pero se niega a crecer. Necesito un marido que conduzca nuestra familia y que traiga un salario decente. Lo único que quiere hacer Rafael es andar por ahí con sus amigos, jugar a la pelota, oír música y jugar con vídeos. Hemos recurrido a dos consejeros . . . y él hace intentos a medias de cambiar, por un tiempo, pero luego volvemos al punto de partida. Yo quiero estar en casa con nuestros hijos, pero tengo que trabajar porque Rafael no gana nada y no busca otro trabajo. Ni siquiera lo intenta.

La furia brillaba en sus ojos verdes. Desde donde estaba sentada, Pamela podía observar la mirada de desaprobación que Cristina daba a su esposo. De hecho, la interacción era tan intensa que Pamela bajó los ojos y se quedó mirando sus manos cruzadas sobre la falda.

—No funciona. La verdad es que me las arreglo mejor por mi cuenta, y hay una boca menos para alimentar.

Por el tamaño de Rafael, este último asunto no era menor. Las severas palabras de Cristina sin duda le eran familiares, a juzgar por la expresión apesadumbrada en el rostro de su esposo. A Pamela no le hacía falta mucha imaginación para reconocer la tendencia de Rafael hacia la apatía y la falta de reacción, aunque su amor hacia Cristina parecía sincero.

—¿Cuál era el otro tema? —preguntó Cristina—. Ah, sí. ¿Cuáles son mis expectativas y propósitos?" Cruzó una pierna debajo de la otra, ablandando un poco su actitud inicial de ataque y autojustificación. Miró hacia su esposo.

El miedo surcó el rostro de Rafael y miró en otra dirección, como si no pudiera soportar las palabras que vendrían a continuación.

—Amo a Rafael . . . es mi amigo. Después de todo *es* el padre de mis hijos y hemos compartido algunos buenos momentos. Pero necesito a alguien que me ayude a tomar decisiones, alguien con quien soñar y con quien construir un futuro. No soy su madre. —En voz suave pero firme, expresó—: Quiero el divorcio.

—¿Qué esperas que ocurra en los próximos cuatro días? —preguntó Greg.

—Acepté venir porque me duele ver el dolor que esto está causándoles a Rafael y a los niños. Les encanta estar juntos, y la ruptura de nuestro hogar ha sido terrible para ellos. Quiero un final sano, pero ahora que estoy aquí . . . —su voz se fue apagando.

—Continúa —la animó Greg—. Me gustaría saber qué estás pensando.

—Cuando hablé por teléfono con la recepcionista, le dije que estaba abierta a que ocurriera un milagro. Pero, honestamente . . . tenía la esperanza de que el milagro fuera que Rafael pudiera reconocer por qué no podemos hacer que esto funcione. Ahora que estamos amontonados en esta habitación, tengo la sensación de que voy a recibir la presión de hacer que nuestro matrimonio funcione, independientemente de lo que realmente deseo. Quiero irme.

Greg no parecía perturbado por la actitud tan directa de la joven mujer.

—En primer lugar, Cristina, entiendo bien cómo te sientes. A mí también me gustaría irme si me sintiera presionado para lograr que mi matrimonio funcione. Queremos que sepas que estamos aquí para servirte, no a la inversa. En realidad tienes la libertad de irte cuando quieras.

Cristina se concentró exclusivamente en el terapeuta, como si no hubiera nadie más en la habitación.

—No estoy segura de que nos hayamos casado por las razones correctas, y no puedo imaginar qué modificación valedera podría lograrse en cuatro días a situaciones que no han sufrido ningún cambio en siete años.

Greg asintió.

—Me parece que en realidad necesitas un milagro. Francamente, tampoco sé cómo sucederá. Lo único que sé es que tenemos la oportunidad de ver esa clase de milagros en este lugar todas las semanas. La pregunta que tienes que hacerte es: "¿Estoy dispuesta a hacer este recorrido durante los próximos cuatro días para ver si ocurre un milagro?" Me gustaría poder ofrecerte una garantía. A esta altura, lo único que realmente tenemos para ofrecer es mucha fe. Gracias por tu sinceridad.

Se detuvo un instante para permitir que el momento concluyera. La pierna de Cristina continuaba balanceándose, y a Pamela le parecía que la mujer estaba lista para huir de este lugar.

Greg se volvió hacia Rafael, le hizo un gesto y lo animó a que dijera su parte de la historia.

Rafael se incorporó desde su posición y comenzó a garabatear círculos en su carpeta. Se atragantó y dijo simplemente: "No sé qué hacer. Estoy perdiendo a mi esposa." Daba la impresión de no poder recuperar el aire.

Tenía la cabeza rapada y su ancha frente estaba arrugada hasta que la suavizó pasándose la gran mano por ella.

—No puedo estar a la altura de sus expectativas. No estoy a la altura de lo que ella desea. Ella ya ha decidido lo que va a hacer. —Se inclinó hacia adelante y encogió un hombro, arrimándolo a su oreja—. Por lo tanto, supongo que ustedes pueden hacer su número conmigo, pero de todos modos mi matrimonio está perdido. Ella ya comenzó con el papeleo.

Dio una rápida mirada hacia su esposa, que estaba sentada con los labios muy apretados, concentrada en sus zapatillas, como si las analizara. —Estoy dispuesto a hacer lo que sea necesario para salvar a mi familia —dijo él, mientras mordía su labio inferior hasta que se le puso rígido el pequeño mechón de pelo sobre la barbilla.

Greg podía reconocer la falta de esperanza en la voz de Rafael.

—Gracias Rafael. —Hizo una pausa y luego preguntó—: Muy bien, ¿quién será el próximo?

✣ ✣ ✣

Rafael tenía ganas de llorar, pero no estaba dispuesto a bajar la guardia tan a comienzos de la función. Tomó aire, con ganas de evaporarse. Su primer impulso fue buscar la mano de su esposa, pero se daba cuenta de que a esta altura, eso sería tan perjudicial como sollozar. Casi no había advertido que Greg estaba invitando a la próxima pareja para que hablara.

—Somos Tomás y Pamela, de Phoenix, Arizona. —La voz de Tomás llenó la pequeña habitación, y captó la atención de Rafael. Las severas líneas de pesadumbre habían formado profundos surcos en el rostro del hombre, aunque parecía estar apenas en algo más de los cuarenta. A Rafael no le parecía que la ternura fuera un tema central en el repertorio de este tipo. Cuando Tomás comenzó a hablar daba la impresión de que tenía todos los aspectos importantes de la vida bajo control, con excepción de su desordenado cabello color ceniza, que insistía en rebelarse a pesar de la cantidad de gel que le ponía.

Antes de continuar, Tomás se estiró hacia atrás con una expresión grave. Tenía un rostro severo, con los ojos muy cercanos a la nariz y profundas marcas de viruela en las sienes. Parpadeaba con rapidez y puso las palmas de las manos juntas como en un gesto de meditación, con los pulgares bajo el mentón y los índices frotando la punta de su larga nariz. —Soy el pastor principal de una pequeña iglesia que es fiel a la Biblia. —Cambió de posición y retiró una minúscula pelusa de sus pantalones. La prenda estaba gastada y tenía planchada la raya con firmeza. Su camisa verde estaba muy almidonada.

—Hemos estado casados y dedicados al ministerio, y nunca imaginé estar en una sesión de terapia como ésta. Es más, siempre enseñé en contra de este enfoque. —Suspiró profundamente y se sentó más erguido—. Acepté venir por el bien de mi esposa. Pamela necesita que yo esté aquí. Ha tenido muchos conflictos personales últimamente, y la situación está comenzando a afectar seriamente a nuestra familia. —Hablaba sermoneando, con marcado tono sureño, y acentuaba las palabras. Por ejemplo, prolongaba las letras al decir: "Pamela ha tenido muuuchos problemas".

Rafael recorrió la habitación con su mirada y observó que había probabilidades de que las diferentes personalidades entraran en conflicto antes de completar los cuatro días. Advirtió que el muchacho de aspecto asiático identificado como "Pablo", fruncía el ceño y apretaba los labios con fuerza, con visible desprecio hacia las palabras del ministro. Y la rubia que estaba con él, que parecía una modelo, hizo un breve gesto de sorpresa, y luego su rostro se contrajo en una inconfundible mueca de desaprobación.

Tomás avanzó. —Nuestra hija de quince años anda bien. Es

una estudiante sobresaliente y una intérprete de música maravillo-sa . . . —Se tomó la libertad de relatar la forma en que su "orgullo y alegría" interpretaba el piano en concursos y en la iglesia—. Y nuestra hija menor también es una buena niña, aunque está luchando con algunos problemas. —En este punto su rostro se oscureció—. Las familias de los pastores sufren una presión adicional. Estamos preparados para enfrentarla . . . aunque supongo que estamos aquí en busca de algunas respuestas prácticas. — Como si se le ocurriera en ese momento, el pastor miró a Cristina y agregó—: A diferencia de otras parejas en esta sala, la palabra *divorcio* no figura en nuestro vocabulario.

Ahora fue Rafael el que se puso furioso. ¡Este ser repulsivo no tenía la menor idea de lo que estaba hablando! De inmediato se sintió solidario con la penosa situación de Pamela, la esposa del pastor. Se le veía dulce pero asustada. Sintió pena por ella y se preguntó qué podrían hacer los doctores Smalley y Paul para que su esposo fuera menos odioso. Ella estaba sentada en actitud respetuosa mirando a Tomás, con los pies cruzados en los tobillos y las manos plegadas sobre la falda de su vestido sencillo. Cuando le hicieron señas para que hablara, comenzó a retorcer las manos. Tenía el cabello corto sostenido hacia atrás con hebillas que temblaban levemente, poniendo en evidencia su temor.

Mirando fijamente hacia adelante, Pamela hizo una breve y temblorosa aspiración antes de comenzar. —Como dijo Tomás, estamos buscando algunas respuestas prácticas. Estoy convencida de que Dios nos dio en la Biblia todo lo que necesitamos, pero nos hace falta saber de qué manera aplicar su verdad a nuestra vida cotidiana. Nos diferenciamos de otras parejas porque no peleamos. —Tenía la mirada vacía y muy triste. Explicó que tanto ella como Tomás coincidían en que su principal preocupación eran sus hijos—. Pero tenemos la expectativa de que este encuentro intensivo nos pondrá a ambos en un mismo canal, por así decir, para que regresemos a casa como un frente unido.

—Y en tu opinión, Pamela, ¿cuáles consideras que son los problemas? —preguntó Bob con amabilidad.

Todo el cuerpo de Pamela temblaba como si estuviera a la intemperie en medio del frío. Rafael le alcanzó un chal que ella puso sobre su falda. Ella asintió, tomó aire nuevamente, y miró a su esposo antes de bajar la mirada.

—Yo . . . yo he estado deprimida . . . —dijo apenas en un susurro—. Tenemos otro hijo que el predicador no mencionó.

Hubo una pausa incómoda mientras Pamela inclinaba la cabeza avergonzada.

—Nuestro hijo mayor ha decidido vivir en disipación y pecado —declaró Tomás rotundamente—. Cuando se negó a arrepentirse, no tuve otra opción que expulsarlo de nuestra familia y de la iglesia. Mi esposa se niega a perdonarme este acto, pero soy responsable delante de Dios y de la iglesia. Y el comportamiento de Zacarías ha perturbado terriblemente a las niñas.

Cuando Tomás terminó de hablar, el grupo estaba pasmado.

Greg sugirió que tomaran un breve descanso. Las parejas se relajaron, se estiraron, y varios de ellos se sirvieron café o buscaron botellas de agua del refrigerador que había en la pequeña cocina cercana.

Rafael se deslizó hacia afuera tan rápido como su enorme cuerpo lograba moverse. Cualquier manifestación de conflicto le resultaba demasiado pesada.

Bob aprovechó el breve descanso para hacer una rápida llamada con su celular. Apenas había salido del lugar y dado algunos pasos, cuando oyó detrás de sí el golpeteo de unos zapatos de mujer. Rafael observó cuando Bob hizo un medio giro hacia la silueta rosada: La esposa del médico corría hacia él agitando los brazos. Bob le hizo señas de que estaba ocupado con el teléfono, pero eso no pareció frenarla en absoluto. Con gestos frenéticos mostraba que no le importaba interrumpir la llamada. Rafael se alejó, con la intención de no escuchar el diálogo confidencial, pero de todos modos le llegaban las palabras.

Bob pidió a su interlocutor que esperara un momento.

—Bob —sin aire, después de correr para alcanzarlo, la mujer insistía—: No podemos funcionar en grupo. Nuestros problemas son demasiado complicados y humillantes... ¡Mi esposo tiene una aventura con otra mujer! Es demasiado íntimo y necesitamos ayuda especial.

Rafael tragó saliva y los observó.

Bob se las arregló para interrumpir la llamada y le dijo a la extravagante mujer que era comprensible que no quisiera hablar en el grupo de sus asuntos privados. Con auténtica compasión, le explicó que se ocupaban tanto de los problemas de infidelidad como de otros.

Ella quedó impresionada.

—¿De verdad?

—Lamentablemente, sí. Puedo imaginar lo doloroso de tu situación, pero de ustedes depende sobre qué hablamos. Sin embargo, tengo el presentimiento de que tienes la esperanza de recibir alguna ayuda. Depende de que la pidas.

La mujer (Rafael recordó que su nombre era Rebeca) se quedó inmóvil, como si no estuviera segura de qué hacer con esa respuesta. Rafael observaba fascinado. ¿Se iría? Uno podría pensar que le darían un empujoncito para que se quedara, pero Bob acababa de asegurarle que no la presionaría. La sorprendente mujer todavía parecía sentirse incómoda, aunque al mismo tiempo se veía calmada gracias a la actitud confiable de Bob. Rafael suponía que una mujer tan bella estaría acostumbrada a mantenerse a la defensiva frente a los hombres que trataban de manipularla. En cambio Bob acababa de entregarle el control de la situación. Ella se quedó mirándolo, asintió con la cabeza y volvió hacia la sala.

Antes de que Rebeca saliera en busca de Bob, su esposo se había precipitado escaleras arriba. No tenía que ir a ningún lugar, pero Rebeca sabía que Pablo necesitaba un minuto de tiempo. Se sentía tan miserable allí, que ella estaba segura de que no estaría dispuesto a compartir el tiempo de consejería con la pareja que acababa de presentarse. ¿Qué había dicho Tomás acerca de su hijo? ¿Una vida licenciosa? *¡Ya le daremos duro al reverendo!* Sin duda los verdaderos colores de Pablo saldrían pronto a la superficie. Ella sólo deseaba que no terminaran en algo desagradable. Pablo había prometido que no diría palabrotas durante el encuentro, pero no estaba segura de que pudiera mantener el control de su buena imagen. Había soportado durante años las exigencias autoritarias de su padre, y no estaba dispuesto a tolerar más planteamientos severos o legalistas.

Mientras tomaba asiento, Pablo se inclinó para acomodar su carpeta y Rebeca vio su expresión atormentada por la frustración. Él se negaba a mirarla; daba la impresión de que quisiera darle un golpe a algo o a alguien. Tenía gotas de sudor en el negro y espeso cabello sobre sus sienes. Ella sabía exactamente cómo hacer que liberara algo de esa tensión.

—Continuaremos nosotros. Yo soy Rebeca Stuart, de Newport Beach, California, y él es Pablo, mi esposo. —Con una sonrisa boba, sacó los pies de sus zapatos.

Pablo apretó la mandíbula cuando inclinó la cabeza.

—Mientras entrábamos al estacionamiento se me aceleró el corazón. Literalmente me sentí enferma. '¿Por qué estoy aquí?', me pregunté. Pues bien, les diré por qué estoy aquí . . . —Acentuó sus palabras con una pausa, mientras acomodaba con el índice un mechón de cabello detrás de la oreja y luego lo usó para apuntar directamente al acusado—. ¡Mi esposo me arruinó la vida!

✪ ✪ ✪

Rafael observó mientras Rebeca estiraba su mano hacia la caja de pañuelos y sacaba uno con un exagerado movimiento de su muñeca. Su pulsera con incrustaciones de diamantes brillaba mientras

envolvía el pañuelo alrededor de su dedo bien cuidado y se limpia-
ba el lagrimal con delicadeza.

Rafael había dejado de garabatear cuando Rebeca comenzó a
hablar. Escuchaba concentrado. Mirándola, no le parecía que tuviera la vida arruinada. Es más, era una de las mujeres más hermosas
que jamás había visto. Tenía la piel bronceada color caramelo, que
contrastaba con el cabello con mechas o reflejos platinados. A él le
dolía verla tan descompuesta. Para empeorar las cosas, su esposo la
ignoraba. Rafael podía adivinar quién era el idiota en esa relación.

El rostro de Rebeca se contrajo por la angustia. —Me pongo
furiosa cuando pienso en todas las cosas que he tenido que soportar: Sentir que no valgo nada, que no soy deseada . . . que estoy
sola. —Siguió llorando y retorciendo el pañuelo. Con un gesto de
desesperación lo arrojó al suelo y extrajo otro de la caja.

—Pero nada me ha dolido tanto como el romance que *en este
momento* mantiene Pablo. Sólo pensarlo me da ganas de *vomitar.*
Si antes había tenido alguna cautela de dar a conocer su historia,
ahora lo hacía sin pudor. Apretó sus nudillos contra los labios
temblorosos.

Rafael sentía que le corría el sudor por los costados. Ahora que
la realidad dolorosa y descarnada de Rebeca estaba expuesta ante
sus ojos, no podía negar la posibilidad de que le ocurriera a él.
Aunque no lo sabía con certeza, sospechaba que su esposa había
tenido una aventura antes de que se separaran.

—Bien, ya lo dije. Mi esposo ha estado engañándome, ¿verdad?
Rebeca lloró en silencio y apretó el puño. —¡Me siento tan
estúpida! Tengo derecho de divorciarme de él, pero Dios aborrece
el divorcio y quiero honrarlo. He tratado de mantener la cordura,
pero sinceramente . . . Soy una ruina.

Aspiró por la nariz con fuerza varias veces. —Pues bien, ésa es
la razón por la que estamos aquí. —Miró a Bob por primera vez
desde que comenzara a hablar—. Bob, creo que nos quedaremos.
¡Nosotros también necesitamos un milagro, y lo necesitamos ahora
mismo!

—Gracias, Rebeca. —Bob le hizo un gesto de aprobación y luego le pidió con una seña a su esposo que hablara.

Pablo se mostraba extremadamente indiferente hacia su esposa. Rafael se preguntaba si parte de la conducta exagerada de Rebeca tenía el propósito de ganar la atención de su esposo. Era evidente que él no deseaba estar en el encuentro. Tenía la mandíbula rígida y los dedos agarrotados. Todo ese lenguaje corporal comunicaba que era una persona cerrada, y que para él no había nada peor que estar en ese grupo. Señaló su tarjeta de identificación y dijo unas pocas palabras.

—Soy Pablo. Y supongo que le he causado mucho sufrimiento a mi esposa.

Estoy seguro que sí, pensó Rafael.

Pablo hizo una pausa. Pero como pueden ver —aspiró profundo, visiblemente molesto—, Rebeca tiende a dramatizar y . . . es bastante paranoica. Con muy pocos detalles, su mente comienza a volverse loca con las sospechas y las ideas chifladas. —Cruzó las manos detrás de su cabeza y se le marcaron los bíceps. Rafael procuró no demostrar que lo había notado, porque en realidad no era importante. Pablo no parecía estar consciente de su aspecto—. Mi esposa puede volverse muy exigente. Sinceramente intenté hacer las cosas bien. —Al escuchar esto, Rebeca echó la cabeza hacia atrás y miró al techo.

Rafael miró a uno y a otro. Sin tomar en cuenta a la mujer que tenía a su lado, Pablo pasó a describir de qué manera había intentado conducirse correctamente, sin que nada fuera suficiente. Argumentó que después del nacimiento de sus dos hijas, todo había cambiado y su matrimonio había comenzado a morir. Peleaban tanto que terminaron matando lo poco que quedaba. —¿Y la aventura? No es la *causa* del fracaso de nuestro matrimonio, es sólo el resultado.

En ese momento ella se irguió en el diván como impulsada por un resorte. —¿Se supone que tengo que estar sentada escuchando todo esto, sólo porque él piensa que es así? ¿Dónde se fue la realidad?

Bob intervino. —Rebeca, sé que estás sufriendo y nos importan mucho tus sentimientos . . . Tenemos el compromiso de hacer todo lo que esté a nuestro alcance para ayudarte a lograr lo que te motivó a venir. Sin embargo, también necesitamos escuchar a Pablo. Sus sentimientos y sus puntos de vista también nos importan.

Ella giró los ojos nuevamente y dio la espalda a Pablo, a la vez que se obligó a estar en silencio y dejarlo hablar. Rafael comenzó a pensar que quizá la historia tenía dos caras.

—¿Cuáles son tus expectativas para los próximos cuatro días, Pablo?

Inclinándose hacia adelante, Pablo colocó los codos sobre las rodillas y golpeó la alfombra con la punta de su zapato. Tenía la cabeza baja.

—No lo sé —murmuró—. Llegué al fondo. Supongo que quiero recibir el diagnóstico, y luego sabré como proceder.

Bob se mostró sinceramente dispuesto a satisfacer el pedido de Pablo.

—Nos interesará saber con más detalles lo que deseas y qué resultado esperas.

◊ ◊ ◊

—Carlos, Victoria, gracias por la paciencia de esperar y ser los últimos.

Victoria inclinó la cabeza y prestó atención al susurro de la brisa primaveral entre los árboles, a los latidos de su corazón, al zumbido del refrigerador en la cocina aledaña. Luego se concentró en el estampado de los muebles. La figura que se veía sutil desde lejos, observándola en detalle mostraba la imagen de una antigua estancia. Había un joven practicando golf, y los colores combinaban el marrón y el azul pálido. *Este diseño se parece a Carlos*, pensó. Por cierto, Carlos no era un hombre expresivo, pero si se lo observaba con más atención, se parecía a una escena campestre, intrincada y compleja.

Aún en ese momento, su expresión era tan sombría como la chaqueta oscura que estaba usando. En claro contraste con él, Victoria se vestía con tonos intensos y vibrantes de fucsia, violeta y amarillo oro. Estaba diseñada para reírse, bailar y amar con libertad. Victoria conocía su ritmo, y aunque sabía cómo danzar a solas en la intimidad de su mente, uno de los pesares que la perseguía era la inalterable realidad de que no podía combinar el ritmo con su esposo.

Estaba sentada a la izquierda de él y levantó los ojos para mirar a Carlos en busca de consuelo, pero no lo encontró. En lugar de eso vio el cruel recuerdo de la agonía interior de su esposo: Una dura cicatriz de cinco centímetros esculpida en su mejilla. Victoria sentía deseos de deslizarse más cerca de él y tomarle la mano, pero no se atrevió. Ella no se permitiría invadir la barrera invisible del dolor de su esposo. Aunque él compartía el asiento con ella, parecía eternamente distanciado. Podrían haber estado en dos continentes. En realidad, hasta poco antes lo habían estado, y a Victoria le había parecido mucho menos solitario.

Estaba comenzando a sentirse más completa en sí misma, aunque todavía quedaba un hueco vacío y frío en el rincón que Carlos ocupaba en su corazón. Ella no podía correr el riesgo de su rechazo. Tampoco estaba preparada para brindar lo que él pudiera necesitar de ella, cuando estuviera dispuesto a darle nuevamente la bienvenida. Ya era demasiado el conflicto que tenía en su interior.

Carlos estaba sentado en silencio. Cuando le llegó el turno de hablar, elaboró sus frases con mucho cuidado, como si temiera tener que rendir cuentas de cada palabra. Pero Victoria las pasó por alto. Era un recordatorio nefasto de algo que todavía estaba muy crudo: Una casa y una vida formada por habitaciones que ahora repetían el cruel eco del vacío; el recordatorio cotidiano de que ella y Carlos estaban solos.

Cuando le llegó el turno de hablar, estaba preocupada con

respecto a cómo describiría la dura realidad de que nunca se sentía tan sola como cuando estaba con su esposo. Seguramente las demás personas en la habitación eran demasiado jóvenes para entenderlo. No sabía cómo expresar sus pensamientos . . . cómo explicar que su esposo era como una aspiradora gigante que podía succionar toda la alegría que ella tuviera.

Nunca había podido explicarlo bien. ¡Ah, si tuviera la audacia de la esposa del joven médico, que mostraba cada gramo de su furia moviendo su cabeza, haciendo gestos ampulosos con sus manos delicadas y llenas de joyas, irguiéndose en su asiento, con los pies sobre el diván! Bueno, quizás aquella mujer se excedía un poco.

Presa del pánico, con sus treinta y dos años junto a él, sintió que se desmayaba. Tenía la sensación de que la habitación se estaba cerrando, y mantuvo un ojo sobre la puerta. *¡Quizá no fue una buena idea asistir a este grupo de terapia!* Las historias de las demás parejas sacaban a la luz su propio sufrimiento reprimido. Aunque habían transcurrido seis años desde que perdieran a Isaac, todavía parecía que hubiera sido ayer.

Su mente recorrió veloz los pensamientos desordenados. Recuerdos de conos de helados, risas, el bebé envuelto en la mantilla tejida a mano, acunarlo durante la noche . . . su Isaac se había ido, y con él el alma de su querido Carlos.

Pero la vida continuó . . . por lo menos la de ella. En medio del dolor que perduraba, los demás nietos llenaban su vida. Si tan sólo Carlos aceptara abrirse y abrazarlos.

Carlos estaba diciendo algo acerca de que su esposa se mantenía fría, distante e insensible. Victoria admitió esto con un débil gesto de asentimiento. A lo largo de los años se había mantenido todo lo disponible que podía. Ahora deseaba no haberlo hecho, porque sólo lograba el resentimiento de su esposo. Ella también sufría . . .

Escuchó que Greg le preguntaba cuáles eran sus expectativas para la semana.

Con profunda tristeza, respondió suavemente.

—Espero que podamos encontrar respuestas, doctor Smalley. Nuestra vida cambió para siempre. Yo también morí ese día. Pero quiero volver a vivir.

—Nuestra oración es que podamos ayudarte a encontrar las respuestas que estás buscando, y que experimentes el toque del Señor en tu corazón quebrantado —Greg hizo una pausa—. Gracias por estar aquí, Victoria. Quizá todavía no te sientas segura, y por ese motivo no logras participar plenamente en lo que está sucediendo. Consideramos la seguridad como algo prioritario —continuó Greg, recorriendo con su mirada la habitación—. Queremos hacer todo lo que esté a nuestro alcance para que sientan este lugar como el sitio más seguro en el que hayan estado. Parece una meta elevada, ¿verdad? Te invitamos a sumarte a nosotros para lograr que nos sintamos seguros en esta habitación.

Bob explicó que una de las mejores maneras para crear un ambiente seguro es mantener alejada la actitud de juicio. —Las personas se sienten temerosas de abrirse por completo cuando tienen miedo de ser juzgadas. Por favor, dejen el juicio afuera antes de entrar. Si están realmente apegados a él, pueden recuperarlo al salir, pero mientras estemos aquí dentro, queremos que se sientan seguros.

—Antes de que hagamos una breve pausa —continuó Bob—, quiero agradecer a todos por su honestidad. Sé lo difícil que puede ser este primer día. Es más, a menudo me digo: Si todos los días fueran lunes, ¡me buscaría otro trabajo! Pero como sé que llegarán el miércoles y el jueves, cuando podremos ver los milagros que Dios tiene reservados para este grupo, sé que vale la pena resistir. Y quiero que ustedes también lo sepan. El primer día es difícil y desordenado. ¡No es la parte divertida! Pero es una parte necesaria—

—Nos aferramos a la promesa que Dios hizo en Isaías 61:4: 'Se reconstruirán las viejas ruinas, se levantarán los edificios destruidos hace mucho, y se repararán las ciudades en ruinas'.

Victoria se dio cuenta de que sonreía cuando Bob citó uno de sus textos favoritos en las Escrituras. Ella creía en esa promesa . . . ¡Ah, cuánto creía en ella! Rogó que su verdad también iluminara a su querido Carlos antes de que terminara la semana.

—Una cosa más. —Greg hablaba con suavidad, pero mantenía la atención de todos—. Recibimos el honor como un legado de mi padre, el doctor Gary Smalley. No importa qué suceda, practicaremos y mantendremos el honor y el respeto en esta habitación. También mantendremos la confidencialidad cuando nos vayamos de aquí. Repito, queremos que éste sea el lugar más seguro donde hayan estado. Tenemos el compromiso profesional de mantener la confidencia de todo lo que ocurra aquí. Si bien ustedes no están bajo el mismo compromiso, les pedimos que asuman la responsabilidad de no mencionar por nombre fuera de este lugar a ninguno de los que están aquí.

Cristina sentía deseos de huir y esconderse. Acababa de escuchar a otras tres parejas que describían problemas tan difíciles como el de ella. ¡No tenía la energía necesaria para presentarse ante ninguno de los que estaban en la habitación! ¿Cómo podrían Bob y Greg satisfacer lo que necesitaban en apenas cuatro días? Estaba a punto de sufrir un ataque de ansiedad.

Cuando Greg dijo, "Queremos que este sea el lugar más seguro en el que hayan estado", Cristina estuvo a punto de salir corriendo dando gritos. Por supuesto, nunca haría una cosa semejante. Era una persona muy controlada. No se consideraba fatalista, pero nunca había estado tan paralizada como ahora. Además de estar preocupada por no tener suficiente tiempo para resolver sus problemas, se daba cuenta de que había destinado el tiempo precioso de sus vacaciones y había permitido que su madre le facilitara los ahorros que con tanto esfuerzo había reunido, para ayudarlos con el costo del viaje y la inscripción del encuentro. ¿Y todo para qué? ¿Para que estos dos tipos la convencieran de que debía mantener un matrimonio que ya no le interesaba?

¿Y Greg pretendía que ella se sintiera segura? ¡Era una locura!

No había nada seguro. En su cabeza sonaba de forma continua la cinta grabada con la reprimenda de su madre reclamándole que hiciera lo correcto. No sabía cómo lograrlo, y tenía miedo de que su pecado reciente quedara expuesto . . . ¡Todo estaba revuelto en su interior! Simplemente no podía aceptar la idea de seguir casada. Sentía como si estuviera en una trampa y estaba desesperada por liberarse.

Allí estaba, inmóvil, cuando en realidad debería haberse puesto en acción de un salto: Exigir que le devolvieran su dinero o algo semejante. Por encima de la conmoción que había dentro de su cabeza, escuchó que Bob volvía a nombrarla.

—¿Cristina? Tengo la impresión de que te ocurre algo. ¿Puedo ayudarte de alguna manera?

Ella no se había dado cuenta de que los demás habían salido de la sala de consejería para tomar un descanso, y el único que estaba era Bob. Cristina observó los detalles del piso, mientras él se acercaba y se sentaba frente a ella.

—Me siento forzada a seguir en una dirección que no me gusta . . . donde no puedo ir. Literalmente, no tengo las fuerzas para hacerlo —se mordió los labios—. La ironía es que me parece que soy una persona más fuerte ahora que antes de tomar la decisión de dejar a Rafael. No lo entiendo —se sentía tironeada y lo peor era que tenía la impresión de que estaba fallando en todo—. No puedo mantener el control de la situación. Me parece que lo estoy perdiendo por completo —miró de soslayo a Bob, evitando encontrarse con sus ojos—. Por fin he llegado a un punto en el que puedo decidir con libertad frente a las exigencias y a los desacuerdos de mis padres . . . pero no puedo reconocer un camino que agrade a Dios. Me siento condenada. He intentado hacer las cosas de manera correcta, pero ¿qué sucede cuando no salen bien y uno se encuentra completamente atrapado?

—Quizás estás poniendo al carro delante del caballo —dijo Bob—. Aunque llamamos a esto un encuentro *matrimonial*, en este momento no podría recomendarte que comiences la semana intentando decidir si tú y Rafael deben continuar juntos. Con todo el conflicto que hay en tu interior, no sería conveniente que tomaras esa decisión el primer día. Es imposible que te sientas segura.

Se mantuvo cautelosa, mientras él se acomodaba en la silla esperando que ella superara su escepticismo. Cristina quería hacerlo, pero no lograba superar su resistencia.

—Me gustaría hablar de estas cosas contigo si lo deseas —le dijo Bob—, pero sería bueno que salieras e hicieras una pausa. No necesitas tomar una decisión en este momento. No quiero decir que la postergues de manera indefinida, sólo que no la tomes hoy. Libérate de esa carga. Por ahora tenemos que concentrarnos en ti y en tus necesidades. ¿Qué te parece?

Sonaba bien. Cristina levantó los ojos con un gesto de desánimo.

—No soy de las que abandonan —dijo ella—. Simplemente me faltan energías para encarar esto. Lo único que pude hacer hasta ahora es ocuparme de mis hijos.

—Sí, te escuché decir con claridad que estás exhausta, y me encantaría que pudiéramos ayudarte a resolver esto sin que sea una *lucha*. Estamos aquí para ayudarte a encontrar algunas respuestas que no sólo estés dispuesta a aceptar como una manera de seguir adelante, sino que te sientas entusiasmada por ellas. Dejemos a un lado por el momento la opción de mantenerte casada o separarte. ¿Te parece bien?

»Nuestra meta para Rafael *y* para ti es que se vayan de este encuentro sintiéndose bien como individuos, más cercanos al proyecto que Dios tuvo para cada uno cuando los creó, como hombre y como mujer. La única manera de que reciban sanidad es abrirse a la orientación y al cuidado de Dios hacia ustedes como personas. Esto es lo primero y lo principal. Y si en el proceso tú y Rafael descubren que existe una manera de estar juntos, quizá decidan hacerlo.

Cuando diez minutos más tarde regresaron los demás invitados, Bob estaba recostado en el piso con los pies sobre el diván, conversando animadamente con Cristina. Su actitud era tan relajada que ella podría olvidarse que era un terapeuta. A él le resultaba natural ocuparse de asuntos difíciles y de inmediato pasar a conversar sobre sus hijos, sobre música o sobre la crianza de mascotas.

Antes de recomenzar, Bob les explicó que Cristina se sentía atrapada y no estaba segura de que deseara quedarse. Era evidente que los demás también tenían temores. Bob los tranquilizó al decirles que no necesitaban ocultar sus emociones, y que era mucho más conveniente explorarlas juntos. —Si te parece bien, Cristina, revisemos un poco más lo que sientes.

Ella ya estaba preparada para hacerlo.

—Me doy cuenta de que lo que estoy por decir les parecerá diferente de otras enseñanzas que quizás hayan recibido, pero tenemos la confianza de que está bíblicamente afirmado. Y cualquier cosa que nos escuchen decir, si no es coherente con las Escrituras o no reciben confirmación del Espíritu Santo en su propio espíritu, por favor descártenlo.

Encogiéndose de hombros, Cristina aceptó.

—No entiendo por qué el matrimonio y la libertad te resultan incompatibles en este momento, pero, dejando a un lado temporalmente tu relación con Rafael, me parece que el asunto que más te apremia, Cristina, es el de tus necesidades personales. Da la sensación de que imaginas todo esto, aun el hecho de estar aquí, como una opción entre el matrimonio y tu persona.

—En este momento lo es.

—¿Por qué?

Cristina se sentía incapaz de darle a su vida un rumbo acertado. Cualquier cosa que eligiera sería terrible. Ya sea que diera media vuelta y regresara a su casa y continuara con todo el lío, o se fuera para siempre, sabía que sus hijos sufrirían. En cualquiera de esos casos, su madre y Dios se sentirían disgustados.

—Estoy en un punto en el que debo elegir pero no puedo hacerlo. Es como si tuviera una sola opción: Estar casada y convencerme de que estoy bien. Eso es lo que Dios quiere.

Se sintió abrumada y comenzó a llorar.

—Creo sinceramente que Dios quiere lo mejor para ti. A menos que me equivoque, tú eres su hija y Él te ama.

Ella lo sabía. También la amaba su mamá . . . y le haría saber que estaría controlando cada paso que Cristina diera en la vida.

—Tienes otras opciones —dijo Bob—. Quizá no te gusten, pero las tienes.

—Puede ser. ¿Por ejemplo? —preguntó ella.

—Si en realidad tuvieras que elegir entre el matrimonio y tu persona, y ésa fuera la única opción, te recomendaría que optaras por tu persona.

—¿Qué? —Cristina giró la cabeza hacia Bob y lo miró con incredulidad.

—En este momento sientes que tienes que optar entre el matrimonio y tu persona, ¿verdad?

—Ajá.

—¿Y cuál *es* tu opción?

—Opté por mi persona, aunque no sea lo correcto —su mente recorrió con rapidez sus opciones más recientes, mientras seguía con el índice el diseño sobre el diván.

—Un momento. Aunque quieras juzgarte a ti misma, no me sumaré a tu juicio. Por ahora quiero que sepas que te animo a optar por tu persona. ¿Sabes por qué?

—No.

La sala había quedado tan silenciosa que Cristina podía escuchar la respiración de los demás. ¿Estaba él animándola a elegirse a *sí misma*?

—Antes de seguir hablando, permíteme hacer un prólogo a mi respuesta —dijo Bob—. Cristina, ¿tienes claro de qué se tratan mi trabajo y mi ministerio?

—¿Salvar matrimonios?

—Sí, salvar matrimonios me resulta apasionante. En este contexto, te diré algo; escucha con atención. He llegado a la firme conclusión de que el bienestar de un individuo es siempre más importante que el bienestar de un matrimonio.

El bolígrafo de Rafael se detuvo en la mitad de un trazo. Levantó una ceja con gesto interrogador. Con una rápida mirada, Cristina advirtió que a su esposo no le gustaba el rumbo que tomaba la conversación. Eso la desconcertó un poco. Le habían pagado a este hombre buen dinero para que salvara el matrimonio, no para que la animaran a ella a abrirse y descubrirse a sí misma.

Cristina quiso saber la respuesta a la pregunta en la que todos estaban pensando: "¿Cómo puedes decir eso?"

—Porque Jesús vino a salvar personas, no matrimonios —dijo Bob.

Rafael parecía perplejo. Tomás, el pastor, se estaba poniendo rojo.

A Cristina no le sobraba el tiempo para preocuparse acerca de lo que Rafael o los demás pensaran. Necesitaba ponerlo en claro para sí misma.

—¿Cómo puedes echarlo abajo de esa manera? He pactado bajo juramento delante de Dios. Si tuviera la libertad para elegir, siempre elegiría mi persona. ¡Esto no puede funcionar así! —cruzó los brazos—. *Elegirme* significa que Rafael no forme parte de mi vida en absoluto.

Rafael se encogió de hombros hasta las orejas y se puso a examinar su bolígrafo.

—Me parece que estás reduciendo toda la cuestión a una opción que no necesitas hacer. Lo que digo es que comenzamos por cuidar a Cristina.

—¿Cómo se puede lograr eso en cuatro días? —su llama de esperanza estaba disminuyendo rápidamente.

Bob explicó que entendía la preocupación de Cristina por el corto tiempo y reconoció que sin duda le era más fácil a él sentirse calmado en cuanto al proceso.

—Después de todo, ¿qué pierdo yo si esto no funciona? Pero me imagino que ustedes están aquí porque tienen la expectativa de que quizá tengamos algo que todavía no hayan escuchado o intentado. Supongo que ya han probado todo lo que podían hacer.

Greg tomó la palabra.

—¿No se sentirían ustedes un poco desilusionados si sólo dijéramos más de lo mismo que ya han escuchado?

—Supongo —dijo Cristina, todavía un poco insegura. Deseaba confiar en estos hombres y sabía que eran personas devotas, pero no estaba segura del rumbo por el que la estaban llevando. Pero sobre todo, no quería que jugaran con ella. Después de conversar con Bob, tenía bastante confianza de que irían directo al grano.

—Les sugerimos que consideren algo que ayudó a otras personas cuyos matrimonios funcionaban bastante mal —continuó Bob—. También nos ayudó a Greg y a mí. Uno de nuestros mayores compromisos es el de enseñar solamente lo que funciona en nuestra propia vida. Tiene que ser algo más que una buena teoría. Sabemos que funciona porque lo vivimos. De modo que esto es lo que quiero proponerles . . . —con toda claridad y sin dar rodeos declaró que el encuentro podía dar resultado o no—. Para que esto resulte, no necesitan tener la clase de fe que yo tengo. Es más, en lo que a mí respecta, no hay problema en que se monten sobre mi fe en caso de que lo necesiten, sólo lo suficiente para que lo comprueben. Ése es el riesgo más grande que tendrán que correr por el momento. Espero que puedan encontrar la manera de relajarse y estar tranquilos en cuanto a cómo y cuándo encontraremos una solución, y la forma en la que Dios lo hará. La única actitud necesaria es que estén dispuestos a dar un paso a la vez.

Cristina se mantuvo pensativa.

—¿Recuerdas la forma en la que definimos a un matrimonio exitoso?

—Cuando ambos muestran entusiasmo . . .

—Sí.

—Bob, nunca usé la palabra *entusiasmo,* mucho menos en relación con mi matrimonio.

La mayoría de los que estaban en la sala podía identificarse con esas palabras y les hizo gracia la franqueza de Cristina.

—¡Pues justamente es en el contexto del matrimonio donde más me gusta usarla! —dijo Bob con una sonrisa—. No nos interesa en absoluto ayudar a las personas a soportar la miseria o la mediocridad por el resto de su vida. Punto. O la pareja se entusiasma o hemos fracasado. Y para tener un matrimonio exitoso, uno debe tener la oportunidad de ser honesto consigo mismo y de expresarse abiertamente.

En ese momento habló Greg. —Cristina, me temo que quizá tengas una definición demasiado estrecha de matrimonio y de libertad, al punto de que no hay manera de asociarlos: Te has colocado en una posición en la que tienes que optar por uno de los dos. En este momento tienes la sensación de que lo más fácil es abandonar el matrimonio. ¿Puedes reconocer la dicotomía que has planteado? Queremos animarte a ampliar un poco tu definición de libertad a fin de que tengas la posibilidad de conciliar ambos.

—Quisiera hacerte una pregunta —intervino Bob—: ¿Qué crees que necesitas para ser realmente libre?

Ésa era fácil.

—No estar casada.

—No acepto esa respuesta.

¿Qué?

—¿Entonces qué?

—Todavía no estoy seguro, pero podemos intentar descubrirlo. Sólo sé que la respuesta "no estar casada" es incorrecta. Conozco a muchas personas que no están casadas y sin embargo no son libres. Tiene que ser otra cosa.

Cristina sentía que le subía el calor a la cara. ¿Qué podía saber Bob acerca de su vida? Era obvio que no sabía lo que significaba despertarse después de dormir unas pocas horas, emprender a toda velocidad la rutina cotidiana después de sacar a rastras de sus camas a dos niños dormidos, recoger lo que almorzarían y la ropa adicional y hacerles tragar cucharadas de desayuno mientras conducía el automóvil. Sin mencionar la necesidad de estar presentable, mantenerse en forma y esforzarse todo el día para tratar de convencer a la empresa de sus deseos de progreso.

Por si eso no fuera suficiente, luego debía recordarle a Rafael que recogiera la ropa lavada o a los niños, y le quedaba la alternativa de protestar, llamar, rastrearlo o disculparlo cuando no estaba donde debía estar . . . antes de desplomarse en la cama mientras escuchaba la risa de su marido que se divertía con sus amigos. Rafael podía parecer tierno y dulce allí sentado, pero ella masticaba su rabia al pensar en la cantidad de veces que debía levantarse para pedirle a los muchachos que no hicieran tanto ruido, para que los niños pudieran dormir . . . ¡Y para que *ella* pudiera hacerlo, por favor! ¿Qué podía saber Bob acerca de lo que significaba vivir con un hombre que no asumía ninguna responsabilidad por educar a los hijos en la fe?

Cualquier tipo de ruptura le daría libertad. Poder estar en ese - diván durante diez minutos sin tener que limpiar una nariz o tomar una decisión ya era libertad. El divorcio significaría que una buena cuota de estrés se iría de su vida y *él* tendría que tomar su lugar con los hijos . . . otro poco de alivio.

Cristina estaba comenzando a retraerse; lo único que quería hacer era correr sin parar lejos de allí . . . lejos de la vida. Pero Bob la encaraba directamente.

—Cristina —le dijo Bob—, ¿cómo te sientes conmigo en este momento?

La pregunta la sorprendió con la guardia baja. Dio una mirada alrededor de la habitación y respondió indecisa.

—De hecho me estoy fastidiando bastante —se sintió más audaz y se incorporó—. ¿Cómo podrías saber lo que siento o lo que realmente quiero?

—No lo sé —respondió Bob de inmediato—. Pero por lo que te escucho decir, entiendo que no quieres liberarte de la responsabilidad; lo que ocurre es que no deseas hacerte cargo sola. Quieres un compañero que trabaje *contigo*, pero para ti Rafael resulta otra enorme carga para llevar. Da la impresión de que estás terriblemente frustrada, quizá tienes el corazón sobrecargado, porque el hombre con quien esperabas continuar la aventura plantó campamento demasiado pronto y dijo: "Hasta aquí llego. Aquí me gusta. Si quieres, puedes seguir sola. De paso, pagaste la cuota de la hipoteca, ¿verdad?"

Así que Bob sí sabía. De todos modos se sentía fastidiada.

—Exactamente así me siento y no lo soporto más. Aborrezco a la persona en que me estoy convirtiendo, ¡y quiero liberarme de esto antes de que sea demasiado tarde! Aquí estamos, tratando de entender lo que nos ocurre. Pero la verdad es que, cuando se acabe esta semana, también se acabará nuestro matrimonio.

○ ○ ○

Rafael, cuyo mayor deseo era que todos se amaran unos a otros y se sintieran bien, se sentía avergonzado y dolido por el planteamiento defensivo de su esposa. Las palabras habían lastimado su corazón. Habían discutido y se habían dicho cosas sórdidas en privado, pero escuchar que repitiera esas mismas cosas a otra persona con tanto ardor le arrancó parte de su alma. Estaba comenzando a pensar si quizás habría sido un error asistir a este encuentro. ¿Tendría que sentarse allí durante cuatro días y soportar la humillación y el dolor sólo para despedirse de su matrimonio? Se quedó sentado sosteniendo las partes de su bolígrafo que había desarmado sin darse cuenta.

Bob continuó hablando en el mismo tono de voz, mientras seguía avanzando. Rafael sintió que de alguna manera comenzaba a odiarlo. —Sólo quiero que sepan que estamos comprometidos con ustedes y con su verdadero bienestar —dijo Bob—. Ustedes son los que deciden la forma final que eso tomará. Será algo entre ustedes y Dios, y cualquier cosa que decidan estará bien para mí. Veo que no están de acuerdo en cuanto a este asunto.

Greg volvió a hablar. —Dijeron que estarían abiertos a un

milagro. ¿Creen que Dios puede hacerlo? ¿Qué necesitan para sentir la confianza de continuar avanzando?

Cristina suspiró profundamente.

—Quiero agradar a Dios —dijo Cristina—. Y aunque Rafael me enfurece, lo amo. Quiero que forme parte de mi vida, especialmente por el bien de los chicos, pero creo que seríamos más felices si nos separáramos. Conozco parejas así. No quiero lastimarlo, pero quiero que crezca. Y eso no ocurrirá mientras esté conmigo. No entiendo por qué Dios no podría aceptar esto.

—Me doy cuenta de que estás harta de vivir en la confusión, pero no parece que puedas resolverla —se escuchó la interesante respuesta de parte de Bob. Rafael se cubrió la boca con la mano e intentó adivinar qué estaba tratando de hacer el terapeuta. Bob lanzaba las pelotas con más efecto que cualquiera de los lanzadores contra los que había jugado.

—¿Qué quieres decir?

—No quieres más confusión, pero por lo que oigo, no tienes claros tus sentimientos hacia Rafael.

—¿Por qué?

—Porque te escucho decir que lo amas. Tengo el presentimiento de que podría ser útil que te tomaras el tiempo necesario para poner en orden tus sentimientos hacia él.

Los hombros de Rafael se relajaron un poco . . . quizás un poco antes de tiempo.

—¡Bob, ya lo *hice*! Sí lo amo, pero me molesta y no lo respeto —ella giró su cuerpo dándole la espalda a su esposo—. Bob, mi matrimonio, mi futuro, se construyeron sobre un romance tierno y ardiente entre adolescentes. Ya éramos una pareja cuando teníamos dieciséis. Éramos dos nómadas románticos y creíamos que el mundo estaba alimentado por el amor, el sexo y las hierbas. Tuve dos niños antes de aprender a usar una chequera. Era joven y tonta, y no deseaba convertirme en lo que eran mis padres. Pero ¿sabes qué? Aquí estoy. Quedé deslumbrada cuando lo conocí. No tenía idea de mis posibilidades. No sabía lo que quería.

—Entiendo que eras idealista y querías vivir sin remordimientos. Querías creer que la vida estaba alimentada por el amor, y que seguramente había algo mejor que aquello con lo que tus padres se habían conformado —Bob hizo una sonrisa pícara—. Yo fui parte de toda una generación que sentía lo mismo.

»Ahora seguramente te sientes como el que sufre de alguna enorme broma cósmica. Sin embargo todavía hay una pequeña llama encendida en tu corazón, y te dice que tiene que haber una manera de ser libre. Reconozco el conflicto que tienes en este momento. Parte de ti quiere más: Más estatus, más seguridad, más crecimiento, y cosas por el estilo. Y de alguna manera sientes que eso es crecer. Pero tengo la impresión de que no has renunciado completamente a algunas de las cosas que antes valorabas. Me pregunto hasta qué punto eres realmente diferente, muy adentro de ti, de aquella criatura amorosa. Creo que puedo identificarme más de lo que te imaginas. Yo era un baterista roquero rebelde, de cabello largo, y estaba pensando seriamente entrar a una comunidad. Muchos de esos sueños de paz, de amor y de vida comunitaria todavía están en mi corazón. A veces no puedo resignarme a la manera en que algunos aspectos de mi vida me han alejado de aquellos valores.

»Igual, no quiero que sientas como si te estuviéramos torciendo el brazo, como si estuviéramos manipulando la situación y dando vueltas hasta que no te queden opciones. Tu decisión en cuanto a quedarte o irte es algo entre tú y Dios. Más allá de lo que exploremos y sin que importe lo que descubramos.

»Cuando te sientas presionada, dilo y nos detendremos de inmediato. ¿Está bien? Sospecho que tiendes a ser muy responsable. De modo que cuando comienzas a sentir aquellas viejas emociones: 'tengo que hacerlo, aunque me resulte insoportable', sientes como el sonido de un martilleo contra la sien. Si tienes la sensación como que te apuntan a tu cabeza con una pistola, sólo dilo. No quiero mostrar esa actitud. ¿Te parece bien?

Cristina se mostró calmada y Bob continuó: —Estoy seguro

de que si yo apuntara a mis hijos con una pistola, podría obligarlos a que fueran donde yo quisiera, aunque no tuvieran ganas de hacerlo. Sin embargo, eso sería un terrible abuso.

Desde el otro lado de la habitación, Tomás gruñó y cruzó los brazos sobre su pecho.

—¡No puedo seguir escuchando esta basura! —explotó Tomás—. La Biblia es muy clara con respecto al divorcio. No sé cómo pueden llamarse consejeros cristianos y decirle a esta mujer que lo único que importa es que esté bien. ¿Por qué no le dicen lo que el Señor ha ordenado por medio de su Palabra? Lo único que logra su bla-bla-bla psicológico es respaldar el deseo egoísta que ella tiene de hacer lo que tiene ganas de hacer sin que le moleste la conciencia.

Todos los presentes se pusieron tensos, preguntándose lo que ocurriría a continuación. Rafael hizo un esfuerzo para mantenerse en silencio. El enfoque despectivo de ese tipo era insoportable.

Bob se dio vuelta para dirigirse al pastor.

—Tomás, ¿te gusta nadar?

—¿Nadar? —todo el grupo quedó expectante—. Me gusta bastante —Tomás pestañó varias veces como si estuviera enviando un mensaje en código Morse.

—¿Eres un buen nadador?

—Sí.

—¿Puedes imaginarte a la orilla de la piscina, pero sin saber nadar?

—Por supuesto —mantenía los brazos firmemente cruzados.

—¿Cómo te sentirías si te obligaran a saltar en la parte más honda?

Se encogió de hombros.

—Una vez me ocurrió eso. Mi instructor de natación me empujó y descubrí que podía arreglármelas.

—¿Fue traumático?

—Sí, me sentí aterrado.

—Bien. ¿Qué hubiera sucedido si en lugar de empujarte, tu

instructor te hubiera prometido bajo palabra que no te pasaría nada?

Tomás frunció el ceño con actitud de sospecha.

—Aún así hubiera estado asustado.

—¿Y si yo hubiera sido el instructor, y te hubiera puesto una pistola en la cabeza, mascullando entre dientes que no te pasaría nada? ¡Vamos, salta! —Bob hizo un gesto con su mano imitando una pistola y apuntó a la cabeza de Tomás.

Tomás mostró una pizca de comprensión, pero apretó los dientes con fuerza y se negó a responder.

—Aquí estamos hablando acerca de temas que asustan mucho —dijo Bob—. En el caso de algunos, quizá ya tienen la destreza requerida para saltar. Pero habrá otros que quizá no la tengan. Debemos ser sensibles hacia los que tienen miedo de saltar, aunque todos los demás estén corriendo por el trampolín decididos a zambullirse.

»Cristina, nosotros no tendríamos problemas, en realidad nos gustaría animarte a que entraras en el agua. Quizá sólo necesitas meter el pie y probar cómo está el agua, o quedarte en los escalones un rato, o chapotear por la orilla usando los flotadores. Para mí estaría perfecto. En realidad prefiero que lo hagas así, y cuando te sientas segura de poder nadar hasta la parte honda, lo haremos. Quiero que tengas esa clase de experiencia aquí.

A Rafael le gustaba la manera en la que se animaba Bob cuando interactuaba con los asistentes. Alimentó otro rayo de esperanza. Estaba comenzando a ver cuál era la resistencia de Cristina y con cuánta sensibilidad la trataba el consejero. La reacción de Cristina fue notable. En lugar de retraerse y marcharse, en realidad se sentía animada por Bob. Quizá después de todo, esto era útil.

—Como le ocurrió a Tomás, si te empujaran al agua quizá descubrirías que te las arreglas, pero es una manera traumática de aprender a nadar. Y además, no es necesario hacerlo así. También es una manera difícil de andar por la vida. Si yo estuviera en tu lugar, me gustaría tener la seguridad de que no estoy obligado a avanzar en la relación a expensas de mi seguridad. —Bob continuó explicando que le gustaría que encontraran una manera más adecuada y segura para avanzar y ocuparse de los temas delicados que debían encarar. Rafael observó la manera en que Bob siguió hablando suavemente hasta que vio que desaparecía la tensión en su esposa. Recién entonces se volvió nuevamente hacia el pastor.

—Tomás, he comprobado que Dios es un caballero: Nos da la libertad de elegir. Y también dice que seremos responsables por nuestras decisiones. Soy consciente de que no me corresponde juzgar a Cristina, y sé que no soy lo bastante sabio como para saber qué, en última instancia, es lo mejor para ella o para cualquiera de ustedes. Pero tengo la absoluta confianza de que todos los que están en esta habitación son plenamente capaces de poner las cosas en orden con la ayuda del Señor.

»Dicho esto, haré todo lo que esté a mi alcance para ayudarlos. Pero las decisiones finales las tomará cada uno. Tomás, no tienes la obligación de escuchar nada de lo que decimos, y por supuesto, no tienes que creerlo. Pero me pregunto, ya que estás aquí y ambos conocemos a Jesús como nuestro Señor y Salvador, si estarías dispuesto a observar adónde nos dirigimos, y abstenerte de emitir juicios acerca de mi persona, mi trabajo y mi teología. Valoro tu preocupación y tu compromiso con la verdad. Tengo la esperanza de que, a medida que pasen los días, disminuyan tus preocupaciones acerca de nosotros y de lo que hacemos aquí. ¿Te parece bien?

A Rafael le daba la impresión de que Tomás no estaba convencido en absoluto. Su rígido lenguaje corporal lo mostraba muy preocupado por lo que escuchaba. Quizá la actitud paciente de Bob y su disposición a hablar directamente acerca del Señor le permitirían tomar en cuenta su invitación, en lugar de rechazarlo como a un hereje humanista.

UNA CONVERSACIÓN CON LOS DOCTORES

Un ambiente seguro

Hace más de siete años que trabajamos en los encuentros intensivos. Sabemos que después de escuchar indicaciones para cambiar, por naturaleza, las personas tienden a resistirse. Hemos aprendido a prever las objeciones más frecuentes y a acompañar a los asistentes a través de los lugares pantanosos donde a menudo quedan atascados.

Buena parte de la resistencia de Cristina en esta historia se debía al temor, y la única manera de aplacarlo era comprender su resistencia. Al mostrarle que no tenía problemas con esa actitud, Bob generó un sentimiento de seguridad que le permitió a Cristina bajar la guardia el tiempo necesario para quedarse y recibir ayuda. Para alcanzar la sanidad, Cristina necesitaba experimentar cierto grado de confianza. A menudo nos hace falta tener la opción de decir que no hasta que nos sintamos suficientemente seguros para decir que sí.

Si usted es parecido a nosotros, seguramente anhela relaciones en las que pueda sentirse seguro. Quiere sentirse libre para abrirse y mostrar quién es realmente y saber que la otra persona lo seguirá amando, aceptando y valorando a pesar de esto.

Sin embargo, muchos tenemos problemas con diversos aspectos de la intimidad porque requieren apertura, y esto hace que de inmediato nos sintamos vulnerables. No estamos seguros de lo que otros dirán o harán, o de qué manera usarán lo que sepan de nosotros. Esto explica que la falta de deseo de mantener contacto o el rechazo de la intimidad, por lo general se deben al intento de evitar el dolor, la humillación, la vergüenza o la incomodidad.

A manera de disminuir el riesgo, las personas elaboran una variedad de estrategias con las que intentan mantener contactos sin resultar lastimados. Levantamos murallas y proyectamos una imagen que suponemos quieren ver los demás. Como Cristina, quizá mantenemos algunos rincones de nuestra persona cerrados y protegidos. Quizá reprimamos o neguemos lo que sentimos. Quizá nos comportemos de manera airada o exigente como una forma de alejar nuestra mirada (o la de nuestro cónyuge) de la vulnerabilidad que sentimos. Hay una gama de alternativas a las que intentamos recurrir para evitar riesgos en las relaciones.

Lamentablemente, estas estrategias disminuyen la intimidad. El componente fundacional de una relación profundamente íntima es un ámbito seguro: Uno que sea seguro en el sentido físico, intelectual, espiritual y emocional. Por eso hacemos todo lo que está a nuestro alcance para brindar seguridad durante nuestros encuentros. Sabemos que, por naturaleza, las personas desean ser abiertas y estar relacionadas con otras. La apertura es una premisa para los seres humanos. Mantener esa apertura es el estado que menos energía requiere, e implica ser uno mismo y relajarse. Mantener las defensas, las murallas y las fortalezas exige un enorme gasto de energía, como podrás comprobar en varios capítulos siguientes, a medida que nuestros invitados intentan encarar sus conflictos.

Nuestro enfoque consiste en generar un ambiente seguro para la intimidad, y resulta asombrosamente eficaz. Cuando dos personas se sienten seguras, espontáneamente tenderán a relajarse y abrirse. Luego la intimidad viene como resultado.

LUNES, 10:30 A.M.

La luz cálida de la mañana se filtraba a través de las persianas. A Victoria le encantaba la manera en que las partículas de polvo danzaban en un rayo de sol, pero había poco tiempo para pensar en esas cosas. Estaba por comenzar la segunda sesión. Los asistentes se quitaron los zapatos. Greg se sacó la chaqueta liviana que llevaba y la colocó en el respaldo de su asiento. Se sentó en el borde de la silla y tomó un poco de agua directamente de la botella. Luego se acomodó mejor en la silla para dirigirse al grupo.

—Por lo general, el primer día resulta desordenado y las parejas no saben muy bien de qué se trata todo esto. El grupo a menudo se siente incómodo. Han tenido que mantenerse en sus asientos y escuchar a parejas desconocidas hablar acerca de sus sufrimientos más profundos y del dolor de no saber cómo resolverlos. No es agradable lo que sentimos en este momento, pero esto es bueno. Hemos escuchado la presentación de cada uno, y ahora tenemos una idea bastante aproximada de quiénes son y cuál es el punto de partida. Ahora podemos comenzar a trabajar.

En ese momento Victoria sintió que se le aceleraba el corazón. No era la única; todos los que estaban en la sala se mostraban inquietos y abatidos. Varios de los hombres, especialmente Carlos, no daban muestras de querer escuchar más detalles espeluznantes de los conflictos. Era un poco como estar en el dormitorio de un extraño, escuchando sin querer la disputa más íntima de la pareja. El beneficio de la dinámica de grupo todavía resultaba un misterio.

Bob tomó la palabra. —Trabajaremos con una pareja a la vez, y en esta primera ronda las personas suelen dar a conocer un poquito de historia. Lo haremos hasta que percibamos el momento oportuno de hacer una pausa, y luego dejaremos que las cosas se asienten un poco. Tomaremos unos minutos para comprobar el estado anímico de cada uno. Ustedes son ayudantes unos de otros. Intervengan cuando lo deseen. En ocasiones Greg y yo estaremos conduciendo la dinámica y en otras avanzaremos juntos sobre la marcha. Se trata de un fluir natural y libre. Nosotros seremos los guías, pero confiamos en que todos ustedes estén comprometidos.

Victoria se sentía intrigada.

—¿Quién está dispuesto a ser el primero? —preguntó Bob.

Rebeca tenía las piernas cruzadas y balanceaba su pie a toda velocidad. La encantadora californiana parecía estar sumamente ansiosa por comenzar, y las palabras fluyeron de su boca: —Nosotros —giró media vuelta su cabeza para tirarse el cabello hacia atrás, como si hubiera nacido dispuesta a la confrontación. Victoria se sentía agotada sólo con mirarla. Con razón era tan delgada.

Bob asintió y volvió la mirada hacia Pablo. —¿Estás de acuerdo, Pablo?

Victoria tenía un hijo de la misma edad que el joven médico, y si bien la actitud de Pablo necesitaba ser corregida, ella deseaba que él recibiera ayuda de la misma manera que esperaba que las heridas de Rebeca fueran restauradas. Como madre, comprendía el deseo de libertad de este hombre joven y sabía el error fatal en el que podía caer si lo combinaba con la filosofía que expresa: "Me lo merezco".

Pablo era un excelente comunicador y explicó que el papel de médico lo cargaba continuamente de responsabilidad por muchas vidas. Describió lo cruel que había sido su etapa de residencia y dijo que por fin estaba en un lugar en el que estaba en condiciones de dedicarse un poco a sí mismo. Hasta admitió que deseaba encontrar respuestas fáciles, porque no tenía el "aguante en las relaciones" para hacer algo que exigiera demasiado esfuerzo. Es más, deseaba que las sesiones de consejería le permitieran considerar el divorcio como la mejor opción. Señaló a la menuda pelirroja, Cristina, y dijo claramente que él quería desertar, igual que ella.

—Después que Rebeca tuvo a las niñas, toda su personalidad cambió —dijo Pablo—. Estuvo enferma y agotada durante los dos embarazos, lo cual era difícil pero manejable. Siempre ha tenido conflictos con su autoimagen, y todo este tema la descontroló. Volvió a tener desorden en su alimentación. Sin embargo, el asunto más grave fue el cambio extremo que experimentó cuando asumió la 'imagen de mamá' —dijo esto con notable desprecio.

A Victoria el relato de Pablo le parecía un poco exagerado. Quizás era el choque de imágenes lo que la estaba confundiendo. Después de todo, la mujer que estaba sentada frente a ella parecía más una azafata que una mamá. Era obvio que a Rebeca no le costaba ningún esfuerzo ser bella. Era difícil creer que hubiera quedado atascada en la tarea de la maternidad. No daba la impresión de haber cargado jamás a un niño, ni dentro ni fuera de ella. Estaba arreglada, sus manos cuidadas a la perfección, vestida con ropa a la moda de la talla más pequeña. A Victoria le resultaba difícil imaginarla en el papel de madre.

Aunque había estado ansiosa por comenzar, Rebeca no había previsto el hecho de que Pablo se ocuparía de decirlo todo. Sentía deseos de gritar, "¡Basta! Hemos cambiado de idea. Que comience otro". Se sentía expuesta y analizada desde muy cerca por todos los que la miraban. Tomó una almohada y la abrazó con fuerza contra su cuerpo, con una sensación de náusea tan grande como si estuviera descendiendo de la montaña rusa de un parque de diversiones. *¡No pensé que él diría tanto! ¿No hay alguien que lo haga callar?*

—Rebeca ha perdido el sentido de aventura. No quiere seguir siendo juguetona —continuó Pablo—. Está más dedicada a los niños y a sus amistades que a mí. Es como si ella *pensara* que quiere estar conmigo, pero cuando llega la hora, no puede liberarse de la 'función de mamá'. Lo único que nos queda en común son las niñas. Yo trabajo muchas horas cada día, y cuando regreso a casa me encuentro con las emergencias, las niñas que lloran y otras situaciones que requieren mi atención inmediata. Después me acusa de que no paso tiempo con ellas. Cuando me cuenta algo lindo que hicieron durante el día, comienza contenta pero termina con un tono acusador, digamos: ' . . . y te lo perdiste'. ¡Pero sí que le gusta cuando llega el cheque!

La máscara de Rebeca comenzó a desmoronarse.

—Y bueno, como ella sacó el tema primero, hacer el amor se ha convertido en un suplicio. Estoy cansado de intentar comprenderla. Sé que lo eché todo a perder, pero estoy harto. He estado haciendo piruetas y actuaciones para una persona que nunca queda satisfecha con lo que puedo ofrecerle. No hay manera de complacerla.

—Permíteme aclarar algo —dijo Bob—. ¿Estuviste haciendo piruetas antes de tu aventura amorosa o inmediatamente después?

—Siempre estuve haciendo piruetas para agradar a mi esposa. Pero ahora tengo que esforzarme cada vez más. Es ridículo.

Bob reiteró que daba la impresión de que Pablo y Rebeca habían practicado este sistema por un tiempo y que, cuando Rebeca descubrió la aventura, Pablo utilizó el mismo sistema imprimiéndole más voltaje, con la intención de agradarla y recuperar su confianza.

—Sin embargo parece que no dio resultado. A pesar de todo lo que hagas para tratar de convencer a tu esposa de tu lealtad, ella seguirá sospechando.

—Correcto. Sinceramente, creo que estas cosas son las que me dan deseos de irme y de hacer alguna locura. Sigo saltando y saltando hasta que ya no soporto más. Luego me siento resentido y cuando Rebeca me empuja hasta el límite, digo una cantidad de cosas amargas. Me marcho en el carro y todo comienza de nuevo.

Pablo se incorporó mientras acomodaba la pierna de su pantalón y miró nervioso a su alrededor como si por un momento se hubiera olvidado que había otras personas allí. Pero tenía algo más para decir.

—Estamos bien cuando estamos solos, pero cuando hay otras personas con nosotros o cuando yo no estoy, la situación se pone mal. Ella se transforma. No sé qué hacer, porque mi profesión exige que esté mucho tiempo afuera.

—¿Sientes que no hay ninguna manera apropiada con la que puedas ponerle fin a esto? Quizás estás pensando que por mucho que te esfuerces nunca la dejarás satisfecha —dijo Bob.

—Sí. Detesto admitirlo, pero empiezo a temer eso.

—Entonces, ¿qué quieres hacer tú?

—Creo que quiero lo que ella quiere, pero no sé cómo lograrlo ni cómo satisfacer sus necesidades. Esto me tuvo ocupado durante los últimos meses. Ella se transforma y yo me siento culpable. Entonces me pregunto qué necesita. Ella actúa de manera desagradable y me hace un montón de acusaciones como si yo debiera saber automáticamente lo que ella está pensando o sintiendo. Entonces me dedico a hacer lo que ella quiere, y eso la calma por un tiempo. Pero nunca me pongo a pensar en lo que *yo* necesito. Lo que digo es que, incluso con este encuentro intensivo, estamos aquí porque *ella* quiere que estemos.

—Pablo, te pregunté: *"¿Qué quieres hacer tú?"* y hablaste primero de lo que ella quiere. Y luego me parece que diste a entender que eso no funciona para ti.

Pablo se mojó la yema del dedo anular y frotó su labio inferior.

—Así es —intentó explicar la forma en que los varones quieren ocuparse de las cosas de manera inmediata; quieren reparar las cosas y terminar con el asunto—. Estaba dispuesto a admitir que había tenido una aventura y que no volvería a ocurrir. Estaba listo para seguir adelante. Pero ella no me deja. Me enloquece y termino enredado otra vez. Bob, creo que esto no tiene arreglo —y levantó los brazos en un gesto de rendición. Su semblante tranquilo se volvió furioso, y a pesar de que antes se había mantenido controlado, ahora comenzó a maldecir—. Nuestro matrimonio no sólo está roto. ¡Está hecho pedazos! Ni siquiera sé por qué estamos aquí.

—Quisiera preguntarte algo —intervino Greg—. ¿Hasta qué punto entienden ambos lo que está ocurriendo? No solamente *qué* ocurrió con tu aventura, sino *por qué* sucedió y *por qué* no volvería a suceder.

—¿Por qué? Porque ella me empuja hasta allí —hizo un gesto de afirmación—. Sí, en general me parece que entiendo por qué suceden las cosas —respondió Pablo.

—¡Yo no! —Rebeca intentaba con todas sus fuerzas quedarse callada y dejar que hablara Pablo (era necesario que él lo hiciera para que la experiencia funcionara)—, pero . . .

—¡Caramba! Me parece que esto es muy importante —dijo Greg en un tono tranquilizador—. Si yo estuviera en el lugar de Rebeca, jamás podría sentirme seguro si no supiera por qué ocurrió esa aventura, ya que no tendría la seguridad de que no volvería a ocurrir.

Mirando con furia a su esposo, Rebeca no pudo quedarse callada.

—No sólo no me siento segura . . . me siento como una idiota ¡Una perfecta idiota! —dijo ella con lágrimas que corrían por su rostro.

—¿Por qué? —preguntó Bob.

—Ahora que estoy en esta situación me arrepiento de ser tan tonta —dijo Rebeca encorvándose por el dolor—. Siempre dije que si alguna vez mi esposo me engañaba, me marcharía. Pero ahora estoy en esta situación . . . rogándole que se quede conmigo. ¡Estoy furiosa! ¡Confié en él! —golpeó varias veces con sus puños el almohadón que tenía en sus rodillas—. ¿Y ahora quiero recuperarlo? Esto es absurdo. Eso me hace pensar que soy una idiota.

—No recibo ningún apoyo ni comprensión de su parte. Bob, ni siquiera está arrepentido. Mira su rostro . . . ¡Ningún remordimiento! Sólo se fastidia porque fue descubierto. Era tan bueno lo que tenía . . . 'Ay, me pescaron' . . . Hasta allí llega su contrición. ¿Y sus piruetas? No pretendo que él haga lo que yo quiero, pero sí estoy esperando más de lo que recibo. ¿Es mucho pedir? —resopló—. Estoy tan llena de odio en este momento, que casi no me aguanto.

—Entonces ¿qué es lo que quieres o necesitas?

—En primer lugar *necesito* que vaya al médico. Quiero asegurarme que no tenga una enfermedad contagiosa. Ha estado con alguna loca de mala vida que se acuesta con hombres casados. Ésa es mi opinión y pido disculpas si he ofendido a alguien —miró directamente a Tomás, el pastor—. Quiero asegurarme que no tiene nada. Él dice que usó preservativos, pero ha mentido tantas veces que no puedo saber si lo hizo o no. Ése es su problema; yo necesito que vaya al médico. Yo lo hice. ¿Saben lo humillante que fue? Ustedes pensarían que él estaría dispuesto a proteger a su familia, pero no, ¡es demasiado soberbio!

Rebeca insistió en términos muy claros que no quería que besara a las niñas o anduviera cerca hasta que supiera que estaba sano. ¿Dónde habría estado poniendo su boca?

—Quiero que vaya al médico —repitió ella—. Estoy tratando de protegerlo, cosa que no debería hacer. ¿Pero saben una cosa? Su orgullo es más importante que la familia. Es médico. Conoce los riesgos. Y aún así no quiere sentirse incómodo entre sus colegas.

Los demás en la habitación observaban incrédulos. Rebeca se daba cuenta de que probablemente su experiencia era un poco más cruda de lo que los demás habían anticipado. Carlos se veía incómodo y Victoria miró varias veces hacia la puerta. Por lo menos una persona frunció el ceño del disgusto.

—Él dice que lo estoy castigando porque no quiero tener sexo y que le exijo demasiado. Permítanme decirles algo. Me tomé el trabajo de que alguien me consiguiera un médico *en un lugar lejano.* No creo que eso sea ponerle un obstáculo. Creo que él ni siquiera debería cuestionar esto. ¿Ha pensado siquiera que está actuando de una manera tan egocéntrica que me está privando *a mí* del placer sexual? Soy una persona muy sensual, de modo que no necesitaba buscar nada en otra parte. No lo entiendo. ¿No es algo que les pasa a las personas que están casadas hace mucho tiempo y duermen en camas separadas? ¿Castigo? Esto no es castigo. Quiero que se haga un chequeo médico.

—¿Por qué? —preguntó Bob sin dejar que se hiciera una pausa.

—¿Por qué qué? —replicó Rebeca con asombro.

—¿Por qué quieres que se haga unos exámenes médicos?

—¿Y si tiene algo que sus síntomas se manifiestan más tarde, como el SIDA? Estoy preocupada por él —estaba desconcertada de que Bob hubiera hecho esa pregunta—. ¡No quiero enfermarme!

—¿Tienes miedo de que, además de experimentar el sufrimiento de la aventura y la traición, termines contagiándote con una enfermedad de transmisión sexual? Eso sería lo menos grave si se tratara de algo que se pudiera prevenir.

Rebeca se acomodó el cabello detrás de la oreja y asintió calmada al ver que era entendida.

—Creo que lo que dices —continuó Bob—, es que esto te asusta mucho y que necesitas conocer la verdad. Necesitas sentirte segura. Y cuando él no colabora, te da terror.

—Sí, me trastorna. Estoy constantemente asustada. Bob, esos pensamientos dan vueltas en mi cabeza . . . —Rebeca tragó saliva y se estremeció. Aunque la habitación estaba cálida, envolvió los brazos alrededor de su cuerpo como si estuviera sentada en un congelador.

Bob giró la cabeza.

—Pablo, me parece que lo que tu esposa está expresando es miedo auténtico. ¿Qué te parece?

Pablo hizo un gesto afirmativo con la cabeza.

—¿Cómo te hace sentir a ti?

—Muy mal —cambió de posición y se frotó los muslos con las palmas de las manos.

Bob avanzó un poco más.

—Bien, ¿te sientes manipulado en este momento por las emociones de tu esposa, como si estuviera intentando obtener lo que quiere o castigarte de alguna manera?

—No —su tono era monocorde—. Está realmente asustada. No soporto verla sufrir de esta manera —luego, de repente, en un desborde emocional, explotó—: ¡No lo puedo manejar! ¿Entiendes? —se puso de pie y caminó hacia la ventana.

—¿Desde cuándo viene sucediendo esto? —preguntó Greg.

—Hasta donde yo recuerdo —respondió Rebeca primero—, desde junio del año pasado. No sé con seguridad cuánto tiempo ha transcurrido.

—¿Te parece que sabes hasta qué punto llegaron las cosas?

Ella no tenía idea. Él había estado trabajando con la otra mujer durante más de dos años y había tenido varias otras conquistas a lo largo del camino. Hasta donde ella sabía, era la única que alguna vez lo había confrontado.

—Se lo pregunté. Lo miré a los ojos y lo supe —se le llenaron los ojos de lágrimas que comenzaron a correr por sus mejillas—. Él se quedó helado pero yo estaba segura de que algo estaba pasando. De modo que lo miré a los ojos y le dije: "Sé que andas en alguna cosa, admítelo." ¿Podrán creer que me miró a los ojos y me mintió? No una vez, ni dos. ¿Cuántas fueron, Pablo, cincuenta, cien veces? Y después se burlaba de mí, me agredía verbalmente y decía que todo estaba en mi cabeza, que yo tenía algún problema.

❂ ❂ ❂

Las lágrimas corrían desde los grandes ojos azules de Rebeca por su cara bronceada. Rafael se acercó y le puso un puñado de pañuelos de papel en la mano y le dio una palmada.

—Yo sabía que algo pasaba —Rebeca lloraba suavemente—. Pero no podía controlar su agenda. No trabaja de 9 a 5, de modo que puede mentir cuando quiera. ¿Cómo podría comprobar la verdad? En el hospital nadie lo traicionaría.

Rafael se sentía como si tuviera un peso enorme sobre el pecho. Le daba pena esta mujer dolorida que estaba a su lado, traumatizada, aunque al mismo tiempo sus propios temores y sospechas iban creciendo. Él siempre había confiado en Cristina. Quizá lo habían tomado por tonto. *¿Por cuánto tiempo?* Rebeca hizo una pausa, exhausta, y apretó los dedos contra sus labios. Se irguió y avanzó con determinación.

—Él dice que soy todo para él, pero . . . —De pronto todo el fuego de Rebeca se apagó, y su postura se vino abajo—. ¿Cómo podría serlo todo para el hombre que procuraba hacerme creer que estaba loca, sólo para que él pudiera dedicarse a lo suyo?

Bob le concedió un momento.

—Da la impresión —dijo luego Bob con gentileza—, Rebeca, de que casi no puedes distinguir lo real de lo que no lo es, y eso te desorienta. ¿Cómo sabes cuál es la realidad?

—No lo sé. Me daba vergüenza pedir ayuda. Era tan humillante, que tenía que arreglármelas sola. Un día, por fin, fui a su consultorio, entré sin llamar y le dije que no podía seguir casada con alguien que me engañaba, y que hay muchos otros hombres ahí afuera que estarían dispuestos a amarme de la manera que lo necesito. Dije que lo abandonaba, pero que no me iría hasta que me dijera la verdad. No tenía sentido romper nuestra . . . —dijo con la voz ahogada por un sollozo— familia, por una corazonada escandalosa, sólo porque él quería hacerme sentir que estaba loca.

Rafael se secó las gotas de transpiración de su frente.

—¿Por qué estás todavía con él?

—Amenacé con dejarlo, con divorciarme. Pero me prometió

que estaríamos bien. Que saldríamos de vacaciones, que su aventura había terminado . . . que me amaba . . . que no volvería a salir con ella ni con ninguna otra. Yo le creí. ¿Saben lo difícil que fue creer en él otra vez? Dijo que saldríamos adelante. Pero . . . —vacilando en el borde, se rió con una carcajada histérica—, ¿qué descubrí? Que me seguía engañando.

Rafael estaba paralizado. De alguna manera se había convencido de que Cristina sólo necesitaba espacio, y que si ella disponía de un poco de tiempo y libertad, todo andaría bien. No podía imaginar su vida sin Cristina.

—Le rogué que me dijera la verdad —afirmó Rebeca—. Le dije que no podríamos volver a ser amigos, pero que pondríamos esto en claro y seguiríamos adelante. Le dije: "Podría sentirme bien con alguien que me dijera la verdad, no importa lo horrible que fuera. Si quieres ser desordenado con tu vida, adelante, pero no cuentes conmigo. Respétame lo suficiente como para que pueda irme con alguna dignidad. Pero dime la verdad. No puedo soportar a un mentiroso."

—¿Cuál crees tú que es la situación en este momento? —preguntó Bob.

Rebeca quedó desconcertada.

—¿Conmigo?

—No, con él.

—¡Es un mentiroso, Bob! —exclamó con una mirada de sorpresa.

A Rebeca se le cayeron los pañuelos de papel al suelo, mientras describía la manera en que su esposo hacía de todo para caerle bien a la gente. Explicó que ella no sabía a qué extremo llegaría él para proteger su imagen. Y lo asustada que estaba al no saber qué más le ocultaba.

—Por ejemplo, podría ser un adicto al sexo —continuó describiendo detalladamente otros hechos dudosos. Extendió la mano hacia la caja de pañuelos que no alcanzaba—. No quería decir estas cosas en público jamás. ¡Somos cristianos!

El sufrimiento en sus ojos era tan intenso que Rafael desvió la mirada hacia otro lugar.

—No estoy inventando historias —afirmó Rebeca—. Estoy segura de que no las estoy imaginando. Es más, me pregunté si me estaría volviendo loca, pero sé que no es así. No estoy loca en absoluto. Coquetea descaradamente, hace insinuaciones sexuales y cautiva a las mujeres para inflar su autoestima.

Pablo se alejó de la ventana, se sentó en un sillón individual y se pasó la mano por su espeso cabello. Su voz sonaba inexpresiva y distante.

—El radar de Rebeca está sintonizado de tal manera que hasta el más mínimo detalle termina codificado como engaño. Le dije que la aventura ya había terminado, pero sucede que para ella soy el peor de los demonios, y *ése*, Bob, es nuestro mayor problema. No logramos resolverlo. Todo parece grandioso durante una semana o un mes, pero después aparece una pequeñez y ¡*Bum!* Todo se vuelve en contra. Recibo una llamada en el celular y cuestiona por qué la respondo. Un amigo me invita a salir a navegar y ella quiere saber cuáles son las mujeres que irán con nosotros. Se enoja con cualquier persona que irrumpa en nuestra vida. Si alguien llama, hay un cincuenta por ciento de posibilidades de que sea una mujer, ¿no es verdad?

—¿Y qué quieres *tú* en este momento? —preguntó Bob.

—Quiero que entienda que no estoy en nada raro.

—¿Quieres que ella confíe en ti?

—Claro que sí.

—Y ella no confía.

—Así es. Hemos llegado a una situación tan ridícula que afecta negativamente mi ejercicio de la profesión —Pablo describió cuánto se había esforzado durante toda la vida para alcanzar la posición que tenía—. Pero ahora no puedo recibir ni siquiera una llamada de emergencia sin que ella se comporte de manera torpe y me interrumpa. Las cosas han llegado al punto de que pretende que despida a mis auxiliares del sexo femenino.

—¿Sobre qué base consideras que ella debería confiar en ti en este momento?

—Porque debe hacerlo. Eso es todo.

—¿Eres confiable?

—Sí.

Rafael vio que Rebeca giraba sus ojos como si dijera: *¿Y se lo creerán?* Él no le creía. Hasta Bob se mostró atónito.

—¿Ciento por ciento? —preguntó Bob.

—Por supuesto. Sé que le fallé cuando le dije que debía confiar en mí. Me siento muy mal por haberlo hecho —Pablo se inclinó hacia atrás y apoyó las manos detrás de su cabeza.

—Entonces, ¿por qué crees que a ella le resulta difícil confiar ahora? —preguntó Bob.

—Por las cortinas de humo que lancé —dijo Pablo—. Creo que ése es el problema. ¿Pero cómo se supone que vaya de allí hasta aquí . . . al punto de querer comenzar de nuevo la relación? Quizá no logro explicarme bien; quizá no consigo hablar lo suficiente con ella. No digo lo que debo decir y si ella oye alguna palabra en especial, de inmediato recuerda ese período terrible.

—Aclaremos esto. ¿Dices que no hay ninguna posibilidad de que pudieras volver a fallar, bajo ninguna circunstancia, por el resto de tu vida?

Pablo sacó las manos de detrás de su cabeza.

—¿Cómo podría asegurar que no volvería a suceder? —dijo desconcertado. Estaba exasperado y se inclinó hacia adelante apoyándose sobre sus antebrazos—. Me siento mal. Me duele ver la forma en que la perturba esta situación y cómo le consume la vida. Pero . . .

—Dadas las circunstancias —intervino Greg—, y considerando cómo están las cosas en este momento, tú crees que eres ciento por ciento confiable. Pero por otro lado, no puedes garantizar que no volverás a fallar. Éste es el problema: Aunque no puedes garantizar tu fidelidad, quieres que tu esposa confíe en ti. ¿Cómo o por qué debería ella confiar si no puede estar segura?

—Es diferente.

Carlos mostró cómo se sentía, poniéndose de pie y retirándose por la puerta lateral, como si dijera: "Este enredo no tiene solución". Rafael podía entenderlo.

—Quisiera ocuparme por un momento del tema de la confianza —continuó Greg sin que eso lo afectara—. Si queremos tener alguna vez un matrimonio sano, vital, debe haber confianza. Cuando no la hay, no hay relación. ¿Lo entienden así? —hubo varios gestos de aprobación en la sala—. La verdadera pregunta, entonces, es la siguiente: ¿Es posible reconstruir la clase de confianza necesaria para sentirse seguro en el matrimonio? ¿Qué dirían ustedes dos que desean para sí y para su matrimonio?

Rebeca miró a lo lejos, como hacia un horizonte imaginario. Sus ojos llorosos recorrían el pasado y el presente mientras ordenaba sus pensamientos.

—Quiero un esposo fiel y honesto. Quiero lo que tuvimos antes. Quizás estaba viviendo en un mundo de fantasía, y quizá no me di cuenta de en cuántas ocasiones él volvía sigilosamente al consultorio, pero quiero regresar al momento en el que yo creía que teníamos una vida grandiosa . . . quiero ser feliz.

—¿Como en el cuento: Felices para siempre? —preguntó Greg.

—No, no un paraíso matrimonial. Sólo quiero que sea mi mejor amigo otra vez. Éramos íntimos.

—Lo que quieres es una relación profunda.

Rafael tuvo que contener las lágrimas mientras observaba la manera en que la ira de Rebeca disminuía. En su lugar, aparecía su asombrosa belleza casi infantil, mientras miraba a Greg con una expresión vulnerable.

—Para ser sincera, quiero más que eso.

—¿Algo así como un vínculo del alma, de corazón a corazón?

—Sí. ¿No es lo que quiere la mayoría?

Greg miró con simpatía a esta mujer quebrantada. Lentamente asintió con la cabeza.

—¿Y tú, Pablo? —le preguntó Greg.

Pablo cambió su posición en la silla y mostró una leve vacilación, como si tuviera miedo de terminar arrinconado por este diálogo "creativo". Rafael se daba cuenta de que si bien Greg hacía las preguntas con toda intención, no había amenaza en el tono de su voz.

—Creo que eso es lo que quiero —murmuró Pablo.

—¿Sabían que, dejando de lado los detalles, todos estamos diseñados para desear exactamente eso? —preguntó Greg, mirando al grupo—. Dios puso en nuestra alma un profundo anhelo de intimidad. Y de alguna manera sabemos que, para conseguirla, nuestro corazón debe abrirse, porque la verdadera intimidad se alcanza cuando las personas expresan los aspectos más profundos de su ser. Esa forma de manifestarse es una experiencia de corazón a corazón. Eso sólo puede suceder cuando las personas se sienten seguras entre sí como para querer abrirse.

Después de una pausa natural, Bob continuó donde Greg se había detenido. —Sólo puede haber intimidad cuando hay dos corazones abiertos. Pero aquí está el problema: Si te muestras, quedas expuesto. En el momento en que te abres a la otra persona, te vuelves vulnerable; corres el riesgo de ser herido, de desilusionarte. Por eso la tarea de cuidarnos a nosotros mismos y de interesarnos en el otro es muy riesgosa. Cuanto más profunda sea la apertura, mayor será el riesgo.

»Anhelamos la intimidad y sabemos que exige apertura. Pero me doy cuenta de que algunas personas intentan lograrla mediante algunos enfoques difíciles. El primero es el de leer y estudiar acerca de la intimidad, con la esperanza de lograrla cuando se conviertan en expertos sobre el tema. El segundo enfoque es el de concentrarse en abrir el propio corazón. Algunas personas simplemente lo entregan y se lanzan de cabeza, orando y rogando no lastimarse. Esta opción me parece descuidada, pero muchas personas la eligen.

»Otras personas optan por lo que llamo 'estrategia de la

palanca', porque se parece al intento de abrir la tapa de una alcantarilla mientras estamos parados sobre ella. Una parte de tu ser anhela abrirse y lograr la intimidad, y la otra parte dice: '¡Ni loco, esto es demasiado peligroso!' Los veo a ustedes dos intentando esta estrategia. Es un camino demasiado difícil.

»Sí, Rebeca. Hay una parte tuya que desea con desesperación abrirse y confiar en Pablo, y otra parte que te dice que es imposible, demasiado riesgoso. Hay una batalla feroz en tu interior. Es una guerra en la que nunca te viste envuelta, y que te está matando porque parece que no hubiera salida. Es decir, ¿cómo podrías confiar en él?

»Y tú, Pablo, también estás enfrentando una batalla brutal. Quieres ser confiable, pero es demasiado riesgoso. De alguna manera tienes que demostrarle a tu esposa que eres capaz de hacer algo en lo que has fallado muchas veces. No estás seguro de ser lo bastante fuerte, y lo que es más, no estás seguro de que quieras quedar atado a tantas exigencias. No puedo culparte. Es una batalla en la que siempre pierdes. No creo que puedas ganar.

»Quiero sugerirte otra alternativa. Afortunadamente, es un enfoque mucho más sencillo. Siempre prefiero encontrar la manera más fácil de hacer las cosas; la vida ya es suficientemente difícil. Este enfoque consiste en dedicarte a construir un ambiente sano para la otra persona. Cuando dos personas se sienten seguras entre sí, se abren en forma natural. Y cuando dos corazones están cerca, se logra la intimidad sin forzarla, sin energía. La gente siempre prefiere abrirse cuando se siente segura, porque vivir de esa manera requiere mucho menos esfuerzo.

»Rebeca, Pablo, ¿están lo bastante cansados como para querer encontrar una manera de estar juntos que no les resulte tan agotadora?

Ambos asintieron.

—Entonces quizá quieran dedicar su tiempo y atención a la tarea de hacer que su matrimonio resulte un lugar auténticamente seguro —continuó Bob—. Pablo, no sé muy bien cómo te sientes con todo esto, pero me gustaría sugerir dos cosas que cada uno de ustedes puede hacer para contribuir a la seguridad. —Miró a los demás en la habitación—. Esto es válido para todos nosotros, porque la mayoría no se da cuenta cuán fácilmente se daña o se destruye la seguridad emocional en el matrimonio.

»El matrimonio de ustedes está dañado, pero no destruido. Ustedes deberán decidir qué hacer de aquí en adelante. Ahora bien, quiero hablar acerca de la confianza, porque es el elemento clave. Créase o no, es precisamente esto (la confianza) lo que me da esperanza de que el matrimonio sobrevivirá.

Rafael no podía creer lo que escuchaba. Observó que varios abrían muy grande los ojos. ¿Podía ser la confianza lo que le daba a Bob la expectativa de que el matrimonio de Pablo y Rebeca sobreviviera? Quizás había escuchado mal. Rafael nunca había oído de alguna situación en la que alguien hubiera dañado tanto la confianza como Pablo lo había hecho con Rebeca. Lo último que hubiera esperado era que alguien aún mantuviera esperanza en el matrimonio de los Stuart. La verdad es que parecía estar fuera de toda posibilidad.

—Hay un mito acerca de la confianza, y en este momento los está perjudicando —continuó Bob—. El mito dice: *Es posible ganarse la confianza de la pareja una vez y para siempre.* La expectativa es que, si uno se comporta de una manera confiable el tiempo suficiente, la confianza se afianzará para siempre. Pero eso es sólo un mito. La verdad es que, *en las relaciones humanas la confianza nunca se gana para siempre.* Debe ser afianzada y mantenida de manera constante.

Bob se mantuvo en silencio por un momento. Rafael supuso que el consejero estaba dándoles a todos tiempo para absorber el peso de lo que acababa de decir. Carlos volvió a entrar silenciosamente y se mantuvo de pie.

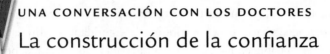

UNA CONVERSACIÓN CON LOS DOCTORES

La construcción de la confianza

La cuestión de la confianza afecta a todas las relaciones de una u otra manera. Quizá tenemos dificultad para confiar en otros, o quizás estamos frustrados porque los demás no confían en nosotros. Ya sea en el trato con un cónyuge celoso, o al confrontar a un adolescente que pide las llaves del auto, tenemos que ocuparnos de la confianza. En el matrimonio, con frecuencia consideramos la confianza de una manera muy estrecha: ¿Puedo confiar que me será fiel? Sin embargo, la cuestión de la confianza es mucho más amplia y el concepto tiene un alcance mayor. Y además es algo que afecta poderosamente nuestras relaciones.

Todos fuimos creados con el anhelo de estar íntimamente vinculados con otras personas. Esta vinculación funciona mejor cuando nos sentimos completamente seguros. Entonces podemos relajarnos, bajar la guardia, y ser auténticos sin necesidad de preocuparnos por el riesgo de ser heridos, juzgados, ridiculizados o rechazados. En esta condición abierta, honesta y sin barreras, la intimidad profunda puede florecer de verdad. Es como estar con alguien en un hermoso jardín, con un clima ideal, sin asomo de peligro . . . uno se siente seguro. La experiencia es pacífica, tanto por fuera como por dentro. Logramos alcanzar esta condición como resultado de la confianza en el entorno y de las intenciones y el compromiso honesto de la persona con la que estamos.

Si bien la perspectiva de crear un paraíso en las relaciones es un poco idealista, ése es el ambiente para el que fuimos diseñados, y es algo por lo que podemos esforzarnos de anera consciente (aun si sabemos que no podremos lograrlo por completo). Si nos comprometemos a construir un refugio de seguridad para nuestro matrimonio, tendremos un lugar bajo el cual podremos distendernos y disfrutar de la vida juntos de una manera abierta e íntima.

Nuestra relación se convierte en un santuario, en un puerto seguro, en un hogar al que anhelamos llegar.

Antes de continuar, queremos ofrecerles una definición de la palabra *confiable*.

Eres confiable cuando realmente comprendes lo valiosa y vulnerable que es la otra persona, *y* cuando la tratas como tal. En la medida en que la tratas como a una persona preciosa e irreemplazable, eres confiable. En la medida que no lo hagas, no lo eres.

Bob tiene una anécdota para ilustrar este importante concepto. Cuando tenía dieciocho años tuvo la oportunidad de trabajar como ayudante de un siquiatra rico y excéntrico. Era un siquiatra clásico. Había llegado de Viena, tenía acento alemán, y era uno de los personajes más exóticos que uno podría conocer.

Era un experto en vinos y coleccionista de arte y su casa era diferente de todo lo que Bob conocía. Una tarde cálida de verano, le pidió a Bob que le diera una mano. Los limpiadores vendrían a trabajar con las alfombras de la sala y necesitaba que Bob lo ayudara a quitar algunos objetos. Lo primero que agarró Bob fue una pequeña estatuilla antigua de arcilla. Era del tamaño de una pelota de fútbol y tenía brazos y piernas extendidos como un pequeño niño hacia su madre. Posiblemente, al salir de la sala, Bob se haya bamboleado en el umbral. Golpeó apenas el dedo pulgar del pie de la estatuilla contra el marco . . . y la pierna se quebró. Cayó sobre el piso con un golpe seco.

Bob era apenas un adolescente, y no tenía idea de qué hacer. De modo que llamó a su patrón. Cuando éste vio la estatua quebrada en la mano de Bob y luego alcanzó a ver la pierna en el piso, perdió por completo el control. Comenzó a dar alaridos, a sacudir los brazos y a saltar . . . completamente fuera de control.

En ese momento Bob pensó que su vida estaba en peligro. Finalmente el hombre lo miró a los ojos y le gritó: "¿Tienes la menor idea de lo valioso que es este objeto?" La arrebató de la mano de Bob, explicándole que esa cosa extraña valía miles de dólares y que había permanecido intacta por centenares de años. Luego se agachó, levantó los restos de la pierna rota y exclamó que una de las cosas que le había dado su increíble valor era que estaba en perfectas condiciones, sin un solo defecto.

Bob estaba aturdido. El hombre comenzó a hablar acerca de lo que Bob tendría que hacer para compensar el daño, pero lo único que Bob sabía era que necesitaba salir cuanto antes de allí. Se sentía tan mal que no podía pensar. Se fue a su casa en cuanto pudo. Hasta el día de hoy, Bob está agradecido que cuando les contó la historia a sus padres, éstos tuvieron la suficiente lucidez como para llamar a un abogado amigo. Éste les aseguró que, como empleado de ese hombre, Bob no tenía responsabilidad financiera por el daño, y que si el siquiatra loco no se había ocupado de asegurar la escultura, era su problema y no el de Bob.

Cada uno de nosotros tiene una parte de su ser que es como aquella escultura de arcilla: Es de infinito valor, como una pieza única de arte, que sin embargo puede ser dañada o devaluada con facilidad.

Somos confiables en la medida en que, cuando tenemos acceso a esa parte preciosa de otro ser humano, la "aprehendemos". Lo hacemos cuando comprendemos y tratamos a las personas de acuerdo a lo que son. En la medida en que lo hacemos, somos confiables. En la medida en que no lo hacemos, no lo somos.

—Pablo, si piensas en la confianza en el sentido de que nunca olvidarás, *ni siquiera por un momento,* cuán valiosa y vulnerable es Rebeca, y que la tratarás siempre como tal, ¿podrías decir que en este momento eres ciento por ciento confiable? —preguntó Bob.

—Supongo que no —dijo Pablo, mientras el descubrimiento comenzaba a penetrar en su ser.

Bob se volvió hacia Rebeca: —¿Y tú, Rebeca? ¿Eres ciento por ciento confiable para Pablo? Es decir, ¿recuerdas siempre lo valioso y vulnerable que él es y lo tratas como tal?

Este cambio repentino de enfoque tomó por sorpresa a Rafael. Había estado absorbido por la idea de lo mal que había sido tratada Rebeca y de que se justificaba que se sintiera herida y enojada, y no había ni siquiera considerado la conducta de ella . . . o la de él mismo, para el caso.

En el grupo, todos se mostraron impresionados por la importancia de lo que acababa de ocurrir. Rafael se sentía ansioso por saber con qué seguirían Bob y Greg. Por un lado, acababa de darse cuenta de que su propia relación no era segura. Por otro lado, se preguntaba si Pablo no estaría librándose del asunto con demasiada facilidad.

LUNES, 11:15 A.M.

—Hola, mami. ¿Estás muy lejos?

—No, no estoy tan lejos. Llegaré a casa el día de tu clase de danza.

—¿Eso es mañana?

—No, un poco más.

¿Cuándo comienzan los niños a captar la noción del tiempo?, se preguntó Rebeca.

—¿Está papá contigo?

—Sí, mi amor.

—Quiero que también papá vuelva a casa.

—Sí, estamos ocupándonos de eso.

—Te extraño, mami. También extraño a papá. La abuela no lee bien mis libros.

Rebeca sonrió.

—Te amo, y nos veremos pronto. Dale besitos de mi parte a tu hermana. ¿Prometido?

—Sí.

—Micaela…

—¿Qué, mamá?

—¿Te sientes bien?

—Sí, sí. Tengo a mi conejita Susi en la mochila.

—¡Qué bien! Ahora déjame hablar con tu abuelita.

—Hasta luego, mami.

Rebeca se secó las lágrimas. Sus hijitas queridas. En medio del torbellino, sus hijas todavía se sentían seguras. *Gracias, Dios mío.*

Su Micaela era una niña brillante, que tenía el vocabulario y la actitud inquisitiva de una estudiante universitaria. Rebeca había estado extrañando a sus hijas y ahora anhelaba abrazarlas. Durante la pausa en la sesión de consejería había corrido para llamar por teléfono a su suegra. Sabía que no haría demasiadas preguntas personales, por lo menos no se las haría a ella.

Pablo se había ido de la casa una semana antes de que Silvia cumpliera un año. Ella se sentía agradecida que las niñas fueran lo bastante pequeñas como para no percibir el dolor y el engaño. Pero ahora—. ¿cuánto tiempo le quedaría para resolver esta situación? Micaela había hecho una cantidad de preguntas que no tenían respuesta. A Rebeca se le partió otra vez el corazón, esta vez por sus pequeñas hijas inocentes. Ellas necesitaban a su papá tanto como ella a su esposo.

Pablo había tenido la delicadeza de pasar todas las noches por la casa para llevar a las niñas a la cama. Por lo exigente de su trabajo y porque siempre pasaba mucho tiempo afuera, las niñas ni siquiera notaron la diferencia cuando él se fue . . . *eso dice mucho, ¿verdad?* No hacía falta ser un genio para darse cuenta de que él había estado engañándola por la época en que concibieron a Silvia. Algunas madres se sienten resentidas hacia el hijo cuando se embarazan en esas circunstancias, pero no fue ésa la actitud de Rebeca. Ella siempre había querido tener hermanas, y recibió esta segunda hija como un regalo especial para ella.

En algunas ocasiones se imaginaba a sí misma como si fuera su propia mamá, y eso la ayudaba a sentirse mejor. Se veía recibiendo una llamada telefónica de su madre como la que ella acababa de hacer. Quizá su mamá también habría querido decirle cosas como ésas, si no hubiera tenido la cabeza arruinada por el alcohol. Rebeca tenía que hacer un esfuerzo con este tema de sentirse valiosa y merecedora de confianza. Tardaría mucho tiempo hasta que la verdad atravesara la dura coraza de protección que había construido alrededor de su corazón. Por ahora las palabras de Bob rebotaban en ella como si fueran pequeñas municiones, cuando lo que en realidad necesitaba era una bala de gran calibre.

—¿Cuántos de ustedes se sienten emocionalmente seguros en su matrimonio? —preguntó Bob al grupo cuando éste se reunió nuevamente después de la pausa de media mañana—. En otras palabras, ¿quiénes sienten que pueden hablar de cualquier cosa con su cónyuge, incluso de sus heridas, temores y preocupaciones más profundas, y confiar plenamente que la información será tratada con cuidado y sensibilidad, y que nunca se arrepentirán de haberlo contado?

Pamela inclinó la cabeza. No podía imaginarse completamente segura con Tomás. Pensó en lo tranquila que se sentía cuando su esposo no andaba cerca, criticando cada uno de sus movimientos y sus decisiones. Hasta cuando estaba en silencio, ella podía sentir que él estaba inconforme.

Cada uno de los presentes admitió que no podía sentirse completamente seguro en la pareja.

—Esto quiere decir que éste es un asunto importante para la mayoría de nosotros —dijo el consejero—. ¿Cuántos de ustedes querrían encontrar el secreto de un matrimonio realmente seguro, uno que les permitiera saber que estar en la presencia del cónyuge se siente como el lugar más seguro del mundo?

Pamela sonrió débilmente. Para que ella pudiera sentirse segura en la presencia de Tomás, él tendría que *estar* seguro. Pero, ¿cómo podría ocurrir eso, si Tomás ni siquiera pensaba que todo esto tenía algo que ver con su persona? Pamela miró en dirección a su esposo, cuya expresión se mantenía inalterable.

—Como ya dije —continuó Bob—, hay dos compromisos que cada uno de nosotros puede asumir, y que, sumados, generan un ambiente emocionalmente seguro. El primero de estos compromisos es el de esforzarnos por ser confiables. En otras palabras, al entrar en contacto con cualquiera de las áreas más profundas de la persona de su cónyuge (corazón, cuerpo, mente o espíritu), deben recordar que son partes sumamente valiosas que pueden ser fácilmente lastimadas, como aquella estatuilla antigua que yo rompí. Comprométanse a tratar con sumo cuidado esas partes de la persona de su cónyuge, como un tesoro muy valioso.

Para ilustrar este concepto, Bob levantó un pequeño osito de peluche, de color blanco. Explicó que el osito representaba esa parte del ser que es de infinito valor, como el alma, esa parte que ocupa el lugar "santísimo" del templo de cada persona. Subrayó que sólo resultamos confiables cuando podemos sostener en nuestras manos esa parte de la otra persona con la comprensión plena de que hacerlo es un honor, un privilegio y una responsabilidad. Nuestra conducta debe reflejar esa consideración. Una persona resulta confiable en la medida en que su actitud y su conducta lo demuestran. Cuando alguien olvida esto o lo pierde de vista por un momento, deja de ser confiable.

—La confiabilidad es una condición que los seres humanos perdemos fácilmente. Les daré un ejemplo tonto para explicarlo. Digamos que mi esposa y yo estamos saliendo de la casa, y por alguna circunstancia extraña la puerta se cierra con fuerza y nos aprieta los dedos a ambos. Les puedo garantizar que en ese momento yo estaré mucho más concentrado en mis propios dedos que en los de ella. Quizá sepa que a ella también le duele, pero yo estoy sintiendo mi propio dolor. En ese momento estaré pensando más en mí mismo que en ella. Y siempre que no esté plenamente consciente de lo valiosa que es ella, y no la trate de una manera coherente con su valor, no seré confiable. Estaré distraído por mi propio sufrimiento, y en ese momento no resultaré completamente confiable.

»Digamos ahora que estamos en otro tipo de circunstancia, en la que ambos nos sentimos mal. Puedo garantizar que estaré mucho más concentrado en mi propio malestar que en el de mi esposa, y aun sabiendo que ella se siente mal (puedo verlo, puedo escuchar por sus palabras lo mal que se siente), estoy ocupado con mis propios sentimientos, porque son los que están en mi cuerpo. En ese momento estaré pensando más en mí mismo que en ella. Y entonces no resulto confiable para ella.

—Ahora, Pabló —preguntó nuevamente—: ¿Eres ciento por ciento confiable? —dijo Bob—. Es decir, ¿eres confiable en cada momento de todos los días, cuando Rebeca te permite acceder a esa parte preciosa de su ser? ¿Dirías que nunca pierdes de vista, ni siquiera por un instante, lo valiosa y vulnerable que es tu esposa, y que la tratas con sumo cuidado y respeto?

—No.

Pamela observó que Pablo comenzaba a entender la cuestión.

—¿Qué sientes realmente por Rebeca y cómo te gustaría que fuera su vida?

—Quiero lo mejor para ella —respondió sin mostrar emoción.

—Pues bien, si sólo quieres lo mejor para ella, pero no eres ciento por ciento confiable, ¿cómo podrías pedirle que confiara en ti?

Se produjo una pausa tensa.

—Esta es una de las cosas que transformó mi matrimonio de una manera dramática —continuó Bob—. Desde el día en que me hice a mí mismo esta pregunta, nunca más volví a pedirle a mi esposa que confiara en mí. Jamás. En lugar de pedírselo, lo que hice fue hacer el máximo esfuerzo humano para ser confiable . . . para que cada vez que me diera entrada a ese lugar especial de su persona, yo pudiera demostrarle de la mejor manera posible que comprendo lo valiosa y lo vulnerable que es. Sé que puedo fallar una y otra vez, y que quizá la lastime, pero hago todo lo que está a mi alcance por evitarlo.

»He decidido dejar que sea ella quien determine cuánto puede mostrar de sí sin dejar de sentirse segura. Lo único que yo puedo hacer es consagrarme a la tarea de ser un esposo confiable.

»Digo esto, Pablo, porque te escucho pedirle a tu esposa que confíe en ti, pero me parece que no cumples las condiciones para conseguirlo. No porque seas un mal tipo, sino porque eres un ser humano. No se trata aquí de un enfrentamiento entre géneros, hombres contra mujeres, y de ninguna manera estoy sugiriendo que tengas permiso para vivir tu vida a tu antojo. Lo que digo es que ésta es una problemática propia del género humano. Tampoco mi esposa puede ganarse la confiabilidad de mi parte. Ella también es un ser humano, diseñada para concentrarse en sí misma. De modo que este será el compromiso número uno: Ocúpate con todas tus fuerzas de ser una persona confiable.

A Pamela le pareció que Pablo estaba concentrado en sus pensamientos, aunque todavía mostraba cierta reserva. Cuánto deseaba Pamela que su hijo, Zacarías, escuchara las enseñanzas de Bob en cuanto a ser una persona confiable. Ella sabía que, igual que Pablo, su hijo no reconocía el valor infinito en las mujeres, ya fuera su novia o cualquier otra mujer. Por el contrario, a él se le había dicho y repetido que no valía nada y que no se podía confiar nunca más en él. El corazón de Pamela volvió a quebrarse.

Bob continuaba hablando. —El compromiso número dos es en realidad más difícil para la mayoría de las personas. Cuando abro esta parte vulnerable de mi ser ante otra persona . . . —Bob puso a la vista el osito de peluche—, algunas veces puede ocurrir que lo miren y digan: '¡Qué amoroso, ¿verdad?!' pero de pronto, ¡ay! . . . —dejó caer el muñeco al suelo—: "'¡Me dejaron caer!' Es terrible y nos ha pasado a todos. ¿Qué podemos hacer para proteger esta parte tan valiosa de nuestro ser, ésa a la que Dios amó tanto que envió a su Hijo a morir por ella? Encontramos la respuesta en el compromiso número dos.

»Este compromiso es el siguiente: Si muestro a otra persona esta parte valiosa de mi ser, 'el lugar santísimo', y lo arrebatan y comienzan a hacer con él alguna de estas cosas... " Bob comenzó a zarandear al osito de manera descuidada, "entonces recupero de inmediato al osito y digo: 'Disculpa. Por lo visto has olvidado lo valioso que soy, pero yo no lo he olvidado, y no voy a permitir que esto suceda'. Suena un poco denso en este momento, pero ya se darán cuenta de lo que quiero decir.

»Ahora bien, ustedes tienen dos opciones cuando esto sucede: Una de ellas es cerrar el corazón y construir una muralla de protección alrededor de él, para que nadie más se acerque. Ésta parece ser una opción bastante buena, pero deben ser conscientes de que si bien las barricadas mantienen lejos lo que nos amenaza, por otro lado no permiten ninguna solución entre las dos partes en conflicto.

»La siguiente opción podría ser la de levantar una muralla con pequeños orificios, por los que se puede espiar y pasar algunas provisiones, sólo para las necesidades básicas. Es una alternativa realmente segura, aunque estar dentro de esas murallas puede volverse muy solitario.

»Todos hemos conocido a personas que no tienen la menor idea de cómo tratar a los demás con cuidado, y no da la impresión de que lo aprenderán pronto. Con personas como éstas, el orificio en la muralla me permite decir: 'Hola, ¿cómo te va? Es un gusto verte. ¿Cómo está el clima allá afuera?' y cosas por el estilo. Pero ¿tendrán acceso a la parte de mi ser que es realmente importante? ¡No señor, de ninguna manera! Si esta parte de mí es tan valiosa y ésas personas no son confiables, esta resulta ser una opción verdaderamente adecuada.

»Pero debo advertirles lo siguiente: Esta clase de existencia que sólo se vive a través de esos pequeños orificios mata al matrimonio. ¿Han tratado alguna vez de abrazar a una persona que se mantiene al otro lado de la muralla? No es una experiencia afectuosa ni agradable.

»La otra alternativa se parece más a una cerca baja o a una línea sobre la arena. Cuando abro la parte valiosa de mi ser y se la muestro a mi esposa Jenni, si veo que ella se comporta de manera descuidada con el osito, le digo: 'Disculpa, querida, me voy a retirar'.

UNA CONVERSACIÓN CON LOS DOCTORES

La confianza

Queremos destacar de nuevo que la confianza no es algo que podemos ganar de una vez para siempre. La confianza está garantizada por una actitud continua de honrar y cuidar a la otra persona. La confianza puede ser traicionada en cualquier momento. Lo único que hace falta para dejar de ser confiable es que uno quede atrapado por sus propios sentimientos y olvide, aunque sea temporalmente, el bienestar de la otra persona. Por eso es mucho más útil concentrarnos en ser confiables que insistir en que crean en nosotros. Cuando, además de esto, definimos claramente que para que alguien pueda acceder a la parte vulnerable de nuestro ser debe mostrarnos respeto y valoración, entonces comenzamos a confiar en nosotros mismos. Sentimos que cuidan de nosotros y además, sentimos confianza en nosotros mismos. De esa manera, aun cuando la otra persona olvide tratarnos con cuidado, aunque sea por un instante, ¡sabemos que por lo menos nosotros no lo olvidaremos!

Este compromiso requiere que reconozcamos y respetemos nuestro inmenso valor como personas. Debes tener de ti el mismo concepto que Dios tiene: Él te considera infinitamente valioso. Debes exigir que todo el que tenga acceso a tu santuario interior te trate con el mismo respeto y cuidado. Cuando permitas que alguien acceda a la parte más sensible de tu ser, si comienza a comportarse de una manera descuidada, debes retirar esa parte de tu persona.

En esencia, estás diciendo: "Disculpa. Es obvio que has olvidado lo valioso y lo vulnerable que soy. Pero yo no lo he olvidado, y no permitiré que esto suceda."

Toda relación implica opciones. Cuando las personas te tratan con torpeza, tienes algunas alternativas para mantenerte confiable para ti mismo. Quizá debas levantar una muralla y dejar afuera a la otra persona, al menos por un tiempo. Esta puede ser una opción apropiada. Algunas personas no saben cómo tratar a otras y no dan la impresión de que lo aprenderán pronto. Puedes tratarlas con cordialidad, pero no necesitas permitirles el acceso a la parte más vulnerable de tu ser. Quizá griten por encima de la pared, pero nada más. Por supuesto, el problema con esta estrategia es que no permite que la relación se profundice. Resulta difícil conectarse. Es imposible abrazar a alguien que está al otro lado de una pared.

Otra alternativa se parece más a una línea marcada sobre la arena. De esa manera expresas lo siguiente: "Estoy protegiendo esta parte de mi ser porque en este momento no puedo confiar en ti. Pero quiero relacionarme contigo. Por lo tanto, te daré reiteradas oportunidades de intentarlo nuevamente. Sin embargo, debes saber que la próxima vez que te permita entrar, y cada vez que lo hagas, exigiré que me demuestres, con palabras y con acciones, que entiendes lo valioso y vulnerable que soy, y que te comportes en consecuencia. En la medida que lo hagas, seguiremos siendo amigos. Pero aunque lo olvides, quiero que sepas que yo no olvidaré mi propio valor."

La habilidad para sentirse seguro en una relación depende más de la segunda parte de la confiabilidad que de la primera. Cuando protegemos nuestra propia confianza, podemos conceder mucha más libertad dentro de la relación. Sabemos que los demás quizás olviden nuestro valor, que habrá momentos en que dejarán de ser confiables. Pero no correremos riesgos, porque siempre habrá alguien responsable: *Nosotros mismos.* Cuando las otras personas actúen de una manera que resulte insegura, cuando estén concentradas en sí mismas, entonces retiramos la parte vulnerable que hemos expuesto y la protegemos. Y cuando recuperen la confiabilidad, podemos decirles: "Probemos una vez más".

Se nos ha dado un consejo muy sabio en Proverbios 4:23: "Por sobre todas las cosas cuida tu corazón, porque de él mana la vida".

A Pamela la resultaba completamente novedoso el concepto de proteger su propio corazón y decidir cómo responderle a Tomás. Nunca había pensado en la manera en que su esposo contribuía al sufrimiento que ella padecía. Siempre había considerado que él tenía toda la autoridad, que él estaba en lo cierto y que era ella quien debía cambiar. Pero Bob estaba describiendo una manera completamente diferente de considerar la relación. Pamela sintió que necesitaría tiempo para meditar en todo esto.

—También diría algo más —continuó Bob—. 'Jenni, quiero que sepas que te amo y que quiero mantener una relación íntima contigo. Pero quiero que sepas que no permitiré que me trates con torpeza. Te daré algunas oportunidades, varias oportunidades, pero debes saber que la próxima vez que te abra el corazón . . . '

Bob se detuvo. —Sepan que en realidad nunca entrego completamente el corazón. Puedo compartirlo, pero mantengo la mano cerca para protegerlo.

Retomó la conversación imaginaria con Jenni, y agregó, 'y cada vez que te abra mi ser esperaré lo mismo de tu parte: Que me muestres mediante tus palabras y tus acciones que entiendes lo valioso y lo vulnerable que soy. En la medida que lo hagas, genial: Mantengamos la relación. Pero cuando tú lo olvides, yo no lo olvidaré, y retiraré esa parte de mi ser. Yo soy responsable por mí mismo'. —Bob apretó al osito contra su pecho.

—Hagamos un repaso. —Anotó sobre la pizarra:

Compromiso Nº 1: Esfuérzate en ser una persona confiable.

Compromiso Nº 2: Exige que los demás te demuestren que son confiables.

—La confiabilidad se resume en estos dos compromisos. Y cuando dos personas están comprometidas en ambos sentidos (cada una de ellas consagrada con todas sus fuerzas a ser confiable, y cada una de ellas comprometida a cuidar de sí misma, a proteger su 'lugar santísimo'), entonces habrá una barrera de seguridad, un cerco de protección alrededor del vínculo. Lo mejor es que descubrirán que están preparados y dispuestos para la intimidad, sin necesidad de pelear. ¿No les parece un plan maravilloso?

Pamela pensó que sin duda lo era. Si tan sólo funcionara . . .

—¿Por qué creen que funciona? —continuó Bob, como si le leyera el pensamiento—. Porque los seres humanos preferimos ser abiertos y mantener intimidad, si tenemos la opción. Fuimos diseñados para eso. Mantenernos abiertos requiere menos energía que cualquier otro estado. Lo que consume muchísima energía es mantener las murallas, las fortalezas, la actitud alerta o proyectar la imagen que queremos dar a los demás. A eso se debe que la mayoría de las personas que asiste a estos encuentros llega completamente exhausta. Es un verdadero esfuerzo sostener esa protección. Cuando estén ante una opción que les permita sentirse seguros, les garantizo que sentirán un profundo deseo de ser auténticos, de abrirse, de relajarse y de no tener que simular nada . . . de ser simplemente libres.

—¿Le encuentras sentido? —preguntó Greg, dirigiéndose a Rebeca.

—Por supuesto —respondió Rebeca—. He estado entregándole mi "osito" a Pablo y rogando que lo trate con cuidado. Pero no mantuve la mano sobre el peluche para protegerlo. Lo que ocurre es que creía que eso era lo que uno debía hacer en el matrimonio: Entregarse el uno al otro por completo. ¿No es así?

—Te entiendo —respondió Greg—. Eso es lo que se nos enseña. Eso es lo que comunica nuestra cultura: Entrégate por completo a los demás y ruega en tu interior que te traten con respeto y con cuidado. Pero esa actitud nos predispone al sufrimiento y a la desgracia.

—Es más —retomó la palabra Bob—, de estos dos compromisos que hemos mencionado, ¿cuál les parece el más importante?

—Bueno, después de escuchar la descripción de ambos —dijo Rebeca—, me parece que el compromiso número dos es el más importante: El de hacerme responsable de mí misma. ¿Correcto?

—Ni cerca —dijo Bob riéndose—. Era una broma. Tienes *toda la razón*. Sin ninguna duda, el compromiso número dos es el más importante: Pedirle a la otra persona que nos trate con respeto y con cuidado. Y les diré por qué. Si no puedo confiar en que yo mismo cuidaré de mi persona, y si mi bienestar depende de que Jenny se ocupe de cuidarme, ¿qué sucederá cuando ella esté concentrada en sí misma? ¿Quién cuidará de mí? Nadie.

»En cambio, si yo mismo comprendo lo valiosa y vulnerable que es esta parte de mi ser . . . —y volvió a levantar al osito—, cuando comienzo a captar la profunda realidad de que esta es la parte de mí por la que murió Jesús, entonces aprendo a protegerla y a cuidarla.

»Cuando le abro esta parte de mi ser a Jenny en un momento en que ella no está realmente concentrada en mi bienestar, lo cual sin duda ocurrirá porque es un ser humano, mi corazón no quedará desatendido. Y lo mismo vale para ella. Nunca sucederá que esta parte de mi ser quede desatendida. Y mi oración es que Jenni realmente se ocupe de cuidar su propio corazón, porque habrá días en que yo me olvidaré de hacerlo o estaré distraído. Detesto admitirlo, pero habrá momentos en que seré descuidado con ese hermoso tesoro que es su corazón, tan valioso que jamás debería estar en peligro. Mi oración es que, en esos momentos, ella cuide de sí misma, porque no quiero dañarla. No quiero que nadie le haga daño, pero me duele reconocer que yo mismo lo hice, y llegué a herirla profundamente. Ruego a Dios que nunca vuelva a ocurrir.

La expresión de Pablo continuaba severa. Arrugó el ceño y salió apenas Bob terminó de hablar. Pamela observó que Rebeca parecía agotada pero más relajada. Sintió gratitud por la valentía de la joven mujer. Era interesante que, cuando no estaba bajo los reflectores, los gestos de Rebeca disminuían en intensidad, como si hubiera dado un paso atrás en el escenario.

Nunca antes había escuchado Pamela algo como lo que Bob y Greg estaban describiendo. Ella era capaz de reconocer la belleza y el valor en otras personas, pero nunca los había reconocido en sí misma. Y ahora que lo pensaba, siempre se había ocupado de cuidar a otros, nunca de cuidarse a sí misma. Se sintió como si una persiana se hubiera levantado apenas un poco, y la luz que siempre había estado allí, aunque oculta, ahora se extendía como un cálido rayo sobre su corazón. Por primera vez, Pamela advirtió que en las ocasiones en que se había sentido ofendida o agotada, en lo último que se le ocurría pensar era si estaba cuidando confiablemente su propio bienestar. En lugar de eso, lo que solía hacer era esforzarse aún más o deslizarse hacia la depresión y admitir su fracaso.

UNA CONVERSACIÓN CON LOS DOCTORES

La seguridad

Cuando dos personas se comprometen a ser mutuamente confiables y a exigir ser tratadas con respeto y cuidado, la relación comienza a sentirse segura. Ambas tenderán a relajarse y a abrirse, lo cual les dará mayores oportunidades para cultivar una intimidad profunda y satisfactoria. Si te muestras confiable de manera perseverante, es mucho más probable que otras personas decidan confiar en ti. Después de todo, la mayoría de nosotros quiere vivir en un ambiente en el que se sienta seguro como para relajarse, abrirse y ser auténtico. ¿Acaso no es ideal esa relación en la que, al estar frente al otro, uno siente que llega a casa, que está en el ambiente seguro de su propio jardín? En cada interacción que se dé entre tú y tu cónyuge, tienes que optar entre dos caminos. Puedes construir y mantener un ambiente seguro para tu relación, o puedes caer en los pasos de la Danza del Miedo, en la trampa de reaccionar mutuamente de una manera que vuelve insegura la relación.

En nuestros encuentros intensivos nos ocupamos celosamente de crear un ambiente seguro, en el que los participantes puedan sentirse libres y abiertos, a la vez que aprenden a cuidar su propio corazón. Los asistentes están dispuestos a dar a conocer los detalles íntimos de su vida y su relación a los terapeutas precisamente porque les demostramos que somos confiables. Luego, por lo general, comienzan a hablar unos con otros en la habitación y pronto se sienten lo bastante cercanos y vinculados entre sí.

Queremos animarte a que hagas este mismo esfuerzo para generar un ambiente seguro en tu propio matrimonio. El resultado óptimo será que en algún momento sentirás tu hogar como el lugar más seguro de la tierra, donde tu corazón puede henchirse y latir lleno de vida.

❖ ❖ ❖

Habían pasado casi dos horas, y tanto la humedad como la temperatura se habían elevado, y por ese motivo la habitación estaba un poco densa. Victoria apenas se daba cuenta: Había estado atrapada por los diálogos.

—Antes de que hagamos una pausa para el almuerzo —dijo Bob—, tenemos una breve tarea para darles. —Mientras Bob hablaba, Greg comenzó a entregar a cada participante una cantidad de fotocopias—. Queremos que completen estas páginas antes de la próxima sesión. No tienen que entregarlas ni mostrarlas a nadie a menos que lo deseen, de modo que no necesitan ponerse tensos al responder las preguntas. Sólo completen la información para tenerla a mano en caso de que nos refiramos a ella en algún momento.

Victoria miró la primera hoja de las que Greg acababa de entregarle. "Identifica tu Danza del Miedo", decía el título. Sonaba intrigante.

Se puso de pie mientras los demás comenzaban a salir de la sala. Era bueno estirarse un poco después de pasar una hora en tensión y casi sin aliento. Salió a disfrutar del sol del mediodía. Los demás iban camino al comedor, pero ella quería tomarse unos minutos a solas a fin de procesar lo escuchado. Repasó mentalmente, parte por parte, el diálogo y las nuevas lecciones que estaban aprendiendo en cuanto a cómo ser una persona confiable y segura. Había mucho para meditar al respecto.

Mientras caminaba hacia un banco a la sombra de un aromático cornejo, donde los pétalos de las flores flotaban alrededor de ella, Victoria repasó la situación de los Stuart. Le dolía el corazón al pensar en ellos y se detuvo para interceder ante Dios por sus necesidades. Mientras oraba, vinieron a su mente las palabras del versículo 8 del Salmo 4: "En paz me acuesto y me duermo, porque sólo tú, Señor, me haces vivir confiado". Deseaba de corazón que Pablo y Rebeca pudieran experimentarlo. Ambos estaban muy lastimados. *¡Oh, Señor, que se cumpla esa palabra para todos nosotros!*

Victoria nunca se había sentido insegura en su propio hogar. Pero ahora había tomado conciencia de la sensación recurrente de alivio que sentía cuando Carlos no estaba. Año tras año habían ido agregando piedras a la muralla hasta que apenas quedaba un pequeño orificio en la barricada de protección entre ellos . . . tal como Bob lo había presentado. La siempre competente esposa imaginó las paredes gruesas y grises que rodeaban Alcatraz, aislada en una isla, separada de la tierra firme de San Francisco, y a menudo envuelta en la neblina espesa que se suspendía sobre la bahía. ¡Qué contraste estremecedor con el Huerto del Edén: El ambiente perfecto que Dios había dispuesto para su creación!

"¿Acaso no es ideal esa relación en la que, al estar frente al otro, uno siente que llega a casa, que está en el ambiente seguro de su propio jardín?", había preguntado Greg. Victoria se estremeció al pensar en la forma en las personas terminan encarcelándose. Recostada contra el respaldo del banco en el jardín, cerró los ojos y dejó que corrieran las tibias lágrimas por sus mejillas. Inspiró profundamente la fragancia dulce y acre de la tierra, que a la sazón estaba llena de vida nueva. Las abejas zumbaban rodeando a los árboles en flor, y los pajarillos coqueteaban y andaban inquietos a su alrededor.

Durante el año anterior Victoria había tenido un sueño recurrente, lleno de colorido, momentos antes de despertarse. En el sueño, ella era una niña pequeña en un hermoso día de verano, descalza, persiguiendo mariposas en una pradera llena de margaritas silvestres, amapolas de color naranja y arbustos de lavanda, siempre de la mano de su mejor amiga. Juntas caían sobre el césped alto y suave, rodaban y se echaban a reír. Cuando se quedaban sin aire, se tendían de espaldas a contemplar las nubes que se deslizaban, enormes y perezosas en el cielo azul . . . Ni un asomo de peligro, de temor o desilusión.

Mientras su mente vagaba, todo era puro esplendor . . . y tan distinto de la realidad que vivía con Carlos. ¿Podría alguna vez sentirse segura y exponerse, vulnerable como era, frente a este hombre con quien había prometido pasar el resto de su vida? Se secó el rostro húmedo con la palma de la mano. En lo profundo de su ser sabía que había sido creada con este anhelo que la inquietaba desde mucho tiempo atrás. Era algo que le pertenecía por nacimiento. Era lo que Dios siempre había dispuesto para ella: Estaba diseñada para estar íntimamente vinculada con otras personas, sin sentirse inhibida. Durante años había reprimido esa noción, en nombre del deber.

Victoria no se imaginaba que Carlos podía sentir lo mismo. Él estaba constituido de una manera diferente. Ella no podía imaginarse a su esposo riendo a su lado sin estar a la defensiva o en guardia. Era una imagen opuesta a todo lo que ella sabía acerca de los hombres. Sin embargo, Bob y Greg insistían en que tanto los hombres como las mujeres habían sido creados para disfrutar de la intimidad.

De pronto, un pensamiento nuevo cruzó por su mente: Quizá Carlos nunca se había sentido suficientemente seguro *con ella*; quizá nunca se había sentido en condiciones de relajarse o de bajar la guardia, como para ser él mismo sin necesidad de preocuparse o de estar concentrado en sí mismo. *¿Por qué?* Ella había contribuido con su aporte para que se levantara esa muralla gruesa como una cárcel. Aunque habían hecho el amor durante muchos años, antes de la reciente etapa de enfriamiento, ella siempre había funcionado bajo la premisa exclusiva del deber . . . nunca se había sentido realmente abierta y honesta hacia su esposo.

Recordó otra cosa que había dicho Greg: *"Si bien la perspectiva de crear un paraíso en las relaciones es un poco idealista, ése es el ambiente para el que fuimos diseñados. . . . Si nos comprometemos a construir un refugio de seguridad para nuestro matrimonio, tendremos un lugar bajo el cual podremos distendernos y disfrutar de la vida juntos de una manera abierta e íntima. Nuestra relación se convierte en un santuario, en un puerto seguro, en un hogar al que anhelamos llegar."*

Victoria ansiaba llegar a ese jardín.

—¿Puedo decirte algo, Bob? —preguntó Greg con una expresión al parecer informal, cuando los participantes habían salido de la sala.

—Por supuesto. ¿De qué se trata?

—Olvidaste proteger a tu osito —dijo y le dio al peluche un remate de voleibol.

—¡Hey, devuélveme eso! —Bob lo recogió del suelo, se lo puso contra el pecho bajo la camisa y salió riendo escaleras arriba hacia el comedor.

Era hora de almorzar. Los huéspedes se dirigieron por la escalera desde la sala de consejería ubicada en la planta baja de los tres pisos de la Casa Bradford hacia el comedor. Éste tenía ventanas en todas sus paredes, lo cual daba la sensación de estar almorzando al aire libre, con un fondo de enormes robles, cedros y hermosos cornejos en flor, con sus flores blancas y rosadas. Los invitados podían elegir almorzar en el comedor más privado, donde las mesas de mármol estaban acomodadas de modo íntimo para dos personas. Por lo general, los asistentes a los encuentros intensivos elegían reunirse en el comedor principal, donde compartían una misma mesa.

En la amplia y soleada cocina, donde los cocineros se afanaban para controlar que todos los preparativos de las comidas estuvieran en marcha, estaban permanentemente cocinando alguna cosa deliciosa. A diferencia de las cocinas de otros hospedajes, en ésta se permitía el acceso a los invitados para que se sirvieran a su gusto en un atractivo mostrador que estaba en la amplia isla en el centro de la sala. El autoservicio de café se encontraba a disposición las veinticuatro horas, bien provisto con pasteles, bocadillos, té, chocolate caliente, café, agua y refrescos. Algunos huéspedes visitaban el lugar más que otros, por ejemplo, Rafael. Una o dos veces se había cruzado en el camino con la dulce mujer de nombre Pamela. Una mujer que sabía apreciar un buen pastel y una taza de té le caía bien.

Cristina, la esposa de Rafael, nunca se sentía tentada por la comida, y la seductora exhibición a la hora del almuerzo no ejercía gran poder sobre ella. Durante el intervalo había tomado algunas galletas y frutas, y con ellas se había marchado hacia el balcón. No tenía muchas ganas de conversar y Rafael tenía la certeza de que su mujer, capaz de correr una maratón, no dedicaría el mismo esfuerzo para hacer que otros se sintieran más cómodos con un poco de conversación.

Nadie, salvo Rafael, advirtió la ausencia de Cristina. Los demás invitados parecían estar absortos cada uno en su propia modalidad de supervivencia. Lo que Rafael más deseaba era tener a Cristina a su lado, pero ya había aprendido a dejar que su esposa, de personalidad fuerte e independiente, se moviera por su cuenta. Cuando ella sentía necesidad de espacio, él sabía que lo peor que podía hacer era intentar aferrarse a ella. Y aunque se había resignado a esa situación, a él no le gustaba.

Rafael acababa de encaminarse hacia el comedor, después de haber cargado abundantemente su plato, cuando Pamela entró por un segundo a la cocina para servirse unos emparedados y unas frutas, con la intención de llevarlos a su habitación. Su esposo, "el Predicador", como lo llamaba ella, estaba con migraña. Después de su breve explicación no dijo mucho más, mientras se atareaba con sus preparativos. Rafael le dedicó una sonrisa con mucha ternura. Ella daba la impresión de haber soportado una prolongada frustración.

Rafael observó mientras Pablo y Rebeca se servían cada uno por su lado una bandeja de bajas calorías y aprovechaban la pausa del almuerzo como excusa para aislarse por un rato. Pablo parecía sentirse miserable, mientras seguía a su esposa hacia la puerta delantera. Rebeca había anunciado a viva voz que necesitaba removedor de pintura de uñas, y Pablo daba el aspecto de que acompañarla era toda una misión. Se les podía escuchar riñendo mientras salían por la puerta principal del hospedaje.

Por su parte, Rafael se había sentido a gusto en el comedor. Extrañaba el bullicio de los niños y la actividad de su casa. Es más, estaba con ganas de salir a lanzar algunas pelotas al aro o a patear una pelota. Pero la comida estaba deliciosa, de modo que se sirvió un abundante plato y se sumó a los pocos que se habían mostrado dispuestos a encarar con valentía la experiencia de almorzar juntos.

En el extremo alejado de la mesa con copas de cristal y mantelería de lino, estaba ubicada la notable pareja de afroamericanos. Victoria estaba vestida con telas de colores y textura cara. Aunque no era demasiado llamativo, su arreglo llamaba la atención en contraste con los atuendos informales de los demás, que vestían pantalones vaqueros y zapatillas (con excepción de la vestimenta de Rebeca, por supuesto).

A Rafael le resultaba fácil mantener una conversación ligera, y en seguida lo hicieron animadamente, si bien Carlos se limitaba a asentir, y se mantenía en silencio. Este señor mayor era muy atildado. Cada cosa que hacía no sólo era apropiada sino auténtica. Su manera de manejar los cubiertos, la ubicación de su servilleta sobre la falda. Un poco estoico, daba la impresión de llevar sobre el rostro un cartel con la leyenda "no molestar". Era obvio que no sentía ninguna necesidad de esforzarse por mantener la conversación.

—¿Cómo está su comida? —preguntó Rafael. Movió el hielo en el fondo de su vaso, después de haberse tomado el té frío en dos grandes sorbos.

—Buena, gracias. La ensalada está deliciosa —dijo Victoria.

El sol iluminaba el cabello lustroso y bien peinado de Victoria. Rafael sintió que extrañaba a su mamá. Le daba gusto estar en este momento cerca de Victoria.

—¿Y cómo es el clima en Dallas en esta época del año? —preguntó mientras se llevaba una porción de comida a la boca.

Greg y Bob también se integraron a la mesa. Cuando estaban juntos era fácil encontrarlos. Con la continua catarata de risas y bromas, parecían dos comediantes fuera de su horario de trabajo. Conversaron informalmente con los huéspedes y mantuvieron el ambiente animado mientras comían ensaladas de tomate, huevos, aguacate y pollo asado.

Greg contó cómo su hijo Garrison lo había hecho pasar vergüenza el día anterior. Greg estaba comprando una tarjeta de cumpleaños para Erin, su esposa, y la mujer que lo estaba atendiendo era, digamos, bastante gorda. Estaba conversando amigablemente con ellos, y le preguntó a Garrison: "¿Lo estás pasando bien con tu papá?"

"¡Sí, y papá dijo que yo podría andar en el helicóptero!", respondió Garrison, refiriéndose al juguete que estaba en la puerta.

"A mí me encanta andar en el helicóptero", dijo la mujer, para seguir la conversación.

Garrison la miró y dijo: "No entrarías . . . ¡eres demasiado grande!"

Greg se rió y comentó que estuvo a punto de morir en ese momento. "Garrison, no es bueno decir eso."

Sin vacilar, Garrison volvió a darle una mirada crítica a la mujer. Señaló el estómago de la señora y le preguntó: "¿Tienes un bebé ahí adentro?"

Greg preguntó si alguien más venía a almorzar, y Rafael comentó que había visto a Pamela en la cocina un poco antes. *Pero no vi a su chiflado esposo.* Rafael no expresó ese pensamiento en voz alta. Pamela le parecía una mujer dulce, pero el marido no le caía bien. Estaba seguro de que con Tomás le sería difícil tratar. En más de una ocasión a Rafael no le había fallado la intuición, y se preguntaba si esa sensación incómoda que sentía con Tomás también sería acertada. Sin duda, ese tipo no andaba bien.

Greg y Bob almorzaron rápidamente y fueron a ocuparse de algunos asuntos con el personal de la casa. Poco después, Carlos pidió disculpas educadamente, y se puso de pie, con su metro ochenta y siete de estatura. La presencia de este caballero resultaba intimidante, aunque no se podía negar que lo rodeaba un halo agradable. Durante el breve diálogo, Rafael se había enterado de que era un abogado retirado. El hombre más joven se sintió agradecido de no haber tenido que enfrentarse jamás con Carlos en los tribunales.

Carlos y Victoria habían sido amables el uno con el otro: Acomodando la silla, colgando la chaqueta, alcanzando la sal o la pimienta . . . pero no cabía duda de que mantenían una actitud fría. Al cabo de un rato Rafael reconoció un gesto característico: En ningún momento se miraban a los ojos. No podía evitar preguntarse por qué habían asistido al encuentro, y si alguna vez habían llegado al nivel de gritarse con alaridos y de lanzarse objetos, como les había ocurrido a Cristina y a él.

Apenas salió Carlos, el ambiente se volvió inmediatamente más acogedor y parecía que los hombros de Victoria se hubieran relajado un poco. Quedaban sólo ellos en la amplia mesa, pero Rafael no tenía ningún apuro por abandonar la compañía de Victoria. Se sentía atraído por su voz sureña y sensual, y sentía curiosidad por conocer su historia. De todos modos, supuso que ella querría estar sola, y el aire libre parecía estar llamándolo por su nombre. Tenía ganas de explorar un poco los alrededores antes de que comenzara la sesión de la tarde. Después de agradecer al personal de servicio por el delicioso almuerzo, salió en busca del radiante sol.

Pamela estaba ansiosa por comenzar cuando el grupo volvió a reunirse una hora más tarde, para la primera sesión de la tarde. Un mayordomo de aspecto francés, de nombre Galen, muy apuesto con su largo delantal azul, bajó a la sala con una bandeja de bizcochos, caramelos y café recién preparado. ¡Mmm! Quizá podría reservar unas galletas para más tarde. Todavía le parecía extraño seguir una conversación ligera con personas a las que un rato antes había expresado detalles íntimos. Rafael encontró un lugar en el piso y comenzó a bosquejar caricaturas en el dorso de su cuaderno. Cristina daba la impresión de haber sido zarandeada muy duro. Ella se ubicó nuevamente en el sofá, al lado de Pamela. Su aspecto era ahora menos profesional, pero estaba lejos de mostrar una actitud relajada. Brindó a Pamela una sonrisa un tanto extraña, y ésta le ofreció una caja de pañuelos de papel, segura de que tendría necesidad de ellos en el curso de la próxima sesión. Cristina movía los dedos de los pies a un ritmo que parecía expresar: "Tenemos apenas cuatro días, démosle más ritmo a esto".

—¿Quién desea ser el próximo? —preguntó Greg.

Cristina y Rafael se miraron el uno al otro.

—Nosotros —dijeron a una.

Parecieron sorprendidos de escuchar sus voces. Pamela sospechó que después de mucho tiempo, ésta era la primera vez que coincidían en algo. Cristina se incorporó sobre el sofá y rodeó sus rodillas con los brazos. Este enfrentamiento entre un "San Bernardo" y un "Chihuahua" prometía una escena interesante.

—Este . . . creo que estamos tratando de aclarar quiénes somos como individuos, además de ser matrimonio y padres —comenzó Cristina—. Ya hemos asistido a consejería . . . y lo cierto es que puse mucho más esfuerzo en esto que Rafa, lo cual no es ninguna sorpresa. Creo que él pensaba que yo mantendría todo funcionando, y que él estaría bajo mi cuidado no importa lo que hiciera. Y por eso es a mí a quien se ve en movimiento —movió los ojos en una expresión de disgusto—. Está asustado porque era yo quien sostenía su mundo. Él no ayuda con las finanzas ni con las tareas del hogar . . . Abre una lata de conservas y come de ella sin siquiera calentar la lata . . . ¡No tiene idea de cuánto pagamos por la hipoteca, ni cómo la conseguimos! Él integra el comité recreativo en los días de sol.

—¿Qué sentimientos te produce eso, Cristina? —preguntó Bob.

—Nunca me puse a pensarlo, pero creo que al principio me gustaba mantener el control. Siempre fui una persona responsable y capaz de concentrarme en algo, y cuando conocí a Rafa él me hacía reír y me ayudaba a sentirme relajada. Él era bohemio y fuera de lo común, y yo era lo bastante joven y estúpida como para creer que el amor mantenía al mundo en funcionamiento. Pero luego sentí hambre, y después quedé embarazada, y más tarde sentí deseos de lograr algo en la vida . . . y adivinen quién era el que no quería crecer junto conmigo.

»Yo deseo que seamos amigos. Quiero que forme parte de la vida de nuestros hijos. Sólo que ya no quiero seguir casada con él. Sé que esto suena como un arrebato juvenil. En este momento, creo que ni siquiera me interesa iniciar otra relación . . .

Pamela se preguntó por qué de pronto Cristina se había ruborizado.

—Bob y Greg, sé que ustedes tienen enormes expectativas de que los que estamos aquí nos mantengamos casados, y yo también quiero sentirme más segura después de esta experiencia. Pero necesito tomar decisiones serias. El matrimonio me está quitando la vida.

—Se te ve cansada y exhausta —observó Greg.

—Es exactamente así como me siento —sus hombros estaban vencidos—. Leí *El ADN de las Relaciones* y encontré buen material en él; pero sinceramente, el nuestro no es un problema de *comunicación*. Rafael y yo tenemos IMPORTANTES problemas de *personalidad*.

»Y cuando observo a mis padres . . . en realidad no sólo a ellos: No logro pensar en ningún matrimonio conocido al que considere feliz. Ni siquiera uno. Y cuanto más tiempo permanecen juntos, se vuelven más *zombies*. Duermen en habitaciones diferentes, discuten todo el tiempo . . . ¡son patéticos!

»Prefiero mostrarme abiertamente y decir la verdad. Por ejemplo: 'Sí, señores, estamos alterados, ¿y qué?' Y no sólo eso, en realidad me encanta manejarme sola. Tengo sólo veinticuatro años, y dispongo de una libertad que nunca tuve. Sé que mis hijos están seguros cuando están con Rafael. Aunque él sea un gran tonto, puedo decir que es bueno con ellos. Sé que no es así como debiera hablar una esposa y madre, pero nunca tuve oportunidad de divertirme. Comencé a trabajar cuando tenía catorce años, fui estudiante con honores y nunca solté las riendas, excepto los dos años de libertad salvaje que viví cuando conocí a Rafael (aunque en esta etapa también era yo quien se ocupaba de lo que hubiera que ocuparse).

Hizo una pausa mientras jugueteaba con la cinta de su cabello. Dirigiéndose a todos los que estaban en la sala, dijo: —Sé que ustedes piensan que estoy siendo malvada y egoísta, pero estoy cansada de ser una malhumorada todo el tiempo.

—Me parece que lo que te resulta muy doloroso —intervino Greg—, es la tarea de ser alguien que en realidad no eres. Has tenido que transformarte en algo diferente, en algo que no te agrada.

—Exacto. Esto no es lo que soy. Yo también puedo divertirme, siempre que no caiga solamente sobre mí la responsabilidad de mantener todo en orden, de refunfuñar, de ocuparme de atender a toda la familia. Los chicos gritan y corren hacia su papá, cuando se hace presente porque está cansado de su triste vida solitaria . . . algo que nunca sé cuándo ocurrirá. ¡Pero ni siquiera se da cuenta lo tristes que se ponen los niños cuando él no se presenta! Eso es algo más respecto a la separación: Ha obligado a Rafael a ponerse más serio y a crecer un poquito. Ya no puede dedicarse a ser la "fábrica de diversión familiar" que era antes. No estoy en casa para ocuparme de los niños y de él como si fuera su madre, las veinticuatro horas de los siete días de la semana. Él debe tomar algunas decisiones. Creo que la separación es lo mejor que nos ha pasado.

Pamela no se sorprendió de que Rafael estuviera haciendo sonar sus nudillos con fuerza. Era obvio que estaba disgustado con lo que Cristina acababa de decir, pero no reaccionó ni dijo nada a pesar de que había sido apaleado.

—¿Qué sucede cuando están juntos? —preguntó Greg—. ¿Qué diferencia encuentran entre ustedes cuando están juntos y cuando están solos? Rafael, ¿dirías que te vuelves complaciente y tomas todo por sentado cuando están juntos?

—Sí. Pero no siempre fui así —masticando una ramita, Rafael comenzó a frotar una mancha que tenía en la rodilla—. Creo que fue un error de mi parte ser demasiado abierto, o sea, decirle cómo me siento. Creo que fui demasiado sincero.

—¿Qué quieres decir?

—Creo que Cristina tenía una percepción romántica de mi persona. Yo *soy* romántico . . . y soy gracioso, y un poco blando . . . . yo le aporté equilibrio a nuestra relación, como dijo ella, pero ahora resulta que piensa que soy un idiota. Siempre estuve en oposición al sistema. Nunca encajé del todo con la corriente social y ella pensó que eso era simpático . . . hasta que consiguió empleo en una firma de contabilidad. Entonces dejé de tener valor como persona.

Masticaba sin cesar la ramita, lo cual le producía escalofríos a Pamela. De vez en cuando la sacaba de la boca y examinaba el grado de destrucción.

—Ella se enamoró de mí —continuó Rafael—, del que realmente soy . . . —*chomp, chomp*—, pero ahora ocurre que construyó una imagen estilo John Wayne de lo que debe ser un *verdadero* hombre. Y yo no lo soy. Yo lloro, soy blando, amo a los niños . . . No soy un tipo bien vestido. Esto es lo que siempre he sido: Un espíritu libre. No quiero encerrarme a mí mismo en la definición que el mundo tiene de lo que es más grande, más rápido, más, más, más —el bohemio grandote se estremeció—. Si eso significa que soy un perdedor, entonces le fallé.

Se quitó las zapatillas con un gesto de rabia.

—Yo creía que no había problema en que fuera vulnerable, que expresara mis temores o mis penas —dijo Rafael—. A mí me gusta que ella sea fuerte y que tenga iniciativa . . . que sea una "mujer dominante", si les parece. A ella también le gustaba, pero luego empezó a odiarme precisamente por eso. Supongo que comencé a darle asco.

Bob intervino en el diálogo.

—Quiero destacar esto último. Es muy importante. Pero

antes me gustaría mencionar otro asunto. ¿Puedo hacerles una sugerencia? Creo que estoy escuchando varias cosas, pero hay una que es evidente, y es el grado de enjuiciamiento que hay entre ustedes dos. Me parece mejor que comencemos por ahí. Rafael, te observé mientras hablaba Cristina, y noté que se te ponían los pelos de punta cuando ella expresaba sus críticas sin disimulo.

—¿Fue tan evidente? —dijo Rafael en un tono un tanto sarcástico.

—Puedo imaginar que cuando cualquiera de ustedes se siente juzgado por el otro, eso los conduce a una discusión acalorada, y luego terminan ambos sintiéndose lastimados, atacados y solos.

Ambos asintieron con la cabeza.

—Lo irónico es que a los dos les importa mucho la persona del otro. Si no fuera así, Rafael, no te importaría la opinión de Cristina, y a Cristina no le importaría la conducta de Rafael. ¿Están de acuerdo?

—Supongo que sí —concedió Rafael con cierto desgano.

—El asunto es éste: ¿Cómo pueden construir un ambiente sano, donde ninguno de los dos se sienta atacado, y ambos se sientan amados y cuidados por el otro? En realidad —continuó Bob sin darles oportunidad de responder—, ¿es éso lo que quieren: Sentirse seguros, amados, cuidados?

—Por supuesto —dijo Rafael.

—Sería lindo —Cristina asintió con evidentes dudas. Luego la pequeña Chihuahua lanzó otra embestida a la bestia amable que estaba sentada cerca de ella—. Pero Rafael nunca . . .

—Me parece que estabas a punto de emitir un juicio, Cristina —la interrumpió Bob —. Antes de que entremos otra vez en eso (que de todos modos no parece estar dando los resultados que esperaban), podrías probar algo diferente que en una de ésas resulte bueno. ¿Qué les parece si ambos dejan a un lado el juicio y adoptan en cambio una actitud de curiosidad, hasta de encanto, por lo que le gusta al otro?

»Recibir críticas hace que las personas se encierren y se aíslen.

Cuando la gente se siente juzgada, como ocurre con Rafael cuando su esposa le habla acerca de su falta de iniciativa en la relación, por lo general terminan defendiéndose el uno del otro, o atacando. ¿Verdad?

—¡Sí! —dijo Rafael, con tanto entusiasmo que sorprendió a Pamela.

—Cuando suspendemos el juicio y lo remplazamos por un sincero interés en la otra persona, ocurren cosas más agradables (tanto en nosotros mismos como en los demás). La gente por lo general tiene sus razones para actuar y sentirse de la manera en que lo hacen. Quizá Rafael sea pasivo en el matrimonio, pero quizá sea de esa manera porque Cristina cree que él nunca alcanzará un rendimiento satisfactorio, o porque él mismo siente que es un fracaso. Quizá se ve a sí mismo a través de lentes distorsionados. ¿Qué sucedería si en lo íntimo de su ser se dijera a sí mismo: *Nunca lograré ser la clase de esposo y de padre que Cristina quiere que yo sea?*

»Imaginemos lo que podría suceder, Cristina, si en lugar de juzgarlo expresaras un interés genuino en Rafael; si partieras de la premisa de que tiene sus razones para ser pasivo. Observa que no estoy diciendo que debes estar de acuerdo con sus razones. No se trata de decidir si son correctas o no. Eso sólo conduciría a más juicio, y entonces Rafael se defendería o bien se encerraría. De cualquiera de esas formas, el matrimonio pierde.

—Tienes razón, Bob —concedió Cristina—. Eso es exactamente lo que sucede.

—Cristina, no te apresures tanto a decirle a Bob que tiene razón. Hazlo trabajar un poco más —bromeó Greg—. ¡Lo volverás engreído!

Bob sonrió y continuó.

—El interés contribuye a la seguridad. Recuerden, cuando nos sentimos seguros, abrimos el corazón y de manera natural surge la intimidad. No necesitamos forzarla. La curiosidad también posibilita llegar al fondo de las cosas. Cristina, has planteado la pasividad de Rafael. Pero la cosa no termina allí. Esa es sólo la superficie del asunto. Es sólo la punta del iceberg. El verdadero tema es lo que está por debajo.

»Rafael, ¿te parece que eres pasivo por naturaleza? ¿Refleja eso tu verdadera personalidad?

—Creo que no. Soy perezoso, pero creo que me he vuelto más y más pasivo porque siempre siento que no soy lo bastante bueno para conformar a Cristina. Creo que nunca alcanzo el nivel que ella espera ahora de mí —respondió Rafael sin mostrarse a la defensiva.

—¿Se dan cuenta lo que ocurrió en este momento? —preguntó Greg—. Cuando Bob puso límite a la dinámica de juicio, y expresó un interés genuino en Rafael, construyó un ambiente seguro.

—Rafael, ¿te sentiste seguro cuando te pregunté?

—Sí, por supuesto.

Bob miró a Cristina.

—Cuando escuchas a Rafael hablar de sí mismo, tienes la oportunidad de entender su actitud pasiva. Es de esperar que ese descubrimiento despierte en ti una actitud compasiva hacia tu esposo, en lugar del juicio. Y ya sabes lo que suele ocurrir cuando las personas reciben compasión, ¿verdad? Por lo general las personas se abren.

Pamela observó que ese hombre se había vuelto pasivo como consecuencia de la crítica constante . . . y luego lo habían juzgado por ser una persona pasiva. Se preguntó si su esposo también habría observado la semejanza con la historia que ellos tenían.

UNA CONVERSACIÓN CON LOS DOCTORES

Suspender el juicio

La compasión y la comprensión generan una gran cantidad de seguridad. Cuando alguien decide no juzgar nuestras motivaciones, y en lugar de eso procura comprender por qué hicimos algo necio o algo hiriente, la compasión que recibimos nos anima a abrirnos, y de esa manera la relación crece. La lucha comienza a apaciguarse y el conflicto disminuye.

El juicio tiende a fomentar la actitud defensiva y a alejar a las personas, en tanto que el interés por el otro inspira la apertura y la confianza, y le da vida a la relación. Cuando expresamos interés por alguien, se produce algo transformador. ¿Has conocido alguna vez a esas personas que nos asombran por su capacidad para escuchar? Parecen estar fascinadas con todo lo que les decimos. Prestan atención a cada una de nuestras palabras. Hacen preguntas apropiadas y expresan claramente el interés que tienen de conocernos mejor. Al alejarnos de esas personas, no podemos menos que decir: *¡Qué bien me cae! Me hace sentir a gusto. Parecía estar muy interesada en mí.* Quizá ni siquiera recordemos su nombre, pero ya hemos definido que son grandiosas. ¿Por qué? Simplemente porque se mostraron curiosas o interesadas en nosotros.

El juicio sanciona a las personas, les baja el martillo y las sentencia a cincuenta años de trabajo forzado. Esa clase de actitud impide conocer al otro. Es como si ya hubieran escuchado todo lo que necesitan saber para dar su veredicto: "Nada más. Estás condenado".

La curiosidad expresa algo completamente diferente: "Todavía no sé todo lo necesario para sacar una conclusión, de modo que no emitiré juicio. No me gusta lo que sucedió, pero quiero estar abierto a la posibilidad de algo nuevo." No alcanza una vida entera para llegar a conocer plenamente la verdadera belleza de otra persona. Además, todos cambiamos interiormente año tras año, de modo que nunca podremos llegar a conocer a una persona por completo.

El proceso de descubrimiento le da vida a la relación. Si te mantienes fascinado con tu cónyuge, con tus amigos, tus hijos, tus colegas, con tus vecinos . . . nunca se te acabarán las oportunidades de seguir aprendiendo, tanto de ellos como de ti mismo. Cuando decides suspender el juicio y en lugar de esto estimular la actitud de curiosidad, mantienes la relación segura y viva. La estimulas a crecer y a profundizarse.

Greg se puso de pie y se estiró.

—Hagamos un breve repaso. Hablemos acerca de lo que realmente ocurre entre Rafael y Cristina. Escucho un fuerte ruido de crujidos y de truenos por debajo de la superficie. Lo que acabamos de ver es apenas un vistazo de un iceberg enorme que se hunde cientos de metros por debajo de la superficie. ¿Saben cómo se llama este iceberg? Se llama *miedo*.

—¿Miedo? —dijeron ambos al unísono. Pamela quedó tan sorprendida como ellos. ¿Qué se proponía Greg?

—Escucharon bien. Miedo.

—Greg, ¿te diste cuenta de que mido más de un metro ochenta y que peso más de cien kilos? —preguntó Rafael—. Quizá sea difícil de creer, pero no le tengo miedo a Cristina.

Pamela se rió junto con el resto del grupo ante la ocurrencia de Rafael, que había contribuido a romper la tensión.

—¡No estoy tan seguro! —bromeó Bob—. Cristina está en bastante buen estado. ¡En una de ésas te gana!

—Hablando en serio —continuó Greg—, es en este punto donde la mayoría de la gente se confunde respecto al miedo. No estoy hablando del miedo en el sentido de estar temeroso por la seguridad física. Ése podría ser un problema, pero de lo que estoy hablando en este momento es del miedo emocional. No nos quedemos con el concepto común de la palabra. Muchas personas no reconocen que sienten miedo. Prefieren usar términos tales como *preocupado, afligido, ansioso, estresado, fastidiado* o *incómodo*. Cuando hablamos de miedo, nos estamos refiriendo a pensamientos y sentimientos que producen en nosotros una reacción defensiva o protectora. Este miedo puede presentarse bajo distintas formas:

Miedo al fracaso, al abandono, al rechazo, a no alcanzar las expectativas, miedo a lo que ustedes quieran. ¿Se han preguntado alguna vez por qué hacen o dicen ciertas cosas que quisieran no haber hecho, cosas que no concuerdan con la clase de persona que deseamos ser? Pamela recordó que Cristina había expresado precisamente eso.

UNA CONVERSACIÓN CON LOS DOCTORES

Los botones del miedo

Si no te sientes identificado con la palabra *miedo*, otra manera de pensar en esto es hablar de *botones*. Todos tenemos botones que pueden ser accionados, y cada uno de nosotros reacciona de alguna manera característica cuando los presionan. Ya sabes de lo que hablo: Cuando alguien oprime el botón, sentimos el impulso de lanzarnos contra la otra persona, o bien de retroceder.

Piensa por un momento en un animal salvaje acorralado o sorprendido. ¿Cómo reacciona? Una respuesta frecuente es que se muestre feroz, que gruña y exhiba los dientes. Otra respuesta frecuente es que se paralice o que salga corriendo. Dios creó a las criaturas con estas habilidades para que puedan responder con rapidez ante las emergencias.

Los científicos lo describen como reacción de ataque o huida. En esto los seres humanos no somos diferentes de los animales. De hecho, la hormona adrenalina corre por nuestro cuerpo en circunstancias en las que no nos sentimos seguros, y nos prepara para reaccionar y protegernos. Lo que quizá no sabes es que una experiencia emocional que provoca inseguridad, también genera reacciones poderosas. Y si bien la reacción de ataque o huida es excelente para la supervivencia, ¡es malísima para promover el contacto íntimo!

Casi siempre, nuestros botones de miedo ya están instalados antes de que nos casemos. Llegamos a la relación matrimonial con mensajes hirientes grabados en nuestro corazón. Cuando analizamos las relaciones que tuvimos en el pasado, especialmente en la familia y con nuestros padres, por lo general podemos tomar conciencia de los mensajes que nos quedaron grabados.

A nadie le gusta sentir miedo. Sin embargo, como emoción, el miedo puede ser una fuente de información muy útil. Si admitimos nuestros miedos y hablamos acerca de ellos, tenemos la oportunidad de abrir la puerta de la intimidad. En el nivel personal, el estar dispuestos a ser lo bastante vulnerables como para dar a conocer nuestros miedos a la otra persona nos abre a la experiencia de la compasión, de la comprensión, del amor . . . en otras palabras, de la intimidad.

Personas como Cristina no se sienten impresionadas por el porcentaje de matrimonios que permanecen unidos a lo largo del tiempo, y la verdad es que a mí tampoco me impresiona. Apenas un doce por ciento de las parejas casadas sostiene haber encontrado algo al menos cercano a lo que estaban buscando en el matrimonio. Los demás quedan estancados. Sí, es patético, pero no quiere decir que esas parejas hayan elegido esa vida. Me aventuro a decir que con todos los libros de autoayuda, los seminarios y los métodos de consejería con que se cuenta hoy, muchísima gente ha intentado con desesperación encontrar la libertad que anhelan.

Sostengo que hay una razón concreta de *por qué* nos quedamos estancados. Lo que nos atrapa es nuestra propia danza en la relación, y no logramos liberarnos de ella. A este esquema destructivo lo hemos llamado la Danza del Miedo. Los encuentros intensivos que promovemos dan resultado, en buena medida, porque ayudamos a las parejas a identificar y a romper el ritmo de su propia danza.

El problema no son los botones de miedo o lo que los acciona. El problema radica en la manera en que elegimos ocuparnos de ellos y en la danza en la que quedamos atrapados. Esta es la manera en que funciona la Danza del

Miedo: Cuando alguien acciona nuestros botones y reaccionamos de una manera enfermiza, significa que ha comenzado la danza destructiva.

—Permítanme ilustrar a qué le llamamos la danza del miedo —continuó Greg—. Cuando damos conferencias, los asistentes a menudo me piden que les diga alguna anécdota que relate cuando Erin y yo nos enganchamos en la danza, de modo que les hablaré de una de ellas. —Greg hizo un gesto simulando vergüenza.

—Mi esposa es enfermera y hay ocasiones en que debe hacer el turno de la noche. En una de esas oportunidades yo me sentía solo y aburrido . . . y cuando estoy aburrido me dan ganas de cambiar las cosas de lugar.

»Erin procuraba no despertarme cuando llegaba a casa, de modo que no encendía las luces. Entró al dormitorio en puntas de pie, tropezó y se cayó de bruces contra una mesita que, hasta una horas antes, no había estado allí. Al tropezar se enredó con unos viejos esquíes, que a su vez se cayeron sobre un estante en el que estaban sus amados adornos. Los esquíes desparramaron casi todos sus adornos, hasta que por último cayeron sobre mi cabeza.

»La combinación de ruido de vidrios que se rompían, objetos que caían, gritos de mi esposa y un golpe en mi cabeza me hicieron pensar que se trataba de un asalto. La cosa era atacar o huir, y la verdad es que en medio de la oscuridad no tenía deseos de pelear con nadie. Lo que hice fue levantarme de un salto, olvidándome que había cambiado las cosas de lugar, por lo que choqué contra la pared y me lastimé la nariz.

»Cuando encendimos las luces, lo primero que hizo Erin fue criticarme por haber cambiado los muebles sin consultarla. Sus palabras tan airadas me hicieron sentir un fracasado, de modo que empecé a defenderme. Minimicé sus argumentos, rechacé sus puntos de vista, y finalmente la discusión se volvió diez veces peor. —Hizo una pausa y miró a los presentes—. ¿Hay alguna parte de esto que les resulte familiar?

Pamela notó que muchos de los participantes asentían o por lo menos escuchaban con atención.

Greg continuó: —Cuando Erin y yo analizamos nuestras discusiones, vemos el mismo círculo vicioso en cada disputa de nuestro matrimonio. Reconocíamos bastante pronto la dinámica, pero no sabíamos cómo detenerla. El problema no era mi criterio como decorador. El verdadero tema eran nuestros miedos básicos, y la manera en que reaccionábamos cuando alguien oprimía nuestros botones de temor. Mi miedo básico era el miedo al fracaso.

»Si siento que estoy fracasando, o incluso si tengo la impresión de que podría fracasar, enfrento ese temor recurriendo a estrategias enfermizas: Por ejemplo, defenderme a mí mismo, intentar darle una solución al problema, racionalizar mi conducta o minimizar los sentimientos de Erin. Estas reacciones con frecuencia accionan sus botones de miedo. Su miedo básico es el de no sentirse valorada. Ella espera que yo tome en serio sus sentimientos. Pero ocurre que cuando me defiendo a mí mismo dejo de valorarla. Quedo concentrado en mí y ella se siente desvalorizada. A su vez ella reacciona criticando, culpándome o mostrándose sarcástica. Al fin alguno de los dos afloja. Pero aunque la situación se calme en ese momento, parece que siempre volvemos al mismo punto.

»El sólo hecho de que las parejas se enreden en la danza del miedo demuestra que ambos desean algo. Por mi parte, yo quiero tener éxito y no fracasar nunca. Erin desea ser valorada por lo que es, por sus sentimientos, por lo que piensa. Cuando comienza la música crispante y empezamos nuestra danza del miedo, lo hacemos con la ilusión de que estos mecanismos enfermizos nos ayudaran a conseguir lo que ansiamos. Pero nunca resulta.

»En nuestro intento por mejorar, aprendimos algunas valiosas destrezas de comunicación y nos volvimos adictos a reunir y ordenar los trozos rotos, pero ni siquiera así logramos superar el obstáculo. Simplemente no entendíamos por qué nuestras discusiones terminaban con tanta frecuencia en una explosión. Parecía que actuábamos siempre siguiendo el mismo guión, una y otra vez.

»Nuestros hábitos no mejoraron hasta que comprendimos que estábamos en el cepo, hasta que reconocimos que cuando nos accionaban determinados botones del miedo perdíamos el control y caíamos en una nueva ronda inútil de reproches, acusaciones y racionalizaciones.

Greg preguntó a Rafael y Cristina si estaban dispuestos a dibujar con el grupo un gráfico sobre su Danza del Miedo. Ambos aceptaron.

—Rafael, Cristina, ésta es la forma en que se desarrolla su danza. En primer lugar, la atención de ambos se distrae con asuntos triviales. Cristina, tú dices que eras demasiado joven cuando te casaste y que ahora adviertes que no eran el uno para el otro. Creo que eso es una cuestión superficial.

Greg continuó: Cristina está resentida con Rafael porque a ella le gustaría estar en su casa con los niños pero en cambio debe trabajar para cubrir las necesidades de la casa. Siente que Rafael no es un buen proveedor. Más aún, se siente frustrada por su falta de motivación y de ambición. Ella quiere que él crezca y sea el líder de la familia (en sentido espiritual, emocional, financiero, etc.) y en consecuencia siente enojo hacia él.

»Escuché que Cristina decía: 'Necesito un esposo que guíe a la familia y que aporte un salario digno, necesito un compañero. Pero lo único que Rafael tiene ganas de hacer es pasar tiempo con sus amigos y jugar a la pelota, escuchar música, entretenerse con los juegos electrónicos'. Estos son asuntos superficiales; no reflejan lo que realmente ocurre entre Rafael y Cristina.

»Consideremos los miedos básicos de Cristina, sus botones de temor. Cristina se siente atrapada, impotente, controlada. Siente que no podrá hacer nada para modificar la situación o para obtener lo que desea, a menos que logre que Rafael se ponga en movimiento. Cuando se accionan los botones de sus miedos, critica o juzga a Rafael. Le reprocha de manera agresiva que se haga cargo del liderazgo de la familia. La esperanza de Cristina es que, si Rafael madura, ella sentirá que tiene un verdadero compañero, y además se sentirá menos cargada y atrapada. ¡En otras palabras, encontrará la libertad!

»La danza continúa cuando se accionan los botones de miedo de Rafael. Cuando Cristina lo critica, lo juzga o quiere prender fuego debajo de él, entonces Rafael siente que es un inútil, que no satisface las expectativas, que no es lo bastante bueno. En el fondo se siente un fracasado, y éste es uno de sus miedos más profundos. Primero intenta defenderse. Trata de explicar o racionalizar su acción, o su falta de acción, o enmendar la situación esforzándose a medias por hacer lo que ella espera de él. Pero en realidad no lo hace por ella; son intentos que hace para no sentirse un fracasado.

»Cuando estos enfoques no dan resultado, Rafael comienza a comportarse de una manera 'pasivo-agresiva'. Se vuelve perezoso, porfiado, irresponsable. Esto es lógico: Su miedo al fracaso es tan intenso que lo paraliza, y entonces se encierra en sí mismo. Cuando abdica su responsabilidad y renuncia a tener ambiciones, se siente seguro: *Si no hace nada, no corre el riesgo de fracasar.* Cuando Cristina se harta y lo acorrala, Rafael intenta apaciguarla y restablecer la paz, porque no quiere sentirse fracasado.

A Pamela le gustaba observar las reacciones de la pareja mientras Greg hacía en la pizarra el gráfico sobre su modalidad de la danza. Rafael levantaba las cejas y miraba en dirección a su mujer. Ella se mostraba resistente, pero aún así se relajó dos veces.

—Pero entonces las reacciones defensivas de Rafael vuelven loca a Cristina y se accionan nuevamente los botones del miedo. Cristina se siente ahora *más* atrapada e impotente. La carga que siente sobre sus hombros es tan pesada que escapa para huir de su impotencia. Tengo la sospecha de que cuando Cristina se siente atrapada reacciona adoptando un comportamiento rebelde y haciendo cosas autodestructivas, pero termina lastimándose a sí misma más que a cualquier otra persona. Esto acciona una vez más los temores de Rafael: Sus sentimientos de fracaso. Es muy feo sentirse fracasado como esposo. Cuando esos sentimientos lo superan, Rafael se encierra y se aísla.

»En cuanto a la relación, el resultado es que cada uno de ellos cierra el corazón y entonces quedan desconectados. Y lo que queda es un matrimonio de dos personas que se sienten completamente solas. Y la soledad es algo así como el beso de la muerte del matrimonio.

—¡Querida, eso es exactamente lo que hacemos nosotros! —explotó Rafael. Entusiasmado se volvió hacia Greg y dijo—: Éso es lo que hacemos. Si no los conociera, diría que habían escondido cámaras para filmar en nuestra casa.

Pamela tuvo que disimular su sonrisa cuando vio la mirada que Cristina lanzó a su esposo. La joven mujer daba la impresión de querer estrangular a Rafael. No cabía duda de que Greg los había pintado bien. Bob aprovechó la oportunidad para introducir un poco de humor. —En realidad sí escondimos cámaras en su casa —dijo con un guiño. Miró a los demás y agregó—: De hecho, pusimos cámaras en todas sus casas... ¡hemos estado observándolos durante varias semanas!

Lo que resulta asombroso al observar la danza de Rafael y Cristina en la pizarra —dijo Rebeca—, es que también puedo reconocer la que hacemos nosotros. Nuestros botones de temor son un poco diferentes, pero nuestra danza se parece mucho a la de ellos.

—Sí, nosotros estamos en una danza loca —dijo Pablo de manera áspera. Bob tomó las palabras con más seriedad—. Uno de los efectos más poderosos de reconocer la propia danza del miedo es que uno comienza a darse cuenta de que la manera de reaccionar cuando alguien acciona nuestros botones de temor es precisamente lo que, a su vez, acciona los botones del miedo de nuestro cónyuge. Las flechas en el gráfico muestran el círculo vicioso en que podemos quedar atrapados. Recuerden que no se puede culpar a una sola de las personas por esta Danza del Miedo, sino que ambas son responsables de esta loca batalla interminable, que echa por tierra toda la seguridad que hubieran llegado a sentir en la relación.

»Cada individuo tiene sus propios miedos y reacciones, pero además ocurre que en el matrimonio, esos sentimientos y esas reacciones se disparan entre las personas con tanta rapidez e intensidad, que los miembros de la pareja a menudo se sienten completamente estancados... y no sólo estancados, sino literalmente hundidos en su relación matrimonial.

»Quizá recuerden haber visto películas o espectáculos de televisión donde alguien cae en un pantano. La reacción natural es la de luchar, de patalear y tratar de nadar para no hundirse, pero estas reacciones espontáneas en realidad sólo empeoran las cosas y hacen que la víctima se hunda más rápidamente.

»¿Se dan cuenta de cuán diferente es esta danza de pataleos, empujones y ahogos del hermoso y fluido movimiento de una pareja de ballet? Parecería que nuestras reacciones nos ayudan y ofrecen cierto grado de seguridad, pero en lugar de esto lo que hacen es poner en marcha un círculo que gira una y otra vez y finalmente resulta mucho menos seguro.

»Procuremos definir qué es lo que más desean lograr en el matrimonio. Por lo general, esas expectativas expresan lo opuesto de los botones de miedo que acabamos de nombrar. Por ejemplo, lo opuesto a sentirse atrapado es la libertad; lo opuesto al fracaso es el éxito; lo opuesto a la impotencia es el poder; lo opuesto a la incapacidad es la capacidad. Estos son los anhelos más profundos de nuestro corazón. Es lo que expresa Santiago 4:1: '¿De dónde surgen las guerras y los conflictos entre ustedes? ¿No es precisamente de las pasiones que luchan dentro de ustedes mismos?' ¿No les parece asombroso? Son precisamente nuestros anhelos más profundos los que causan las luchas y las peleas. Cuando los descubrimos y los reclamamos, entonces aprendemos la manera de romper el círculo de la Danza del Miedo y comenzar una danza nueva, la danza del amor para la que fuimos creados. Bob miró nuevamente a Rafael.

—¿Qué es lo que más deseas, Rafael?

—Ser aceptado tal como soy —comenzó a leer la hoja de trabajo que había respondido más temprano—: Sentirme exitoso como esposo y como padre, sentirme competente o capaz, comprensión, respeto, paz y aprobación.

—¿Y tú, Cristina?

Ella también leyó su lista.

—Quiero que Rafael sea mi compañero, quiero tener control sobre mi propia vida, quiero recibir apoyo, pasión, sentirme valorada y apreciada, y también quiero libertad.

—Como verás, Cristina —la animó Bob—, nadie puede juzgarte por sentirte desesperada y ansiosa por salir de este pantano pegajoso que te está arrebatando la vida. Te sientes atrapada e impotente, pero es probable que el divorcio no resuelva la frustración.

Corres el riesgo de marcharte llevándote contigo los mismos botones de miedo, y la próxima persona con la que te relaciones posiblemente los accionará sin darse cuenta. Lo único que lograrás será iniciar una nueva danza. La mayoría de las personas todavía no se han dado cuenta de esto. Sólo cuando logramos identificar los botones del miedo y nuestros anhelos más profundos, y cuando empezamos a expresarlos en un ambiente seguro, entonces encontramos la libertad que deseamos.

Todos estaban listos para una pausa. Bob y Greg sugirieron que estiraran las piernas y si lo deseaban, que se sirvieran algo para tomar o comer, para luego reunirse nuevamente en la segunda sesión de la tarde. Pamela estaba más que dispuesta a obedecer. ¡Y cuánta comida les habían provisto para reflexionar!

$$\circledast \; \circledast \; \circledast$$

Mientras los demás fueron saliendo, Cristina se quedó en la sala pensando en todo lo que se había dicho.

Levantó la mirada cuando Bob le habló, y ella se sorprendió de que él todavía estuviera en la habitación.

—¿Será que el matrimonio te está quitando la vida, Cristina, o quizá lo que te agota es *tu manera de encarar el matrimonio*? —le preguntó Bob.

Ella lo pensó por un momento.

—Después de lo que acabamos de ver —dijo finalmente—, supongo que debería responder que es mi manera de encarar el matrimonio . . . la Danza del Miedo nos ha lastimado gravemente. Pero en realidad todavía me gustaría decir que lo primero también vale.

—Explícame.

—Tengo temor de que aprendamos nuevos pasos de danza y nos movamos con más suavidad, pero que de todos modos me sienta miserable. No tengo fuerzas para aprender de nuevo. Sinceramente, no quiero danzar con Rafael. Soy una persona independiente . . . y me casé demasiado joven . . . —ella sintió que los ojos se le llenaban de lágrimas—. Tengo demasiado pesar en mi vida. Me siento desgraciada.

—Quizá te preguntes por qué venden el matrimonio y la felicidad como un solo paquete, cuando en realidad te parece que Rafael y tú no combinan en absoluto. Sospecho que piensas que el matrimonio y la felicidad nunca pueden combinarse. Creo que te interesará mucho lo que presentaremos en la próxima sesión.

UNA CONVERSACIÓN CON LOS DOCTORES
Tu Danza del Miedo

Cuando una pareja identifica con acierto su Danza del Miedo, comienza a darse cuenta de que en casi todos los conflictos aparecen los mismos temores y las mismas reacciones, no importa el asunto que los motive. Cuando puedas dedicarle un momento, piensa en algún conflicto o en alguna situación que se produzca a menudo en tu casa. Haz un gráfico de tu propia Danza del Miedo, utilizando para esto el cuestionario que aparece en el Apéndice A.

LUNES, 1:30 P.M.

Había diez personas sentadas en la pequeña sala de consejería de la Casa Bradford: Dos consejeros, ocho individuos con conflictos y cuatro matrimonios pasando por enormes problemas. Los ocho pacientes se sentían tensos, pero Victoria sabía que uno de ellos estaba especialmente frustrado. Carlos *aborrecía* las reuniones, especialmente aquellas en que las personas se sientan y confiesan en detalle muchas cosas: Algo que él consideraba *nauseabundo*. Él era un hombre de acción, antes abogado de Callaway, Templeton & Amsinger, en Dallas, Texas; ahora estaba jubilado, lo cual agravaba su actitud hacia las reuniones de cualquier tipo. Había expresado con claridad que ya había soportado más reuniones de profesionales y de litigios de las que hubiera querido. Aunque había estado dispuesto a asistir al encuentro, Victoria se sentía preocupada por la disposición de su esposo a confiar en sus dos consejeros, ambos más jóvenes que él.

Durante el intervalo de media tarde, Carlos le había dicho a

Victoria que le parecía que las otras parejas estaban demasiado ansiosas por sacar y desparramar la basura de su familia para que todos la vieran. "Ese pastor pareció el único reservado", dijo. Sin duda, si a Carlos se le hubiera ocurrido alguna mejor manera, cualquier manera, de reparar el quebranto en su matrimonio, ya lo habría hecho.

Victoria miró hacia el hombre que todavía la amaba tanto como cuando ella tenía apenas veinte años. Se había prendado de él y había recibido su afecto durante aquellos años, pero ahora, a los cincuenta y seis, sentía que estaban viviendo en dos continentes diferentes. El amor que él le brindaba era como madera seca, pero no porque le faltara deseos de amarla. Se admiraban mutuamente, pero habían perdido la pasión. ¿Cómo había ocurrido eso?

Carlos no había estado preparado para jubilarse; sin embargo, había dejado la empresa en la cumbre del éxito. El esposo de Victoria había disfrutado de los elogios, pero ahora había quedado vacío. Ella sabía que los sueños de su esposo eran cosas del pasado; ya había logrado todo lo que se había propuesto hacer. En lugar de crear nuevos sueños, lo único que esperaba del futuro eran más pérdidas como las que habían sufrido recientemente. Primero su nieto mayor, luego la profesión de Carlos, su salud, y ahora quizá su matrimonio . . . No era tan joven como se sentía, y aunque el ataque cardíaco reciente había sido leve, el hecho lo había impactado. Su socio en la empresa no había sido tan afortunado. Victoria tenía presente lo mal que se había sentido Carlos cuando su colega Felipe murió de manera instantánea en el subterráneo de una ciudad lejana mientras estaba de viaje por un asunto de la firma.

Después de todos esos años, y de todas esas pérdidas, el esposo de Victoria por fin quería compartir la vida con ella. Pero Victoria se había vuelto independiente durante los años en los que él pasaba largas horas en la oficina o en el tribunal. Ahora ella tenía sus propios intereses. Y en fin . . . esa era la razón por la que estaban allí. Sin pensarlo dos veces, dijo en voz alta: —¿Podríamos continuar Carlos y yo?

✿ ✿ ✿

Rafael pensó que esa imponente señora mayor se destacaba como una flor tropical primorosa contra el fondo de matices acre del césped seco. He aquí alguien que estaba buscando la libertad, no sin antes evaluar el costo. Tristes pero vivos, los grandes ojos de Victoria danzaban llenos de expectativa. Los colores amarillo y naranja de su hermosa blusa estampada con flores hacían un contraste con su hermosa piel oscura.

—Carlos, me parece que tienes dudas en cuanto a integrarte a un grupo como este —comentó Greg.

Carlos asintió con la cabeza pero no dijo nada.

Greg reconoció la carrera exitosa de Carlos y su buen matrimonio.

—Por lo que entiendo has tenido algunos años buenos y otros malos. Estar casados durante treinta y dos años . . . ¡treinta y dos! Es algo bueno —dijo Greg—. Todavía te falta la mejor mitad del matrimonio, la que está por venir. Dijiste algo que me hizo pensar y todavía estoy con eso. Comentaste que quizás era demasiado tarde para tu matrimonio. ¿Fue eso lo que dijiste?

Carlos se sentó más erguido, aunque sus verdaderas emociones quedaron en evidencia por el gesto de sus ojos.

—Doctor Smalley —respondió—, tenemos problemas; estamos yendo en la dirección equivocada, por la calle equivocada. Y no sé cómo detener el vehículo —Rafael podía imaginarse a este hombre acercándose a la barra en el tribunal de justicia.

—Da la impresión de que ya no tienes esperanza —dijo Greg—. No sólo hiciste todo lo que estaba a tu alcance para tener éxito en la profesión y en la vida de hogar, sino que ademásp usiste tu fe en lo que te parecía que era digno de confianza —dramatizó la situación—: 'Estoy haciendo todo lo que corresponde para que este matrimonio resulte grandioso; es más, hasta hace poco tenía la convicción de que en realidad éramos un matrimonio fuerte y feliz. Pero el hecho de que estemos aquí significa que *algo* ha dejado de funcionar. Quiero identificar cuál es el problema'. ¿Está bien?

—Exactamente. Es más . . . —hubo una larga pausa y Carlos se atragantó. Rafael se entretuvo dibujando una caricatura de Greg, mirando sólo de vez en cuando en dirección de Carlos—. Recientemente mi esposa preguntó: '¿Por qué te casaste conmigo?' —en ese momento Rafael vio que el distinguido abogado estaba visiblemente emocionado.

Greg esperó que se recuperara, antes de continuar. —Sé que esto es difícil. Y espero que no te eches atrás. Déjame averiguar algo. En la pregunta de tu esposa, ¿qué fue lo que te conmovió? Se parece mucho a la pregunta retórica que hacemos a menudo: '¿Por qué nos casamos?' Algo en la pregunta de Victoria te pone nervioso, te perturba y no me doy cuenta de qué se trata.

—Es una acusación que apareció de repente —respondió Carlos—. Pone en duda nuestro matrimonio; cuestiona todo lo que hemos vivido juntos —sin duda este caballero sureño no había previsto revelar tanta información tan pronto. Rafael estaba impresionado por el vínculo que Greg había logrado establecer de inmediato, como si supiera exactamente dónde estaba Carlos. El abogado retirado continuó hablando y describió el orgullo que sentía por su familia, su profesión, su bella esposa y sus hijos exitosos. Desde su perspectiva, todo parecía estar bien. Como si hubieran logrado casarse y "ser felices para siempre". Siempre había pensado que les estaba yendo muy bien. Pero, quizá no era así.

—Carlos —comentó Greg—, entiendo que la pregunta de Victoria surgió de manera inesperada y pareció poner en duda aquello en lo cual creías. Sin embargo, me preguntó de qué manera te tocó a ti.

El paciente tomó una gran bocanada de aire antes de responder.

—Me hace sentir impotente, como si no hubiera nada que pudiera hacer para convencer a mi esposa de lo bien que estamos. He intentado . . . y es evidente que no está contenta con la vida que llevamos juntos. Si la razón por la que estamos casados no queda clara a estas alturas . . . —los hombros de Carlos se hundieron, y extendió sus largos brazos—, no sé que nos queda.

—Carlos —continuó Greg—, me parece que por lo general eres una persona convincente, pero en este momento, con respecto a lo que más te importa, me das la impresión de que te sientes impotente. Sospecho que la pregunta de Victoria oprimió el botón que te hace sentir incapaz. ¿Te das cuenta de eso?

Carlos coincidió.

—Comencemos por reconocer el hecho de que se disparó ese botón. He aquí la razón: Cuando oprimen nuestros botones, siempre tienes la opción de preguntarte: *¿Qué estoy haciendo yo que oprimo mi propio botón?* Como sabes, a veces nuestra percepción es lo que hace que se dispare el botón. Analicemos esto más de cerca.

»Me parece que parte de lo que está ocurriendo en tu interior es que durante todos estos años el matrimonio tenía sentido, era bueno. Pero ahora ya no estás tan seguro.

Carlos miró de soslayo a su esposa.

—¿Por qué nos casamos? ¿Por qué seguir juntos? —preguntó Greg—. ¿Qué problema habría de vivir separados? Seguro que sería mejor opción que la de estar peleando todo el tiempo. La mayoría de nosotros conoce esta clase de preguntas retóricas; la sociedad las hace todos los días. Pero estas preguntas no son retóricas para ti. Tu mente no está dispuesta a abrir ese debate y por lo tanto, la pregunta: '¿Por qué casarnos?' amenaza todo aquello en lo cual confiabas. Ya que estamos de acuerdo, sugiero que consideremos con más detalle la manera en que percibes la pregunta. ¿Qué te parece?

Hubo algunos murmullos de curiosidad en el grupo. Rafael se daba cuenta de que Carlos se sentía miserable, aunque a la vez estaba abierto a lo que Greg quisiera decir.

—Está bien, escucho —dijo Carlos.

—La mayoría de nosotros considera las mismas fuentes cuando se trata de averiguar de qué manera debe funcionar un matrimonio, y no hay suficientes buenos modelos por ahí que nos ayuden a encontrar una mejor manera de hacerlo. De hecho, casi nunca ponemos en duda la sabiduría de lo que nos dicen. El índice de divorcios entre cristianos practicantes es casi tan elevado como el de los no cristianos.

—Para muchas personas —continuó Greg—, el principal propósito del matrimonio es alcanzar la felicidad. Pero cuando ésa es la meta, los frecuentes altibajos pueden poner en serio peligro a la relación. Cuando las cosas no van bien (cuando no satisfacen nuestras esperanzas y expectativas, y cuando pasamos por momentos de insatisfacción), el compromiso de permanecer juntos se debilita. La gente a menudo piensa cosas de este tipo: *Esto no es lo que yo quería; no firmé para recibir esto; ya no siento el mismo amor que antes; el problema está en mi cónyuge; es probable que seamos incompatibles; nos hemos ido alejando, ya no estamos enamorados.* La insatisfacción y la falta de felicidad se transforman en la posible justificación para dar por concluido al matrimonio o para iniciar un comportamiento poco cariñoso. A la mayoría de nosotros no se nos ocurre preguntarnos si quizá se nos vendió el pasaje equivocado o si estamos intentando llegar al destino que hemos elegido por un camino que nos lleva en la dirección incorrecta.

—Carlos, ¿me pregunto qué significó para ti cuando Victoria preguntó: "¿Por qué te casaste conmigo?"

—Bueno, puso en duda la validez de nuestro matrimonio . . . como si todo hubiese sido una mera farsa. Como si el fundamento de nuestra relación nunca hubiera existido en su mente de la forma en que lo había estado en la mía. Quizá yo había estado engañándome a mí mismo todos estos años . . . y ella no había sido completamente honesta conmigo —obviamente, Carlos estaba intentando mantener su actitud erguida y controlada, pero parecía estar al borde del colapso.

Greg resumió lo que había entendido que Carlos decía, y luego avanzó un poco más. —De alguna manera, el hecho de que tu esposa esté haciéndose esa pregunta, o que tenga alguna duda, está retando el sentido de tu persona o de tu existencia. Da la impresión de que derribó por tierra todo lo que conocías y que esperabas que fuera cierto. —Carlos asintió, aunque mantenía una expresión fría.

—Cuando dijiste: 'No puedo creer que esté aquí', era como si de alguna manera admitieras ante el jurado que había pruebas de que eras culpable de alguna falta: 'Soy un fracaso y ni siquiera lo sabía. Nunca lo había sospechado'. Te sientes impotente o incapaz de modificar la situación. La pregunta de Victoria de alguna manera te define, y quieres enfrentarla.

»Da la impresión de que te has sentido orgulloso de tu matrimonio, de tu familia y de la manera en la que estabas organizando las cosas. Era algo así como: 'Lo estamos haciendo bastante bien, esto resulta exitoso'. Y lo que has pasado en los últimos dos años te hizo dudar de la percepción que tenías.

Carlos asintió con un cortés: "Correcto". Rafael se daba cuenta de que aunque Carlos aceptaba el enfoque de Greg, todavía se mostraba cauteloso.

—Me da la impresión de que en un matrimonio que ha estado casado durante treinta y dos años, la lealtad es una cualidad fuerte entre ustedes. Puedo imaginarme que te sientes traicionado por la pregunta de Victoria. No estoy muy seguro del contexto en el que ella hizo la pregunta. Pero cuando se atrevió a expresar su insatisfacción o su falta de felicidad, lo sentiste como una amenaza. Desde ese momento dejaste de sentirte seguro.

Greg consultó a Carlos para confirmar que iba en la dirección correcta. El señor mayor mantenía las manos cruzadas relajadamente sobre una pierna y se las arreglaba para esconder cualquier temor que estuviera sintiendo.

El consejero avanzó un poco más. —Me gustaría mirar hacia delante tanto como estamos mirando hacia atrás. Dejemos tu matrimonio por un momento tal como está para que podamos observar la situación desde otro ángulo. —Greg dio un golpecito en la mesa que estaba junto a su silla—. Cuando Erin y yo nos casamos . . . —En ese momento sonó el celular de Pablo. Pidió disculpas por lo bajo, pero Rebeca mostró su fastidio con poca delicadeza—. Lo lamento, Greg. ¡Mi esposo tiene la responsabilidad de salvar al mundo! —Cruzó una pierna sobre la otra y balanceó el pie nerviosamente.

Greg continuó con el relato sin perder la calma. —Cuando Erin y yo nos casamos, llegamos con una cantidad de mitos y fantasías sobre ser felices para siempre. Recuerdo algunos que en este momento parecen bastantes ridículos, pero en aquel entonces ambos creíamos que se cumplirían. Les doy unos ejemplos: 'La luna de miel durará para siempre y tendremos sexo grandioso todas la noches' o 'quizá Greg sea un poco torpe, pero con el tiempo cambiará'. ¡Sí, genial! ¿Y qué les parece el siguiente? 'Erin me ayudará a crecer como persona, ¡con ella me sentiré completo!' De verdad creíamos en esas fantasías.

»En el fondo, Erin y yo pensábamos que todo marcharía a la perfección; antes del casamiento no teníamos la menor idea de dónde íbamos a vivir y ni con qué nos íbamos a mantener. Pero estábamos seguros de que todo saldría bien. Nos *amábamos* . . . de modo que saldríamos adelante.

»Mi suegro era un tanto escéptico cuando le pedí a Erin que se casara conmigo. El pobre hombre probablemente se sentía como aquel otro padre cuya hija trajo al novio por primera vez a la casa . . .

»Después de la cena, la madre le dijo al esposo que averiguara algo acerca del joven. El padre invitó al novio en cuestión a pasar a su estudio para conversar un poco.

»—¿Cuáles son tus planes? —preguntó al muchacho.

»—Soy estudiante en el seminario —respondió.

»—Estudiante de seminario. Ajá —dijo el padre—. Excelente, ¿pero que harás para proveerle a mi hija una casa en la cual vivir?

»—Estudiaré —respondió el joven—, y Dios proveerá.

»—¿Y cómo harás para comprarle un anillo de compromiso, como ella lo merece? —preguntó el padre.

»"—Me apuraré con mis estudios —respondió el joven—. Y Dios proveerá.

»"¿Y los hijos? —preguntó el padre—. ¿Cómo van a mantener a los niños?

»"—No se aflija, señor, Dios proveerá —respondió el novio.

»"La conversación continuó de esta manera, y cada vez que el padre hacía una pregunta, el joven idealista respondía que Dios iba a proveer lo necesario.

»"Más tarde la madre preguntó: '¿Cómo resultó la conversación, querido?'

»"El padre respondió: 'No tiene trabajo y no tiene planes, y piensa que yo soy Dios'."

El grupo se rió con el final de la historia. Greg brindó una de sus típicas sonrisas enormes.

—¿Alguno de ustedes pensó de esta manera? —preguntó—. Nuestra sociedad está llena de mitos y fantasías como ésta. Pero quizás el mito más problemático que escuchamos es el siguiente: Si no estas contento con tu matrimonio, significa que te has casado con la persona equivocada.

»Cuando la meta del matrimonio es la *felicidad*, estamos a la puerta de un gran problema. Si tu objetivo es ser feliz o encontrar a tu alma gemela, estás a la puerta del fracaso o por lo menos de pasar años de frustración. Es la antesala del fracaso porque, ¿qué ocurre cuando no te sientes feliz? ¿Qué significa esa ausencia de felicidad? Te preguntarás si te has casado con la persona equivocada o si hay algún problema en tu persona o en tu cónyuge.

»Una alternativa a esta fantasía de 'felices para siempre' es considerar al matrimonio como un viaje o una travesía. La felicidad es linda, por supuesto, pero el matrimonio tiene que ver más con elegir el compañero de viaje que con encontrar el alma gemela. Lo conveniente de esta perspectiva de un viaje o un peregrinaje, es que podemos esperar lo bueno y lo malo. Habrá experiencias en la cumbre de las montañas y también en los valles. De modo que si la meta, en lugar de la felicidad, es la de viajar juntos, entonces permitirá que el matrimonio abarque tanto los momentos felices como los momentos dolorosos, y no tenderán a considerar los momentos negativos como algo problemático. Los dos tipos de experiencia pueden ocurrir y serán aceptados.

—¿Qué te parece esta explicación? —dijo Greg mirando a Carlos.

—En distintos momentos puse mi confianza en casi todos esos mitos.

—Yo también —intervino Rafael—. ¡Especialmente el de tener sexo grandioso todas las noches! No sabía que fueran mitos . . . Sólo creía que eran bromas crueles de la naturaleza para mantenernos enganchados.

El grupo quedó asombrado del humor de Rafael. Alguna vez jóvenes y "enamorados", todos habían caído en aquellos mitos de "felices para siempre". La habitación se llenó de risas.

—Profundicemos un poco esta metáfora del viaje —Greg se puso de pie y se encaminó hacia una pizarra. —Si consideramos la decisión de casarnos como la de elegir a un compañero de viaje con la meta de crecer y convertirnos en una óptima representación del hombre y de la mujer que ambos fuimos creados para ser, entonces la evaluación del matrimonio toma una perspectiva diferente. Desde este punto de vista, el matrimonio se convierte en una serie de tres viajes simultáneos, cada uno con sus propios objetivos y responsabilidades.

Mientras completaba la idea, le hizo señas a Bob para que le alcanzara un marcador y comenzó a escribir en la pizarra.

—Los tres viajes son . . .

1. Mi viaje
2. El viaje de mi cónyuge
3. El viaje del matrimonio

Greg dibujó un rostro sin levantar el marcador. A Rafael, Greg le caía muy bien.

UNA CONVERSACIÓN CON LOS DOCTORES

Tres viajes

Los tres viajes (mi viaje, el de mi cónyuge, el del matrimonio) requieren atención. Si pasamos por alto alguno de los tres, todo el sistema se viene abajo. A comienzos de mi matrimonio, me concentré en el matrimonio y en Erin. Pero rara vez, si es que alguna vez lo hice, pensé en mi propio viaje.

Estoy seguro que están preguntándose de qué se trata "mi viaje". Si soy un seguidor de Jesucristo, mi viaje es el que me convierte en la persona que Dios creó y que me llamó a ser. En otras palabras, mi meta es la de transformarme a la imagen de Cristo. Sin embargo, la clave es que soy ciento por ciento responsable de dar cuenta de la manera en que me ocupé de su llamado durante mi existencia en la tierra.

En cuanto al viaje de Erin, dado que mi esposa también es discípula de Jesucristo, su viaje personal es similar al mío: Llegar a parecerse a Cristo. Ella es plenamente responsable por sí misma y deberá dar cuenta de la manera en que se asemeje a Cristo. Yo no soy responsable del viaje de Erin. Sin embargo, tengo la oportunidad de caminar a su lado. Si elijo hacerlo, puedo amarla, darle ánimo y ayudarla a lo largo de su viaje. Mi participación directa, sin embargo, será siempre una respuesta a la invitación que ella me haga y en los términos que ella me proponga.

Además de nuestros viajes personales, tenemos el viaje del matrimonio. Como pareja cristiana, tenemos la oportunidad de construir un matrimonio que honre al Señor. Es el ámbito en el que compartimos el amor de Dios. Esto es algo que, en última instancia, sólo puede ser construido de a dos; por lo tanto, la responsabilidad es compartida y ambos daremos cuenta de lo que aportamos para que nuestro matrimonio agrade a Dios.

Al hablar acerca de los mitos en los que creemos cuando iniciamos el matrimonio, nos preguntamos en cuáles creíste y en los que quizá todavía crees.

- ¿Cuáles son algunas de tus fantasías de ser "felices para siempre"?
- ¿Qué es lo que supones que debería suceder o no suceder en el matrimonio?
- ¿Cuáles son los estándares y los ideales que tienes para tu matrimonio?
- ¿Tienes sueños color de rosa acerca del matrimonio?
- ¿Cómo esperabas que fuera tu matrimonio?
- ¿Cuál es tu esperanza y tu deseo de lo que puede ocurrir en tu matrimonio?

—¿Qué piensas acerca de esta idea de tener un viaje independiente del de tu esposa, Carlos?

—*Estamos* muy alejados en este momento. Ni siquiera podemos comunicarnos.

—No es exactamente a eso a lo que me refiero.

—No te entiendo, Greg —fue la respuesta seca de parte de Carlos.

—El matrimonio no se trata de encontrar a alguien que nos complete, o de tener una luna de miel que dure para siempre. El propósito del matrimonio ni siquiera es el de la felicidad. No tiene que ver con el sexo grandioso . . .

—Bueno . . . eso no sería tan malo —bromeó Bob.

—Estás predicando para el coro —coincidió Greg con una risita. Continuó—: La respuesta a: "¿Por qué casarnos?" es el viaje. Carlos, estamos hablando de que tú y Victoria tengan la experiencia de los momentos cumbres y de las depresiones de la vida *juntos*. El matrimonio se trata de secar las lágrimas que corren por tus mejillas a medida que se encuentran con grandes alegrías y también con tristezas. Se trata de llevar la vida juntos: Crecer, aprender, vivir y amar *juntos*. Dos personas que son completas en sí mismas en la medida que hacen su propio peregrinaje personal, se transforman en el hombre o en la mujer que fueron creados para ser, y a la vez viven y construyen una grandiosa relación para compartir el viaje. Ese es el secreto. Yo creo que la pregunta de Victoria acerca de por qué te casaste con ella, no es tanto un lamento sino más bien una pregunta acerca del viaje en sí mismo.

»Sin duda hay esperanza para tu matrimonio. Es más, tiene toneladas de esperanzas, aunque tu esposa esté planteando algunas preguntas difíciles. A cualquier edad es un grave error pensar que algo está fallando en tu cónyuge o que ambos hayan cambiado tanto que ya no son compatibles. —Greg miró ahora hacia Victoria porque ella también era parte de este diálogo.

UNA CONVERSACIÓN CON LOS DOCTORES
El viaje del matrimonio

Este viaje como matrimonio es altamente imprevisible, lo cual lo transforma en una aventura de continuos descubrimientos.

Consideremos por un momento la historia bíblica del éxodo como una metáfora en nuestro matrimonio. El relato del viaje a la Tierra Prometida comienza cuando la familia de Jacob se traslada hacia Gosén. Al comienzo fue una experiencia grandiosa, estarían en paz y tendrían estabilidad. Las familias crecieron. El ganado se multiplicó.

Los primeros meses y años del matrimonio pueden parecerse a aquella situación. Lamentablemente, a lo largo del camino nos sorprendemos de lo diferente que resulta la experiencia comparándola con lo que habíamos esperado y anhelado. Así como ascendió al trono un nuevo líder egipcio y sometió a los hebreos a la esclavitud, en algún momento de nuestro matrimonio un elevado porcentaje de nosotros nos sentimos atrapados en un tipo de vida muy distinto a aquel con el que habíamos iniciado la vida matrimonial. Nos desilusionamos y nos desanimamos. Si bien el matrimonio tiene la posibilidad de llegar a ser una de las experiencias más extraordinarias de la vida, encontrar el rumbo hacia aquella promesa y descubrir la manera de mantenerla una vez que llegamos, puede ser sumamente desafiante.

Una pareja típica comienza su matrimonio con enormes expectativas, pero en algún momento descubre que su matrimonio parece estar atrapado en la esclavitud. Puede tomar la forma de la ansiedad y la desgracia, o simplemente la desilusión y el aburrimiento, pero en cualquier caso, está muy lejos de lo que habían anhelado.

❂ ❂ ❂

¡Victoria conocía muy bien su propia versión de esclavitud! Sabía exactamente de qué manera había llegado hasta allí. Sus ideas cándidas acerca de estar enamorada y sus visiones esplendorosas acerca del paraíso la habían atraído hacia las pirámides de su apuesto pretendiente, Carlos Templeton. Él era amable, agudo, inteligente y estaba encaminado hacia el éxito. Era el candidato apropiado. Su mamá se había mostrado orgullosa de la conquista de Victoria y le había dicho: "Victoria . . ." (a propósito le había dado un nombre clásico para que nunca fuese discriminada), "no dejes que este buen hombre se te escape".

Victoria no necesitaba mucha ayuda para identificar lo atrapada que había quedado . . . o la forma en la que se había acostumbrado a su propia esclavitud. La vida había sido feliz y atareada con sus cuatros hijos, sus actividades, los compromisos sociales, las reuniones de las comisiones en las que ella participaba, el club. Podía compartir la vida con todos, excepto con Carlos; pero ella se imaginó que en eso consistía el matrimonio. Sus amistades tenían cada uno sus propios problemas, es decir, los que todavía estaban casados. Daba la impresión de que los esposos se marchaban y formaban parejas con mujeres más jóvenes, se dejaban absorber por sus entretenimientos o se volvían muy dependientes.

Victoria supuso que los hombres como Carlos comenzaban a

necesitar más y más afirmación personal cuando llegaban a la mediana edad, precisamente en la época en que sus esposas estaban listas para disfrutar de la libertad que habían alcanzado de las tareas de la casa y la crianza de los hijos. Ella había estado esperando que sus hijos crecieran . . . no se habían mudado demasiado lejos, y ella podía disfrutar del contacto con sus nietos. Esta era la mejor temporada de su vida. Es decir, si se hubiera sentido libre.

Esta vez habló Bob. —Ustedes, Carlos y Victoria, no descubrieron la esclavitud en el mismo momento. Me pregunto, Victoria, si quizá comenzaste a sentir los grillos mucho antes de que Carlos tuviera idea de que estabas sufriendo ese conflicto, pero como tiendes a mantenerte en silencio y a seguir sonriendo, él no se dio cuenta de cómo te sentías. Quizás hubieron varios momentos decisivos.

—Sí, gracias por tu importante contribución, Bob —dijo Greg—. Aunque la realidad del momento se presente terrible, a menudo muchas personas eligen quedarse en el estado de esclavitud más tiempo del necesario, porque aunque les resulta miserable, también les es conocido. Sólo cuando la pareja está dispuesta a dejar atrás la familiaridad de Egipto, puede abrirse a la posibilidad de encontrar un matrimonio nuevo y más satisfactorio.

Los pensamientos de Victoria empezaron a divagar. ¿Cuántas veces se había sentido así? A menudo se sentía oprimida. Se instalaba el pánico y en las largas horas de la noche no lograba razonar con coherencia.

Necesitaba escaparse. Se liberaba del abrazo de su esposo que dormía a su lado, se deslizaba fuera de la cama y acomodaba la manta en su lugar para que él no sintiera el frío de su ausencia. Fueron tantas veces que no podía recordar cuántas: Victoria se quedaba de pie junto a la cama en el fresco de la noche, luchando contra los sentimientos de ansiedad y contra una sensación irracional de opresión. Los terrores de la noche parecían volverse cada vez más intensos, amenazando con revelar secretos que eran desconocidos aun para ella.

Había llegado a sentirse perseguida por esa incesante necesidad de libertad. Mientras se servía agua en el silencio de la noche, tenía deseos de subirse al auto e irse, pero no tenía dónde ir. Quizá podría tomar una ducha. No, Carlos se despertaría y le haría preguntas acerca de esa conducta. Luego vendría el discurso, y ella terminaría metiéndose nuevamente en la cama y sintiéndose ridícula.

Noche tras noche Victoria se deslizaba fuera de la cama, rogando que su esposo no se diera cuenta de que ella había salido. Había intentado hablar con él, pero decía las cosas de manera tan confusa que la conversación inmediatamente perdía el rumbo y a veces producía más daño, antes de que ella pudiera poner fin al momento de incomunicación. Carlos insistía en que la amaba, y sin embargo . . . por alguna razón, siempre terminaba siendo ella el problema. Entonces Victoria pedía disculpas, con la esperanza de terminar ese diálogo inútil lo más pronto posible. Cuanto más rápido él se calmara, tanto más rápido lograría ella tener un espacio.

La misma situación se había repetido de una u otra forma durante semanas, ya fuera la necesidad que ella sentía de tomar aire durante la noche o sus sentimientos de opresión durante el día. A menudo las personas culpan a sus cónyuges porque el matrimonio se va muriendo, pero ella se preguntaba si era la culpable. Después de todo, era Victoria la que parecía estar cambiando. Ya había experimentado "el cambio" y se preguntaba si quizás estas sensaciones de claustrofobia eran simplemente otro capítulo del cambio hormonal. ¿Cómo podía explicárselo a él de una manera lógica si ni siquiera tenía sentido para ella?

Sin darle razones, mientras Carlos hacía un viaje breve, ella se había mudado a la que antes fuera la habitación de su hija. Se daba cuenta de que él se sentiría muy mal cuando regresara. Pero necesitaba hacer algo antes de volverse completamente loca.

Sí, Victoria sabía lo que significaba vivir en la esclavitud. Ella había estado viviendo como una fugitiva durante mucho tiempo.

Victoria volvió al presente . . . había perdido algunas palabras de lo que Greg estaba explicando. No quería que volviera a sucederle eso.

—La mayoría de las parejas descubren que cuando dejan Egipto, no llegan de inmediato a la Tierra Prometida. En lugar de eso, empiezan a transitar por el desierto. En ese momento es fácil que piensen que han cometido un error. Por lo general quieren volver a lo conocido, es decir, a Egipto; pero la verdad es que el desierto es una parte decisiva del viaje hacia la Tierra Prometida. Allí es donde la pareja aprende conocimientos y habilidades que se necesitan para llegar a la Tierra Prometida del matrimonio, donde podrán vivir con éxito por el resto de su vida.

»Nuestra meta es ayudarles a identificar la versión de esclavitud en Egipto que cada uno ha desarrollado (de qué manera quedaron atrapados y cómo fue que llegaron hasta allí) y luego, caminaremos con ustedes a través del desierto a fin de adquirir el conocimiento y las habilidades que se necesitan para encontrar su propia versión de la Tierra Prometida, donde podrán construir un hogar permanente.

Victoria se preguntaba por qué Carlos se resistía tanto a que ella fuera libre. Ella sabía que él le tenía temor a lo que no podía entender, y no entendía lo que ella no podía explicar. No tenía intenciones de dejarlo; para ella, su necesidad de espacio y su propia identidad eran simplemente cómo llegar a casa, no alejarse. Si tan sólo pudiera explicarle que ella era mucho más de lo que él conocía, que había mucho más para amar en ella si pudiera abrazarla completa y no solamente las partes de ella que ya conocía. Si él pudiera concederle la libertad y bendecir el deseo que ella tenía de expandirse más ampliamente hacia el mundo exterior. Sí, anhelaba estar en los brazos de su esposo, en su biblioteca, en su vida; pero había un mundo allá afuera que ella deseaba descubrir. Victoria lo había invitado para que lo descubrieran juntos. Pero él se resistía. En las pocas ocasiones en que las que habían hecho alguna aventura después de que él se jubiló, Victoria había sentido como si estuviera arrastrando tras de sí un cadáver, sólo que "Carlos el oponente" no estaba muerto,

¡todavía podía discutir! Victoria sentía que su sentido de asombro, su curiosidad y su entusiasmo estaban reavivándose . . . en cambio Carlos quería saber qué iban a cenar.

—¿Y qué es lo que nos mantiene en el círculo de la esclavitud? —preguntó Greg.

—El miedo —aportó como respuesta Rafael, con total naturalidad.

—Sí, el miedo —asintió Greg—. Los israelitas quedaron atrapados entre la miseria de la esclavitud y la incertidumbre de la libertad. Después de todo, ¡habían sido esclavos durante 430 años! A lo largo de esos años, se habían vuelto completamente dependientes de los egipcios y se habían acostumbrado a ser esclavos. Estaban atascados. Ser esclavos se había transformado en una rutina: Era algo conocido y resultaba seguro. Aunque no les gustaba, era lo que conocían. La esclavitud los mantenía vivos. La esclavitud les daba una identidad.

»A través del éxodo fueron rescatados de la esclavitud y sacados de Egipto hacia la libertad. Sin embargo, cuando entraron al desierto y a una vida llena de aspectos desconocidos, quedaron de inmediato paralizados por una cantidad de temores, y el miedo de unos incentivaba el de los otros, hasta que estuvieron a punto de abandonar la esperanza de la Tierra Prometida y regresar a la esclavitud. Querían volver a Egipto y evitar el futuro incierto.

»¿Este cuadro los describe, Carlos y Victoria? Me parece que están atravesando ahora esta experiencia del desierto.

—Al principio pensé que todo era culpa mía —dijo Carlos—. Pero la situación está cambiando. Los sueños y los deseos de Victoria no son los que antes tenía. De pronto prefiere estar sola. Se encierra y se pone silenciosa cuando intento hablar con ella. Todo el tiempo tiene algo social que hacer. No es la mujer con la que me casé . . . a menos que lo haya sido y me lo hubiera ocultado durante todos estos años. ¿Qué debo hacer? Si esto es el desierto, es allí donde estoy. Mi futuro es totalmente incierto. Y sí, no puedo negar que estoy asustado.

Victoria estaba asombrada de que no hubiera nada en la apariencia de su esposo que delatara que estaba asustado. Con sus largos dedos levantaba y frotaba el sujetador de la corbata.

—Carlos, aunque es posible que no te des cuenta, pareces oscilar entre dos actitudes —dijo Greg—. Una de ella es: "Soy un fracasado y estuve engañándome a mí mismo durante todos estos años." La otra es: "En realidad hice las cosas bien y el problema lo tiene Victoria." Aunque no lo dijiste de manera explícita, parece que no logras definir de quién es la culpa. Entonces vas y vienes entre estas opciones, intentando dar un veredicto.

»Me da la impresión de que estás gastando una enorme cantidad de energía en este intento de encontrar al culpable. '¿Es culpa mía o es culpa de ella?' Una parte de ti piensa que la culpa es tuya, pero luego razonas: 'Yo hice bien mi parte, y por lo tanto no puede ser mi culpa . . . tiene que ser ella . . . Pero la quiero, y detesto culparla o señalarla con el dedo.' Estás atrapado en un dilema.

—Me doy cuenta de que estoy atascado, y estoy intentando descubrir qué necesito hacer para dejar de estarlo —su esposa notó que Carlos estaba poniéndose impaciente. Se estiró cuan largo era y cruzó los tobillos.

—Esta lucha está desgarrándote —le dijo Greg—. Te has esforzado mucho procurando entender la situación, pero va más allá de tu comprensión. Y creo que nunca se gana nada tratando de encontrar al culpable. En realidad ese intento es sólo una gran pérdida de tiempo —hizo una pausa y sonrió—. Estoy seguro de que a lo largo de treinta y dos años ambos aportaron lo suyo. Es más, Carlos, creo que el esfuerzo de cambiar será sólo un ejercicio frustrante.

»Volveremos luego sobre este tema. Por ahora les pediré que simplemente piensen en lo que hemos estado hablando. Creo que los temas que vamos a analizar arrojarán luz sobre la situación. Además se verán reflejados en la historia de los demás.

»Hay una cosa de la que estamos seguros: 'Felices para siempre' es un mito. No podemos decir: 'Sí, acepto', y presentarnos para control veinte o treinta años más tarde. El cambio es inevitable. Eso es lo que le da al matrimonio el carácter de una aventura. Permítanse no encontrar una respuesta inmediata a sus preguntas. Ya llegará.

☼ ☼ ☼

Camino al comedor para cenar, Victoria observó que Greg se detuvo a conversar con Carlos, que estaba solo en el balcón. Daba la impresión de que Carlos estaba tomándose un momento para reflexionar en lo que había sucedido ese día. Sin duda había mucho para pensar. Victoria se asombró una vez más de la facilidad que tenía Greg para hacer que Carlos se sintiera cómodo. Sin embargo, todavía podía advertir las huellas de terror en el rostro de su esposo. Ésta era su típica reacción ante la expectativa de tres días más de incertidumbre. Igual que en el matrimonio, que se había vuelto imprevisible y ponía nervioso a Carlos, esta experiencia seguramente era una verdadera tortura para él. No cabía duda que estaba sufriendo la experiencia "del desierto", y se le veía completamente solo.

—¿Carlos? —dijo Greg al acercarse. Luego elevó la mirada hacia el rostro de este hombre alto y preguntó—: ¿Vendrás a cenar con nosotros?

El caballero formal no movió ni un solo músculo y mantuvo la apariencia distante. Con desgano hizo un lento gesto afirmativo, y después de una pausa se dirigió al consejero.

—Doctor Smalley —dijo con seriedad y tranquilo, con una voz baja y profunda—, ¿qué se supone que debo hacer ahora?

—¿Esta noche?

—Sí, señor. Como usted sabe, no estoy compartiendo la habitación con mi esposa —la voz se le quebraba por la emoción—. Ella no quiere estar conmigo.

Victoria sintió que se le apretaba el corazón. No quería escuchar la conversación ajena, pero el amor que sentía por este hombre le impedía alejarse.

—Te entiendo —respondió Greg con amabilidad—. No es raro que te sientas así. Hemos comprobado que durante la primera noche el nivel de ansiedad es muy alto, porque han expuesto sus emociones pero todavía no han llegado a resolver nada —se quedó en silencio por un momento junto a Carlos, apoyado en la baranda del balcón y contemplando el cielo iluminado por la luna. El silencio se llenaba con el canto de los grillos—. Lo que hemos hecho hasta aquí ha sido prepararnos para los próximos días que pasaremos juntos, y hemos escuchado la historia de cada uno . . . por ahora todo parece incompleto y bastante desordenado.

Carlos asintió levemente pero se mantuvo en silencio. Tenía las rodillas rígidas y los brazos cruzados con firmeza sobre el pecho, como si temiera doblarse en cualquier momento.

—Algo que he notado respecto a mí mismo, Carlos, es que al terminar el primer día me siento un fracaso . . . en serio . . . no estoy seguro de cómo va saliendo todo . . . siento que todavía no he sido verdaderamente útil, y no sé de qué manera se propone Dios restaurar estas relaciones. De modo que esta noche dedicaré tiempo a orar y a entregarle mi ansiedad y mi sensación de fracaso. Mañana estaré en condiciones de continuar.

Victoria escuchaba el sonido de voces, de risas y el ruido de la vajilla del comedor en la planta alta.

—Tienen libertad para dar una vuelta en automóvil, pasar un rato tranquilo en la sala de estar o hacer cualquier cosa que necesiten para sentirse bien —le dijo Greg al esposo de Victoria—. Te animo a esperar en silencio con el corazón abierto, expectante, lo que podría suceder mañana. En estos momentos de meditación me gusta leer y reflexionar en el Salmo 23. —Señaló hacia el comedor—. ¿Vienes conmigo?

Victoria sintió alivio cuando vio que los dos hombres reingresaban al edificio. Para ella era evidente que Bob y Greg se sentían tranquilos al entregar a sus pacientes al cuidado de Dios. Ellos sabían, como también lo sabía ella, que el principal guía y consejero era el Espíritu Santo.

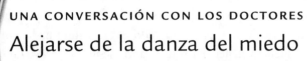

UNA CONVERSACIÓN CON LOS DOCTORES
Alejarse de la danza del miedo

Pero el Señor siguió diciendo: "Ciertamente he visto la opresión que sufre mi pueblo en Egipto. Los he escuchado quejarse de sus capataces, y conozco bien sus penurias. Así que he descendido para librarlos del poder de los egipcios y sacarlos de ese país, para llevarlos a una tierra buena y espaciosa, tierra donde abundan la leche y la miel . . . Así que dispone a partir. Voy a enviarte al faraón para que saques de Egipto a los israelitas, que son mi pueblo" (Éxodo 3:7-8, 10).

La travesía de los israelitas hacia la Tierra Prometida, que les presentaron a Carlos y a Victoria, sirve como trasfondo para el viaje del matrimonio hacia su Tierra Prometida. Después de haber trabajado con cientos de parejas y de individuos, hemos comprobado que hay cuatro pasos principales que nos ayudan a dejar de sentirnos atascados e inseguros, y a comenzar a sentirnos seguros, abiertos y más cerca del matrimonio que anhelamos.

Observa que los dos primeros pasos (responsabilidad personal y cuidar de uno mismo) tratan exclusivamente con cada individuo. Cuando algo acciona nuestros botones y quedamos atrapados en la Danza del Miedo, lo que podemos hacer para comenzar a romper este círculo vicioso es ocuparnos de nosotros mismos. Dios nos ha dado el poder para romper esta danza, pero eso requiere que en primer lugar nos ocupemos de nosotros mismos. Como podrán observar, el trabajo que haremos en varios capítulos siguientes se ocupa del individuo.

A continuación presentamos un modelo de cómo ocurre este proceso.

Viaje a la Tierra Prometida

Egipto   *El Desierto*   *La Tierra Prometida*

Círculo de Miedo

1. *Responsabilidad Personal*
2. *Cuidando de Uno Mismo*
3. *Cuidando a tu Pareja*
4. *Cuidando tu matrimonio*

Seguridad

Apertura

Amor e Intimidad

Con frecuencia las parejas que asisten a un encuentro dicen: "Vinimos a aprender de qué manera podíamos fortalecer nuestro matrimonio, y sucede que ustedes continúan concentrándose en nosotros como individuos." ¡Bien! Eso suena como música en nuestros oídos. No lo hacemos así para frustrar a los asistentes, y tampoco estamos evadiendo los temas del matrimonio. Lo que sucede es que estamos convencidos de que para lograr un matrimonio grandioso es necesario contar con dos individuos sanos. No sabemos la manera en la podríamos ayudar a un matrimonio a menos que comencemos por los individuos. Por eso los dos primeros pasos tienen que ver con nuestro viaje personal; y la tarea de convertirnos en el hombre o la mujer que Dios se propuso que fuéramos. Recuerda que somos ciento por ciento responsables de nuestro propio viaje.

Una vez que contamos con dos personas que han asumido la responsabilidad por su propio bienestar y están decididas a cuidarse a sí mismas, entonces podemos avanzar hacia el tercer paso. Este paso (el de cuidar a tu pareja) se refiere a la oportunidad que tenemos de acompañar a nuestro cónyuge mientras hace su propio viaje para convertirse en el hombre o la mujer que Dios se propuso que fuera. Esta es la etapa en la que aprendemos a ser un buen ayudante. Como auxiliares de nuestra pareja podemos aprender a amar, a respetar, a valorar, a sostener y a estimular a nuestro cónyuge en su viaje. ¡Es una oportunidad maravillosa que tenemos!

Ahora que dos individuos sanos están ayudándose el uno al otro, queda colocado el cimiento sobre el cual se puede construir una relación matrimonial que entusiasme a ambos. El cuarto paso, el de ocuparte de tu matrimonio, te ayudará a descubrir la manera de formar un equipo con tu cónyuge, y cómo encontrar soluciones con las que ambos se sientan satisfechos.

Después de una deliciosa cena de lasaña, pan recién horneado y una variedad de verduras frescas, ensaladas y un postre suntuoso, Victoria vio que Carlos se disculpó y se retiró de la mesa. Ella se levantó discretamente y lo siguió.

Carlos entró a la gran sala, se dirigió hacia el elegante piano y se sentó frente a él en silencio, sin abrirlo. Hubo una época en que las melodías fluían de sus dedos, pero no esta noche.

Victoria le habló con suavidad a sus espaldas.

—¿Carlos?

—¿Quién serás cuando termine tu búsqueda de lo que estás buscando, Victoria? —le preguntó él sin girar para mirarla.

—Yo misma. Seguiré siendo yo misma.

—Y mientras pones tus cosas en claro, ¿qué se supone que deba hacer *yo*?

Ella le acarició la espalda.

—Ay, Carlos. Busca algo que te entusiasme.

—Yo ya sé lo que me entusiasma.

—No estoy refiriéndome a eso. En realidad, sí, por supuesto. Yo también te amo. Tú sabes que te amo.

Él se volvió hacia ella. Sus ojos reflejaban dudas y dolor.

—Ah, querido.

Él suspiró.

—Victoria, tú no perteneces al mundo de ahí afuera —enfatizó sus palabras con un amplio movimiento del brazo—. Necesitas estar en casa. ¿Cómo podemos compartir este viaje si no estás conmigo?

—Sólo me ausenté por tres semanas.

—Eso es demasiado tiempo, Victoria.

Ella tenía mucho para comentar a la luz de la sesión de esa tarde, pero sabía que no tenía manera de ganar esa discusión. Ya se había pronunciado el veredicto. Victoria dejó caer sus manos a sus costados y salió de la sala.

Le desagradaba el silencio, pero parecía ser el único lugar donde encontraba espacio para respirar. Estar casada con un abogado significaba que siempre debía presentar pruebas a su favor. Su mundo se llenaba de palabras y éstas se volvían en su contra. Nunca podía expresar correctamente sus argumentos.

Pamela tenía remordimientos de conciencia porque en realidad no se sentía tan mal al ver que su esposo perdía el apetito y se levantaba de la mesa a causa de sus fuertes dolores de cabeza. En este momento estaba dormitando. Había sido un día pesado para él, y en situaciones como ésta aumentaba la migraña y necesitaba estar en lugar oscuro y silencioso. Cuando estaba en casa, ella se ocupaba de mantener en silencio a los niños y de atender las cosas de la casa, pero en este otro lugar ella no sabía muy bien qué debía hacer. Se sentó en una silla junto a la cama, con su bordado sobre la falda. Por lo general, la tarea de bordar punto cruz siguiendo el diseño sobre la tela la relajaba, pero esta noche se sentía inquieta. Tomás estaba respirando de manera lenta y pesada.

El predicador era de los que no tenían pelos en la lengua, y a pesar de los años transcurridos, Pamela nunca se había acostumbrado a esto. Quería hacer bien su papel, pero no sabía cómo lograrlo con tantas funciones: Esposa de pastor, madre, hija, hermana. Había pasado toda su vida intentado mantener la calma en cada situación. Podía identificarse perfectamente con el pobre Carlos, que se sentía un fracasado en el matrimonio después de tantos años. Ella no podía entender que eso ocurriera de un día para el otro. En su vida, el fracaso no era en absoluto una sorpresa: Jamás había podido satisfacer las expectativas del predicador.

A Pamela le encantaba todo lo que estaba aprendiendo en el encuentro, y estaba comenzando a darse cuenta de lo profunda que eran estas verdades... para las demás parejas. A ella le parecía un poco difícil llegar a estar "entusiasmada" con su propio matrimonio. Para decir verdad, no podía estarlo porque, francamente, no había nada en la vida que la entusiasmara. Quizás el verdadero problema era que ella estaba paralizada en una actitud de supervivencia y no se sentía emocionada por nada.

Pamela estaba asombrada que su esposo hubiera aceptado venir. Dios todavía obraba milagros . . . a pesar de que ella no tenía mucha fe. Confiaba en el poder de Dios . . . sólo que estaba demasiado deprimida como para tener algo de esperanza. Amaba a Dios, pero le resultaba difícil orar. "Padre, gracias por este primer milagro. ¿Crees que podrías concedernos otro?" Ella y Tomás todavía no habían comenzado la tarea. Serían la primera pareja en el banquillo a la mañana siguiente. Sólo pensar en eso le daba ganas de comerse una torta de chocolate entera.

Se sentía aceptada en el grupo. En realidad no la conocían tal como era, pero entre ellos era simplemente una más. Los otros daban por sentado que ella tendría sus problemas y eso sin duda resultaba liberador. Sin embargo, tan pronto como cerró la puerta del dormitorio, la vieja y oscura materia de su vida estaba esperándola para sumergirla bajo la sucia marea. Cuando estaba en su casa no tenía cómo escaparse, pero esta noche no estaban allí los hijos, ni la tarea de la casa, ni el grupo de estudio bíblico . . . sólo había una extraordinaria mansión de estilo victoriano esperando que ella la explorara. Y la mejor parte de la casa era la pequeña mesa bien provista de bocadillos.

Pamela trató de no pensar en lo furioso que podría ponerse el predicador ante el hecho de que ella saliera sin avisarle, y por eso le dejó una nota, tras lo cual se marchó cerrando la puerta con suavidad. Sin hacer ruido. Apenas cruzó el marco de la puerta, Pamela se escabulló por el pasillo, llena de entusiasmo. Primero tomaría una golosina y luego miraría si alguno de los otros huéspedes andaba por ahí. Si no encontraba a nadie, también podría entretenerse con un vídeo. Después de servirse un puñado de galletas caseras de chocolate, y de meterse una entera en la boca, descargó las otras cinco en el enorme bolsillo de su gran chaqueta roja. Llegó a la recepción y de allí a la gran sala principal.

Alcanzó a escuchar voces apagadas, de modo que en lugar de entrar prefirió retroceder hacia el comedor oval y disfrutar sus galletitas con un vaso de leche. Fantástico. Se instaló en una silla de terciopelo en el salón y admiró el aparador tallado, el espejo con marco dorado, mientras saboreaba dos galletitas más. La entrada estaba decorada con arreglos florales regios, hechos con magnolias y plantas trepadoras. En medio de esta fantasía victoriana, se sentía como si estuviera disfrazada con la ropa de una reina. Se comió otra galleta de manteca, cremosa y con trocitos de chocolate. ¡Mmm!, deliciosa. Ésta era precisamente la razón por la que disfrutaba de la comida. Sus preocupaciones parecían desaparecer. Se preguntó si Victoria Templeton desearía compartir una galleta y una taza de té.

Durante la cena, la hermosa mujer le había dirigido la mirada. No pudo descifrar lo que estaría pensando, pero se dio cuenta de que su rostro expresaba pena, no como "lástima" sino como comprensión. Poco antes de salir del comedor, Victoria había invitado a Pamela para que pasara por su habitación en algún momento.

Quizá podría ser esta misma noche. Pamela se preguntó cómo sería la vida de Victoria y por el *entendimiento* que se había producido entre ellas. ¿Podía ser soledad, depresión? Seguro que no. ¿El amor de un hijo? Pamela se dio cuenta de que deseaba hablar de eso con ella, y enterarse qué causaba la pena que había percibido en su mirada. Se limpió las migas de la boca y tomó la decisión. Con calma, a pesar del terror que sentía, subió las amplias escaleras hacia los dormitorios ubicados en el segundo piso de la Casa Bradford.

A mitad del camino, se detuvo con la sensación de que Carlos quizás había ido con su esposa al dormitorio; de todos modos, tomó aire y continuó subiendo. Cuando llegó le faltaba el aliento. Sin duda estaba fuera de forma . . . ¡qué bueno que su dormitorio estuviera en la planta baja! Los temores de Pamela se disiparon cuando a través del balcón logró divisar al hombre en cuestión, de pie junto a la chimenea de leña, de espaldas hacia ella. Tuvo el impulso de llamarlo y saludarlo desde allí arriba, pero no lo hizo. Iba con otra misión.

¿Qué habitación le había dicho Victoria? Pamela se mantuvo un rato en ese lugar, sin que Carlos se diera cuenta de que lo estaba observando. Por fin ubicó la puerta de Victoria, un poco más adelante en el pasillo. Pamela se quedó frente a la puerta de la suite, tratando de respirar con calma. Siendo la esposa de un pastor, no debería sentirse tan asustada de conversar con otra mujer. *Pero esta no es cualquier otra mujer.* Se obligó a sí misma a dar los últimos pasos y llamar a la puerta.

Esta se abrió apenas un poco.

—¿Sí? —preguntó Victoria con una voz musical, como el timbre de un saxo alto.

—Perdón, no quería molestarte —la voz de Pamela sonaba tensa y temblorosa en comparación con la de Victoria.

El aspecto de Victoria era imponente, iluminada desde atrás por la luz tenue. Era más alta de lo que Pamela pensaba, con una belleza majestuosa que los años no habían afectado. Parecía otra ujer, ahora ya que se había cambiado de ropa. En lugar de la camisa de seda y los pantalones de lana, tenía la cabeza envuelta con un suave turbante, y el largo y tradicional salto de cama, de colores azul brillante y dorado, lucía espléndido sobre sus hombros.

Sus dedos largos y su muñeca estaban adornados con joyas que parecían de otro lugar, de otro tiempo. Frente a Pamela estaba una mujer que, a pesar de haber sufrido, sabía quién era; y esa identidad tenía poco que ver con la profesión de su marido. Victoria era la expresión de la prosperidad, en sentido espiritual, físico, emocional . . . y en ese instante Pamela tomó conciencia de sí misma. Su frágil valentía desapareció por completo y apenas pudo sostener la mirada.

—Vamos, chica, ¿no vas a entrar?

Pamela quedó con la boca abierta. Levantó la mirada hacia Victoria. De pronto se sintió diferente, desconcertada; las intimidades que habían compartido no las ligaban en absoluto, después de todo. Pero ya no era momento para volverse atrás. ¿Por qué se metía en esas situaciones?

Pamela entró torpemente y tropezó levemente con el borde de la alfombra. Victoria la miró atentamente.

—Eres la esposa del pastor, ¿verdad?

—Ajá —Pamela sintió vergüenza, a pesar de la calma que transmitía la voz de Victoria—. Mi esposo . . . dice cosas muy duras —tartamudeó Pamela—. Espero que no te hayas ofendido durante la cena.

—No, no, en absoluto —Victoria animó a su invitada para que pasara y se sentara.

Pamela se olvidó completamente de su idea de pedirle a Victoria una taza de té o de convidarla a comer sus galletas.

—Tu habitación es preciosa . . . y tu salto de cama también. Nunca vi algo igual.

—Vaya, gracias.

Ante los intentos de Pamela por iniciar la conversación, la mujer mayor captó la insinuación y relató una parte de su historia. Victoria Templeton acababa de regresar de un viaje de un mes de duración a Kenya, adonde había ido como parte de un programa de misión de la iglesia. Pasó a contarle a Pamela acerca de sus viajes.

—... Me llevó dos años concretarlo, pero con ayuda de otras mujeres de la iglesia encontré el coraje para decirle a Carlos que deseaba ir.

Le contó acerca de cómo se había capacitado para atender a los bebés en los orfanatos y para alimentar a niños que sufrían hambre. Pero lo que no había imaginado antes de viajar, era que encontraría su identidad en el lugar donde había nacido su abuela. Sentía que su música le pertenecía, sus danzas le pertenecían, sus colores . . . Todo aquello despertó en ella algo muy profundo . . . En ese punto la señora de mediana edad se calló. —Carlos no se interesó por nada cuando regresé. Te digo, no tenía ninguna intención de continuar. No sé qué me pasó. Es tan bueno ser entendido . . . Cuéntame de ti.

Pamela se había sentido inmediatamente cómoda cuando Victoria comenzó a hablar, pero ahora no sabía por dónde comenzar. No sabía cuánto tiempo había pasado, pero sin duda sería tarde. Sintió pánico.

—Lo, lo, lo siento, pero debería irme. Mi esposo ha estado sintiéndose enfermo. Pero espero que podamos conversar nuevamente.

—También yo —Victoria se puso de pie con mucha gracia. Acompañó a su invitada hasta la puerta, y en el camino se detuvo y la abrazó con cariño—. Gracias, hermana. Tu visita fue un regalo.

Cuando la puerta sé cerró, a Pamela se le llenaron los ojos de lágrimas. El breve lapso compartido había sido íntimo, a pesar de que no había hablado nada del tema por el que se había propuesto ir . . . y ahora Victoria le decía que su visita había sido un regalo. "¡Un regalo!" ¡Cuán distinto de la carga que se había acostumbrado a ser!

Bajó por las escaleras hacia la entrada de la Casa Bradford. Se sentó en la oscura serenidad del aire libre. El aire fresco de la noche le hacía cosquillas en el rostro y agradeció estar con su abrigo. Dejó volar sus pensamientos, repasando cada detalle de la conversación con Victoria al mismo tiempo que buscaba una galleta en su bolsillo. Por puro hábito, se llevó una a la boca. En ese momento se dio cuenta de que ya estaba bastante satisfecha y la guardó otra vez en el bolsillo.

❂ ❂ ❂

Cuando se despertó, Rebeca tenía la piel pegajosa. Estaba oscuro y se sentía desorientada. A medida que sus ojos se fueron adaptando, las ramas del arce que se veía desde su habitación fueron cobrando nitidez. Rebeca descubrió que estaba acurrucada en el centro de la cama, apoyada sobre las manos y las rodillas. Había tenido una horrible pesadilla.

En el sueño, ella podía ver el rostro burlón y desdibujado de Bob, que la había empujado a saltar desde un trampolín; ella iba hundiéndose más y más hondo.

Forcejeaba por subir, pero no encontraba la manera de volver a la superficie. Estaba ahogándose.

En el momento en que estaba por rendirse, unos brazos fuertes la habían abrazado, izándola desde las aguas profundas hasta un lugar seguro. Ella estaba demasiado débil como para sostenerse, pero el hombre la cargó y la depositó a un lado de la piscina, donde había otras personas también empapadas y temblando. Acababa de realizarse un rescate masivo. Ella no sabía con certeza quién la había rescatado, pero había descansado en sus brazos, como un pequeño niño a quien su papá abraza después de un gran susto.

¡Qué extraños son los sueños! Cuando pudo orientarse por completo, recordó: Bob había sido muy cuidadoso el día anterior y no la había presionado en absoluto . . . pero ella se había sentido aterrorizada y de alguna manera sus miedos habían quedado enredados en sus sueños.

En ese instante Rebeca recordó el resto de su pesadilla. Se había sentido segura sólo un instante antes de que la invadiera una agobiante ola de terror. Se separó como pudo de la persona que la había rescatado y corrió bordeando la hilera de cuerpos mojados a la orilla de la piscina. Frenética, buscaba a Pablo. Buscó entre los cuerpos y luego en el agua. ¿Dónde estaba? Antes de despertarse, había comenzado a actuar la pesadilla: Apoyada sobre sus manos y sus pies, Rebeca palpaba en la cama y buscaba a su esposo.

Ahora, ya completamente despierta, el terror volvió a invadirla cuando se dio cuenta de que la otra mitad de la cama estaba tendida y fría. El sueño estaba mezclándose con la realidad. El pánico hizo que se le contrajera el estómago. ¿Dónde y con quién estaba Pablo pasando la noche? Palpó hasta encontrar el reloj y vio que eran las tres de la madrugada.

Se dejó caer en la cama y se tomó la cabeza mientras repasaba velozmente los sucesos de la noche. *Piensa.* Pablo había compartido la cena, había estado conversando con Rafael y con el mayordomo. Ella le avisó que subía al dormitorio . . . Se dio una ducha y cayó exhausta en la cama. Habían llegado a la decisión de compartir la habitación durante los cuatros días que estuvieran en Branson. Pero no había ninguna señal de que él hubiera entrado en la habitación. Miró en el baño. Su cepillo de dientes estaba seco, las toallas prolijamente dobladas. Sintió que subía una oleada de acidez desde el estómago e hizo arcadas en el lavamanos.

Amado Dios que estás en el cielo . . . ¿y si lo habían atropellado en la carretera? El auto alquilado. Corrió a la ventana y miró hacia el estacionamiento: El automóvil estaba en el mismo lugar donde lo habían dejado más temprano. Ese era el auto ¿verdad? Sintió un poco de alivio, aunque sabía que todavía quedaban muchas alternativas de lo que Pablo podría estar haciendo. Vestida en su pijama de seda rosa, Rebeca corrió hasta las escaleras y miró por encima de la baranda para ver si se había quedado dormido junto a la chimenea. La sala estaba vacía. *Piensa, Rebeca.*

Ella había dejado todos sus apuntes en la sala de consejería, incluso la información sobre el lugar y el número de emergencias.

—Tengo que llamar, tengo que llamar —murmuraba mientras

bajaba a tropezones por la amplia escalera de caoba, cruzaba el vestíbulo y seguía luego por las escaleras más angostas. El pulso le estallaba en los oídos. Cuando dobló al final de la escalera, encontró a Pablo desparramado en el sofá con la cabeza medio caída a un lado, totalmente vestido, acurrucado y completamente dormido. Rebeca se desplomó en una silla cercana.

Ella tendría que haberse dado cuenta. Después de todo, éste era el doctor Stuart, que trabajaba a toda hora del día o de la noche y era capaz de dormir en períodos de quince minutos, en cualquier lugar y en el momento que lo necesitara.

Al contemplarlo, desapareció su ansiedad. Era tan hermoso. Había pensado que nunca iba a verlo otra vez dormido. Habían estado separados un solo mes y lo extrañaba muchísimo. Tenía ganas de llevarlo consigo a la habitación y olvidar esta horrible pesadilla. Él debía estar en la cama con ella. Ése era su lugar, donde ella podía abrazarse a él y fundirse en su cuerpo.

Rebeca se permitió sólo por unos instantes esa oleada de deseos, pero sus emociones tomaron de inmediato un curso enfermizo: *¡Miren lo que me hizo una vez más!* Tenía ganas de decirlo a gritos en medio de la noche. Ese cuerpo varonil era sólo un recuerdo; algo que *antes* le había pertenecido, pero ya no. ¿Qué habían dicho de la responsabilidad de cuidarse a sí misma? Había puesto su corazón en las manos de Pablo, pero él lo había sacudido, lo había destruido. Y ahora una parte de su ser yacía en el suelo, sangrando.

El dolor oprimía su pecho con tanta fuerza que le podría haber quebrado las costillas. Le dolía todo, hasta la raíz del cabello. Dolía demasiado. Tenía ganas de suicidarse. La vida se le iba escapando, como la marea que vuelve al océano. Se quedó sentada en la oscuridad, apenas iluminada por algunos rayos de luz que llegaban desde las luces de la calle. Empezó a balancearse hacia delante y hacia atrás . . . se meció, se meció, se meció.

Dio una mirada por la sala, imaginando a las personas que habían estado sentadas allí el día anterior. Pudo sentir la misma sensación que había tenido durante el sueño, cuando se vio sostenida por aquellos brazos fuertes, y comenzó a relajarse un poco. *¿Jesús?* Poco a poco fue dejando de mecerse y comenzó a recobrar el equilibrio. No alcanzaba a comprender todo esto. Pero aunque no lo entendía, lenta, muy lentamente, dejó de sentir miedo. En el centro de su ser pudo sentir . . . algo que parecía . . . ¿qué era? Era seguridad. Rebeca se quedó sentada en la oscuridad, envuelta en una sensación cada vez más fuerte de que iba a sobrevivir. La vida ya no se le estaba escapando, y al cabo de un rato, ya pudo recordar algunas de las conversaciones del día anterior. Miró una vez más a Pablo acurrucado en el sofá y sintió remordimiento. ¿Cómo se sentiría él en medio de todo esto?

Ella había espiado las notas de su esposo mientras él había salido a descansar un rato. Al parecer estaba captando lo que se decía. El temor de Rebeca era que Pablo, por su inteligencia, procesara todo esto mentalmente pero sin que llegara a modificar su corazón. Recordó que el día anterior Pablo había salido como una tromba de la sala. ¿Y si ella se iba de Branson con el corazón y el espíritu radicalmente transformados, pero él se marchaba ansioso por encontrarse con la fulana? Ella no podría soportarlo. *¡Jesús, ayúdame por favor!*

Había una pila de frazadas disponibles para que los huéspedes las usaran durante el día. Rebeca buscó una para abrigar al hombre al que amaba y deseaba retener sólo para sí. Todo esto carecía de sentido. La había traicionado no una o dos veces, sino demasiadas. ¿Cómo podía todavía sentir algo por este hombre? Quizás estaba tan agotada como él decía.

La verdad era que en ese momento estaba demasiado cansada como para sacar alguna conclusión. Ésa era la tarea de Bob y de Greg. Cuando recuperó la tranquilidad, volvió por las escaleras y regresó a su cama.

La Casa Bradford seguía silenciosa y dormida. Apenas dos horas después de que Rebeca regresara a su habitación, Cristina, envuelta en su camisón arrugado y una masa de sábanas enredadas, comenzó a dar vueltas y a quejarse, intentando calcular cuánto había conseguido dormir. Últimamente le resultaba difícil conciliar el sueño. ¿Cuánto tiempo había transcurrido desde que podía dormir sin necesidad de tomar alguna píldora? Movió los dedos de los pies y los sacudió para liberar un poco las sábanas.

Rafael y ella habían vuelto a pelear la noche anterior. Ella sabía que él tenía buenas intenciones y que sólo estaba ansioso por lograr alguna mejoría en la relación. Pero la combinación entre el ritmo inoportuno de su esposo y la intolerancia que ella sentía hacia todo lo que él hiciera había resultado fatal. Después del diagrama que Greg había trazado con la Danza del Miedo que ellos interpretaban, ella podía analizar lo que había sucedido, y por qué, pero lo cierto es que en el momento decisivo había tratado a Rafael de manera miserable y fría.

No podía dejar de pensar que todo el proceso marchaba demasiado lento. Ella no tenía tiempo para escuchar anécdotas de Greg y Bob. Necesitaba respuestas, y ahora mismo. Rafael estaba entusiasmado con lo que habían escuchado, pero ella había estado inquieta durante todo el día. No tenía idea de cómo podría soportar otro día completo. No le interesaba recibir una lista detallada de instrucciones sobre los aspectos en que necesitaba cambiar; quería los "cuatros pasos garantizados hacia la libertad" o los "siete hábitos de un buen divorcio".

Se quitó la frazada de un tirón (¿por qué todo tenía que ser tan compulsivo?) Cuando la arrojó al suelo recordó a Javier. Al niño le encantaba lanzar la frazada y los juguetes de peluche fuera de la cuna. La sensación era agradable, y Cristina tuvo ganas de encontrar varias cosas más para arrojarlas por la habitación.

La figura de sus hijitos se mantuvo en su mente, y sintió una punzada de culpa. Había estado tan atrapada en sus propios problemas que ni siquiera había pensado en los niños. Quizá porque estaban cuidados "mejor que nunca". No estaba preocupada por eso. Sólo esperaba que estuvieran portándose bien con la abuela y que no dijeran nada inapropiado mientras estuvieran allí. Ana había aprendido algunas malas palabras en los últimos meses. Cristina se sentó y miró el despertador. Era demasiado temprano para llamar a su madre, y además le daba temor hacerlo. No sabría qué decirle. Su mamá había pagado la inscripción al encuentro y estaría esperando un informe detallado. La presuntuosa mujer todavía no conocía ni la mitad de los problemas de su hija. Sin embargo, se mostraba colaboradora con su intento de salvar lo que quedaba del matrimonio . . . aunque sólo fuera para proteger su imagen ante sus amigas.

Estamos en el segundo día, mamá, junto con varias parejas con problemas, y todavía no hemos progresado mucho. No, eso no sería suficiente para Claudia Rouse. Era comprensible que Cristina siempre se pusiera expectativas tan altas. Su madre nunca se conformaría con menos.

Cristina aprendió desde pequeña las exigencias del perfeccionismo, y cuando los demás no se mostraban igualmente aplicados (ya fuera en el trabajo, en el juego o en las relaciones), solía sentirse decepcionada. Se ponía ansiosa cuando las cosas no se definían claramente o no avanzaban tan rápido como ella esperaba.

Con la excepción del breve arrebato de rebeldía, cuando conoció a Rafael, Cristina se había encadenado a sí misma a la imagen que su mamá necesitaba . . . o exigía. Su madre no sabía que se había hecho un tatuaje y tampoco sabía nada acerca del anillo que se había hecho colocar en el ombligo. Ella era la niña de oro, lo cual significaba que su tarea consistía en agradar a sus padres, a su empleador, a sus vecinos, a Dios . . . No podía entender lo estúpida que había sido al enredarse en una aventura con Duncan, el nuevo contador de la empresa. *¡Qué idiota había sido!*

Enterró la cabeza bajo la almohada y recordó las notas que había tomado durante la sesión del día anterior, y lo importante que era para ella tratar de mostrar interés en lugar de juicio. Quizá también debería tener paciencia con el proceso en lugar de emitir juicio . . . y quizás hasta tendría sentido eso de los tres viajes. Ella quería separarse de Rafael, porque quería hacer su propio viaje sin él. Sabía que no era eso lo que Bob y Greg tenían pensado, pero no podía imaginar que ella y Rafael pudieran caminar como dos personas independientes y, a la vez, *en armonía.* ¿Y si él nunca se ponía en movimiento? Tenía la sensación de haber estado arrastrándolo durante los últimos años. ¿Cómo se puede compartir una caminata con alguien que va varios pasos, en realidad varios *años,* atrás? Arrojó la almohada contra la pared en un gesto de venganza. ¡Era imposible que lograran un mismo ritmo para la marcha! Sintió que no habían hecho el mínimo progreso desde que habían llegado.

Cristina apenas soportaba estar consigo misma, estaba de pésimo humor. Debía decidirse y hacer algo. Se quitó de encima las frazadas y al bajarse impulsivamente de la cama se golpeó con fuerza el dedo gordo del pie contra la cómoda. Lo que siguió fue una seguidilla de maldiciones y saltitos enloquecidos que superó a todas las rabietas que hubiera visto alguna vez. ¿Así continuaría este nuevo día?

Cinco minutos más tarde ya se había lavado los dientes, se había cepillado y atado el cabello, se había calzado una camiseta, un pantalón deportivo y las zapatillas de correr. Salió del dormitorio como una tromba y casi cayó encima de Rafael, que se había quedado descansando en el pasillo. ¿Tenía necesidad de dar lástima de esa forma? Seguramente se había quedado allí a la espera de que ella saliera, con demasiado temor de entrar. Posiblemente la había escuchado protestar y maldecir y se había retirado, cobarde como una gallina. Ella había elegido a un ganador, ¡muy bien!

Él no era la persona que deseaba ver en ese momento, y explotó: —¿Adónde has estado? Espera, no me lo digas. —Prefería no saber dónde había pasado la noche. Cerró la puerta con un golpe—. ¿Acaso tienes planes de lavarte? —Su aspecto descuidado y la evidencia de que usaría la misma ropa dos días seguidos la ponían furiosa.

Sin esperar una respuesta, le ordenó que se cambiara antes de que ella volviera. Después de correr ella necesitaría bañarse. —Y no dejes el lugar desordenado.

—Y otra cosa, Rafael. —Volvió la cabeza y agregó—: Averigua cómo están los niños. Ana ha estado enferma. Ella sabía que él podía dejar contentos a los niños y que tranquilizaría a su madre dándole buenas noticias acerca de este viaje tan distante que habían hecho.

Se lanzó escaleras abajo y llegó corriendo a la planta baja; comenzó a correr a buen ritmo, bajo un impulso de adrenalina. Correr había sido siempre la manera menos perjudicial de liberar la ira y la frustración. Podía hacer a un lado sus emociones y concentrarse en su rendimiento. Miró el reloj y se tomó el pulso.

El sol todavía no irradiaba el calor necesario como para disolver la bruma matinal. Corrió por las calles silenciosas, cuesta arriba y cuesta abajo; cuando diez minutos más tarde tomó una curva hacia la derecha, Cristina recién comenzaba a entrar en calor. Sus músculos se distendían y la respiración se volvía más regular. Lo habitual era que, a esta altura, ya sintiera alivio, pero ahora no lo estaba logrando. La carga de culpa y responsabilidad le hacían sentir el pecho cerrado, sin aliento. Ira. Deseaba arremeter y lastimar a alguien. Los ojos se le llenaron de lágrimas. La calle siguiente tomaba hacia el norte y la conducía a través de una catedral de árboles. Tomó la curva y subió una suave cuesta, y luego se encontró en un camino boscoso privado.

Corría un arroyo por el fondo de un suave barranco y el bosque estaba inundado por el sonido de las ardillas y sus otros habitantes. Pero Cristina no estaba consciente del entorno. Se tomó la cintura, hizo una flexión y aspiró una bocanada de aire. Mientras se le llenaban los pulmones, los ojos se le llenaron de lágrimas. Antes de que se diera cuenta, el cuerpo se le sacudió por amargos sollozos.

Habían pasado años desde la última vez que había llorado. La vida no le daba tiempo para ser vulnerable. Cristina se había rebelado contra Dios, pero nunca se lamentó ni arrepintió de esto. ¿Por qué habría de hacerlo? Ella le entregó todo su ser, hizo más de lo que era su obligación, le dio el ciento diez por ciento. ¿Y qué hizo él? La abandonó, no se hizo cargo de su parte. ¡No! No se castigaría otra vez con la culpa. Libertad, eso era lo que necesitaba.

Conmovida y sofocada por tamaño quebranto, Cristina encontró un tronco donde sentarse. Lo único que deseaba era ser feliz. ¿Era pedir demasiado? Comenzó a levantarse el viento. Estaba furiosa con todo, incluso con aquello de "ser felices para siempre". ¿De modo que su sueño de ser feliz no era más que una fantasía? No estaba dispuesta a abandonarlo. Tenía que haber algo mejor, o por lo menos, un camino más fácil.

Un momento. Hablaron acerca de un camino más fácil, ¿verdad?

El tiempo empeoraba. Las hojas se sacudían anunciando lluvia.

Quizá nunca había creído del todo que llegaría un príncipe azul para llevarla con él. ¿En qué había estado pensando? No tenía príncipe ni enanitos . . . ni siquiera tenía amigos. Tan orientada al éxito como estaba, su manera de hablar sólo dejaba una estela de resentimientos. *Nadie me quiere como soy,* se dijo a sí misma, quizá por primera vez. "Es posible que parezca segura e ingeniosa, pero ni siquiera *yo* me soporto", dijo en voz alta.

A lo lejos se oyeron los truenos, y un momento después las grandes gotas de lluvia caían sobre su rostro. Su intenso y desbordado llanto le había proporcionado algo de alivio, pero ahora le dolía la cabeza, tenía la nariz tapada y estaba lloviendo . . . ¡Uf! La lluvia caía con fuerza y golpeaba sus brazos desnudos. No se había puesto una chaqueta y la ropa mojada le pesaba. Sacudió su camisa empapada y volvió por el bosque, por la angosta calle lateral, giró y entró nuevamente al camino principal.

En ese momento vio a Pablo, que al parecer también había salido a correr. Él también la vio, y pocos minutos más tarde la alcanzó y siguió con ella. La lluvia caía como una cortina de agua, atravesando las ramas de los árboles.

—Está un poco húmedo para estar afuera, ¿no te parece? —gritó.

Cristina no estaba de humor y no tenía ningún interés de que la acompañaran. Pero por lo menos la lluvia caía por su rostro y escondía las huellas de su reciente crisis. Aceptó correr junto a Pablo, ya que de todas maneras no tenía opción. Era alguien conocido, aunque mucho más mojado de lo que recordaba, y una compañía en la lluvia fría.

En ese momento un automóvil pisó un charco y arrojó agua sucia y hojas sobre su compañero de marcha. Pablo soltó una ristra de coloridas maldiciones. Cristina sonrió. Se imaginó que este tipo de situaciones no les ocurría con frecuencia a los médicos prestigiosos que salen a correr por las sendas especiales en el sur de California.

Cristina se detuvo y no pudo más que reírse al mirarlo. El apuesto médico había perdido su prestancia y era un desastre embarrado. No tenía otra alternativa que sacudirse y continuar. Ella aprovechó para secarse el agua de la frente. Pablo levantó su camisa para secarse la cara.

Mmm. Cristina desvió la mirada después de captar la imagen del estómago bien modelado. Era evidente que Pablo no tenía ninguna inhibición para mostrar su buena figura. Ella imaginó que si no hubiera estado tan frío, él se habría quitado la camisa.

Él sonrió con gesto resignado y se sacudió los pantalones sin mucho resultado, antes de ponerse otra vez en marcha a un ritmo más lento. Miró una sola vez hacia atrás para ver si ella estaba lista para continuar. Era obvio que Pablo se sentía cómodo con las mujeres. *Es un ginecólogo, ¡madre mía! ¿Cómo se puede estar casada con un hombre que . . .* Terminó allí el pensamiento.

Pronto habían recuperado el ritmo y avanzaban rápido a pesar de la lluvia. Después de haber recorrido unos ochocientos metros, Pablo irrumpió en los pensamientos de Cristina. —¿Cómo te las estás arreglando con este paquete bien envuelto? ¿Ya te sientes examinada?

Ella procuró no mostrar sorpresa ante su aguda pregunta. Él lo había dicho en tono de broma, no tan pedante como ella hubiera imaginado. En lugar de ponerla a la defensiva, dio lugar a una conversación fácil. Él se comportaba de manera graciosa, un tanto sarcástica. Seguramente eso se debía a la ira reprimida que tenía.

Nada de lo que ella había visto hasta el momento le hubiera hecho pensar que Pablo podía ser divertido. Pero después de correr junto a él durante varios kilómetros, comenzó a resurgir en ella el viejo anhelo de un compañero que no sólo mantuviera el mismo ritmo que ella, sino que además la hiciera reír.

—Se te ve un poco deteriorada, *scout.* ¿Estás bien? —preguntó él por encima del rugido de la lluvia.

—Espero que tengan otro método que no sea la deshidratación, porque estoy empapada hasta los huesos. Tendré que comenzar todo de nuevo.

—Ah, no. Tendríamos que estar varios días más mientras Bob te convence para que te quedes. Mira, puedes usarme de caballito —dijo él con un gesto de flirteo.

—¿Te estás burlando de mí? —se sintió invadida por una ola de ira—. Pablo, ayer estuve a punto de quebrantarme. Por lo menos fui sincera al explicar cómo me siento, ¡estoy muy asustada por este proceso!

Él continuó corriendo sin sentirse perturbado por su respuesta. Sin avisarle, aceleró la carrera y luego volvió trotando.

—Perdón, Cristina. No estoy burlándome. Hiciste por mí todo el trabajo que me tocaba hacer ayer. ¿No te das cuenta? Dramatizaste mi propio sentimiento de querer marcharme. Vivimos una situación parecida.

—¡No, no es así! —con razón su esposa, Rebeca, se deprime. Este hombre provocaba furia.

—No quiero decir que nuestras situaciones sean las mismas; sólo digo que ambos queremos irnos. ¿Te das cuenta de la ironía? Ambos queremos divorciarnos, ¿verdad? ¿Y a dónde vamos? ¡A un encuentro intensivo para parejas! O nos está enlazando un jinete divino, o simplemente hemos caído en el corral por nuestra propia iniciativa.

Él rompió a reír por lo absurdo que se veía todo.

La risa transformó por completo el rostro de Pablo; tenía una sonrisa increíble y dientes perfectos. Lo que es más, era una sonrisa auténtica. Hasta este momento, Cristina no había visto nada auténtico en Pablo. El médico engreído de Newport Beach sólo había mostrado una máscara de simulación. Durante el trabajo que habían hecho él y Rebeca el día anterior, Cristina lo había despreciado por sus aventuras sexuales, por sus obvias debilidades y por la aparente falta de interés hacia su esposa.

Lo único que pudo escucharse durante los tres o cuatro kilómetros siguientes fue el golpeteo de sus zapatillas contra el pavimento y la acompasada respiración de ambos.

—¿Dices que fuiste totalmente sincera acerca de tus sentimientos, eh? —de pronto dijo Pablo.

—Sí.

—¿Y cuándo vas a relatar la parte de la historia en la que dejaste a Rafael para salir con otro hombre?

Cristina casi tropezó, tomada por sorpresa. Recuperó rápidamente la compostura con la esperanza de que él no se hubiera dado cuenta. Se negó a responder la contundente pregunta. Aceleró el ritmo y corrió varios pasos adelante para subrayar su negativa.

¡Qué imbécil! Se sacudió el agua de las manos. El trabajo físico estaba resultando ineficaz en una circunstancia en que su propio mundo estaba siendo sacudido y empapado una y otra vez. Aunque estaba en excelente estado físico, en este momento le costaba respirar. Aminoró la marcha y Pablo se acercó de manera que ella pudiera escucharlo.

Cuando estaba a punto de soltar algo despectivo para defenderse, Pablo le preguntó con amabilidad.

—Cristina, ¿por qué no dijiste nada ayer acerca de tu aventura? Quiero decir, todos nos estamos desnudando. No estarás ocultándote ante nosotros ¿verdad?

Ella se detuvo y lo miró fríamente.

—No es asunto tuyo.

—Bueno, perdón si hablé de más —levantó las manos en un gesto de rendición y luego las colocó sobre sus delgadas caderas, saltando sobre un pie y el otro, en medio del camino, para evitar el calambre en los músculos después de una hora de carrera. Una curva más y ya podría verse la Casa Bradford—. Soy tu ayudante en este proceso, ¿lo recuerdas?

Todavía lívida, ella siguió corriendo a grandes zancadas.

—Mira, está bien —dijo él, trotando para alcanzarla—. No tendría que haber sacado conclusiones con tanta rapidez. Lo que ocurre es que parecía tan . . . obvio.

Ella se paralizó otra vez.

—¿Qué quieres decir? —ella no podía creerlo.

Pablo se encogió de hombros.

—No lo sé.

A Cristina le venía bien escuchar los pensamientos de Pablo. Estaba dolorosamente consciente de que su esposo no parecía ser el compañero adecuado, y ella estaba siendo descubierta. *¿Y ahora qué?*

—Será mejor que nos apuremos —dijo Pablo despreocupadamente—. Pronto comenzará la sesión de la mañana . . . y no quedaría bien que *ambos* apareciéramos tarde —le apareció una mueca pícara en la boca.

9

MARTES, 7:00 A.M.

Llovía a cántaros contra las ventanas y los truenos retumbaban. Afuera, los tulipanes inclinaban sus cabezas hacia la tierra. No hay nada comparable a una tormenta del Medio Oeste. Pamela Davis amaba el olor a lluvia, un deleite poco común para los habitantes de Arizona. Acurrucada debajo de las mantas, escuchaba el continuo repiqueteo del agua. Como el crepitar del fuego o la respiración de un bebé dormido, su ritmo continuo era cautivante. A las siete de la mañana la habitación aún estaba a oscuras y la idea de levantarse era impensable. Estiró el pie para investigar el otro lado de la cama. Vacío.

Era seguro que Tomás se habría levantado temprano para estudiar la Biblia y orar. Sintió una punzada de culpa. La dedicación de su esposo por las disciplinas espirituales siempre hacía que ella se sintiera en falta ante los ojos de Dios. No obstante, estaba segura de que a Dios le encantaba estar allí con ella, su hija, mientras disfrutaba de su lluvia y del encantador regalo de esta habitación. Las madres entienden de estas cosas. Su plegaria consistía en un simple: "¡Gracias!"

Estirando sus brazos hacia el techo, estudió las delicadas

curvas de sus dedos y sus muñecas. A pesar de los quehaceres domésticos, sus uñas, naturalmente fuertes y perfectamente redondeadas, eran la envidia de otras mujeres que tenían que pagar una fortuna para que lucieran como las suyas. Se había sentido presumida y hasta un poco culpable de ver cómo Rebeca había soltado un grito al romper una de sus uñas postizas mientras corría una silla de la mesa del comedor.

Pamela tenía manos hermosas y pies pequeños. Le encantaban los zapatos, aunque en ese momento sólo tenía tres pares: unas viejas zapatillas de lona, un lindo par marrón para ir a la iglesia y unos zapatos negros comunes. También le gustaban las carteras, pero se conformaba con admirar las que usaban otras mujeres. Cambiar de cartera no era en absoluto algo práctico, especialmente con todo lo que ella tenía que cargar. Tenía una de color marrón, y la usaría hasta que se le rompiera la manija o se desfondara, lo cual parecía a punto de suceder, por la cantidad de cosas que llevaba. Su bolso parecía agrandarse en la misma proporción que la talla de sus vestidos.

Sin querer pensar en su voluminosa figura bajo las frazadas, fantaseó con los encantadores colores primaverales de los bolsos y zapatos que había visto en las vidrieras de las tiendas del aeropuerto. En especial le había gustado uno de color verde claro y una gran hebilla plateada. ¿A Tomás no le daría un ataque?

Desde la cocina subían aromas a café fresco, a panqueques belgas y a salchichas. Su estómago rugió por el desayuno. Pamela siempre tenía hambre, ¡y éste era un placer tan especial!

Se levantó y controló su nivel de azúcar con un rápido pinchazo en la punta de su dedo índice. No era obesa, sólo innegablemente gruesa, y . . . de acuerdo, poco atractiva en la alcoba. Su vieja bata de toalla era su mejor amiga y la ayudaba a esconderse de su propia conciencia hasta que las luces se apagaban. ¿Por qué su marido estaba empecinado en que ella bajara de peso?

—Te hará sentir mejor —insistía él.

—Sólo estoy un poco rellenita —era su respuesta—. He tenido tres hijos —ella sabía que su diabetes y el sobrepeso que tenía eran el resultado de una mala alimentación y la falta de ejercicio. Y que él sería crítico con cualquier tipo de respuesta que le diera.

—No, Pamela. Estás gorda.

—¡Tomás! —contestaba herida.

A él nunca parecían importarle esos kilos de más cuando la estrechaba junto a él cada noche.

Ella vivía para él. Quería hacer feliz a su esposo, pero sus mejores esfuerzos nunca eran suficientes. Su amiga Juana y varias damas de la iglesia la habían sorprendido regalándole un tratamiento de belleza y un conjunto nuevo para su cumpleaños. *¿No sería una linda sorpresa para Tomás?*, habían pensado. Ella quería ser feliz y hermosa. Todas las mujeres en los espectáculos en vivo de la televisión parecían tan cambiadas y atractivas con sus tratamientos . . . pero Pamela sólo se sentía ridícula.

No siempre había sido así. Cuando era la joven que había dado el discurso de graduación de su clase, su mente era aguda e inquisitiva; pero para Tomás era simplemente la esposa del pastor y la madre de sus hijos. A Pamela le encantaban estos papeles, pero para ella no lo eran todo. Había mucho más: Sueños no realizados, talentos sin desarrollar . . . muchos esfuerzos que resultaban egoístas cuando había que cumplir con un servicio.

Algunas mujeres se maquillan por las mañanas, pero Pamela hacía una reconstrucción completa de su rostro cada día, armando como correspondía una cara feliz para su familia y para la iglesia. Esto significaba no acercarse nunca demasiado a nadie, ya que necesitaba espacio para lograr que su vida se mantuviera en orden. Nunca sabía cuándo caería en otro ataque de depresión; además, necesitaba tiempo y espacio para superarlo. ¿Qué pensaría la congregación de su pastor si supieran que su esposa era una *zombie*?

Pamela se refrescó en la ducha y se puso un vestido de mezclilla minutos antes de bajar apresuradamente al comedor, donde fue recibida por los demás con sonrisas. Su marido levantó la vista y le echó un vistazo. Con una única mirada, hizo un inventario del plato de su esposa y la miró con desdén.

Pamela sabía que ella era el aguijón clavado en la rectitud de su esposo. Ah, pero la comida era para chuparse los dedos. El calor del té y los panecillos de manzana y canela, las salchichas y huevos, y la compañía de los demás la ayudaban a olvidar al hombre que tenía sentado a su lado.

El desayuno de la Casa Bradford parecía especialmente placentero en una mañana gris como ésta, y los huéspedes continuaban callados y tranquilos mientras se dirigían hacia la sala de consejería.

Habiendo vivido la mayor parte de su vida en el Medio Oeste, a Rafael no le molestaba la lluvia; es más, de alguna manera le agradaba, excepto en los días que había organizado juegos al aire libre para los niños. La lluvia primaveral de Missouri no era fría, pero el aire se sentía cargado de humedad y había hecho que el ambiente resultara ideal para acurrucarse, especialmente en esta tenue y acogedora atmósfera. Se sintió triste, porque sabía que hoy no habría arrumacos para él. Este tipo de pensamientos le hacía extrañar a sus niños.

Rafael pensaba que los otros huéspedes parecían cansados. Quizá, como él, habían tenido una noche inquieta. Cuando llegaron Greg y Bob, algunos ya habían comenzado a instalarse en el salón, tomando mantas para abrigarse y sorbos de café caliente. La aparición precipitada de los consejeros desvaneció la somnolencia de la mañana; venían escapando de la lluvia y sacudiendo el agua de sus paraguas y sus abrigos. Rafael se divertía mucho con estos tipos. Greg salpicó a Bob con un pequeño bautismo extra, "sólo para que no te falte agua".

—Hola, muchachos —dijo Greg, colgando su impermeable y su paraguas.

Justo en ese momento, Cristina entró a la sala de consejería, ataviada con un pulóver con capucha, pantalones de yoga, los pies descalzos y el cabello mojado. El verla deslizarse tranquilamente para tomar asiento entre los otros que ya se habían acomodado, hizo que a Rafael le doliera el corazón. No pudo evitar darse cuenta de que ella no miró en dirección a él, sino que prefirió hacer un breve contacto visual con Pablo, que se veía muy bien. ¡Ay!

Greg se acomodó en su silla y charló informalmente mientras Bob preparaba su material para ese día. El puente de acceso estaba inundado y por esa razón los dos consejeros, que se trasladaban juntos, habían llegado tarde. Greg sacó su libreta de notas y un pedazo de papel. Rafael se preguntó qué tipo de esculturas crearía Greg hoy. Habían descubierto que mientras Greg conducía la terapia, convertía pedazos de papel en "arte". Parecía que le daba especial dedicación a esos papeles plastificados. Rafael se imaginaba que para el final de los cuatro días del encuentro, habría una pila de figuras multicolores en la cabecera de la mesa, junto al asiento de Greg.

—Buenos días —dijo Bob afectuosamente, una vez que se hubo acomodado. Tal como lo había hecho la mañana anterior, comenzó la sesión del día quitándose ceremoniosamente los zapatos, creando un efecto de relajación.

Rafael suspiró. ¡Si tan sólo hubiera una tregua como ésa en el campo de batalla de su matrimonio! El primer día había sido complicado: Muchos problemas expuestos pero pocos resueltos. ¿Ya habían atravesado lo peor, o todavía faltaba más para que comenzaran a mejorar?

Tal como si respondiera a su pregunta, Bob comenzó: —Una vez que puedan ver de qué manera están atrapados, el resto del tiempo nos concentraremos en cómo escapar de la Danza del Miedo. Pero hasta que no lo vean, será muy difícil ayudarlos a encontrar una alternativa.

Rafael había aprendido dónde y cuán gravemente estaba atrapado. Pero quizá todavía había esperanza.

—Primero, queremos invitar a Dios para que esté presente

aquí con nosotros y nos dirija. Mientras estemos orando, miren si su corazón se siente más abierto o más cerrado —fueron las instrucciones de Bob—. No importa dónde se encuentren ahora, está bien, pero es bueno saberlo. Cuando nuestra vida y nuestras emociones están confundidas, a veces puede ser difícil orar, pero también es revelador.

Mientras Bob dirigía al grupo en oración, Rafael encontró un gran consuelo al poder descansar en el cuidado de Dios. ¡Era tan bueno reposar allí por un momento . . . !

—Nos gusta hacer una evaluación al comienzo del día para ver cómo le está yendo a cada uno. Esto nos da a todos la oportunidad de saber qué nos está sucediendo —dijo Bob.

Greg comenzó diciendo cómo se sentía él. Les contó que estaba bien, pero un poco cansado porque Garrison, su hijo de tres años, había decidido pasarse a la cama matrimonial y se movió toda la noche mientras soñaba. Greg bromeó diciendo que ninguno de sus moretones era de gravedad y que en pocos días desaparecerían.

Bob se reclinó hacia atrás y cruzó sus manos sobre el pecho, reconociendo que estaba en un buen lugar. La noche anterior se había ido agotado a casa y se había propuesto lograr el descanso que necesitaba.

Carlos contó que apenas si había dormido y se había despertado frustrado y ansioso.

Victoria estaba optimista y descansada. Sentía que la enseñanza del día anterior tenía autoridad.

Cristina informó que salir a correr le había dado tiempo para reflexionar en su expectativa de ser "feliz". El corazón de Rafael dio un pequeño salto, mientras se preguntaba si esto lo incluía a él o no.

Cuando le llegó el turno a Rafael, admitió ante el grupo que había caído en desgracia luego de comenzar una pelea con Cristina. —Aquí la información es genial —dijo—. Ahora ya sé cómo es la cosa. Sólo que no sabemos qué hacer con esto. Anoche nos salimos de las casillas. Honestamente, ahora estoy más preocupado que antes. —Después de lo que había ocurrido la noche anterior, no tenía muchas ganas de seguir intentándolo con ella. Cristina era competente, independiente y autosuficiente, y había logrado que ser su pareja resultara miserable, casi imposible.

Pablo dijo que no sabía cómo se sentía. Rafael frunció el ceño por lo importante que se veía el joven doctor, vestido con sus anteojos modernos y su ropa informal, visiblemente costosa.

Rebeca, por lo que podía verse, parecía estar diciendo: "Hola, yo estoy aquí, pero no quiero que sepan quién soy realmente". Sin embargo, su maquillaje era un poco más suave y su vestimenta menos ostentosa. Tenía puestos unos pantalones vaqueros color rosa pálido con una camiseta sin mangas, blanca, ajustada y zapatillas de gamuza. Le contó al grupo que había experimentado un avance importante gracias a la enseñanza sobre la seguridad y la confianza —No puedo imaginar qué valor tendrá esto para el futuro —dijo, mientras levantaba su cabello brillante en un rodete desordenado y lo sujetaba con un gancho—. Pero en este momento me siento más segura y menos asustada que en los últimos meses.

Tomás sufría las secuelas de una migraña. Criticó a los encuentros intensivos de no ser lo bastante bíblicos.

Pamela simplemente estaba ansiosa por comenzar. Se mostraba agradecida por el hecho de que Bob y Greg no insistieran en que ella hablara demasiado.

—Gracias, a todos —dijo Bob—. Ayer aprendimos acerca de cómo se accionan nuestros botones y nos hacen dar vueltas y vueltas en nuestra danza. Todos se dan cuenta pero nadie lo disfruta, y la mayoría de nosotros no sabe cómo detenerla. La buena noticia es que aunque se necesitan dos para bailar el tango (y para la Danza del Miedo), sólo es necesaria una persona para detener la locura.

Hubo muchos gestos afirmativos entre los asistentes, pero Rafael no estaba de acuerdo. Molesto, se restregó la cara con una mano y se dedicó a garabatear en el margen de sus apuntes. Si a uno mismo le fuera posible detener la locura, ¿acaso él no lo habría hecho? Comenzó a preguntarse si no estaría malgastando su tiempo y su dinero. Seguramente Cristina no tenía la menor intención de volver con él. Ahora escuchaba a medias lo que Greg estaba diciendo.

»Después de trabajar con cientos de parejas e individuos, nuestro equipo clínico ha encontrado cuatro pasos principales que pueden ayudar a las parejas a cambiar la sensación de estancamiento y falta de protección por la de seguridad, apertura y unión . . . algo con lo que la mayoría de las personas sueña.

Al escuchar esto, Rafael se reanimó. Sí, claro que él tenía varios sueños. Pero eran solamente eso: Sueños. No veía cómo podrían convertirse en realidad.

Tanto Greg como Bob expresaron que esperaban darle a conocer los pasos al grupo, con la seguridad de que cada persona podría experimentar un cambio inmediato, sólo después de aceptar simplemente el primer paso: El de tomar la completa responsabilidad sobre sus pensamientos, sentimientos y acciones. Los consejeros le dieron al grupo la seguridad de que una mayor sensación de poder interior y seguridad en el matrimonio estaban a la vuelta de la esquina.

Rafael suspiró. Si tan sólo pudiera creerlo…

Pamela se dio cuenta de que su esposo se ponía furioso cada vez que Bob o Greg hacían uso del lenguaje de consejería. El predicador había aceptado venir a los encuentros intensivos sólo como un último recurso. Había sido criado con la idea de que la terapia no era parte de la voluntad de Dios; que la Biblia había sido otorgada para corrección y represión, y era suficiente para cada necesidad humana, sin necesidad de recurrir a otras fuentes, filosofías o enseñanzas. Los términos psicológicos tales como *codependencia* lo encolerizaban.

Ella sentía que su esposo se estaba preparando para una batalla, porque ambos sabían que serían los primeros en trabajar esa mañana. Frotaba sus sienes haciendo pequeños círculos. Estaba segura de que las migrañas de su esposo se relacionaban con la tensión emocional, aunque él jamás lo admitiría.

Bob les preguntó a Tomás y a Pamela si estaban preparados para trabajar. Pamela se dio cuenta de que su esposo asentía al mismo tiempo que ella, pero se produjo un momento levemente incómodo cuando ninguno de los dos comenzó a hablar. Pamela miró al predicador con ojos inquisitivos, y él asintió con la cabeza para que ella hablara primero. Ésa fue la señal. Obedientemente, se volvió a Bob.

—Disculpa —dijo ella—, no sé por dónde comenzar.

—¿Por qué no nos cuentas, desde tu perspectiva, un poco acerca de lo que está pasando entre tú y Tomás?

El temor dentro de Pamela permanecía en fuerte contraste con la sonrisa siempre presente que ella intentaba mantener pegada en su rostro.

—Supongo que tengo mucho miedo de la terapia —emitió una risita nerviosa y se disculpó nuevamente. No podía estrechar sus brazos lo bastante alrededor de su cintura como para sentirse segura. Pero estaba decidida a llevar esto adelante, así que continuó y expresó cuánto deseaba agradar a Dios y a su esposo siendo una buena madre y esposa . . . pero que la vida haciendo ese personaje era demasiado exigente y solitaria. Sintió un estremecimiento de vergüenza y una sensación de estar enferma.

Pamela amaba a su familia por encima de todo, pero a menudo se preguntaba: Si ella los amaba tanto, ¿por qué esta depresión, esta angustia? No se trataba sólo de la presión del ministerio. De ser así, tendría esperanza de recuperarse. Era algo más profundo, más amenazante: Un vacío de soledad abrumadora.

Con un esfuerzo considerable, Pamela recuperó la compostura interna y cruzó las manos sobre su regazo. Le ayudó concentrarse en la luz que se refractaba a través de los adornos del borde de la lámpara cerca de Greg. Temblando, Pamela dijo que no importaba cuánto lo intentara, nunca sentía que diera en el blanco. A veces sentía que Tomás la trataba con injusta dureza, pero luego él la animaba a permanecer en el camino que Dios había puesto ante ella. "Tomás es bueno para señalar la manera en que no estoy a la altura de los principios de una dedicada mujer cristiana."

El pastor era un hombre difícil de complacer, admitió ella, temerosa de mirarlo mientras lo decía. Rara vez su rostro comunicaba algo más que desinterés, impaciencia o desdén. La única vez que mostraba pasión, era detrás del púlpito. Era como si cada semana, cuando atravesaba el umbral del santuario de la iglesia, cambiara de personalidad. Pamela lo admiraba en esas horas. Él era el único pastor ante el cual se había sentado durante veintiún años. Su voz vibrante retumbaba y sus ojos destellaban cuando él exponía las Escrituras. De rodillas en la presencia de Dios, él se derramaba en lágrimas, golpeando el piso con su puño.

Ella amaba al predicador; era con su esposo contra quien luchaba. Él tenía una obsesión con la tradición y el control. Su atenta mirada sufrió un cambio. La expresión en la cara de Bob indicaba que él también veía lo mismo en Tomás. "Quiero llevar una vida disciplinada de servicio, pero no me sale. Quiero renunciar." Sin embargo, estaba convencida de que no tenía esa opción.

Cuanto más hablaba, con más desesperación brotaban las emociones en su interior, hasta que finalmente estalló: "Aborrezco mi vida . . . ¡y me aborrezco a mí misma!" Sin poder dominarse, Pamela comenzó a sollozar sin control.

❁ ❁ ❁

Rafael se dio vuelta hacia los consejeros como un niño cuando su hermanito se ha caído de la bicicleta. Pamela necesitaba ayuda.

Luego de una pausa, Bob habló con extrema suavidad. "Sé que estás realmente herida, Pamela, y eso nos importa. Gracias por permitirnos conocer tu corazón. Tus lágrimas son bienvenidas aquí."

Todos en la sala, menos uno, parecían conmovidos por el dolor y los sentimientos desesperanzados de Pamela. Tomás tenía las manos apoyadas sobre sus rodillas, con la espalda y los brazos rígidos. Su boca estaba cerrada en una línea dura y recta. Rafael detestaba la crítica y no podía tolerar la idea de dar a conocer una parte de su vida, ni siquiera unos pocos días, a un hombre que hiciera que su esposa se aborreciera a sí misma y a la vida.

—Tomás, me interesa saber cómo se ve todo esto desde tu perspectiva —Bob le daba a su paciente la oportunidad de exponer su propia visión de lo que causaba el problema, sin juzgarlo anticipadamente por el dolor de su esposa. Rafael no podía creerlo.

La expresión de Tomás permaneció inalterable. Cruzó las piernas y declaró con calma que, aunque comprendía que éste era un encuentro para parejas, su propósito de estar aquí era bastante diferente del de los demás.

—Mi matrimonio está bien —afirmó él—. Sin embargo, mi esposa y mis hijos necesitan ayuda. Y yo quiero saber qué puedo hacer.

Pamela tenía la cabeza inclinada y se sentía avergonzada.

Bob no se mostró impresionado.

—¿En qué te basas para decir que tu matrimonio está bien? No se ve bien —Bob puso los pies en el costado del sillón donde estaba sentada Cristina.

Tomás se puso tenso.

—¿Qué? ¿Piensas que porque mi esposa está llorosa otra vez y no puede con su vida, eso quiere decir que mi matrimonio tiene problemas? —la cara de Tomás se puso colorada y su elevado tono de voz subió más aún—. ¿No te das cuenta de que ella es la que tiene un problema? —cuando señaló a su esposa, ella se encogió en el sillón. Dogmáticamente exclamó—: Yo estoy comprometido, en primer lugar, con serle fiel a Dios; en segundo lugar, a mi matrimonio; y en tercero, a mi familia. Este no es un problema matrimonial, Bob. Pamela tiene un problema personal. Yo pensé que serías capaz de darte cuenta a estas alturas. Y lo peor de todo es que es un problema espiritual —Tomás juntó nuevamente sus manos como si su sermón de tres puntos hubiera concluido.

La voz tranquila de Bob contrastaba con la de Tomás.

—¿Cómo se siente Pamela al respecto? Tú piensas que está bien, pero obviamente no te importa cómo se siente ella.

Tomás parecía como si lo hubieran abofeteado.

—¿Cómo te atreves a sugerir que no me preocupo por mi mujer? ¿Por qué piensas que he venido? ¿Porque quiero sentarme aquí y escuchar todo este cotorreo psicológico? —Tomás se inclinó hacia delante—. Déjame decirte algo: Estoy aquí porque ella me interesa y sé que necesita ayuda. Cuando no está deprimida, se dedica a comer sin tasa ni medida.

—Vamos, Tomás —Bob no claudicó en su abordaje, aunque su postura física permanecía relajada y no era intimidante—. Parece que ella no piensa que el matrimonio esté resultando tan genial. Al contrario, se le ve aterrorizada —se dio vuelta y miró a Pamela, quien permanecía encogida en el sofá—. Cuando dije que no te interesaban sus sentimientos, me refería a lo que siente sobre el matrimonio. Yo creo que ella realmente te ama, pero en este momento no se siente bien casada contigo. Parece demasiado asustada, incluso para relatar lo que le ocurre.

Rafael observaba que Victoria sacudía ligeramente la cabeza mientras decía en un suspiro: "Dulce Jesús". Sus ojos descansaron un momento en Pamela antes de alejar la mirada del sufrimiento de la mujer.

La tensión en la sala era densa mientras Bob y el pastor se enfrentaban. A pesar de que Bob lo animaba directamente, Rafael podía percibir su compasión.

—Tomás, pareces estar muy enojado —dijo Bob.

—Estoy enojado. Me molestan tus inferencias —la voz de Tomás era dura y fría.

—¿Quieres decir que solamente estás enojado desde que llegaste aquí?

—No. No lo estoy —parpadeó fuertemente sobre sus lentes de

contacto. El pastor parecía sentirse acorralado. Rafael se dio cuenta de que él no era el único en la sala que había hecho una mueca.

—Mi objetivo no es hacerte sentir mal —prosiguió Bob amablemente—, o sugerir que lo que está pasando es por tu culpa. Pero por lo que veo aquí, ninguno de ustedes es muy feliz en este momento. Parece que estuvieras experimentando un montón de frustraciones, mientras intentas servir fielmente a Dios y a tu familia. Ellos también parecen estar pasándola mal. Y tu esposa, especialmente, se ve desesperada y asustada. De la vida . . . y de ti.

—¿Ella tiene miedo de mí, o sólo de su propia incapacidad de ser una buena esposa cristiana y sierva de Cristo?

—Podrías preguntarle.

Tomás no parecía estar seguro de qué hacer.

Más para sí mismo que para los otros, Tomás comenzó a recitar tranquilamente un pasaje de las Escrituras que había memorizado y que, sospechaba Rafael, había utilizado muchas veces. "El oído que escucha las amonestaciones de la vida, morará entre los sabios. El que desprecia la disciplina se menosprecia a sí mismo; el que escucha la corrección adquiere inteligencia. El temor de Jehová es enseñanza de sabiduría, y a la honra . . . " (Proverbios 15:31-33, RVR).

—¿No quieres saber la respuesta de tu esposa? —lo interrumpió Bob.

—No es que no quiera saber, sólo que estaba pensando que el temor y el respeto van de la mano y que una cierta medida de temor es buena para todos nosotros.

—Pero Tomás, ¿quieres que ella te tenga miedo?

—No, en realidad no —hizo una pausa antes de mirar a su esposa. Abruptamente, se dio vuelta y le preguntó a Pamela si ella le temía. Parecía como si alguien le hubiera puesto a ella un reflector gigantesco en la cara. Vaciló, sin saber cómo responder. Era evidente que estaba asustada de su esposo, aunque parecía luchar con lo que ella creía que era el problema real: Su falta de fe y de disciplina.

Rafael se sintió tranquilo cuando Bob vino a rescatarla.

—Pamela —le dijo Bob—, no trates de responder todo a la vez. Mi pregunta es: ¿Te sientes emocionalmente segura con Tomás? ¿Sientes que puedes confiar que cuidará tiernamente de tu corazón y de tus emociones?

Pamela comenzó a sollozar nuevamente y susurró un "No" diferente. Después de unos instantes, miró a Tomás.

—Te pones tan furioso y severo —le dijo ella—. Siempre tengo miedo de estar en falta. Siento como si fuera una enorme y absoluta desilusión para ti . . . y a veces sólo quisiera —respiró sonoramente—, que esto se acabe.

Rafael entendió que ella quería decir más que solamente el matrimonio. ¿Pamela era una suicida potencial? Un sentimiento de angustia le estrujó el estómago.

Luego de permitir una pausa, Bob se inclinó hacia la pareja.

—Tomás, entiendo que has estado cumpliendo el papel de pastor por un largo tiempo. Y que tu primera reacción ante el dolor es la de ayudar a solucionarlo. Toma en cuenta que he dicho *reacción*. ¿Dónde más hemos usado la palabra *reacción*?

—En la Danza del Miedo.

—Así es, y muchas de las cosas que hacemos son simplemente un intento de arreglárnoslas con todo lo que está sucediéndonos a nosotros y a nuestro alrededor; cosas con las que realmente no podemos lidiar en forma adecuada. Quizá sintamos que es más fácil y piadoso tapar nuestros sentimientos mientras nos ocupamos de los dolores y pesares de otros. Pero tal como hemos estado hablando ayer y hoy, he visto ciertas cosas que están tocando muy cerca de tu corazón. No veo a un saludable y vibrante pastor con una esposa preocupada. En lugar de ello, veo mucha ira. ¿Tú también la sientes?

—A veces me enojo, sí —sacó un pequeño frasco de píldoras para el dolor del bolsillo de su camisa, se puso varias píldoras en la boca y las tragó sin agua—. Y tiendo a ser temperamental. Pero he aprendido a pedirle a Dios que me ayude a controlarme. Sobre todo, me siento frustrado.

—¿Cuántos de ustedes se dan cuenta de que la frustración es

simplemente una expectativa que no se ha cumplido? —Bob les dio a sus oyentes un momento para que pensaran en lo que acababa de decir—. Creamos en nuestra mente una imagen de cómo queremos que sean las cosas, y luego nos frustramos cuando no resultan de esa manera. A menudo eso nos produce enojo. Generalmente no nos damos cuenta de cuán apegados estamos a las imágenes que creamos en nuestra cabeza. Y cuánto nos puede alterar que la realidad no concuerde con nuestra fantasía, como si nosotros pudiéramos tener el control de todo.

Pamela expresó cuánto le preocupaba que Tomás estuviera tan frecuentemente de mal humor en la casa, aunque a la vez lo defendía. "Él necesita mucho tiempo para sus asuntos." Ella describió un típico día de meditación, oración y preparación de los sermones y las clases que él daba. "Tiene que estudiar y lidiar con problemas de relaciones muy difíciles. Su ministerio es muy exigente. Yo entiendo que deba ocuparse de los feligreses."

—¿Qué pasa cuando tú o los niños necesitan interrumpir a tu marido? —preguntó Greg.

—Se molesta mucho . . . y grita. Nos hemos acostumbrado a andar por la casa con cuidado, y las niñas han aprendido a recurrir mucho más a mí que a él . . . Todos lo aceptamos . . . excepto nuestro hijo, Zacarías.

Tomás inclinó su cabeza y miró de cerca la uña de su pulgar.

Pamela metió las manos en los bolsillos de su vestido. Sus palabras surgieron entre titubeos.

—Nuestro hijo mayor necesita especialmente la atención de su papá —afirmó ella—. Creo que ésa es, en parte, la razón de que haya comenzado a tratar de llamar la atención. Pero eso tampoco le dio resultado.

Pamela se sonrojó y continuó diciendo que cuando el pastor de los jóvenes descubrió a Zacarías en una situación comprometedora con la hija del diácono, su familia comenzó a deshacerse.

Tomás se dio vuelta para mirar a su esposa con una expresión de incredulidad.

—¿Quieres decir que la conducta de Zacarías es culpa mía, Pamela? —preguntó él. Ella se quedó helada.

—Veo que tu enojo aparece de nuevo, Tomás —intervino Bob—. ¿Qué estás sintiendo en este momento?

—¡Cómo se atreve ella a insinuar que el pecado de nuestro hijo es por mi culpa!

—¿Estarías dispuesto a tomarte un momento para descubrir por qué esa sugerencia te provoca una reacción tan desmedida? —preguntó Bob en un tono conciliador—. ¿Cómo sientes todo esto en tu interior en este momento?

Sobrevino un silencio demoledor, intensificado por la lluvia que resonaba afuera. Los truenos retumbaban, haciendo temblar la tierra. Rafael, que intentaba evitar el conflicto a toda costa, se mordía nerviosamente las cutículas.

Tomás seguramente había escuchado la pregunta, pero no respondió en forma inmediata. Pasaban los minutos. Todos estaban sentados, esperando ansiosamente ver qué haría ahora este hombre—bomba de tiempo. Su expresión siempre controlada ahora se veía perturbada mientras hervía a causa de la ira. Se frotaba el puño mientras miraba fijamente hacia el piso. De una cosa estaba seguro Rafael: En otro entorno, el pastor Tomás Davis hubiera explotado. Parecía que se estaba debatiendo entre salir afuera y romper algo, o quedarse allí y tirar abajo la casa.

—¡Me siento terrible! ¡Me desagrada que me pongan en aprietos! Y siento como si en cualquier momento fuera a explotar y hacer un daño grave.

Pamela, quien había estado encogida de miedo, ahora se mostró sorprendida ante la capacidad de Tomás de evaluar y describir su enojo. Como una marioneta levantada por sus hilos, se puso de pie y tomó aire como si estuviera a punto de hablar. Se detuvo como si se hubiera perdido momentáneamente en sus pensamientos. Luego volvió al presente en forma precipitada y sus palabras salieron como un torrente.

—Quiero que él admita que es parcialmente responsable por

lo que está sucediendo con nuestro hijo —dijo ella—. ¿Es pedir demasiado? Seguro, Zacarías ha hecho sus propias decisiones, pero ahora está totalmente aislado de su padre . . . y de mí —su mentón empezó a temblar—. Nuestro hijo . . . nos necesita —no pudo contener las lágrimas y se las secó con una de sus mangas.

Bob no se dirigió a ella enseguida, más bien permaneció concentrado en Tomás.

—Si yo pudiera decirte algo que realmente te proporcionara un poco de alivio en este momento y que no contradijera la Palabra de Dios, ¿te interesaría? —Bob no esperó la respuesta—. En realidad, solamente estoy alentándote a escucharme hasta el final. Si no te gusta o estás en desacuerdo con esto, puedes descartarlo.

Tomás asintió ligeramente mientras sostenía su cabeza entre sus manos.

—Quiero explicarte cómo vemos que funciona el enojo en la vida de las personas —Bob explicó que aunque la ira es una emoción común en las relaciones, a menudo es malentendida. Pocas personas se dan cuenta de que la ira es una emoción secundaria, lo que quiere decir que tiene una intención y está dirigida hacia un objetivo—. Esto es lo que quiero decir: Detrás de casi todas las expresiones de enojo yacen sentimientos vulnerables tales como el temor, el dolor, la tristeza, la impotencia, etcétera. Frecuentemente escogemos el enojo para esconder esos sentimientos primarios, con la intención de evitar algo o de conseguir algo. Quizá queremos evitar mostrarnos como somos, ser lastimados o permitir que alguien vea que estamos asustados o que nos sentimos vulnerables. Por otra parte, quizás usamos el enojo para hacer que nuestros hijos se porten bien, para lograr que nuestros empleados trabajen más, o para recordarle a nuestra pareja cuánto nos desagrada que llegue tarde. Tomás, ¿has visto la película *El Mago de Oz*?

—Sí, la vi.

—¿Recuerdas cuando Dorotea, el Espantapájaros, el Hombre de Hojalata y el León Cobarde finalmente llegaron a Oz? Estaban reunidos en una audiencia con el Mago para que cada uno de ellos pudiera hacer su petición personal. Mientras entraban a la recámara del Mago por primera vez, ¿recuerdas cómo se presentó él a sí mismo?

—Sí: Yo soy Oz, el Grande y Terrible —Tomás habló con una voz profunda, imitando al personaje de la película.

—Exactamente. Él se presenta a sí mismo como un personaje iracundo, fuerte, imponente, rodeado de ráfagas de llamas y luces destellantes. Entonces Dorotea le cuenta al Mago por qué están ellos allí y qué desean que él haga por ellos. El Mago los envía con una misión, algo que ellos deben hacer antes de que él los ayude. Ellos se ponen en marcha, derriten con éxito a la Bruja Malvada, y regresan a Oz con su escoba como prueba. Cuando entran nuevamente a la recámara del Mago, ¿cómo se presenta él esta vez?

—Igual que antes.

—Así es. Grande, con una voz resonante, rodeado de humo y de llamas. Ahora, luego de todo lo que ellos han padecido, Dorotea comienza a sentirse disgustada. Pero su perro, Toto, corre hacia un pequeño puesto de la feria y hace caer una cortina. Detrás de ella hay un hombre de aspecto bastante común que está manejando unas palancas y gritando por un micrófono. Instantáneamente se da cuenta de que es obvio que este hombre es el "Mago" y que la gran y atemorizante figura es apenas una ilusión.

»El Mago, asustado, se da cuenta de que Dorotea y sus acompañantes ahora pueden verlo. Trata de cerrar la cortina, tira nerviosamente de las palancas que le sirven para mantener su imagen de enojo y grita en el micrófono: '¡No le presten atención al hombre detrás de la cortina!' Inmediatamente Dorotea se da cuenta del engaño, se adelanta y corre la cortina hasta abrirla por completo. El Mago interrumpe lo que está haciendo en el momento en que Dorotea lo enfrenta. Ella le grita: '¡Eres un hombre muy malo!' Él se detiene y le responde humildemente: '¡Oh, no, querida. Yo soy un hombre muy bueno. ¡El problema es que soy muy malo como mago!'

»El hombre estaba escondido detrás de su enorme y espantosa

fachada de mago. No quería que nadie supiera que él era sólo un tipo normal, vulnerable y temeroso de ser conocido como era en realidad. Tomás, es así como la gente usa el enojo. Intentamos ocultar nuestra vulnerabilidad y nuestros temores detrás de una fachada de poder, o utilizamos la ira para intimidar a las personas a que hagan lo que nosotros queremos. Ambas formas son deshonestas, manipuladoras, o ambas a la vez.

»Estoy sugiriendo que bajo tu enojo subyace un sentimiento anterior. Pienso que es uno que te hace sentir sumamente vulnerable . . . que prefieres no reconocer ante ti mismo, y mucho menos ante otros. Esos sentimientos tienden a convertirse en los botones que desencadenan nuestro ciclo de miedo. Estoy sugiriendo que cuando te enojas, te conviertes en el Mago. Y tal como él, probablemente no seas un hombre malo, sino sólo un mal mago.

A esa altura, la furia de Tomás había disminuido. Poco a poco recuperaba la respiración. Lentamente asintió con la cabeza.

Rafael se preguntaba si el pastor realmente había captado lo que Bob quería decir, o si solamente deseaba que la atención se desviara hacia otra persona.

Greg intervino entonces, conduciendo al grupo a través de esta nueva idea de reconocer y encauzar el enojo de una manera más saludable, en lugar de permitir que dañe y destruya nuestras relaciones.

UNA CONVERSACIÓN CON LOS DOCTORES
El enojo

Podemos aprender de qué manera usamos nuestro enojo haciéndonos dos preguntas:

- ¿Qué estoy tratando de lograr con mi enojo?
- ¿Qué deseo que ocurra cuando me enojo?

La respuesta a menudo revelará lo que realmente estamos intentando conseguir para que podamos examinar si estamos satisfechos con el resultado que obtenemos. Recuerda que el hecho de que nos escondamos detrás de nuestro enojo no significa que seamos malas personas, sino meramente "malos magos": Ocultamos la verdad de cómo nos sentimos o quiénes somos porque tenemos miedo de lo que sucedería si nos vieran tal como somos.

Como Tomás, la mayoría de las personas no se da cuenta de que hay sentimientos más profundos debajo de su demostración de ira. A menudo somos incapaces de enfrentar la verdad de cuán vulnerables e impotentes nos sentimos al experimentar miedo, dolor y tristeza. Inconscientemente, entonces optamos por enojarnos. Quizás hasta pensemos que el enojo es nuestra respuesta natural, porque el intervalo entre el sentimiento de vulnerabilidad y el enojo es tan breve, que el sentimiento primario y verdadero ni siquiera ha surgido.

Una vez que somos capaces de ver que *elegimos* el enojo como respuesta, adquirimos poder. Dejamos de ser las víctimas indefensas de nuestras emociones o circunstancias. En cambio, podemos decidir cómo preferimos responder. Si no nos agrada la decisión que hemos tomado o las consecuencias que le siguen, tenemos la posibilidad de elegir otra reacción la próxima vez.

También tenemos la oportunidad de comprendernos mejor a nosotros mismos, tomándonos el tiempo para examinar *por qué* elegimos el enojo como respuesta. Podemos ejercer un poco de gracia, analizando nuestro comportamiento y sus motivos, sin juzgarnos a nosotros mismos. Esta gracia personal hace que nos resulte más fácil reconocer los sentimientos más profundos que yacen bajo nuestro enojo, sin el temor de ser juzgados como personas malas o equivocadas por tener esos sentimientos. A menudo, descubrimos cosas sobre nosotros que ni siquiera nos habíamos dado cuenta de que fueran reales. Quizá nunca antes hayamos reconocido que, debajo de nuestro enojo, nos sentimos heridos cuando nuestra pareja nos menosprecia, o que tenemos miedo de que haya tenido una aventura con otra persona porque no somos lo bastante atractivos o buenos amantes, etcétera.

También podemos descubrir las cosas que nos enseñaron en el pasado a reaccionar con enojo. Quizá te sentiste herido cuando tu cónyuge te dijo que eras un estúpido, porque reviviste el dolor experimentado cuando tu padre te lo decía. Y entonces, cuando esto continuó a lo largo de los años, comenzamos a temer que de verdad fuéramos estúpidos, incapaces o inútiles. Todos tenemos nuestras propias historias. Cuanto más conozcamos nuestros sentimientos profundos y los motivos por los cuales elegimos actuar de la manera en que lo hacemos, seremos más capaces de sentir comprensión y compasión hacia nosotros mismos.

Cuando nos tratamos bien a nosotros mismos, con bondad, condescendencia y sin juzgarnos a nosotros mismos, más fácilmente podemos relacionarnos abiertamente con los demás. La integridad personal proviene de actuar de manera honesta y auténtica; por lo tanto, dar a conocer nuestros verdaderos sentimientos nos conduce a un mayor sentimiento de integridad personal.

Otro inconveniente común de elegir el enojo como respuesta es que la gente generalmente responde a la emoción que dejamos ver, más que a la emoción profunda que sentimos. Por ejemplo, nuestro cónyuge hace algo que nos hiere, pero en lugar de mostrarnos heridos, nos enojamos. Lo que nuestra pareja verá será nuestro enojo. Y generalmente reaccionará al enojo poniéndose a la defensiva o también se enojará.

A la mayoría de nosotros no nos agrada que se pongan a la defensiva o se enojen con nosotros cuando nos sentimos heridos. Preferiríamos que se preocupen por comprender cómo nos sentimos y que se muestren cuidadosos, comprensivos, sensibles o arrepentidos. Sin embargo, con frecuencia ni siquiera se darán cuenta de que estamos

heridos, porque lo único que ven es nuestro enojo. La probabilidad de recibir una respuesta satisfactoria es remota.
Dar a conocer nuestros sentimientos más profundos y
sinceros nos hace vulnerables, sí, pero también origina la
posibilidad de lograr que nuestras emociones sean comprendidas y tenidas en cuenta. ¿No es acaso eso lo que
todos anhelamos?

MARTES, 10:30 A.M.

Cristina se había acostumbrado a las expresiones graciosas de Rafael; sin embargo, esta era una nueva. Parecía el señor Cabeza de Papa yendo en línea recta hacia el baño. Se dio cuenta de cuánto se había acostumbrado su esposo, como un chico grande, a los horarios de los niños pequeños. Rafael había comentado que él no podía entender cómo otros hombres podían sentarse a beber café y refrescos durante horas.

El grupo ahora estaba animado y conversador durante los recreos. Aunque apenas era el segundo día, habían pasado suficiente tiempo "real" juntos como para que se suavizara la incómoda aprensión inicial. Todos concedían a los demás la gracia de estar a solas cuando lo necesitaban, que en el caso de Cristina era buena parte del tiempo. Ella vio que ahora Tomás lo necesitaba, mientras caminaba hacia la puerta. Él salió y se paró debajo del toldo a mirar la lluvia. Si él no hubiera llegado primero allí, ella habría elegido ese lugar; el aire fresco y frío era estimulante. Carlos y Rafael también asomaron la cabeza y le preguntaron si podían acompañarlo.

Pronto escuchó a los tres hombres manteniendo una animada conversación sobre la música *bluegrass*. Sí, el grupo definitivamente estaba más relajado desde la primera sesión de la mañana anterior.

Dejó a Rebeca y a Pablo hablando tranquilamente con sus cabezas muy juntas, repasando sus notas de la última sesión. Le asombraba cómo Rebeca podía mantenerse en compañía de su esposo después de los engaños que había sufrido por parte de él. Rebeca le crispaba los nervios, pero quizá existía alguna razón para que ella actuara de esa manera. Cristina no quería seguir pensando en eso. Se replegó hacia su propio sentimiento de culpabilidad. Sabía que tarde o temprano tendría que ser franca con su esposo.

Cristina decidió subir corriendo las escaleras en una rápida escapada antes de que el grupo volviera a reunirse en unos pocos minutos. Debía concentrarse en considerar algunas cosas. Tenía que ver cómo estaban los niños. Se preguntaba si Anita estaría durmiendo bien de noche. ¿Habría terminado Javier sus dibujos para el preescolar? Le darían una multa por el automóvil si no lo sacaban de allí el día en que barrían la calle. Rafael había olvidado conseguir un cuidador para la pecera. Ella había recibido un mensaje de la oficina . . .

❁ ❁ ❁

—Sabes, he estado pensando sobre lo que ocurrió cuando les estabas hablando a Tomás y a Pamela —dijo Rafael una vez que todos regresaron a sus lugares, luego del recreo—. En nuestro matrimonio, yo soy más como Pamela y Cristina se parece mucho más a Tomás.

Cristina frunció el ceño. Quería decir algo como protesta, pero en lugar de eso se mordió el labio.

Rafael continuó: —¿Por qué no me ama como soy? Entiendo el asunto de la Danza del Miedo, pero no creo que podamos lograr que esto funcione. Porque, como en el caso de Pamela, no importa lo que yo haga, nunca será suficiente para Cristina. Siempre está disgustada conmigo e intenta que yo haga algo o sea alguien distinto. Mi esposa nunca va a estar conforme con mi manera de ser. Quizá se le estén activando los botones, pero ¿y si ella simplemente quiere bailar con otra persona? Yo lo entendería, porque soy terrible bailando, literalmente y en sentido figurado. Pero no puedo convertirme en otra persona.

A Cristina no le interesaba ser parte de este diálogo y estaba tranquila de que sólo participara Rafael.

—¿Tú quieres . . . convertirte en otra persona? —preguntó Greg con sorprendente seriedad. En ese momento estaba trabajando en otra escultura de papel. Su colección estaba creciendo de una manera impresionante.

—No. Quiero decir, me gusta quién soy . . . y lo que hago —admitió Rafael y sonó como un adolescente frustrado—. No quiero cambiar.

—Rafael, ¿cómo te sientes realmente contigo mismo, en general? —lo presionó Greg un poco más—. ¿Qué ves cuando te miras al espejo, cómo te sientes?

Rafael se encogió de hombros y pasó las manos rápidamente por su cabeza.

—Hay cosas . . . de mí . . . que me gustan mucho.

—¿Cómo cuáles? —lo acicateó Greg.

—Sé cómo disfrutar las cosas buenas de la vida. Me gustan los atardeceres, los bebés, un buen solo de guitarra . . . tú sabes, las cosas simples.

—Eso es realmente extraordinario —Greg hizo una pausa—. Sin embargo, yo sigo sintiendo que aquí hay un gran *pero* flotando.

—¡Hey, sin bromas pesadas! —contestó Rafael jocosamente. Ese era su marido, siempre el gracioso. Le lanzó una sonrisa descarada a Greg, dejando al consejero y a los demás tan fuera de guardia que todos estallaron en risas ante su respuesta.

Greg aprovechó la oportunidad.

—Bueno, ya que lo mencionas, ¿cómo te sientes al respecto?

—Qué, ¿tener sobrepeso? —preguntó Rafael, un poco sorprendido. Greg asintió.

Echó un vistazo a su panza. —¡La odio! Me fascinan los deportes y me gusta jugar duro, pero en lugar de tener el cuerpo de un atleta, me dieron el modelo rechoncho. Gran parte de esto es mi culpa y me siento mal por eso. No cuido mi cuerpo, y hasta en mi trabajo les digo a los chicos que se mantengan activos y en forma.

—¿Y cuál es la razón?

Sí, ¿cuál es la razón? Cristina había perdido la cuenta de la cantidad de veces que ella había hecho la misma pregunta.

—No sé . . . Es que me siento falto de motivación . . . Quiero decir, ¿de qué serviría, de todas maneras? No importa lo que haga, mi esposa no se sentirá feliz.

—Rafael —interrumpió Bob—, ¿qué estas sintiendo en este momento?

—Me siento estafado, ¿está bien?

—¿Y por qué te sientes así?

—Ya te lo dije: Porque no importa lo que yo haga, nunca es suficiente para ella —estaba poniéndose de mal humor.

—Entonces, si Cristina te amara y te aceptara como eres . . . —Bob dejó adrede la frase incompleta.

—¡Eso sería fantástico! Sería un hombre feliz.

—¿Y cómo te sentirías con respecto a ti mismo?

—Íntegro . . . completo . . . como si mi vida tuviera valor.

Oh, por el amor de Dios, ¿quién está siendo melodramático ahora?, pensó Cristina.

—Rafael, ¿cómo es que Cristina llegó a tener tanto poder? —le preguntó Bob.

—¿Qué quieres decir?

—Suena como si quisieras decir que la manera como te sientes acerca de ti mismo, de tu valor, de tu éxito y hasta tu motivación en la vida, dependieran en gran parte de cómo se siente Cristina con respecto a ti y la forma en que ella actúa. Eso es darle mucho poder.

Cristina observó cómo se deformaba graciosamente el redondeado rostro de Rafael en un montón de expresiones diferentes, mientras él intentaba entender lo que quería decir Bob. Era difícil no reírse.

—¿Con cuánta frecuencia te sientes incapaz?

—De alguna manera, casi siempre —respondió Rafael.

—No me sorprende. Le has dado a Cristina una tremenda cantidad de poder para que determine cómo te sientes respecto a ti mismo: "Si tan sólo ella me amara y me aceptara, entonces yo me sentiría lo bastante bien, atractivo, agradable, etcétera". Rafael, ¿por qué todas esas cosas dependen de Cristina?

Era verdad. Rafael estaba permitiendo que el amor y la aceptación de su mujer, o la falta de ellos, controlaran su vida.

—Desde luego —todavía hablaba Bob—, es importante la manera en que ella se siente respecto a ti. Pero ustedes tienen problemas, ¿y quién consideras que tiene la llave para resolverlos en tu vida y en tu matrimonio?

—Cristina —Rafael estaba comenzando a ver el punto al que Bob quería llegar.

—Entonces, a menos que Cristina haga esto, aquello o lo otro, estás ...

—Atrapado.

—Exactamente. Y sin poder para hacer nada al respecto. A menos, claro, que puedas cambiar o controlar a tu esposa. ¿Qué piensas? ¿Lo harías?

—¿Qué? ¿Cambiar o controlar a Cristina? ¡Eso sería imposible!

Bob sonrió ante la enérgica respuesta de su paciente.

—Entonces la única pregunta importante en este punto es ésta: ¿Estás preparado para una alternativa? No respondas demasiado rápido, porque a veces seguimos buscando el toque mágico (las palabras, la conducta o las circunstancias adecuadas) que por fin logren que nuestro cónyuge actúe y sienta exactamente de la manera que nosotros queremos que lo haga para que de esa manera podamos sentirnos fantásticos.

—No, me desagrada sentirme de esta manera. Dame una alternativa.

Bob le advirtió a Rafael que quizá no le agradaría la respuesta.

—Uno de mis colegas, el doctor Bob Burbee, lo llama "el mejor consejo matrimonial que nadie quiere escuchar". La alternativa es tomar la completa responsabilidad sobre los propios sentimientos, acciones y reacciones. En realidad, la responsabilidad personal es el primer paso que sacará a una persona del círculo del miedo hacia un matrimonio extraordinario.

Bob continuó explicando que ellos también llaman a la responsabilidad personal "el poder interior" porque es la clave para el fortalecimiento. Por otro lado, cuando una persona permite que su bienestar, sus emociones y su comportamiento dependan de los demás, esto la coloca en un lugar de debilidad. "Cuando culpamos a otros por la manera en que nos sentimos o reaccionamos, les damos el poder de determinar nuestra identidad y en qué medida somos valiosos, aceptables, deseables, etcétera, o cómo debiéramos actuar y reaccionar. Es como decir: 'No puedo ayudarme a mí mismo porque tú . . . ' o 'Si tan sólo hubieras . . . yo habría . . . ' Pero la Biblia enseña lo contrario. Dice que seremos plenamente responsables ante el Señor por lo que hagamos o dejemos de hacer, nos guste o no.

»La buena noticia es que aceptar la responsabilidad personal sobre nuestros sentimientos y nuestras acciones en realidad le da el poder a cada uno, en el matrimonio o en la familia, de tener la autoridad y el control de convertirse en todo lo que Dios lo ha llamado a ser. Lo que seas y la manera en que actúes no estará determinado por nadie más que por Dios y por ti. Recuerda, esto es lo que llamamos tu peregrinaje personal: La responsabilidad de darte cuenta del destino otorgado por Dios y de seguir el camino al cual Él te ha llamado. No hay nadie a quien culpar, pero tampoco nadie de quien esperar o de quien depender. La responsabilidad de ser conformado a su imagen es ciento por ciento tuya.

—Rafael, ¿te diste cuenta de cuán fuertes eran tus emociones hace pocos minutos? —le preguntó Greg.

—Sí, me enfadé un poco y después volví a sentir lo que siento con frecuencia: Falta de esperanza.

—¿Puedes ver cómo se activaron tus botones del miedo? —Greg señaló hacia la lámina colgada en la pared, donde aparecía de forma gráfica la danza del miedo de Rafael y Cristina—. ¿Qué botones fueron pulsados?

LOS MIEDOS DE RAFAEL
Fracaso
Incapacidad
No satisfacer expectativas
No ser lo bastante bueno

CÓMO REACCIONA CRISTINA
Criticando
Juzgando
Con ira/Exagerando
Escapando/Huyendo
Rebelándose
Con ambición
Buscando mejor estatus
Concentrándose en sí misma

DANZA DEL MIEDO DE RAFAEL Y DE CRISTINA

CÓMO REACCIONA RAFAEL
De manera defensiva
Con actitud complaciente
Conducta Pasiva-agresiva
Evitando el conflicto
Cediendo el Control a Cristina
Falta de ambición
Retirándose/Encerrándose

LOS MIEDOS DE CRISTINA
Quedar atrapada/Indefensa
Ser Impotente/Estar controlada
Que se abuse de ella
Ser juzgada

Miró su lista de temores en el gráfico hecho a mano.

—¡Oye! ¡Todos! Me sentí incompetente, como si no estuviera a la altura de lo esperado, y que no soy lo bastante bueno. Supongo que soy un fracaso total —Rafael estaba visiblemente conmovido por la revelación.

—¿Y cómo reaccionaste? —le preguntó Bob mientras se levantaba y se acercaba al gráfico.

Rafael estudió el gráfico.

—Primero —dijo—, me puse a la defensiva, luego comencé a cerrarme y me sentí rechazado.

—¿Y dónde concentraste tu atención con la expectativa de encontrar una solución? —le preguntó Bob, mientras señalaba en el gráfico las reacciones de Cristina.

—Tienes razón. Yo pensaba qué distintas podrían ser las cosas y cuánto mejor me sentiría si Cristina hiciera tal y cual cosa. Pero, para ser sincero —él captó la atención de ella—, yo *en realidad* me sentiría mejor si ella hiciera esas cosas.

—Lo entiendo, Rafael, ¿pero cuánto control tienes sobre lo que ella hace o deja de hacer?

—No mucho —dijo Rafael. Cuando vio que Bob levantaba las cejas y abría grande los ojos, se enmendó a sí mismo—: De acuerdo, ninguno.

Bob se acomodó los anteojos y prosiguió.

—Ahora, es cierto que podrías intentar manipularla o controlarla para que haga lo que tú quieres. Pero aun si lo lograras, ¿en qué te convertirías?

—No sé —respondió él encogiéndose de hombros.

—Te volverías manipulador y controlador. Y la mayoría de las personas no se sienten bien consigo mismas cuando se dan cuenta de que son manipuladoras o controladoras. Como que degrada tus sentimientos de integridad personal, o te impide sentirte bien cuando te miras al espejo.

Esto sí que era una primicia. Cristina nunca antes había escuchado que alguien llamara a su esposo manipulador o controlador.

—Entonces, ¿quieres conocer la alternativa?

—Por supuesto.

—Probablemente esto no sea una sorpresa a estas alturas del juego —dijo Bob mientras tomaba un marcador y dibujaba una línea diagonal desde el ángulo superior izquierdo del gráfico hacia el lado inferior derecho—. Nota cómo la línea separa en dos partes iguales al diagrama. En una mitad están los temores y las reacciones de Cristina, y en la otra mitad están los tuyos. ¿Cuáles de estas cosas puedes controlar?

RESPONSABILIDAD PERSONAL

—Mi parte.

—Así es. Y cuando tus botones son presionados, ¿dónde sueles buscar ayuda?

—Casi siempre la busco de su lado, suponiendo que si ella hiciera algo o dejara de hacerlo . . . todo sería estupendo.

Bob se puso serio por un momento. Miró a su alrededor para estar seguro de que contaba con la atención de todos. Luego dijo lentamente: —La *responsabilidad personal* surge cuando tus botones son activados y tienes una reacción emocional, y sin embargo *te mantienes concentrado en tu parte de la cuestión*. Debes hacerte responsable por tus sentimientos y temores, tanto como por tus reacciones.

OPTAR POR RESPONDER

LOS MIEDOS DE RAFAEL
Fracaso
Incapacidad
No satisfacer expectativas
No ser lo bastante bueno

CREAR ESPACIO

CÓMO REACCIONA CRISTINA
Criticando
Juzgando
Con ira/Exagerando
Escapando/Huyendo
Rebelándose
Con ambición
Buscando mejor estatus
Concentrándose en sí misma

DANZA DEL MIEDO DE RAFAEL Y DE CRISTINA

RESPONDE RAFAEL REACCIONA
De manera defensiva
Con actitud complaciente
Conducta Pasiva-agresiva
Evitando el conflicto
Cediendo el Control a Cristina
Falta de ambición
Retirándose/Encerrándose

LOS MIEDOS DE CRISTINA
Quedar atrapada/Indefensa
Ser Impotente/Estar controlada
Que se abuse de ella
Ser juzgada

»Aquí hay dos grandes opciones. Primero, puedes intentar crear un pequeño espacio entre el momento en el que botón se acciona y tu reacción. De esa manera puedes pasar de una reacción, que es un acto reflejo, a otra que evalúes y elijas. Entonces se transformará en una *respuesta* más que en una *reacción*. Esta primera opción te permite comenzar a ser la persona con la cual te sientes bien. Si como yo, deseas asemejarte cada vez más a Jesucristo, esta opción te daría tiempo para hacerte la vieja pregunta: *¿Qué haría Jesús en mi lugar?*

»La segunda opción es concentrarte en entender tus botones: Por qué y cómo se instalaron. A menudo, esto nos lleva a los primeros años de nuestra vida, cuando ocurrieron las primeras heridas o frustraciones, o cuando algunos mensajes fueron escritos en nuestro corazón. Por ejemplo, reaccionas con fuerza cuando sientes que no eres lo bastante bueno o que no estás a la altura de las circunstancias. ¿Alguna vez te sentiste de esa forma o escuchaste ese mensaje antes de conocer a Cristina?

Bob tomó asiento mientras Rafael meditaba en la pregunta.

—Por supuesto, muchas veces.

Cristina sabía que su esposo se sentiría invadido por una marea de emociones al pensar en su infancia.

—Mi papá era un viejo malhumorado y nunca parecía feliz con nada ni con nadie. Excepto con mi hermano, por alguna razón. Nunca pude entender eso, porque mi hermano siempre estaba metiéndose en problemas, y yo era el chico bueno. Pero por la causa que fuera, mi papá amaba a mi hermano. No importaba lo mal que se portara, papá siempre lo justificaba y el enojo se le pasaba muy rápido.

Rafael había enrollado un trozo de papel y ahora estaba mordiéndolo.

—Pero conmigo era distinto. Nunca dijo: '¿Por qué no eres como tu hermano?', pero yo lo adivinaba en su mirada. Él sentía un orgullo evidente por mi hermano, y parecía siempre desinteresado por mí, y a veces hasta disgustado. Lo único que yo quería era que mi padre también estuviera orgulloso de mí. —Las lágrimas brotaron en los ojos de este hombre grande—. Yo amaba a mi papá, a pesar de que él era muy duro con nosotros. Sólo que no entiendo por qué no me amaba.

Era evidente que el dolor en su corazón se había profundizado, y mientras Rafael se permitía sentirlo, no pudo continuar hablando. Se cubrió el rostro con sus grandes manos y lloró en silencio . . .

y solo. Cristina no podía acompañarlo en ese lugar. Por primera vez, ella se dio cuenta de cuán parecidos eran los sentimientos de su esposo sobre su pasado a los que tenía hacia ella. ¿También él se daría cuenta?

En algún punto a lo largo del camino, ella había comenzado a tratarlo como lo hacía su padre. Él la amaba, pero entonces, ¿por qué ella no le correspondía? Con razón él no dejaba de preguntarse: "¿Qué estoy haciendo mal? ¿Por qué no puedes amarme?" Cristina jamás había visto llorar a su esposo como ahora. Aún así, no podía conmoverse.

La sala permanecía en silencio. Los demás parecían estar verdaderamente impresionados por la profundidad del dolor de Rafael. Especialmente Tomás se sentía tocado por el torrente de emociones de Rafael, aunque a la vez estaba innegablemente incómodo con la situación. Cristina, desde luego, sabía de primera mano la historia de la relación difícil entre Rafael y su padre. Hasta lo había visto llorar por eso alguna vez. Pero ahora era distinto. No estaba segura de qué era, o qué hacer al respecto, pero se preocupó por él; le dolía ver a su compañero sufriendo de esa forma. Se acercó a él y cautelosamente le puso una mano en el hombro. Él la apartó instantáneamente.

—¿Qué te está pasando en este momento, Rafael? —preguntó Greg después de unos minutos.

Temblando, tomó aliento y se sonó ruidosamente con su pañuelo de papel antes de responder.

—Comencé a pensar qué doloroso fue anhelar el amor de mi padre y no comprender por qué él no me lo dio. Y entonces me di cuenta de cuánto se parecen esos sentimientos a lo que me sucede ahora con Cristina.

Se limpió nuevamente las lágrimas con el dorso de la mano.

—Ahora mismo —continuó Rafael—, cuando Cristina se me acercó, quería sentir que su amor me envolvía y me contenía —Rafael la miró de reojo—. Pero sé que ella detestaría eso, así que la rechacé —grandes lágrimas resbalaban por su rostro—. Siento que se me destroza el corazón.

Bob mantuvo la mirada fija directamente sobre Rafael, evitando el contacto visual con Cristina. Ella se preguntó cuál sería el motivo.

—Rafael, esos son sentimientos intensos. Me pregunto si ahora puedes ver en qué medida el asunto con tu padre afecta tus sentimientos actuales hacia Cristina y tu forma de reaccionar hoy.

—Creo que puedo.

—Entonces ésta es la oportunidad. Es obvio que te sentirías bien si Cristina fuera capaz de amarte de la manera en que siempre quisiste ser amado. El problema, sin embargo, sería que te mantendrías tan dependiente, débil y potencialmente abandonado como lo estás en este momento. Sugiero que en lugar de concentrarte en lo que quieres de Cristina, podrías hacerlo en lo que estás sintiendo, analizando su origen y qué podrías hacer para lograr un cambio. Date cuenta de que el foco está en *ti* y en *tus* necesidades, y en lo que *tú* puedas hacer para mejorar las cosas.

»Sé que no puedes corregir todo solo y que no puedes crear una relación estupenda con Cristina si ella no participa. Pero confío en que hay muchas cosas que sí puedes hacer, y que no estás haciendo ahora; opciones de las cuales no eres consciente aún, y que podrían hacer que la vida fuera notablemente mejor para ti.

Todo esto tenía sentido para Cristina. Aún no sabía qué hacer con esto, pero le gustaba cómo se estaba desarrollando.

—El hombre que eres, Rafael (cómo vives tu vida y cómo te conduces en tus relaciones) —continuó Bob—, queda determinado solamente por ti, bajo la guía del Espíritu Santo. Observa también que el poder del cual hemos estado hablando, no es un poder sobre los demás, es meramente un poder sobre tu bienestar y la clase de persona que eres. Nadie más tiene poder sobre eso. Otro beneficio de aceptar esta responsabilidad tan personal, es que te conduce a la verdadera paz y serenidad. ¿Conoces la plegaria de la serenidad?

Rafael asintió y Cristina vio que todos los demás también lo hacían.

—¿Alguien puede recitar la plegaria? —preguntó Bob.

Pamela se adelantó en el asiento y proclamó: "Dios, concédeme la serenidad de aceptar las cosas que no puedo cambiar, el valor de cambiar las cosas que sí puedo cambiar y la sabiduría para reconocer la diferencia."

Cristina estaba asombrada por su audacia.

—La usaba cuando enseñaba a mi clase de tercer grado de la escuela dominical —dijo Pamela con una sonrisa tímida. Se sintió avergonzada por la repentina atención que había captado.

—Gracias, Pamela. La clave para disfrutar de la serenidad o de la paz es dedicar tus esfuerzos y energía a intentar controlar las cosas que solamente tú puedes manejar, como a ti mismo, por ejemplo. Cuando intentas controlar las cosas que no están a tu alcance, como a tu esposa, a tus hijos y al resto del mundo, pierdes la paz.

❖ ❖ ❖

Victoria había observado a los demás a lo largo de la sesión. Los hombres eran un tanto difíciles de descifrar, pero ella se había fijado especialmente en las mujeres. Pamela estaba sentada prestando mucha atención, interesada por cada detalle. Victoria se preguntaba qué podría estar pasando por la cabeza de Cristina mientras su marido atravesaba semejante trabajo emocional. Le pareció ver sobre todo una expresión de alivio en el rostro de la joven mujer. En la otra punta de la sala, Rebeca parecía excepcionalmente tranquila, como si hubiera quedado paralizada por el esfuerzo de Rafael y por el momento se hubiera olvidado de su aspecto.

Ni bien a Victoria se le cruzó este pensamiento por la cabeza, Rebeca volvió a entrar en acción. —Sinceramente, Bob, lo que menos tengo en este momento es serenidad. No tengo paz . . . y no es mi culpa, ni mi responsabilidad. Ayer quería un esposo fiel. Pero ahora, quiero vengarme —Rebeca cambió la postura corporal—. ¡Pablo y . . . como sea que se llame, me arruinaron la vida!

O bien la presión barométrica los ponía nerviosos a todos o estaban al borde de encarar temas cruciales, porque la tensión empezaba a aumentar nuevamente. Bob permanecía silencioso e impasible.

Rebeca se sintió un poco incómoda con el silencio de Bob.

—Sí, lo lograron. Me arruinaron la vida —dijo furiosa.

—Rebeca, comprendo que Pablo te engañó, traicionó tu confianza y tu matrimonio. Te escucho decir con claridad que estás muy enojada y herida. Puedo ver que tu corazón está destrozado, y entiendo que estés muerta de miedo de pensar que nunca volverás a confiar en él. Pero no puedo entender eso de "me arruinaron la vida".

Rebeca podía montar en cólera con mayor velocidad que ninguna otra persona que Victoria hubiera conocido. Furiosa, le lanzó una mirada encendida a Bob. Y apuntó con el dedo a su esposo.

—Yo no elegí casarme con un adúltero —gritó ella—. No elegí que me destrozaran la vida. ¡No elegí nada de esto, Bob! Y Pablo *sí* controla mi vida. Él es el dueño de todo y paga por todo. Con todo lo que has dicho, ¿estás insinuando que yo soy responsable de esto?

Bob movió lentamente su cabeza.

—Cuando hablo de responsabilidad personal, no quiero decir que seas responsable de ninguna de las elecciones, conductas o sentimientos de Pablo. Pero en este momento estás hablando y actuando como una víctima desamparada.

—Pero *soy* una víctima —Rebeca parpadeó para contener las lágrimas—. Lo he perdido *todo*. No tengo nada bajo mi control.

—Tu mundo ha sido completamente convulsionado, y me doy cuenta de que esto te llevó a situaciones en las que jamás hubieras imaginado estar —dijo el consejero—. Estoy seguro que, de haber tenido oportunidad, nunca hubieras escogido esta opción —la voz de Bob se suavizó un poco cuando dijo—, lamento decirlo, pero no te dieron la oportunidad de elegir. Así que ahora, la única pregunta importante es qué vas a hacer con esto. Aquí es donde está tu responsabilidad. Aquí es también donde hallarás cierto poder.

»No pudiste controlar lo que hizo Pablo, y no podrás controlar lo que hará mañana. ¿Podría volver a engañarte? ¡Ya lo creo! Tratando de controlarlo, lo único que lograrás es volverte loca y sentirte siempre vulnerable. No importa si lo logras o no, él siempre tendrá la opción de romperte el corazón.

En lugar de su relativa calma de las dos horas anteriores, las inseguridades de Rebeca volvieron a la superficie con furia. Se quitó las zapatillas y su libreta de notas voló cuando se dejó caer en el sillón. Se aferró de un almohadón como si fuera su tabla de salvación. No gritó, pero parecía que tenía ganas de hacerlo. Victoria se daba cuenta cada vez más que esta pobre niña tenía enormes cuestiones que superar.

—¿Se supone que tengo que decir: "Gracias por el concepto, B-o-b", ahora que sé cuán maltratada estoy?

Bob apoyó las manos tranquilamente detrás de su cabeza y se inclinó hacia atrás sin hacer caso del arrebato de ira.

—En realidad Rebeca, de ti depende la manera en que reaccionas. Tú decides quién eres y si tus reacciones ante la vida son las que te hacen sentir bien: Si te sientes orgullosa de ti misma cuando te miras al espejo . . . sin que dependa en absoluto de tu apariencia exterior sino solamente de lo que eres interiormente, de tu carácter.

»Y, por favor, comprende que no estamos alentándote a que seas una alfombra de limpiar suelas de zapatos, o a que soportes la manera en que Pablo, o cualquier otra persona, te trate. Hay límites que pueden y necesitan ser establecidos para el templo del Espíritu Santo: La parte de inestimable valor de quién eres. Recuerda que hemos hablado de la clave para la confianza en términos de ser capaz de creer en ti misma cuando te lastiman. Es posible que lo más amoroso que puedas hacer sea establecer un límite con Pablo. Necesitamos hablar más al respecto, pero por ahora simplemente nos concentraremos en la manera en que cuidas tu propio templo antes de hablar sobre cómo responder cuando otros lo deshonran.

Parecía que Rebeca acababa de avanzar dos pasos y retroceder cinco, pero Victoria comenzaba a reconocer la profundidad de su dolor. Su falta de comprensión sobre algunas áreas fundamentales de su vida estaba originando un profundo sentimiento de vulnerabilidad. Deseó que este proceso la condujera a la sanidad de Dios.

—Permíteme que te pregunte esto, Rebeca. Igual que en el caso de Rafael, quiero saber dónde ha ido a parar tu poder. Te sientes impotente, ¿verdad? —le preguntó Bob.

El rostro de Rebeca mostró resentimiento.

—Más de lo que me he sentido en toda mi vida. Cada vez que intento relajarme y volver a confiar en él aunque sea un momento, comienzo a sentir pánico.

UNA CONVERSACIÓN CON LOS DOCTORES

Responsabilidad personal

Cuando las parejas vienen buscando consejería matrimonial, están propensas a apuntar con el dedo y hablar más sobre su compañero que de sí mismos, tal como lo hicieron Pablo y Rebeca. Mucha gente parece tener una lista interminable de las cosas que su pareja necesita cambiar para que el matrimonio se sane. A menudo, ambos cónyuges insistirán para tratar de convencer al terapeuta de que el problema es su pareja, y que si tan sólo pudiéramos cambiar a esa persona, las cosas mejorarían. Lo que la gente no se da cuenta es que ese enfoque los lleva a perder el poder por completo y las cosas empeoran.

No tengo la capacidad de controlar los pensamientos, los sentimientos y el comportamiento de otra persona, y cualquier intento de hacerlo es manipulación. *Cuando pienso que la solución a nuestros problemas de pareja o a mis problemas personales depende del cambio de mi pareja, pierdo poder.* La capacidad de lograr mi objetivo no reside en mi propio poder de controlar. En la medida en que permito que mi bienestar dependa de los cambios de mi pareja, le entrego al otro tanto mi responsabilidad como mi poder interior.

Cuando Rebeca aprenda a aceptar su responsabilidad, recuperará su poder interior y no estará más a merced de Pablo. Recordemos cuando Pablo hablaba acerca de hacer piruetas. Una forma de definir la codependencia es ésta: Creer que en una relación, cada persona no sólo es útil para satisfacer las necesidades del otro, sino que además es responsable de hacerlo. Esa dependencia del otro es la que nos convierte en manipuladores, controladores y exigentes en la búsqueda de satisfacer nuestras necesidades. El comportarnos de este modo va en detrimento de la integridad, del respeto propio y del poder interior. Esas estrategias también originan más temores y reacciones en nuestros cónyuges.

Cristina estaba intrigada por la forma en que las cuestiones de Rafael habían repercutido en Rebeca. Quizás este grupo de consejería valiera la pena, después de todo.

Luego de hablar con Rebeca un poco más, Greg dijo que quería llevar su discusión de la responsabilidad personal al punto de partida. Explicó que este era el punto central para cada uno de ellos, y ya que habían estado trabajando en el diagrama de la Danza del Miedo con Rafael y Cristina, les preguntó si podían retomar el asunto a partir de donde se habían quedado.

—Cristina, hemos hablado del punto de vista de Rafael acerca de todo esto; pero, ¿sabes que cuando aceptas la responsabilidad personal, te fortaleces y ya no estás más a su merced?

Ese fue un giro extraño.

—¿Qué quieres decir con "a su merced"?

—Que ya no tienes que sentirte responsable por su bienestar. Después de todo, no puedes hacer nada para cambiar ni controlar su bienestar, ¿verdad? Ni siquiera Dios hace eso. En la medida que aceptemos este hecho, más libres seremos todos. Nacimos siendo responsables por nosotros mismos, y moriremos siendo responsables por nosotros mismos. Y lo mismo vale para nuestros cónyuges. El hecho de estar casados no cambia eso.

Cristina tuvo que pensarlo un momento.

—Entonces, Rafael es responsable por su salud, por lo que come, si alaba a Dios o no. ¿Pero qué hacemos con el día a día? Cosas tales como: ¿Quién va a limpiar el baño, quién va a controlar la cuenta del banco, llevar a los niños al médico, o pagar las cuentas?

—Esa es una gran pregunta. Estas son responsabilidades esenciales, y vemos que te has sentido completamente sola haciéndote cargo de ellas. Pero mira cómo ha cambiado el enfoque de la responsabilidad personal: De ser responsable de tu propio bienestar y de la persona que fuiste creada para ser, a la pregunta de quién es el responsable de hacer que las cosas importantes se realicen.

»Para que tu matrimonio sea estupendo y todos estén entusiasmados, la división de las tareas se tiene que hacer de manera que todos queden satisfechos. Pero ese es un tema de trabajo en equipo, no de responsabilidad personal. Más adelante abordaremos a fondo ese tema, y a menos que estés entusiasmada con el resultado, habremos fallado. Pero para poder convertirse en un gran equipo, los jugadores primero necesitan ordenarse. La responsabilidad personal es el primer paso.

—Sabes —dijo Bob—, aun antes de desarrollar una enraizada Danza del Miedo nos ocupamos de diseñar un 'sistema' en nuestro matrimonio. Este sistema incluye papeles bien definidos, responsabilidades, reglas, expectativas, etcétera, y a menudo opera de manera completamente inconsciente. El sistema nos ayuda a lograr nuestros objetivos y metas. Por ejemplo, me parece que tus primeros años de matrimonio no fueron muy diferentes de los míos.

Ahora Bob se dirigió a su esposo. —Rafael, tú invitaste a Cristina a que adoptara tu estilo de vida tranquilo. Te divertías, fumabas un poco de hierba, tocabas el banjo . . . ambos vivían bastante despreocupados, sin demasiada responsabilidad. ¿Verdad?

Rafael asintió.

—Te acostumbraste a ese papel, mientras Cristina comenzó a desear cada vez más ascender y progresar. Especialmente después de que llegaron los hijos, ella naturalmente ocupó el lugar de la persona a cargo. Comenzó como generosidad genuina, y pareciera ser que al principio funcionó. A los dos les agradaba el ambiente del sistema en sus comienzos. ¿Es correcto, Cristina?

—Supongo —respondió ella, apoyando la mejilla en su muñeca.

—Pero me imagino que llegó un momento en el que dejaron de sentirse bien —continuó Bob—. Fue cuando pasaron del papel de cuidar al papel de vigilar. La vigilancia puede parecerse externamente al cuidado, pero en realidad está más asociada con lo que sentimos que necesitamos para estar seguros. ¿No es mucho más seguro simplemente hacer las tareas, en lugar de esperar que Rafael haga la parte que le toca? Te has convencido a ti misma, con la ayuda de Rafael, de que él no es confiable. Superficialmente parece que lo cuidas, pero en realidad lo que estás procurando hacer es generar un ambiente apropiado para ti y para los niños. Es fácil argumentar: 'Si mantengo todo bajo control, estaremos bien'.

—Yo diría que ustedes dos tienen un sistema bastante práctico en marcha, —añadió Greg, doblando y estirando un trozo de papel para una nueva escultura—. Funciona para Rafael porque no tiene que enfrentar su miedo al fracaso o a ser incompetente, y funciona para Cristina porque no tiene que enfrentar su miedo a sentirse impotente. ¡Tremenda pareja!

—¡Puaj! —fue la única respuesta de Cristina. Esta manera de ver la situación hizo que sintiera como si hubiera tomado un sorbo de leche agria.

—Me gustaría que se concentraran en comprender cómo

funciona este sistema para ambos —continuó Bob—. Sospecho que algunas partes del sistema ya no funcionan más, pero hay formas en que todavía sí 'funciona'. Aquí radica el problema: Cristina, tú estás agotada, exhausta. Pero Rafael: Hay partes del sistema a las cuales no quieres renunciar; todavía estás luchando por mantenerlas porque al parecer no sabrías qué hacer si las abandonaras.

—Claro —Rafael reflexionó por un momento—. Me gusta verdaderamente cuando Cristina se esfuerza y mantiene a la familia unida. Sólo que no quiero que por eso deje de amarme.

—¿Y cómo te sientes contigo?

Rafael frunció el ceño. Cristina pensó que con la cabeza completamente rapada, sus expresiones parecían más exageradas; parecía que gritaba con un megáfono: "Viéndolo de esa manera, me siento como una alfombra de limpiarse los zapatos, como un chico asustado."

Precisamente en ese momento, el pedazo de papel de Greg saltó de sus manos y fue a parar al regazo de Rafael. —¡Uy! —dijo Greg. Cristina sabía que Greg estaba riéndose de sí mismo, y su risa dio a los demás la libertad de vivir un momento cómico de alivio.

Bob participó. —Deja estas esculturas por todas partes y nunca puedo encontrar un papel intacto porque usa también los míos.

Con una amplia sonrisa, Greg rebatió sin perder el ritmo: —Las vendemos por la Internet. En realidad, así es como financiamos sus refrigerios.

Regresando al tema en cuestión, Bob dijo: —Cuando somos codependientes es porque tenemos una recompensa. Hay una razón por la cual el sistema continúa funcionando.

»Cristina, da la impresión que hubieras hecho una importante inversión en una marioneta masculina, porque te dio la oportunidad de ser la cuidadora y por lo tanto, puedes mantener el control de todo. Si solamente lograras amarlo lo suficiente, alentarlo, cuidarlo, lo que fuera, hasta que él madurara, entonces sería evidente que tuviste éxito. 'Cristina lo consiguió.' 'Cristina es realmente importante.' Algo similar. Es una gran estrategia.

Eso no le cayó bien a Cristina. —Ya no quiero ese trabajo —dijo. Ella necesitaba pensar sobre lo que él le decía. Algo de eso sonaba bien, pero si alguna vez había querido que Rafael la hiciera sentir importante, ya no le interesaba.

—Así es. Una de las cosas interesantes acerca de la codependencia es que, a menudo, empieza pareciendo cómoda y agradable, pero luego de un tiempo, se vuelve hostigadora, decepcionante y solitaria. Y con frecuencia una persona lo nota antes que la otra. En este caso, Cristina, tú quieres salirte del sistema y Rafael estaría más contento si te quedaras.

»El futuro puede ser terriblemente sombrío. Incluso bajo las mejores circunstancias, la vida que llevamos puede ser muy abrumadora. Si tu pasado fue complicado, a veces se hace difícil encontrar tierra firme, un lugar donde establecerse y encontrarle sentido a las cosas, saber cuándo, dónde y cómo es posible confiar en algo.

»La intimidad (mostrar su corazón y sus sentimientos e interesarse por el otro), es un negocio arriesgado. La realidad es que hay muchas maneras en que las personas pueden lastimarse. Sin embargo, la idea de no tener intimidad es aún peor porque sería como morir solo.

»Así que están en un dilema. Ambos deben indagar en el terreno de sus miedos, enfrentarlos juntos y descubrir cómo vencerlos, o esquivarlos sin hacerles frente. Pero entonces estarán atrapados en el miedo y tendrán que vivir con él en soledad. Tener miedo es una cosa, pero si uno dice que está mal tener miedo, la vida se vuelve muy difícil.

»Cristina, en realidad tienes un marido fuerte que tiene miedo de decirte lo que siente porque teme que no puedas hacerte cargo. No tiene miedo de no poder manejarlo *él*; tiene miedo de que *tú* no puedas. Parte de la explicación es que tú no has sido capaz de ser honesta contigo misma y admitir que está bien tener miedo. Si lo reconoces, puedes comenzar a trabajar en eso. El primer paso es decir: 'Está bien, ahora que admito que tengo miedo, puedo preguntar cuáles son mis opciones, qué estoy necesitando y qué puedo hacer'.

Cristina intentó que los conceptos la invadieran. Empezaba a darse cuenta de la manera en que se había engañado a sí misma, pensando que su función de cuidadora había hecho crecer su dignidad y su valor, cuánto control había demandado y cuán débil se había vuelto por tantas reglas que se había impuesto. Era la persona menos libre que conocía, aun menos que su propia madre. Pudo ver cuánto se parecía su historia a la del desagradable Tomás, o a las demandas de Rebeca para que su esposo hiciera piruetas para demostrar su amor. Todos estaban atrapados y enojados por sus propios sacrificios y manipulaciones.

Jamás habría adivinado que todo esto estaba fundado en el miedo: El miedo a fracasar, a no estar a la altura de las expectativas. Durante años había intentado complacer a su madre, cuya voz constantemente le susurraba en su interior. ¿Permitiría ella que las cosas se mantuvieran complicadas como lo estaban? ¿Se conformaría sin intentar encasillarlo todo en compartimentos para que tuviera algún sentido? Era tan aplastante que tendría que pensar en esto por un tiempo. Había comenzado a llorar por la mañana y ahora no podía detenerse.

Bob le había dado un empujoncito extra, diciendo que ella y Rafael podían brindarse consuelo y fortaleza mientras hacían el intento de resolver sus problemas. Siempre le había resultado patético el miedo de Rafael, pero ahora la habían enfrentado con el suyo. Honestamente, hubiera preferido manejar el de él. No le gustaba que le cambiaran las reglas. Sus antiguas pautas le parecían mucho más seguras, pero la verdad era que ya no resultaban. No podía volver atrás. Había salido de Egipto. La libertad le parecía espantosa. Estaba ante lo desconocido, sin garantías, sin un archivo ordenado con informes y recibos . . . sólo el enorme Mar Rojo por delante. Tendría que ocurrir un milagro.

MARTES, 1:15 P.M.

La entrada de Cristina al regresar a la sala de consejería después del almuerzo fue silenciosa. Era el último lugar en el cual quería estar y lo último que tenía ganas de hacer. Seguramente Bob llegaría pronto. Lo había visto dirigirse hacia allí. Se estiró mientras ensayaba lo que quería decir. No podía articular las palabras con claridad y lo más probable es que le salieran a borbotones. Se imaginaba que una persona a punto de cometer un crimen estaría tan nerviosa como ella en este momento; ahora comprendía cómo debía haberse sentido Eva cuando corrió a esconderse entre los arbustos. Cristina hubiera preferido esconderse a tener que enfrentar las últimas decisiones que había tomado.

Pero estaba lista para hacerlo: Ser franca; confesar el pecado que había cometido, tanto en contra de Dios como de su familia y la comunidad. El efecto que causaría la hacía transpirar.

Raspando su zapatilla contra el piso, miró el camino que había quedado en la alfombra. Pablo había captado su mirada justo antes del receso del almuerzo y había hecho un gesto con su cabeza en dirección a Bob, recordándole que ella tenía un asunto que resolver. Aunque se había puesto furiosa con su comentario afuera en la lluvia, él tenía razón. Había estado resistiendo al grupo, a Rafael, a sí misma y a Dios. Si continuaba en silencio sólo causaría más dolor. Había venido aquí para recibir ayuda y para abrir su corazón.

Una lágrima salpicó una de sus zapatillas. Lo había ensayado cientos de veces: *"Doctor Paul, yo . . ."*

En ese momento Bob entró en la sala . . . y Rebeca detrás de él.

—¡Aquí estás, Bob! —apoyó una mano en su cadera—. Estuve buscándote por todas partes. —Pasó por delante de Cristina y comenzó a decirle al consejero que estaba pasando un mal momento y preguntó si ella podría ser la siguiente en hacer el "trabajo".

Él estuvo de acuerdo, ajeno al pedido que Cristina no había hecho. Ella sintió que se le estrujaba el estómago. ¡No podía creer lo que acababa de suceder! Toda la empatía que tenía por Rebeca se esfumó, así como su resolución de dar a conocer su historia.

❂ ❂ ❂

Pocos minutos después, los ocho asistentes y los dos consejeros estaban nuevamente reunidos para la sesión vespertina. A Rebeca todos le parecían cansados, pero dispuestos a aprovechar cada minuto. Sin ningún preámbulo, lanzó su dilema más apremiante.

Cuando culminó, Bob le respondió: —Un engaño siempre es devastador, pero luego de escuchar tu historia, Rebeca, siento que las decisiones de Pablo te han afectado demasiado. Sé que él te las ha hecho pasar feas y ha dicho muchas cosas malas, sin mencionar la aventura misma, y tengo en cuenta todas esas cosas. Pero ahora, en este preciso momento, das la impresión de que estuvieras aferrándote desesperadamente a la idea de retenerlo, casi como si fueras a desaparecer si él se marchara. Y si él saliera de escena, te quedarías sin nada . . . o con algo que quieres negar, o quizá mantener oculto. ¿Es posible que ocurra algo de esto?

Los pensamientos de Rebeca se dispersaron a través de sus

canales y aterrizaron momentáneamente en un centro comercial de Fashion Island. Cómo le gustaría escaparse al consuelo de una tienda en ese instante y perderse por ahí mirando lo nuevo de la temporada primaveral . . . Golpeteó nerviosamente sus uñas postizas sobre el borde de la mesa que estaba junto a su silla.

—No lo sé —respondió ella. Bob se mordió el labio inferior y pareció meditar un momento.

—¿Es posible que esta terrible experiencia tenga tanto poder sobre ti porque tocó algo de tu pasado, algo con lo que luchaste o que habías sepultado, y que este engaño lo haya resucitado?

—Realmente . . . no lo sé. ¿Quieres decir algo como el divorcio de mis padres?

—No, pienso que pudo haber sido algo más interno. Algo que tenga que ver con el centro de tu ser. ¿Hay algo de *ti* que te dé miedo? ¿Hubo algo en este trastorno que te haya hecho cuestionarte a ti misma?

Ella no podía creer cuánto se había confiado con Bob el día anterior, pero como todo había tenido que ver con Pablo, había sido relativamente seguro. Ahora era ella quien estaba bajo el reflector, y sintió que su fachada se derretía. Hizo lo único que sabía hacer: Librarse de Bob.

Fue el momento de sacarse el suéter ajustado, lo cual hizo con un gran despliegue, dejando a la vista su camiseta azul sin mangas. Bob permanecía relajado en una posición medio reclinada. Fingiendo una expresión aburrida, levemente malhumorada, Rebeca expuso su caso.

—Ya he pasado por todo este cuestionario sobre si era mi culpa —se acomodó un mechón de pelo detrás de la oreja y respiró sonoramente.

—Sí, ¿y hubo alguna ocasión en tu pasado en la que te hayas sentido de esa manera?

—¿Qué algo haya sido por mi culpa? No, que yo sepa. Quizás esté negando lo evidente y simplemente no lo sepa —se acurrucó en un círculo alrededor de un almohadón del sofá. Tenía miedo de que se le estuviera corriendo la máscara.

—¿Quieres decir que no traes algún equipaje del pasado?

Ella rió y se dio cuenta de que había sonado un tanto histérica.

—¿En serio quieres hacerme regresar a mi infancia, Bob? Mi infancia ni siquiera cuenta como *equipaje*; ésa es una forma demasiado extravagante de llamarla. Para tener equipaje, tendrías que tener una maleta. Mi pasado ha sido tan desastroso que no hay maletas; es más bien como un montón de basura.

Su máscara se corrió un poco más.

—Simplemente fue mala, ¿está bien? —Mantuvo los ojos cerrados, tratando de ignorar el recuerdo de aquellas noches cuando, siendo una niña pequeña, se había sentido desesperada y sola—. Fui abusada en todas las formas posibles. Quizá confié en que mi esposo no me haría algo así. Sí, tengo otros asuntos, pero todo este horrible lío que él hizo no tiene que ver con eso. Así que si alguien comienza a abusar de mí, yo soy imperturbable. Intenta herirme: No podrás. Supongo que el comportamiento de Pablo es mucho peor para ti que para mí. En realidad, no significa nada. —Se encogió de hombros y volvió a sentarse erguida, manteniendo la cabeza en alto—. No, eso no es lo que ha arruinado mi vida.

Esperó una reacción condescendiente de los demás, aunque era seguro que surgiera después de su confesión, pero ésta no llegó. En lugar de eso, apenas si se atrevían a respirar. Los ojos de Victoria estaban cerrados, y emitía una especie de susurro: "Vamos, chiquita, díselo al doctor."

—Rebeca, yo estoy contigo —le aseguró Bob—. Has descartado a personas porque sentías que no valían la pena. Tienes razón: ya no pueden herirte. Abandonaste ese mundo y tú misma fundaste uno nuevo. Y cuando aparecen rastros de una mala conducta humana, puedes deshacerte de eso también. Pero no de esto.

Se enderezó en una posición más erguida. —Fuiste una chica fuerte. No tenías probabilidad de sobrevivir, pero lo hiciste. —Bob habló con claridad, pero mostrando ternura—. Pareces delicada, pero eres fuerte. Sin embargo, la verdad es lo que cuenta. Como niña, merecías ser amada y protegida. Tendrías que haber podido contar con los adultos que debían cuidarte; eras una niña inocente, como tus dos hijitas lo son ahora. Necesitabas ser protegida y que te mantuvieran a salvo, pero la gente en la cual confiabas, te traicionó.

»Casi parece como si hubieras aprendido a lidiar con el abuso, pero hubo otra parte del engaño que te atrapó. Quizá de alguna manera te sentiste abandonada o estafada, lo cual fue lo más aterrorizante de todo. ¿Voy por el camino correcto?

Rebeca recordaba ahora cómo se había sentido: La pesadez en su cuerpo, las horas interminables en la oscuridad, la humedad, los olores pútridos que le impregnaban las fosas nasales . . . Luego de que su padre las abandonara, su mamá comenzó a beber y a pasar el tiempo con novios que iban y venían, haciendo uso no sólo de su mamá, sino también de la bonita Rebeca. El aislamiento era su protección y su castigo. Y entonces . . . el abandono final.

Su mamá no podía seguir allí y su única hija no valía lo suficiente como para llevarla con ella. Los asistentes sociales la encontraron en la leñera. Por muchos años creyó que cuando su madre tuviera la capacidad de hacerlo, volvería a buscarla. Esperó y esperó. Quizá su madre estaba en un hospital especial para recuperarse. Ella sabía que su mamá vendría. Había hecho planes para ese día, pero nunca llegó. La bonita Rebeca había rebotado de un hogar adoptivo a otro, hasta que pudo escaparse del sistema y vivir sola.

—Pude tolerar que Pablo fuera egoísta o mezquino. No me importaba si estaba entregado a su facultad de medicina. Hasta pude aguantar que fuera infiel o cometiera errores estúpidos. Pude tolerarlo. Y él se aprovechó de eso. Lo único que le pedí fue que *dijera la verdad*. Pero él siguió mintiéndome y yo me asusté cada vez más. Y ahora, me deja . . .

Hasta este momento, ella se las había arreglado para no manifestar ninguna emoción. Entonces se quebrantó. ¿Qué importaba si había perdido la dignidad? El cuerpo se le estremecía por el llanto. —Tengo pánico, estoy volviéndome loca. Quiero que esté cerca de mí. Le he suplicado que no me abandone. —La misma oleada de pánico que había sentido en medio de la noche le apretó el estómago—. Por eso es que le pido que haga algo. Cuando hace cosas por mí, aunque esté loco, está conmigo.

—¿Puedes contarme acerca de las mentiras? —preguntó Bob.

Ella sabía que Bob estaba procurando entender la relación, como si estuviera convencido de que todo tendría sentido cuando reuniera todas las piezas. —Qué hay en las mentiras de tu esposo que pueda darte más miedo que el hecho de que te sea infiel? Te pone tan nerviosa y te aterroriza tanto, que casi no puedes funcionar. Es como si no pudieras pensar en nada más.

❂ ❂ ❂

Rafael se preguntaba si Pablo en verdad se había dado cuenta del fervor con el que su esposa se movía hacia atrás y adelante como lo estaba haciendo ahora, aferrándose al almohadón del sofá como si eso pudiera calmar su dolor. ¿Cuánto tiempo había estado haciéndolo? Miró alrededor de la sala. Victoria y Pamela también estaban llorando.

—Es exactamente así —dijo Rebeca en respuesta a la pregunta de Bob—. Es como si me hubiese vuelto loca . . . ¡desesperada! Bob, mi esposo me miró a los ojos y me prometió que estaba diciendo la verdad, ¡mientras *seguía mintiéndome*! Es como si no estuviera ahí, y yo quisiera agarrarlo de los zapatos y bajarlo a la tierra para que confiese la verdad. Siento que no puedo respirar a menos que él sea honesto.

—Rebeca, ¿qué pasa por tu cabeza en esos momentos? ¿Qué clase de pensamientos tienes y qué te dices a ti misma?

—Estoy tratando frenéticamente de descubrir si me dice la verdad. Todas esas voces contradictorias gritan a la vez: "Está mintiendo, ¿acaso no lo ves?" "No, tienes que darle el beneficio de la duda. Sólo porque te haya mentido en el pasado, no puedes suponer que esté mintiendo ahora." "Sí, está mintiendo." "¿Qué clase de esposa cristiana eres entonces? Necesitas permitir que el Señor te proteja y sea tu fortaleza." "¿Qué te pasa, vas a permitir que vuelva a hacértelo otra vez?" Y así, hasta el infinito.

—De nuevo, igual que ayer: Suena como si en estos momentos te fuera difícil saber qué es lo real —dijo Bob—. Me pregunto si es este sentimiento el que te está volviendo loca.

Por la mirada en su rostro, Rafael hubiera afirmado que Bob le había dado a Rebeca un golpe certero. Ella comenzó a hablar de la lucha cotidiana que tuvo con ese tema cuando era niña. Personas que le decían constantemente que estaba inventando historias o que no había sucedido de la forma en que ella lo contaba, a pesar de que ella estaba segura de que lo había visto. Había inventado algunas partes y todo se mezclaba. Era para volverse completamente loca. Bob le preguntó cómo fue capaz de luchar con eso, cómo pudo escapar con una fuerte imagen de sí misma, y además cuerda.

Rebeca explicó que a medida que creció, se volvió más fuerte. Tuvo la capacidad de discernir que no estaba loca, sin importarle lo que la gente dijera. "Aunque fui engañada en cuanto a la vida familiar, Dios me dio una mente inteligente y una cara bonita. Y utilicé ambas cosas para desarrollar mi carrera académica." Una vez que pudo afianzarse en la universidad, se le abrió un mundo completamente nuevo. Ganó una beca universitaria y al poco tiempo se encontró en la lista del decano, un grupo de excelencia, y en el equipo de porristas. Explicó cómo se había prometido a sí misma no permitir nunca que alguien volviera a hacerla sentir miserable.

—Entonces conocí a Pablo . . . y todo estaba yendo bien hasta que este asunto comenzó a suceder —arrancó una pluma del almohadón que sostenía en sus manos—. ¿Sabes? No me habría afectado demasiado si cualquier otra persona me hubiera mentido. Pero yo había bajado la guardia con Pablo; lo dejé entrar en mi alma —escondió su mentón y lloró débilmente—. Yo ansiaba tanto tener alguien en quien confiar . . . Sólo una persona en la que pudiera confiar, que fuera honesta conmigo.

Para Rafael todo tenía sentido y la sala entera pareció suspirar.

—No me asombra que hayas tenido esa reacción a la mentira de Pablo —dijo entonces Bob—. Eso aprieta un botón *enorme* en ti. Creo que nada de lo que has dicho podría hacerte girar en la Danza del Miedo con más velocidad que esto.

»Y uno de los más grandes y frecuentes retos que veo en las mujeres que están en tu situación, Rebeca, es que muy a menudo son sorprendidas en su buena fe. Como dijiste antes, tú creías que eso jamás te pasaría a ti, que él nunca haría eso. No hay nada más doloroso que enfrentarse cara a cara con el hecho de que, a pesar de tu deseo de creer que tu esposo es digno de confianza, él no lo sea. Pero aquí es donde puede comenzar la sanidad.

»Hallaste mucha seguridad, aunque falsa, en una fantasía que creaste. ¿Te acuerdas de ayer, cuando desenmascaramos el mito de que la confianza puede adquirirse de una vez y para siempre? Me doy cuenta de que nunca has esperado la perfección, y que esto dista mucho de ella, pero ¿puedes ver cuán atada estabas a la esperanza de que esta vez las cosas fueran diferentes? Esperabas que esta relación con Pablo fuera la que te permitiera poner los pies en el suelo firme de la verdad . . . que pudieras tener una relación, aun si sucedían algunas cosas difíciles, en la cual supieras qué era lo real.

»Verdaderamente querías creer que era posible y que la habías encontrado. A mi parecer, Rebeca, lo deseabas tanto, que ahora estás pataleando y gritando por el hecho de tener que renunciar a ese deseo. Lo que has visto cara a cara es la realidad de que no hay manera de volver a la cómoda fantasía en la que alguna vez creíste. De ahora en adelante, estás forzada a vivir con los ojos bien abiertos.

Rebeca estuvo de acuerdo; se le veía un poco aturdida.

Bob se sentó en el piso y recostó su cabeza en otro de los almohadones del sofá, con las manos cruzadas detrás de la cabeza. Los demás estaban ahora reclinados en otras partes de la sala. Rafael pensaba que parecía más una de las siestas escolares de su grupo de niños, que una sesión de consejería.

—¿Qué desata la furia del conflicto dentro de ti cuando piensas que Pablo quizás esté mintiéndote?

—Veo esas banderas rojas.

—Y cuando esas banderas rojas aparecen, ¿qué haces para ocuparte de ellas y abordarlas? ¿Qué estás intentando lograr?

—Trato de especular cómo sacarle más información.

—Ya veo: Control. Bien, ¿qué estás intentando controlar?

—Mmm. Algo que no puedo. Pero, Bob —sus ojos adquirieron una mirada como si temiera ser perseguida—, eso es con lo que lucho.

—Quédate firme aquí, vamos a resolver esto juntos —la animó Bob—. Esto te vuelve loca y continuará haciéndolo cada vez. ¿Qué tratas de controlar?

—El comportamiento de Pablo.

Cuando él le pidió que lo ampliara, el grupo pronto se dio cuenta de cuán obsesiva puede volverse una mujer cuando sabe que su marido está engañándola. A Rafael le desagradaba cada instante transcurrido, era suficiente como para enloquecer a cualquiera. Aunque él tenía alguna sospecha sobre Cristina, no la había acosado. No podía imaginarse siendo tan manipulador y paranoico como Rebeca.

Bob se dirigió al grupo: —Cuando nos concentramos en el otro, y cuando controlarlo o cambiarlo se convierte en la clave para nuestro bienestar y seguridad, esto nos hace extremadamente vulnerables. Sabemos que no hay nada que nosotros podamos hacer para evitar que esa persona nos lastime, y simplemente nos ponemos en el lugar del débil.

Greg, que había estado en silencio durante todo el diálogo, habló en ese momento: —Te pone frente a tu desamparo, ¿y sabes por qué? Cuando se trata de las decisiones de Pablo, *tú* estás indefensa. Esa es la verdad. Te has paralizado al punto de estar tan asustada que quisieras escapar. Estás tan temerosa de perderlo que es casi como si estuvieras forzando la situación.

»La buena noticia es que no tiene que ser de esa manera. Por la gracia de Dios, tienes la capacidad y el poder de hacer que esta historia sea distinta para ti. El primer paso, sin embargo, es la responsabilidad personal, darte cuenta de que la tarea de cuidar de Rebeca es tuya. Mientras tu bienestar dependa de Pablo, estarás anulada, y eso incluye tu capacidad de estar firme y de saber qué es lo real. Incluye el aprender a lidiar con tu impotencia contra los demás y las trágicas decisiones que toman a menudo.

»Significa ser personalmente responsable por tu bienestar físico, emocional, espiritual y mental: Por todo tu ser. Y representa hacer las cosas bien como para que puedas permanecer íntimamente relacionada con personas que te defraudarán y de todas maneras sentirte bien.

»Aceptar la responsabilidad personal es el primer paso, porque eso es simplemente someterse a la tarea. El segundo paso para salir de la Danza del Miedo es hacer el trabajo. Lo que llamamos el cuidado de uno mismo: Aprender a cuidar bien de ti misma en lo físico, lo emocional, lo espiritual y lo mental.

Greg se puso de pie y escribió una lista en la pizarra:

Paso 1: Responsabilidad personal
Paso 2: Cuidar de uno mismo
Paso 3: Cuidar de tu pareja
Paso 4: Cuidar de tu matrimonio

Hizo un círculo en rojo alrededor del *Paso 2: Cuidar de uno mismo.*

—Rebeca —dijo Greg, dándose vuelta hacia ella y hablando en uno de los tonos más amables que Rafael alguna vez hubiera escuchado—, no puedes dedicarte a tu matrimonio todavía, porque no sabes cómo cuidarte a *ti misma*; en realidad nunca lo supiste. Y si eres como la mayoría de nosotros, probablemente ni siquiera sabías lo que tenías que hacer.

—Pero, Greg, yo *sí* me cuido a mí misma. Me mantengo en forma, trato de comer bien, y por lo general no dejo que la gente se me acerque con el propósito de lastimarme . . . excepto él —respondió ella, mirando a Pablo con una expresión de sufrimiento en el rostro.

—¿Y qué pasa con el aspecto emocional? —preguntó Bob. Ella pensó un momento.

—También me cuido bastante en lo emocional; al menos creía que lo hacía. Pero no puedo manejar esta situación. En otras situaciones lo hago bien.

—Sabes, en parte pienso que puede ser verdad. Pero da la impresión de que esta situación con Pablo ha puesto en evidencia algunos niveles en los que pudiera no ser así, y tengo el presentimiento de qué te está atando. ¿Aceptarías avanzar un poquito más con todo esto como para ver si tengo razón?

Rafael estaba feliz de que Bob tuviera especial cuidado en preguntar si Rebeca estaba dispuesta a continuar. No quería pensar en el sufrimiento por el cual ella estaba atravesando. Por su expresión, se dio cuenta de que ella no sabía hacia dónde se dirigía Bob, pero parecía dispuesta a escucharlo hasta el final. Rafael no podía creer el nivel de confianza e intimidad que se había establecido en tan sólo un día y medio.

Bob revisó primero dos compromisos que habían presentado el día anterior. En primer lugar, el de tomar el compromiso de ser confiable para los demás. En segundo lugar, el de ser confiable para uno mismo, lo cual incluye pedirle a los demás que sean confiables. Señaló que Pablo y Rebeca tenían un déficit serio en ese sentido. De hecho, era dolorosamente claro que no había entre ellos ninguna seguridad. Pablo seguía pidiéndole a Rebeca que confiara en él, pero él no era confiable para nada. Por otro lado, Rebeca no era confiable para sí misma. Es verdad que lo intentaba y lo hacía mejor que en el pasado, pero continuaba complicándose con eso hasta la locura. Una y otra vez se ofrecía a Pablo, como entregándole su osito de peluche, esperando que él la cuidara. Pero tal como cuando Greg dejó caer el osito al piso, esa manera de relacionarse no servía.

Rafael vio exactamente hacia dónde se dirigía Bob. Juntos

habían aprendido que era tarea de Rebeca, no de su esposo, cuidar de su corazón. Era la primera y principal responsabilidad de Rebeca. Para que Pablo tuviera acceso a esa parte tan preciada e íntima de ella, tenía que demostrar que era digno de esa clase de confianza. Bob le recordó a Rebeca que era su derecho esperar eso: En realidad tenía el deber de exigirlo.

—Quiero aclararte que una de las razones por la que estás sintiéndote tan insegura en la relación es que desconfías de ti misma —le dijo Bob—. De hecho, me atrevería a sugerir que probablemente confías menos en ti que en Pablo.

Rebeca sacudió su cabeza y se acomodó el cabello detrás de las orejas.

—En este momento no confío en él en lo más mínimo. Pero sí confío en mí misma . . . y en Dios.

—Entonces, ¿por qué continúas ofreciendo tu corazón y diciendo: "Por favor, Pablo, cuida mi corazón, porque yo no quiero hacerlo"? Si no confías en Pablo, ¿por qué estás intentando entregárselo continuamente? Y si estás ofreciéndole tu corazón a alguien que no consideras confiable, ¿cómo puedes confiar en ti misma? Parece un criterio muy pobre. En realidad, parece negligente.

»Veo que has hecho intentos por cuidarte, pero tengo la impresión de que son débiles hasta para tu propia opinión. No te sientes segura de que Rebeca vaya a cuidar bien de Rebeca. O quizás a estas alturas ni siquiera creas que *puedas*.

Bob estaba presionando más fuerte ahora, y Rafael sentía que quería defenderla o protegerla.

Como si pudiera leer la mente de Rafael, Bob continuó:
—Estoy diciendo esto de manera tan enfática porque no estás sola en esta lucha, y es especialmente duro para las mujeres en nuestra sociedad aceptar la responsabilidad de cuidarse a sí mismas. Tienes que escucharme bien. Cuidarte a ti misma no sólo es un derecho, sino una responsabilidad ante Dios. En nuestra sociedad, a las mujeres se les enseña desde niñas que si alguien

que te importa tiene un deseo o una necesidad, existe sólo una respuesta posible: Sí. Cualquier otra cosa se considera egoísta o egocéntrica. Y nada podría estar más alejado de la verdad, ni más lejos del corazón de Dios.

—¿Recuerdas lo que respondió Jesús cuando le preguntaron cuál era el mandamiento más grande?

—Ama a Dios y a tu prójimo —dijo Rebeca.

—Estuviste cerca, pero no es la historia completa. Dijo que el primer mandamiento es "Amar al Señor tu Dios con todo tu corazón, con toda tu alma, con toda tu mente y con toda tus fuerzas". En otras palabras, amarlo con todo el ser. Luego dijo que el segundo mandamiento es: "Amar a tu prójimo como a ti mismo". Acertaste en decir que las dos cosas son amar a Dios y al prójimo. Pero Él está dando por sentado que ya te amas a ti misma. Y esto no quiere decir que te ames *más* que a los demás. Ámate y cuídate bien a ti misma y entonces trata a los demás como lo haces contigo. De esa forma, todos serán tratados bien, ¡incluida tú!

»Rebeca, ¿te das cuenta de que eres el templo del Espíritu Santo? La Biblia lo dice muy claramente en 1 Corintios capítulo 3. Ni el mundo ni tú parecen comprender completamente que Dios dice que esta parte de ti —hizo un gesto hacia su corazón—, es tan preciosa, tan valiosa y tan inestimable que no se pueden hacer las cosas a medias. Es la parte de ti que vive en el lugar santísimo de tu templo personal. Dios te ordenó a ti, no a Pablo, que seas el mayordomo o el portero de tu templo.

»¿Recuerdas el templo original del Antiguo Testamento? Había un patio en el cual el pueblo podía reunirse . . . había un santuario interior . . . y más allá, el lugar santísimo. ¿Y a cuánta gente se le permitía el acceso a esta área sagrada del templo?"

—A una sola persona —dijo Tomás.

Rafael sonrió. Contaba con que el predicador iba a saber la respuesta a esa pregunta.

—Sí —concordó Bob—. Sólo el sumo sacerdote podía entrar al lugar santísimo. ¿Y sabes qué clase de condición tenía que cumplir este hombre antes de poder entrar? ¿Alguien sabe? —Bob mismo respondió—. Ser puro, recto, santo y sin mancha. Y en el caso de que no lo fuera, ¿qué tenían que hacer los otros líderes religiosos? Tenían que atar una soga alrededor de su tobillo, para que en caso de que se desmayara o muriera ahí, pudieran arrastrarlo afuera tirando de la soga. Sólo una sola persona podía entrar a ese lugar sagrado y santo.

»Tu santuario interior, Rebeca, es igual de sagrado. Tú eres el templo del Espíritu Santo. Sin embargo, la mayoría de la gente que conozco no tiene la menor idea sobre lo preciosa y sagrada que es esta parte del templo. Muchos de nosotros actuamos como con nuestros amigos y conocidos en un autobús turístico, y gritamos: '¡Hey, entren! Vengan a visitar el lugar santísimo. ¡Llévense un souvenir a la salida!'

Rafael sabía algo de la rica simbología del lugar de adoración del Antiguo Testamento, con sus medidas precisas, sus normas de pureza y las pautas especiales que Dios estableció para mantenerlo santificado y puro . . . y estaba registrando una imagen verbal que permanecería con él para siempre.

Bob continuó: —Dios estableció muy claramente que hay un lugar dentro de ti que es tan valioso que si alguien más tiene acceso (lo ideal sería que fuera una sola persona), y si esa persona desaprovecha ese derecho a entrar, tienes que poner las reglas. Quizás estés dispuesta a darle otra oportunidad, e incluso reiteradas oportunidades. Eso es cosa tuya. Yo sólo ruego que puedas entender con claridad contra qué estás luchando, Rebeca.

Rafael notó que Rebeca seguía preocupada. Él se imaginaba que necesitaría tiempo para que este nuevo paradigma causara efecto.

—Pero no soy una persona común, Bob —insistió Rebeca—. Puedes quitarme todo: Mi ropa, mi auto, mi casa, mi estilo de vida, lo que quieras. Me gusta la moda, pero comparándolo con recibir el amor de mi esposo, las cosas materiales no valen nada para mí. He estado tan deprimida los últimos meses que ni siquiera podía vestirme o peinarme. Esto . . . —hizo un gesto amplio para mostrar sus ropas costosas, sus joyas y maquillaje—, no me hace feliz. Renunciaría a todo lo que tengo, me presentaría frente a ustedes hoy mismo usando ropa de arpillera, si pudiera tener a mi esposo otra vez conmigo.

—Eso me horroriza —dijo Bob. Rafael se sorprendió por su franqueza. Rebeca debía haberse sorprendido también, porque pareció querer retractarse.

—Así es como lo veo —fue su única respuesta.

—Lo entiendo, ¿pero sabes qué me indica esto? Me doy cuenta de cuánto amas a Pablo. No veo que esto sea un problema. Es la falta del mismo amor a ti misma, el hecho de que estés dispuesta a humillarte, a tratarte de esa forma. Eso es lo que me asusta, Rebeca. No hay manera de que puedas sentirte segura contigo misma si te tratas de ese modo.

—Pero esa es la verdad.

—Ya lo veo. Si te miras con dureza, ¿qué ves?

—No lo sé.

—Estoy profundamente preocupado al respecto, y quiero que pienses con cuidado en esto. Es un problema serio. Permíteme que te lo pregunte de este modo: ¿Tienes alguna idea de lo que ve el Señor cuando te mira?

—En realidad, no.

—¿Qué opina de ti?

—Creo que me ama o yo no estaría aquí.

—Bien. ¿Tienes alguna idea de cuán profundamente te ama Él, con cuánta pasión?

—Creo que lo sé. Jesús me amó tanto que se dejó colgar en una cruz por mí. Él dio su vida por mí. ¿Por qué haría yo menos por mi esposo?

—Rebeca, estoy agradecido que ames tanto a Pablo. Es asombroso. Dios también lo ama de esa manera. Eres tú, sin embargo, la que está perdida en esta relación, no Pablo. Imagina que estás mirándote al espejo por un momento. ¿Qué ves y cómo te sientes?

—Estoy bien. Soy razonablemente atractiva. Soy una persona decente.

—¿Alguna imperfección?

Ahora ella estaba recurriendo a otro pañuelito de papel.

—No entremos en ese terreno, Bob —sus ojos comenzaron a ponerse vidriosos.

—¿Cómo te sientes con la idea de tener que cuidar de ti misma, especialmente en lo emocional?

—Bien.

—Rebeca —Greg interrumpió—, nosotros consideramos que con la palabra *bien* solemos encubrir *sentimientos* internos que *no* expresamos.

—Claro, es muy parecido a como me siento ahora —admitió.

—¿Rebeca? —la alentó Bob. Rafael entendía que era necesario que ella se pusiera en contacto con sus sentimientos antes de poder hacer cualquier progreso, y ella los había ocultado detrás de un muro interior—. Háblame de tus hijas.

—Gracias. ¡Eso es algo que en verdad me gusta! —Rebeca se veía calmada—. Amo a mis hijas más que a la vida. Haría cualquier cosa por ellas —dijo enérgicamente.

—Descríbeme el momento en que las viste por primera vez, cuando cada una de ellas nació, cuando las tuviste en tus brazos por primera vez. Cuéntame qué viste en ese momento.

—Eran hermosas . . . ¡perfectas!

—¿Cómo te sentiste respecto a ellas?

—No sabía que yo era capaz de amar tanto a alguien.

—Está bien. Ahora quiero que te tomes un minuto y compares qué sientes por las niñas y qué sientes por *ti*. ¿Hay alguna diferencia? ¿Cómo sientes el tener que cuidarte a *ti* misma comparándolo con cuidarlas a *ellas*?

—Me *encanta* cuidar de ellas, aunque a veces es un gran reto. Es mi tarea y ellas me necesitan. En cambio *tolero* cuidar de mí misma porque tengo que hacerlo.

—¿Estás diciéndome que te encanta cuidarlas porque es tu trabajo?

—No, ¡me encanta porque son extraordinarias!

—Y cuidarte a ti misma es diferente porque . . .

—No hay punto de comparación entre las niñas y yo. Ellas son preciosas, hermosas y perfectas. Todavía son inocentes y puras. Son muy diferentes a mí. Yo estoy estropeada. Después de un tiempo, la vida opaca el brillo que hay en ti, y aunque cubras las imperfecciones exteriores, eso sólo sirve para ocultar la desilusión interior.

—¿Qué piensas que ve Dios cuando te mira?

—Él me ama —respondió ella dándolo por sentado.

—¿Crees que se siente conmovido por ti?

Esa pregunta la llevó a pensar un instante.

—No. Creo que él está decepcionado por mi culpa. Le he fallado tantas veces…

—Entonces en realidad piensas que *tú* amas más a *tus* hijas de lo que Él ama a sus hijos.

—Ellas son sus hijas.

—Tú también lo eres. Y estoy seguro de que así como amo a mis hijos, no puedo dejar de amar a Dios. Estoy seguro de que Él te ama con pasión, hasta la muerte. Imagina que tus niñas se hicieran adultas y tuvieran de sí la misma opinión que tienes sobre ti; imagínalas descuidándose emocionalmente y permitiendo que las traten mal. ¿Qué te parecería?

—Me desagradaría profundamente e intentaría de alguna manera inculcarles cierta sensatez.

—Yo también. No puedo soportar que mis hijos no se cuiden. A veces lo único que quiero es agarrarlos y decirles: "¿No te das cuenta cuánto vales? ¿Por qué no te cuidas más a ti mismo?" Y estoy seguro de que Dios siente lo mismo respecto a ti. Pero no me tomes la palabra. Tienes que comprobarlo tú misma.

—Esto es lo que quiero que hagas —le explicó Bob—. Esta noche quiero que pases algo de tiempo revisando, sin intentar cambiar nada, qué opinas sobre ti y cómo te tratas a ti misma. Pregúntale a Dios qué opina Él sobre ti. Pregúntale si te permitiría verte a través de su mirada y experimentar cómo se siente respecto a ti. Luego compáralo con lo que ves y cómo te sientes. No pruebes ni cambies nada por ahora. Solamente reúne información.

—Pero yo no era así antes. Cuando estaba en la universidad y antes de casarme con Pablo, yo era fuerte. ¡Esta no soy yo!

—Ya entendí perfectamente que no eras así, que vivías despreocupada y confiada. A pesar de eso, ahora tienes una sorprendente oportunidad de crecer. Lo único que te pido es que lo pienses un poco esta noche. Sé que hay gran cantidad de trabajo por hacer, y estoy seguro de que ésta fue una pieza clave del rompecabezas que tenía que ser resuelto antes de que pudiéramos avanzar más.

UNA CONVERSACIÓN CON LOS DOCTORES
Valor propio

Con el propósito de cumplir los grandes mandamientos, que son amar a Dios y a los demás como a nosotros mismos, tenemos que entender la clave fundamental. La clave para el segundo mandamiento es la última parte: *Cómo te amas a ti mismo.* ¿Por qué? Porque el amor llega a nosotros de parte de Dios cuando nuestro corazón está abierto, dispuesto a recibir su amor y entregárselo a otros. Cuando no nos amamos, nuestro corazón está cerrado, lo cual entorpece nuestra relación con los demás. Nuestro corazón es la clave de todo el proceso. Por eso en los mandamientos más importantes no se nos ordena amarnos a nosotros mismos. Dios da por sentado que ya estamos cumpliendo esa tarea. Él nos creó para que nos amemos, pero muchos fallamos en esto. Y a menudo el motivo radica en cómo nos vemos y cómo percibimos nuestro propio valor.

¿Te cuidas debidamente en todas las áreas: Física, emocional, mental y espiritual? ¿Te consideras valioso? ¿Te gustas? ¿Te aceptas? ¿Te perdonas? ¿Te das cuenta de que además de tu relación con Dios y con los demás, tienes una importante relación contigo mismo? ¿Te tratas a ti mismo con severidad, o amablemente? El motivo de que estas preguntas sean tan decisivas es porque no podemos amar adecuadamente a Dios o a los demás, a menos que nos amemos a nosotros mismos; amamos a los demás de la manera que nos amamos a nosotros mismos.

Cuando miras las fotos de tu familia, ¿te gusta lo que ves? O ves una fila de hermosos rostros sonrientes y te miras críticamente, pensando: *¡Puaj! ¿Ése soy yo realmente?* Si te vieras a través de la lente de la cámara, quizá no te agradaría lo que ves. Algo de lo que ves, en tu comportamiento, en la respuesta de las otras personas, no te resultará agradable.

Existe el riesgo de que huyas frente a esto desagradable y guardes la cámara. Por eso la gente evita cultivar una relación franca y objetiva consigo misma, porque tiene miedo de lo que podrían ver. Sin embargo algunos se atreven a mirar, y cuando lo hacen, esto produce grandes beneficios en su relación con Dios, con los demás y con ellos mismos.

Aunque es bueno vernos a través de la lente de una cámara, muchos de nosotros utilizamos la lente equivocada. A veces usamos la de Hollywood cuando filma a actores y actrices mayores de edad, con cámaras indulgentes que les borran las arrugas. Otras veces usamos lentes que distorsionan, como en la casa de los espejos, lo cual nos muestra más desagradables o deformes de lo que somos.

La lente más objetiva y veraz es la de Dios. Como ya he mencionado, muchas veces cuando te miras a través de la lente de la cámara, lo que ves no es agradable. Otras, es demasiado favorable. ¿Cómo podemos estar seguros de que mirándonos a través de la lente de nuestra cámara tenemos una imagen exacta? Si quieres una visión sana de ti y de tus relaciones, hazlo a través de la lente de Dios. En otras palabras, tenemos que estar dispuestos a ver a través de los ojos de Dios.

Es fundamental que sea Dios que nos provea de la lente. Su lente es la más precisa: Nunca te retrata mejor de lo que debiera, pero siempre muestra tu verdadera belleza interior. Esto es exactamente lo que dicen las Escrituras: "La gente se fija en las apariencias, pero yo me fijo en el corazón" (1 Samuel 16:7). Dios nos ve como realmente somos.

Cuando tienes una relación saludable con Dios, estás en la mejor posición para verte de la manera que lo hace Él, lo cual redundará en una relación más saludable contigo mismo y con los demás. Cuando tu relación con Dios está desequilibrada, no puedes verte con objetividad. Necesitamos repetir la oración del apóstol Pablo: "Pido también que les sean iluminados los ojos del corazón" (Efesios 1:18). Necesitamos que nuestro corazón vea lo que ve Dios cuando nos mira.

¿Cómo te ves? ¿Te consideras valioso, precioso, inestimable? ¿Te honras a ti mismo? La honra es una forma de ver con precisión el inmenso valor de alguien creado a la imagen de Dios. Él nos ha creado únicos, con dones únicos y personalidad única. Él nos ve singulares y valiosos. Cuando nos vemos como Dios nos ve, cuando reconocemos y afirmamos nuestro valor, ayudamos a crear un entorno seguro que favorece el crecimiento de nuestra relación con nosotros mismos.

Pero no puedes afirmar ese valor si primero no reconoces que somos personas de un valor sin límites, hechos a la imagen de Dios y dignos de gran honor.

Imagínate que Dios en persona te hace un autógrafo. ¿Te sentirías emocionado de ser visto con alguien que se hace responsable del autógrafo personal de Dios? ¿Acaso no querrías tener una foto con esa persona y colgarla en un lugar importante en tu casa? Nosotros tenemos el autógrafo de Dios escrito en nuestros corazones: "Es evidente que ustedes son una carta de Cristo, expedida

por nosotros, escrita no con tinta sino con el Espíritu del
Dios viviente; no en tablas de piedra sino en tablas de carne, en los corazones" (2 Corintios 3:3).

Nos honramos a nosotros mismos cuando nos vemos
y nos tratamos como regalos increíbles de Dios. Cada uno
de nosotros tiene un valor incalculable como creación
única y divina. La vida es mucho mejor para todos cuando
nos tratamos como tesoros invaluables. Jesús nos dijo:
"Porque donde esté tu tesoro, allí estará también tu corazón" (Mateo 6:21). Cuando te consideres como un tesoro, tu corazón te seguirá, así como tus palabras y tus
actos. A la inversa, si te consideras un pedazo de basura
(o menos), tu corazón, tus palabras y tus actos demostra-
rán eso. Cuando no te valoras, cuando no te ves como un
tesoro, das lugar a la insensibilidad del corazón. Y esa
insensibilidad es el beso de la muerte para una relación,
especialmente contigo mismo. Cuando alguien es insensible consigo mismo, puede ser descrito como aislado,
cerrado, apagado, insensible a la vida, distante, indiferente, exánime, despiadado o emocionalmente aprensivo.
¿Te sientes así? ¿Te acusan los demás de ser así? Nuevamente, el peligro es que un corazón cerrado nos desconec-
ta de nuestras relaciones con Dios, con los otros y con
nosotros mismos.

Si aún tienes dudas sobre tu valor, considera lo que tu
Padre celestial te dice:
- Quizá no me conozcas, pero yo sé todo sobre ti
  (lee el Salmo 139:1).
- Fuiste hecho a mi imagen (lee Génesis 1:27).
- En mí vives, te mueves y existes (lee Hechos
  17:28).
- Eres mi descendiente (lee Hechos 17:28).
- Te conozco antes que fueras concebido (lee
  Jeremías 1:4-5).
- Te escogí cuando diseñé la creación (lee Efesios
  1:4, 11-12).

- No fuiste un error, pues todos tus días están escritos en mi libro (lee el Salmo 139:16).
- Yo determiné el día exacto de tu nacimiento y dónde habrías de vivir (lee Hechos 17:26).
- Has sido admirable y maravillosamente creado (lee el Salmo 139:14).
- Te di forma en el vientre de tu madre (lee el Salmo 139:13).
- Te traje al mundo en el día de tu nacimiento (lee el Salmo 71:6).
- Eres mi tesoro preciado (lee Éxodo 19:5).

Cada hombre y mujer creados por Dios (y eso te incluye) ha sido hecho a la imagen de Dios. Eso quiere decir que eres una persona de un valor increíble, tanto como lo son tus hijos, tu cónyuge, tu prójimo o tu amigo.

Pero, ¿existe alguna diferencia en cómo ves a tus hijos o amigos y cómo te ves a ti mismo? Si tienes un hijo, imagina la primera vez que posaste tus ojos en él. ¿Qué sentías por él? ¿Era la criatura más hermosa y valiosa del mundo? Apuesto a que harías cualquier cosa para cuidarlo y protegerlo. Ahora, ¿qué crees que ve Dios cuando te mira a ti? ¿Hay alguna diferencia entre cómo ves a tu hijo o hija y cómo te ves a ti mismo? Si la respuesta es afirmativa, quiere decir que has perdido de vista algo muy importante acerca de ti. Es difícil comprender el amor que Dios tiene por ti, porque aun si fueras la única persona sobre la faz de la tierra, Él habría enviado a su Hijo a morir por ti. Ese es un amor asombroso. Y su amor por nosotros surge de cuán valiosos somos para Él.

Entonces, como persona hecha a la imagen de Dios, y por consiguiente de inestimable valor, ¿mereces ser tratado bien? Por supuesto que sí.

Si has depositado tu fe en Jesucristo eres aún más valioso, porque la sangre de Cristo ha sido derramada para que tengas vida eterna. El apóstol Pedro nos dice: "Como bien saben, ustedes fueron rescatados de la vida absurda que heredaron de sus antepasados. El precio de su rescate no se pagó con cosas perecederas, como el oro o la plata, sino con la preciosa sangre de Cristo, como de un cordero sin mancha y sin defecto. Cristo, a quien Dios escogió antes de la creación del mundo, se ha manifestado en estos últimos tiempos en beneficio de ustedes" (1 Pedro 1:18-20). ¿Derramaría Dios la preciosa sangre de Cristo por alguien a quien no considerara precioso?

Más aún, si perteneces a Cristo, Dios está trabajando ahora mismo dentro de ti para que reflejes cada vez más, como en un espejo, la bondad y la gloria de Cristo. Pablo dice: "Así, todos nosotros, que con el rostro descubierto reflejamos como en un espejo la gloria del Señor, somos transformados a su semejanza con más y más gloria por la acción del Señor, que es el Espíritu" (2 Corintios 3:18).

¿Maltratarías a Cristo? ¿Lo desatenderías? Entonces, ¿desatenderías o tratarías mal a alguien que se parece cada vez más a su imagen, como tú?

¡Y cada vez se pone mejor! En este momento, ahora mismo, Dios en persona está fijando residencia en tu cuerpo físico. La Biblia llama a tu cuerpo el templo del Espíritu Santo, el templo de Dios (lee 1 Corintios 3:16; 6:19; 2 Corintios 6:16). Quizá te preguntes: ¿Le afecta en algo a Dios la manera en que tratamos su templo? ¡Más vale que creas que sí! Pablo le escribe a la iglesia: "Si alguno destruye el templo de Dios, él mismo será destruido por Dios; porque el templo de Dios es sagrado, y ustedes son ese templo" (1 Corintios 3:17).

¿Le da esto un giro a la forma en que te ves a ti mismo? ¡Debería hacerlo!

Necesitamos vernos franca y objetivamente. Dios quiere que desarrollemos una relación saludable con nosotros mismos. Deberíamos vernos como personas de valor porque Dios nunca hace basura. Dios nos ve tan valiosos que entregó su propia vida por nosotros. Recuerda: Antes de que puedas cuidar apropiadamente de ti y experimentar el honor y el privilegio de cuidarte a ti mismo, debes reconocer y aceptar tu valor. No puedes cuidar lo que no valoras, y si lo intentas, lo sentirás como una obligación. Donde esté tu tesoro, allí también estará tu corazón.

—¡Esperen! —Rafael no podía quedarse tranquilo ni un minuto más—. ¿Qué pasa con Pablo? Él ha estado sentado en silencio toda la sesión. ¿Cuándo tendrá que empezar a responsabilizarse por sus actos?

—Honestamente, Rafael —dijo Bob—, aunque sea duro, quizá Pablo nunca elija hacerse responsable por sus actos —todas las miradas cayeron sobre Pablo—. Quizá él transfiera la culpa o intente ignorar sus responsabilidades, pero es completamente responsable por lo que hace, lo acepte o no. Como todos nosotros, él tendrá que presentarse ante Dios y rendir cuentas de todas las decisiones que haya tomado, y de lo que haya hecho con la vida que Dios le dio. No hay escapatoria.

—¡Ah! —Rafael pudo volver a respirar.

—Pero —continuó Bob—, como ves, aquí hemos estado hablando de la contribución de Rebeca a su propio problema; cosas con las que ella ha lidiado. Rebeca, por favor, quiero que sepas que nada de esto implica que la infidelidad de Pablo sea de alguna manera culpa tuya —miró al grupo—. Recordemos los tres viajes: El de Rebeca, el de Pablo y el de su matrimonio. Rebeca es responsable de su viaje. Ella puede experimentar personalmente la plenitud de la vida que Dios quiere para ella. Pero son necesarias dos personas para lograr un gran matrimonio. ¿Esto aclara tu pregunta? No estoy sugiriendo que ella tenga que cargar con la responsabilidad de la decisión de Pablo de tener una aventura amorosa. Esa decisión fue hecha durante el viaje de *él*.

»No importa lo que Rebeca haya estado haciendo con su vida o en la relación, o cómo esto haya hecho sentir a Pablo; él tenía muchas opciones para reaccionar. Al parecer, ninguno de los dos tenía idea sobre cómo manejar las desilusiones y las frustraciones.

Pero ambos fueron dotados de poderosos recursos para elegir opciones más saludables y hacerse completamente responsables primero de sí mismos, y luego de su matrimonio.

Rafael asintió, todavía nervioso, pero absorto en sus pensamientos. Rebeca seguía pareciéndole imponente, hasta atractiva, pero su preocupación por el bienestar de ella ahora sobrepasaba la consideración de su belleza física. Le había echado una mirada a su corazón infantil, y estaba tan preocupado por ella como lo estaría por sus niñas en el club de chicos y chicas. *Esto es lo que debe ver Jesús*, pensó.

Bob se dio vuelta hacia Rebeca.

—Cuando todo haya sido dicho y hecho —dijo Bob—, mi oración es que puedas comprender completamente la inexplicable belleza y lo precioso de tu corazón, de tal manera que jamás vuelvas a permitir que alguien lo trate sin cuidado, ni siquiera tú misma.

El parpadeo de Rebeca no pudo contener más sus lágrimas, que comenzaron a bañar sus mejillas.

—Pensaba que haría cualquier cosa para lograr que Pablo regresara —suspiró ella.

—¿Y . . . ? —urgió Bob.

La encantadora esposa del médico pensó durante un lapso que a Rafael le pareció muy largo. Finalmente habló y parecía que lograr que las palabras salieran le causaba un gran sufrimiento físico.

—Creo que pensaba que yo no valía nada. Y cuando Pablo me abandonó, de alguna manera sentí que todo lo que mis padres me hicieron era verdadero, y que mi actual vida de ensueño no era real después de todo.

—Esa fue la parte más dura de tu lección —dijo Bob amablemente—. Pero ¿cuál es el resto de la historia?

Rebeca se tomó un momento para reflexionar. Luego sonrió.

—Quiero creer en lo que dijiste sobre el lugar santísimo.

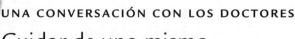

UNA CONVERSACIÓN CON LOS DOCTORES

Cuidar de uno mismo

Cuidar de uno mismo es aceptar la responsabilidad personal, centrada en lograr la plenitud mental, física, espiritual y emocional. Es el segundo paso para salir de la Danza del Miedo, y cuando lo damos, crea mayor seguridad en el matrimonio. Comienza cuando reconoces la verdad acerca de quién eres, tu identidad y tu valor para Dios. El logro final del cuidado personal es la obediencia al mandamiento más importante: Ama al Señor tu Dios con todo tu corazón, alma, mente y fuerza (un acto de dar y recibir, y el acto fundamental de amor propio), y ama a tu prójimo como te amas a ti. Este proceso permite que te conviertas en un vaso lleno y así podrás dar de tu abundancia. El cuidado propio se refiere a la plenitud.

Somos llamados a amar al Señor con todo nuestro ser, pero siendo que el amor proviene sólo de Dios, primero debemos estar llenos de su amor. "Nosotros amamos a Dios porque él nos amó primero" (1 Juan 4:19). En la medida que permitamos que nos llene el amor de Dios, la esencia de la vida, estaremos verdaderamente amándonos a nosotros mismos. Una vez que estamos llenos de su amor, amar a Dios y a los demás se vuelve algo natural.

Esta pauta de dar y recibir, recibir y dar, es el fundamento sobre el cual Dios creó el mundo, de modo que toda la vida humana está basada en esta premisa.

Tropezamos con serios problemas relacionales cuando miramos más a otras personas que a Dios, como fuente de nuestra plenitud. Una relación sana y sostenible es aquella en la que dos personas tienen a Dios como su fuente, están verdaderamente llenas, y luego comparten las bendiciones una con la otra y con el resto del mundo.

Cuidar bien de ti mismo es *siempre* un beneficio para todas las partes involucradas, porque no puedes dar lo que no tienes. Recibir y dar a cambio son partes integrales del buen cuidado personal. Si recibes y no das, lo que acumulas se echa a perder y se vuelve inútil. Si das y no recibes, con el tiempo estarás vacío. La excelencia en el cuidado personal, entonces, requiere encontrar un equilibrio sano entre dar y recibir. El cuidado personal incluye la conexión de corazón, espíritu, mente y cuerpo:

- El cuidado mental abarca leer libros, participar de conversaciones mentalmente estimulantes, y escuchar enseñanzas o consejos que estimulen tu pensamiento.
- El cuidado físico implica ejercitarse, comer sano, dormir lo necesario y dedicar tiempo al descanso.
- El cuidado espiritual comprende leer la Biblia, orar, alabar, leer libros cristianos y tener conversaciones relacionadas con tu fe con otros creyentes.
- El cuidado emocional incluye que Dios te ame y te anime, que te ames a ti mismo, que prestes atención a tus deseos emocionales con cuidado y compasión, y que te hables a ti mismo con amabilidad.

La gente a menudo evita el cuidado personal porque piensa que es egoísta. En realidad es lo contrario. Cuanto más lleno estés, más tendrás para dar. Cuanto más tengas para dar, más capacitado estarás para servir a Dios y a los demás. No hay nada egoísta en eso. Jesús dice: "Yo he venido para que tengan vida, y la tengan en abundancia" (Juan 10:10). Su deseo es que nuestro corazón esté lleno, para que cuando demos, nuestro amor emane de la abundancia de nuestro corazón en lugar de hacerlo de una reserva pequeña.

La intensidad de la tarde había pasado y el grupo había disfrutado de una agradable cena, aunque un poco apagada. Pamela estaba sintiendo un dolor en el pecho, dolor que ella había ocultado y se había negado a reconocer durante casi veinte años. Jamás se había permitido recordar los sueños, los anhelos secretos, que ahora estaban despertándose en ella. Para Pamela, el matrimonio había sido un acto de obediencia, un servicio. Más que un sentimiento deseado o realizado como el de ser la ayuda idónea de su esposo, se sentía como un armario viejo y vacío. No, ella no podía permitir que sus pasiones se despertaran ahora; podrían matarla. Solamente podría sobrevivir negando sus sentimientos.

Pamela no quería morir, como había dicho bruscamente durante la sesión. Sólo quería que algo cambiara. Desesperadamente. Ella quería sentir. Al reprimir sus sentimientos, sus preocupaciones habían cesado. Eso había calmado el dolor, pero cuando dejó de preocuparse, se asustó. ¿No era ésa la última parada? Al principio no había comenzado encerrándose en el baño durante horas, usando vestidos de talla grande o dándose atracones de comida . . .

Se había encendido una luz cuando estaba con Victoria la noche anterior, como si se hubiera encendido en el armario. En el sereno, la presencia de la mujer mayor era como una hermosa prenda colgada en el oscuro vacío. Y en la seguridad de la sala de consejería, los mensajes estaban siendo escritos en las paredes del corazón de Pamela. Se atrevió a decir cosas que había guardado por años. Nadie le dijo que tuviera más fe o que orara más. A diferencia de su vida en la iglesia, no tenía que usar la poca energía que le quedaba para eludir conversaciones duras y situaciones incómodas.

Casi creía que podía permitir que sus pasiones secretas, discretamente escondidas estos veintiún años, salieran a la superficie cuando estaba con sus nuevos amigos. ¿Se atrevería ella a tener en cuenta sus anhelos perdidos por el arte, la poesía y los amigos? Ésta fue la "complicidad no expresada" que había manifestado a Victoria Templeton, y su visita esa noche había despertado una nueva esperanza. Aunque todavía la puerta al corazón de Pamela no estaba completamente abierta, ahora estaba sutilmente entreabierta.

Ahora, en la segunda tarde de los encuentros intensivos, Pamela se sentó en un acogedor rincón del piso principal de la Casa Bradford para leer un libro de poesía que había encontrado. Su esposo entró en la habitación y caminó hacia ella. —¿Qué está pasando contigo —Le dirigió una mirada exasperada—. No sabía dónde estabas. ¿Qué es eso?

Tendió la mano hacia el libro, pero ella lo mantuvo fuera de su alcance diciéndole que era un libro de poesía de Emily Dickinson. Él le respondió que había esperado que ella estuviera en el cuarto, planchando su camisa de algodón para el día siguiente. —Estás enferma?

Esto no se parecía al amor. Se sentía cansada. Intentó contestarle amablemente, para explicarle que ella estaba tomándose la tarde para relajarse y disfrutar en soledad.

—Pame . . .

—Por favor —lo interrumpió ella—. No quiero más confrontaciones, no esta noche. Lo siento, pero estoy cansada, es tarde . . . No se trata de ti.

Ella se estaba saliendo de las reglas. Había hablado de manera inexpresiva, sin mirarlo a los ojos. Ahora se había vuelto hacia él, permitiéndole ver su rostro. Él advirtió que había estado llorando, pero a ella no le importó.

La estudió por un momento, casi comprendiéndola. Ella vio que algo de lo que había hecho había generado una respuesta en su marido. El color de su rostro se esfumó y salió de la habitación hecho una furia.

Ahora estaba agitada. Se puso de pie y se sostuvo contra el respaldo de la silla en lugar de seguir a su esposo. *"Estoy bien. Realmente lo estoy."*

❁ ❁ ❁

Victoria estaba callada, detrás de Carlos, quien estaba parado frente a la enorme chimenea en la sala grande. Quería estirar la mano y tocar el rostro de su esposo, o al menos su manga. Luego de sentarse en el grupo todo el día y observar a los demás (a Rebeca, por ejemplo), luchando contra sus inseguridades mientras confrontaban valientemente sus temores más grandes, Victoria se sintió fortalecida. Ella también podía permitir que cayeran algunos muros de protección. También había sido confirmada en su necesidad de cuidarse a sí misma. ¿Lo habría entendido Carlos?

Se preguntaba cada vez más qué estaba sucediendo en el corazón de su esposo. Sabía que el ejercicio de Rebeca lo había afectado; había visto la agonía reflejada en su rostro durante la sesión vespertina. Su hija, Abril, tenía la edad de Rebeca, y Carlos la protegería celosamente a cualquier costo. Pero Victoria había visto algo más, algo más que la típica respuesta masculina a una hermosa doncella en peligro. Se preguntaba si el ejercicio de Rebeca había comenzado a despertar el corazón de Carlos. En ese sentido, la terapia de grupo era maravillosa: Mientras uno escuchaba a los demás, sus propios asuntos subían a la superficie con mayor claridad que cuando uno se ocupaba de ellos directamente.

Esta sala era la preferida de Carlos en la Casa Bradford, quizá porque era la más parecida a la impresionante biblioteca de su casa. Los encargados de la casa habían encendido un fuego para quitar la fría humedad de la gran habitación. Las chispas saltaban y silbaban contra el telón de fondo de la música, que sonaba suavemente. La sala olía a fragancia de pino quemado.

Cada elemento combinado con los demás ayudaba a crear una atmósfera donde las defensas caían fácilmente. La envolvía el silencio de su esposo, aunque no resultaba del todo incómodo. A decir verdad, no le interesaba un hombre que hablara demasiado.

Pero tampoco quería ser ella la que iniciara la reconciliación. Quizá sólo se tratara de lo que era justo; había sido ella la que lo había alejado. ¿Era simplemente por preservarse que se había encerrado en sí misma para cuidar de su alma herida? Nada de eso era realmente importante ahora. Lo único que ella quería saber era si su apuesto caballero se acercaría . . . y si lo hacía, ¿sería ella capaz de manejar la situación?

Victoria sabía que necesitaba ser paciente. Estaba asombrada del enorme cuidado, la paciencia y el tiempo que Greg y Bob habían dedicado para crear un lugar seguro donde su esposo pudiera explorar su corazón. Durante los dos días pasados, con mimos delicados y hasta deliberados, los terapeutas habían sacado a la luz, amablemente, temas que habían permanecido enredados por muchos años y embrollados en la vigorosa forma de ser de Carlos. Al principio, las largas pausas durante el trabajo la habían inquietado y puesto ansiosa. ¡Qué difícil era no hablar ni llenar los huecos que dejaba Carlos, como había hecho ella durante la mayor parte de su matrimonio!

En ese momento Al Green, uno de los artistas de música tradicional favoritos de Carlos, sonó en la radio cantando "Todo va a estar bien". Y asomó una tímida sonrisa en su rostro mientras se volvía hacia ella.

—¿Me permites esta danza? —le preguntó, inclinándose ligeramente con una reverencia. Ella se puso tensa sin quererlo; él la sostenía amablemente por la cintura.

—Carlos —suplicó ella.

Bailaron, lenta y torpemente al principio. ¿Cómo era posible que ella bailara con los mejores percusionistas africanos y sin embargo perdiera su fuerza, su identidad, en el abrazo de un simple vals?

Él se detuvo y buscó en su mirada el motivo de la resistencia.

—Relájate, Victoria —le dijo con ternura—. Muévete conmigo. Si no te gusta esta música, podemos buscar algo más acorde a tu gusto.

Todo su ser ansiaba descansar en él. Pero su mente se resistía. Era bueno sentir su contacto, muy bueno . . .Pero su flamante independencia luchó implacablemente. Lo único en lo que ella podía pensar era en la cantidad de botones de su ser que su encantador esposo estaba accionando. Con todo su corazón quería ser dulce y no desilusionarlo. Pero tenía miedo de ser absorbida al precio de perderse a sí misma. No se sentía segura.

—Vamos —dijo él cuando la canción culminó, soltando lentamente su mano—. ¿Estuvo tan mal? —Escondiendo su tembloroso mentón, ella luchó por contener las lágrimas y salió corriendo de la sala.

❂ ❂ ❂

Mientras Rebeca y Pablo regresaban a su cuarto después de la cena, ella se dio cuenta de que su esposo se veía preocupado. Se preguntaba si las sesiones del día lo habían disgustado más de lo que él dejaba ver. Ninguno había evitado intencionalmente al otro; simplemente se habían concentrado en arreglárselas. No habían sido capaces de brindarse suficiente consuelo o apoyo. Las sesiones habían sido intensas y los habían dejado exhaustos.

Pablo se desplomó en la cama, mirando hacia fuera de la

ventana. Quizás él no supiera qué hacer consigo mismo. La sesión que ella había vivido acerca de su propio valor había hecho posible un increíble avance, aunque de alguna manera había sido exasperante. Ella comenzaría a procesarla al día siguiente; ahora intentaría animar a Pablo leyéndole un artículo del último número de la revista *Shape*. El estar en forma siempre lo ayudaba a reanimarse. Rebeca caminó hacia el armario repleto de ropa de las mejores marcas de moda, accesorios perfectos, zapatos magníficos y las muchísimas carteras que había traído para un viaje de seis días.

—Mira lo que tengo aquí —tendió la mano hacia su bolso de viaje *Marc Jacobs*. Apartando su nueva cartera *Dooney & Bourke* que hacía juego con su pequeña mochila (una nunca sabía qué tipo de cartera necesitaría en un viaje como éste), sacó una revista—. Compré la edición de este mes en el aeropuerto —echó un vistazo a todas las páginas buscando un artículo sobre tonificación—. Me siento tan fofa. Necesito volver urgente a mi rutina de ejercicios físicos. Mira, aquí dice que necesitamos . . .

Pablo frunció el ceño. Estaba completamente ajeno al parloteo de Rebeca. Ella se sentó arrodillada en el medio de la cama. —Aquí dice que . . .

Él seguía sin escuchar.

—Está bien, quizá no es el momento —estaba asombrada por la falta de respuesta de Pablo. Se acomodó en la cama y empezó a leer en silencio. *Dejémoslo sufrir, si es lo que quiere.*

Pablo estuvo callado durante un rato. Era obvio que tenía otra cosa en la mente. Por fin, giró su cabeza hacia ella por primera vez.

—Rebeca, ¿qué piensas de Tomás?

¡Esto sí que era insólito!

Pablo continuó hablando—: . . . criticó la personalidad de su hijo hoy . . . y parece dolido por el tema. Después dijo que quizá nunca volviera a hablarle a Zacarías. No lo entiendo.

Rebeca no tenía energía como para preocuparse por el drama de Tomás. Tenía ganas de abofetear a Pablo por no prestarle atención a ella, pero en lugar de eso, le tendió la mano.

—Estoy segura de que va a estar bien. Ya escuchaste a Bob. El pastor no ha sido más que un "mal mago". Lo resolverá —dijo ella, pero una vez más el interés de su esposo por la única persona del grupo por la que se sentía repelido, la confundía. ¿Qué estaba pasando?

—Te hace pensar, ¿no? —preguntó Pablo—. Pensar por qué actúas de la manera en que lo haces . . .

Su esposo nunca le había hablado así antes. Normalmente, era ella la que comenzaba las conversaciones sobre la vida y su significado; no a menudo, por cierto, pero Rebeca no sabía cómo responder frente al hecho de que Pablo pareciera tan . . . tan . . . vulnerable. En lugar de su típica y sistemática seguridad de *playboy*, por un momento, Pablo estaba permitiéndole ver dentro de su alma. Ella no estaba acostumbrada a que él tuviera dudas.

—¿Te gustaría salir de compras, ver una película u otra cosa? —dijo ella tratando de cambiar el tema.

Él parpadeó, bebió un sorbo de su botella de agua y volvió a su estado normal.

—No, voy a darme un baño, bajar mis mensajes y buscar un lugar donde dormir. ¿Ya te ocupaste de las niñas?

❂ ❂ ❂

Pablo no podía dormir en la misma habitación con quien pronto sería su ex. Se cambió la camiseta y tomó una almohada antes de abandonar el dormitorio. Le hizo un gesto a Rebeca, que estaba hablando por teléfono, y bajó sigilosamente las escaleras para dormir en la sala de consejería.

La psiquis de Pablo estaba sobrecargada y necesitaba un poco de espacio para sí. Dio vuelta a la esquina. Le vendría bien un vaso de whisky. Un cuerpo cálido sería mejor aún . . .

Encontró a Tomás sentado allí.

Genial. Definitivamente no era esto lo que tenía en mente. De hecho, el aparatoso ministro era casi la última persona que hubiera deseado ver en ese momento. Si Pablo pensaba que podría escapar volviéndose sobre sus talones, lo hubiera hecho. Pero era demasiado tarde, Tomás lo había visto. *También podría probar ser cortés.*

—Hola.

—Hola —respondió Tomás con voz monótona, sin moverse de su posición rígida. La luz tenue de la lámpara diseminaba sombras a través de la pared, pareciéndose al monumento a Washington.

El tipo era la persona más rígida que había conocido. Sólo le quedaban dos mechones de cabello peinados con gel, el resto se veía desordenado.

Pablo recogió algunas mantas, bostezó ruidosamente y se estiró, con la esperanza de que sus gestos exagerados le comunicaran a Tomás su intención de dormir sin tener que embarcarse en una conversación profunda. Se colocó en el borde del sofá con la intención de reclinarse y metió las manos en los bolsillos delanteros de su abultada chaqueta. Había arrojado algunas astillas al fuego, pero la sala aún estaba fría. Tomás parecía no darse por enterado.

Pablo se sentó en silencio unos minutos, jugueteando con el cordón de la capucha de su chaqueta, apretándolo fuertemente alrededor de su dedo.

Tomás no se movió. Permanecía sentado, mirando hacia delante. No estaba en la posición de loto y Pablo supuso que no estaba meditando; tenía los ojos abiertos, así que probablemente tampoco estuviera orando.

¿Qué podía decirle Pablo a este hombre que hacía que se le pararan los cabellos de la nuca? Tenía que haber algo atrayente en él o no podría tener una congregación, ¿verdad? Pablo había dormido en toda clase de posiciones interesantes mientras hacía la residencia en el hospital, pero ésta era la más rara. Obviamente no dormiría demasiado; por lo tanto, supuso que podría además descubrir el lado rescatable del pastor Tomás Davis.

Se armó de una lista de frases inofensivas. Para este momento había olvidado su papel profesional que hacía que la gente automáticamente se sentara y prestara atención. En este grupo, él era un tipo más, en particular uno que había sido severamente juzgado por la persona que tenía sentada enfrente.

—Pienso que quizá tu hijo merezca otra oportunidad —*de acuerdo, una frase no tan sutil.* Pablo miró fijamente su dedo. El cordón estaba enroscado demasiado fuerte y la primera falange se le estaba poniendo morada—. Quiero decir . . . mírame a mí. He hecho cantidad de cosas estúpidas y torcidas. He defraudado a la gente. Pero siempre me han dado otra oportunidad —permitió que el cordel se desenrollara y escuchó que Tomás respiraba profundamente.

—No sabes nada de mi hijo.

—¿Por qué no me cuentas?

El diálogo comenzó de una manera un poco áspera, pero los dos hombres conversaron en medio de la noche. Pablo se sorprendió al descubrir la pasión de Tomás por Dios, por su hijo, por su familia y . . . su amor por la ciencia y cómo había soñado siempre con llegar a ser un microbiólogo.

—¿En serio? ¿Qué pasó con eso?

Tomás le explicó que sus padres habían tenido malas rachas cuando él estaba finalizando la preparatoria. Había trabajado en una tienda para ayudar a pagar las cuentas de los medicamentos cuando su padre cayó enfermo. Dos años después, en su lecho de muerte, su padre le hizo prometer que cumpliría su última voluntad de seguir el llamado de Dios para convertirse en un ministro a tiempo completo, como él mismo lo había sido. Él quería que Tomás cuidara a su congregación.

Los hombros comenzaron a pesarle por primera vez desde que llegó a Branson. Había luchado por mantenerse leal a su padre. Eso significaba abandonar su postulación a una beca universitaria. Y sabía que tampoco podría hacer realidad el sueño de su novia: El de comprarle algún día, según lo había planeado, una antigua casa victoriana. —Así que, sí: He vivido enojado toda mi vida adulta. No creo que Pamela jamás se haya sentido llamada al ministerio

. . . y yo mismo he sido un ministro bastante malo. Aunque te parezca mentira, pienso que mi enojo es lo que me hace continuar.

Ahora, a los cuarenta años, su vida estaba casi acabada, su esposa atrapada en una enfermedad directamente relacionada con sus circunstancias y su hijo lo aborrecía. —Fui leal a mi padre a expensas de mi hijo . . . de mi familia. —Suspiró tan profundamente, que Pablo se dio cuenta de que era la primera vez que su compañero nocturno daba a conocer su secreto.

—Amigo, no sé qué decirte. Contémosle esto a Greg mañana, ¿estás de acuerdo? —Pablo apretó la almohada y la empujó debajo de su cabeza—. ¿Quieres una frazada? Tenemos que dormir un poco o mañana no estaremos lúcidos en las sesiones.

—No. Duérmete tú. Yo me iré en unos minutos —Tomás se estiró para apagar la luz.

Finalmente, Pablo podía dormir. Pero no lo hizo.

En el silencio de la noche, se quedó mirando los extraños dibujos del cieloraso, trazados por la luz de una lámpara de la calle. Algo no andaba bien. Pablo no estaba muy seguro de qué era. El estado de Tomás esa noche era casi demasiado . . . demasiado . . .

Pablo se apoyó en un codo.

—Espera. Tomás, ¿cómo haces para vivir con esa clase de ira?

Siguió una larga pausa. Pablo se dio cuenta de que había contenido la respiración a la espera de la respuesta de Tomás.

El hombre mayor finalmente habló.

—Francamente, he vivido con ella durante tanto tiempo, que la pregunta es si podría vivir sin ella —Tomás dejó caer varias cápsulas de calmante para el dolor en su boca y las tragó antes de salir de la habitación a oscuras.

❂ ❂ ❂

El de hoy había sido uno de los días más complicados y trascendentales en la vida de Cristina. Ni siquiera el nacimiento de sus hijos podía compararse. Era como si estuviera experimentando su propio nacimiento. Estaba siendo empujada y forzada hacia una vida que no alcanzaba a ver. Las cosas viejas estaban siendo arrancadas, permitiendo que una nueva vida ocupara su lugar.

Por segunda vez en el día, se encontró corriendo bajo un aguacero, sollozando. Había tratado de comer algo en la cena, pero en ese momento Pablo, "el señor 'Trato a mi mujer como a un perro'", había entrado al comedor. Cuando la miró con las cejas levantadas, ella perdió los estribos. ¡Parecía más preocupado por el matrimonio de *ella* que por el suyo propio!

Se había excusado a sí misma. Era una gran perdedora . . . no, no había confesado. Consternada, salió a correr bajo la lluvia y seguía haciéndolo.

La primera sesión de la mañana la había afectado. Cada mínima cosa que Tomás y Pamela abordaban, le llegaba muy hondo. Por primera vez admitió que su ira era en realidad miedo a perder el control.

Por más que lo intentara, no podía escapar de su propio juicio. Ella quería creer que era alguien de valor. Todo ese tema tenía sentido en su cabeza, pero sentía que se estaba librando una guerra dentro de ella. Su valor siempre había estado ligado a su desempeño. Y hoy había vuelto a fallar. Sintió que estaba navegando en un campo minado; había intentado contactarse con Bob para contarle su secreto pero fue interrumpida por Rebeca. Había tenido otra oportunidad, pero no se había atrevido. Parecía que el perdón era terriblemente reticente en venir.

Mientras aminoraba el paso hasta un suave trote, los pensamientos de Cristina retrocedieron hasta la noche en que había conocido a Rafael. En ese momento tenía diecisiete años, estaba inquieta y aburrida de su vida de estudiante y atleta de honor, cuidadosamente organizada. Aceptó como un reto ir a Daytona Beach con algunos compañeros de estudios. Le mintió a su madre y se escapó a escondidas el fin de semana. Ingenua como era, se encontró con varias cosas chocantes ese fin de semana en el lugar elegido para la fiesta, un campamento en la playa.

Cuando se cansó de las fiestas y las estupideces quiso volver a casa, pero era demasiado orgullosa como para llamar a sus padres. En lugar de esto, optó por correr por la playa. Lo hizo en dirección a un hombre sentado en el embarcadero, que rasgaba una mandolina, y redujo la velocidad para escuchar qué estaba cantando.

—¿Dónde ibas con tanta prisa? —le preguntó él.

Ella se detuvo. Su voz era agradable y para nada chillona, como la de los universitarios deportistas con los que Cristina estaba tan acostumbrada a hablar.

Nada de su imagen parecía concordar con la única realidad que ella conocía. Rafael no tenía intención de mantener ninguna apariencia y no demostraba que le importara si ella se quedaba o seguía corriendo. El brillo de sus ojos la fascinó.

Ella se había entretenido observando sus manos enormes y suaves tocando el instrumento. Él tenía una sonrisa pícara que asomaba en sus labios, sin abrirlos completamente, lo cual la animó a bajar la guardia. Terminaron sentados cruzados de piernas en la camioneta de él, sobre almohadas de terciopelo gastado, bebiendo brebajes orgánicos caseros, conociéndose el uno al otro, hablando en la noche. El aroma acre del incienso siempre le hacía recordar aquella primera noche. Se había sentido segura y respetada. El olor del mar . . . el estallido de las olas . . . él cantando para ella. La había besado en la nariz. Y había jugado con su cabello. Ella nunca volvería a ser la misma.

Con Rafael, ella había encontrado una cruda y auténtica cualidad de la vida. Él era real y había amado cosas de ella que nadie más siquiera sabía que existían. La gente veía lo que quería ver, y la familia de Cristina, sus profesores y entrenadores querían que ella fuera una estrella. Cristina era valiente y rápida, una atleta estrella, siempre practicando, aunque Rafael había mirado debajo de su fuerte apariencia exterior y había encontrado algo más.

¿Por qué había sido ella lanzada hasta el extremo contrario? ¿Qué la había arrastrado a la mentira? Luego de haberse pasado al polo opuesto, ella trataba de descubrir adónde pertenecía.

Le daba vergüenza haber permitido que la definición mundana de éxito la alejara tanto del único hombre que había amado. ¿Cómo había permitido que ese puñado de "juicios" definiera el valor de su esposo? Lamentaba que por haberlo juzgado y limitado no hubiera brindado la suficiente seguridad a Rafael como para que se abriera y diera a conocer sus sentimientos.

"Jesús, tú cargaste todo esto sobre tus hombros. Lo lamento. Lo lamento tanto", gritó ella al cielo lluvioso.

❁ ❁ ❁

Con un gesto de Pablo, Rafael había dejado su cena a medio comer y había salido a buscar a su esposa en la lluvia torrencial. Le preocupaba su seguridad en medio de esa tormenta que estaba poniéndose más tenebrosa. Afortunadamente, ella no había abandonado el camino principal y fue fácil encontrarla.

—¡Cristina, vuelve aquí! ¿Qué estás haciendo? —se quitó la camisa y envolvió a su menuda esposa, que temblaba violentamente.

—No sé, Rafael. Es que tenía que alejarme de todo. Por favor, no me preguntes nada más, ¿de acuerdo?

—Está bien. Pero vayamos adentro, así te secas —deseaba poder hacer algo más para ayudarla. Pero al menos no habían discutido mientras la llevaba de regreso a la Casa Bradford.

Una vez en su cuarto, Rafael se cambió de ropa y bajó a la cocina para traerle un poco de té, dejándola para que se diera un baño caliente. Milagrosamente él no se había enfriado como ella.

Rafael regresó a su habitación y encontró a Cristina sentada en la cama con una toalla envuelta alrededor de la cabeza y su bata fuertemente atada en la cintura. Ella subió sus rodillas hasta el mentón, aceptó la taza de té que él le había traído, y bebió a sorbos el líquido caliente.

—¿Hay algo que quieras decirme? —esperaba haberle dado suficiente espacio como para que ella se sintiera segura. Apoyó su propia taza e intentó no parecer ansioso—. ¿Qué hizo que te escaparas de esa manera?

Silencio. Cristina apretó los dedos alrededor de su taza.

—Bueno, es . . . —ella se aclaró la garganta—. Es sólo que . . .

Se detuvo y tomó un sorbo de té. Rafael pensó que parecía un poco enferma. Estaba poniéndolo nervioso.

—Rafael . . . Nunca te he dicho esto . . .

Justo en ese momento, un rayo luminoso partió el cielo y todo quedó completamente oscuro. Ambos se zambulleron en la cama para protegerse.

—¡Ese rayo sí que estuvo cerca! Tengo . . . miedo, Rafael —la tormenta bramaba y el viento furioso agitaba las ramas contra las ventanas—. ¿Cómo sabemos si no es un tornado o algo así? —los relámpagos partían el cielo y los truenos sonaban como bombas explotando en un campo de batalla.

◎ ◎ ◎

Luego de que pasó lo peor, Cristina permitió que Rafael se alejara de su lado sólo para encender una vela que él había visto en el baño.

Cuando desapareció el efecto inicial de la terrible tormenta, ambos se abrazaron, riéndose del temor hasta que les dolió el estómago. Eso hizo que Cristina se preguntara si ellos podrían aceptar sus mutuas inseguridades, como Bob había sugerido. Nunca supo qué parte de su vida estaba controlada por el temor.

Rafael, lo único apaciblemente constante en su vida, actuaba casi tan nervioso ahora como lo había estado en su noche de bodas. No por la tormenta, ésta se había calmado hasta convertirse en apenas un chaparrón. Él se sentó, abrazándola a la luz de la vela. Ella sintió que los dedos de su esposo temblaban, y se dio cuenta de que él quería estar con ella esta noche.

Cristina se quitó la toalla de la cabeza, agitándola suavemente de un lado al otro, y sintió que su cabello caía sobre sus hombros.

Era hermosa, y esta noche lo sintió a la luz parpadeante de la vela. Negarlo habría sido falsa modestia, y Cristina se había prometido vivir la vida con sinceridad. Lo cual significaba . . . significaba . . .

—¿Rafael?

—¿Mmm? —respondió él cerca de su hombro.

—Tengo . . . algo que decirte.

Aunque a menudo se sentía ignorada por Rafael, ahora tenía su total atención. Su vulnerabilidad y sus palabras en la sala de consejería la habían conmovido profundamente. Y ahora sus suaves manos . . .

Una gran cantidad de dudas aún flotaban en el interior de su cabeza, pero el milagro había comenzado. Su Mar Rojo estaba abriéndose de par en par ante ellos, y estaban saliendo hacia la playa, volviendo a ser los compañeros que ambos necesitaban y querían ser.

Pero todo chirriaría hasta detenerse en seco, cuando unas pocas sílabas formaran las palabras: "Te he engañado". Ya no podía seguir culpándolo a él. No podía ignorarlo. Debía enfrentarlo personalmente. Primero, el miedo en los ojos de Rafael. Luego la mirada afligida, la pérdida de expresión, su rostro inocente volviéndose ojeroso y cansado, resignado a sufrir más dolor. Lágrimas. Él se apartó.

Padre amado, ¿qué he hecho?

—Rafael, lo lamento tanto. Tanto, tanto . . . Te abandonaré si así lo quieres.

—No, Cristina. Tendremos que resolverlo.

13

Era el tercer día y las parejas estaban ansiosas por volver a la sala de consejería para continuar la búsqueda de las piezas faltantes de sus rompecabezas. Rafael notaba que cada vez que Bob y Greg estaban en la sala, todos parecían respirar con mayor facilidad. No importaba qué situación terrible se estuviera presentando; si Bob y Greg estaban en la escena, era como si todo fuera a salir bien.

Greg parecía un poco dormido, pero listo para empezar.
—Hola a todos. Mientras los miro esta mañana puedo ver una amplia gama de emociones . . . claras señales del progreso que han logrado. *¡Progreso! ¿Así es como él lo llama?*, pensó Rafael.

Rafael había permanecido despierto la mayor parte de la noche, llorando y luchando con la confesión que su esposa le había hecho. No podía creer cuánto le dolía. Los dos primeros días le había fascinado el proceso que Greg y Bob habían implementado sobre la marcha: El método mismo era un mensaje. Creaban intimidad y con frecuencia dramatizaban los conceptos que querían que sus pacientes aprendieran. Y aún así, ¿qué significaba todo esto para él? ¡Nada! En este momento estaba tan herido que no podía pensar con claridad. Había visto y aprendido tantas cosas, pero estaban en el tercer día . . . y luego de dormir solo otra noche, se dio cuenta de que sería así por el resto de su vida.

Veinte minutos antes de la primera luz del alba se había vestido para salir a la empapada niebla que envolvía la Casa Bradford. Había escuchado el sonido de un búho en medio de la calma matinal. Rafael deseaba orar, pero se sentía traicionado tanto por Dios como por su esposa.

Ahora, en la oración introductoria de la sesión de la mañana, Greg invitó a todos a que abrieran su corazón y le pidieran al Señor sinceramente que revelara su presencia, que no les fuera distante ni indiferente sino real, cercano y presente. Luego de su oración, dijo:

—Comenzaré el chequeo del día. Estuve orando anoche por cada uno de ustedes, y me emociona lo que Dios tiene preparado para nosotros hoy. Ayer dedicamos nuestro tiempo y energía para aprender a cuidar de nosotros mismos. Hoy tengo la esperanza de que seamos capaces de concentrarnos en el segundo paso más importante para liberarnos de la Danza del Miedo: Cómo cuidar a nuestro compañero, y cómo ayudarlo o ayudarla mejor en su viaje. Tenemos muchas herramientas estupendas para amar, animar, apoyar, honrar y acompañar a tu cónyuge.

Rafael se sentía un poco fuera de lugar mientras los demás hablaban por turno, poniéndose al día. Tenía dificultades para mantenerse concentrado, tanto por la falta de sueño como por su desaliento. Le pareció escuchar que Bob explicaba que el tercer día era especialmente importante para quienes sentían que no habían progresado demasiado. Bueno, seguramente eso se aplicaba a él y a Cristina.

Se reanimó un poco cuando le tocó hablar a Cristina. —Ayer fue un día increíble para mí —dijo ella—. Tuve algunos avances importantes. Gracias, Rebeca, por el valor de tu franqueza. —Se atragantó y buscó un pañuelo de papel—. Realmente les agradezco a todos. Rafael estaba contento de que no hubiera revelado nada más. Todavía estaba recobrándose de la confesión de la noche pasada; no estaba preparado para que los demás la supieran.

Después que todos hablaron, Bob se dirigió al grupo. —¿Quién quiere trabajar primero esta mañana?

❂ ❂ ❂

Victoria se sorprendió cuando Carlos habló de inmediato.

—Doctor Smalley, me gustaría recibir su asistencia hoy. Victoria y yo necesitamos ayuda para hablarnos. Eso, por supuesto, si Victoria está dispuesta.

—Victoria, ¿estás lista para eso? —le preguntó Greg.

—Creo que sí —respondió ella. Su bufanda estaba demasiado apretada. Debería haberse sentado más cerca de la puerta.

—Victoria —continuó Greg—, tengo una curiosidad: Para ti, ¿cuándo cambiaron las cosas en tu matrimonio?

—Hace seis años.

—¿Y qué pasó?

Victoria no esperaba que Greg fuera tan directamente a su alma. Pero estaban allí para eso. Si ella quería aprender a nadar, tendría que meterse al agua. Discretamente se aclaró la garganta.

—Hubo un terrible accidente —ella se tocó el cuello mientras hablaba—. ¿Puedes pasarme un pañuelo, por favor? Gracias. Un sábado por la tarde, Isaac, nuestro pequeño nieto, andaba en su bicicleta cuando fue atropellado por un auto.

Victoria sintió que Carlos se ponía rígido al escuchar su recurrente pesadilla relatada en voz alta.

—Carlos se quedó tan atrapado en su dolor, que no pudo consolarme —dijo ella—. Tuve que sobrevivir y sanar por mi cuenta. Fue entonces cuando comenzamos a desconectarnos, en especial en cuanto a nuestros sentimientos.

—¿Así fue como te volviste tan independiente? —le preguntó Bob con ternura.

Por primera vez en mucho tiempo, Victoria sintió que

necesitaba tocar a Carlos. Buscó su mano como para aferrarse a su compañero de tantos años.

—Todos quedamos vencidos por el dolor. Luego vinieron meses de trámites con la justicia. Alguien tenía que ser fuerte para sostener a nuestro hijo y a su esposa. Alguien tenía que orar, tener esperanza, alguien tenía que hallar sentido en medio de toda esa confusión. Carlos estaba destruido. Tuve que hacer a un lado mis propios miedos, mis cuestionamientos y mi enojo, y mantenerme fuerte.

—Me imagino lo terrible que habrá sido para tu familia.

—Carlos es tranquilo por naturaleza —continuó Victoria—, pero se volvió cada vez más silencioso y distante. Sólo podíamos sobrevivir un minuto a la vez. Entonces busqué el consejo y el consuelo de otras personas: Yo era parte de una fuerte comunidad de mujeres que me rodearon y entre todas me sostuvieron. No sé qué habría hecho sin ellas —las lágrimas brotaron en sus ojos, pero las contuvo—. A diferencia de Carlos, yo pude superar el proceso del duelo . . . Sea como sea, aquí estamos, seis años después. Nuestros viajes personales están separados por una gran distancia.

—Entonces, ¿dónde estás tú en el matrimonio en este momento? —preguntó Bob.

—Me temo que si mi marido se abriera, sus necesidades serían tan abrumadoras que me superarían . . . No puedo, y no quiero, tratar de cubrir todos los roles y facilitarle el consuelo que me brindaron mi consejero, mi pastor y la comunidad durante estos seis años. No puedo ser todo eso para él, pero siento como si él quisiera que lo fuera.

—¿Estoy acertado si pienso que a ti te parece que Carlos está detrás de una pesada puerta que encierra un enorme vacío y una tremenda necesidad de relacionarse?

—Sí, así es.

—¿Sientes que puedes acceder a esa parte de Carlos?

—No, y no estoy segura de querer hacerlo.

—No saber cómo unirse tras la horrible tragedia ha lesionado seriamente al matrimonio. Me temo que, a causa de tu preocupación por Carlos, y de tu necesidad de protegerte a ti misma, lo autorizaste a permanecer distante. Pero a la vez, estás herida y frustrada por eso.

—Sí —dijo ella mientras continuaba tomada del brazo de Carlos.

—Victoria, ¿qué crees que Carlos siente por ti?

—Carlos me cuida, aun cuando no pueda expresarlo bien.

—¿Te sientes amada por él?

—Sé que él me ama.

—Quiero que tengas en claro la diferencia entre "*Sé* que me ama" y "Me *siento* amada". Te escucho decir: "Él me ama". Pero ¿te *sientes* amada?

Por primera vez, Victoria se sintió puesta en evidencia.

—No lo sé —murmuró ella mientras tiraba de nuevo del escote de su blusa—. Jamás he pedido ni esperado que mi marido me hiciera sentir amada.

—Pienso que quizá te confunda el hecho de darlo por sentado. Déjame que te pregunte lo siguiente: ¿Hasta qué punto sientes en lo profundo de tu ser que Carlos se preocupa por tus sentimientos?

—Me parece que mis sentimientos lo asustan. Yo soy una persona fuerte y apasionada.

—Me gustaría avanzar un paso más —dijo Bob—. ¿Cuán profundamente sientes que Carlos se interesa por tus sentimientos, pensamientos, ideas y deseos?

Victoria estaba sintiéndose cada vez más incómoda. Tenía miedo de que su respuesta defraudara a Carlos.

—Yo . . . no lo sé —dijo ella.

El consejero se lo preguntó varias veces desde distintos ángulos, concediéndole tiempo para que ella lo pensara, pero parecía ser un punto en el que Victoria estaba atascada. Le resultaba difícil verbalizar si Carlos se interesaba por lo que ella sentía.

Finalmente, Bob sugirió: —Me pregunto si habrás aprendido a editar tus palabras antes de decirlas, hasta el punto de tener dificultades no sólo para describir cómo te sientes, sino para decírselo a él en voz alta.

Fue el turno de Greg para hacer una pregunta.

—Victoria, ¿te has sentido emocionalmente segura con Carlos? —preguntó Greg—. En otras palabras, ¿has sentido que él trata tu corazón y tus emociones con genuino interés y cuidado? ¿Que puedes darle a conocer tus sentimientos más profundos y sentirte absolutamente segura que no lo lamentarás, sino que sentirás que eso los unirá más? ¿Que tus sentimientos no son juzgados, minimizados, ignorados o maltratados de ninguna manera?

—No, nada de eso. Pero para ser honesta con Carlos, no creo que él sepa cómo tratar los sentimientos de nadie, incluso los de él mismo.

—¿Tienes derecho a ser amada? —le preguntó Bob.

—Absolutamente —respondió ella sin dudarlo un instante.

—¿Tienes derecho a querer eso?

—Sí.

—¿Tienes derecho a pedirlo?

Ella hizo una pausa.

—Sí —dijo ella finalmente. Se daba cuenta de que su voz ahora sonaba un poco más indecisa.

—¿Lo pides?

—No —contestó ella, mirando hacia el piso—. Me resulta difícil. Es que no me parece . . . correcto, de alguna manera.

—Espera un momento —la interrumpió Bob—. Acabamos de tener un fascinante intercambio y quiero reproducirlo para ti. Victoria, cuando te pregunté si tenías derecho a ser amada, no dudaste. De hecho, fue el momento de esta mañana en que te vi más animada. Con énfasis, dijiste: "Absolutamente". Luego te pregunté: "¿Tienes derecho a querer eso?" Nuevamente tu respuesta fue un decidido sí. "¿Tienes derecho a pedirlo?" Fuiste más tímida, pero seguiste diciendo que sí. "¿Lo pides?" "No".

—Estás convencida de que tienes el derecho a ser amada y a querer ser amada, pero al instante siguiente dijiste: "Si pido amor, eso me parece egoísta" —hizo una pausa antes de continuar—. Eso me lleva a dudar que sientas que tienes el derecho de pedírselo a Carlos. Te juzgas con prejuicios. Suena como si una parte de ti estuviera convencida de que pedirle a Carlos que te ame es demasiado egoísta . . . a pesar de que permites que otros te amen.

Habían destapado la olla. Victoria no podía permanecer sentada ni un segundo más. Tenía los hombros encogidos, se sentía oprimida y acorralada. "Discúlpenme un momento. Necesito un poco de aire." Ocultando sus lágrimas, caminó hacia la puerta y respiró profundamente. Pudo sentir que detrás de ella nadie se movía. Se volvió hacia el grupo, con los ojos llenos de lágrimas.

—Nunca he contado la historia de Carlos; prometí proteger su privacidad. —Respiró profundamente por la nariz. Miró directamente a Carlos. Él movió discretamente la cabeza. Victoria avanzó—. Acabo de darme cuenta de que, a pesar de que estamos en dos viajes diferentes, aquí es donde nuestros caminos se encuentran. Esta parte de su historia es también mía, sólo que no me había dado cuenta hasta ahora.

Respiró entrecortadamente. —¿Ven esa cicatriz en la mejilla izquierda de Carlos? —Nadie se atrevió a mirar—. Un día, mientras yo estaba comprando comestibles, mi esposo se quedó en casa con nuestros tres nietos. Los chicos estaban afuera, jugando, y el pequeño Isaac, de tres años, estaba yendo de un lado al otro del camino de entrada en su triciclo. En un abrir y cerrar de ojos, se fue derecho a la calle. —Victoria se cubrió el rostro, tratando de controlarse a sí misma y continuó—: Carlos corrió y se arrojó frente al automóvil que se venía encima, intentando salvar a nuestro pequeño niño . . . nuestro nietecito murió por el impacto, y Carlos quedó muy malherido. —Su voz se quebró, pero ella habló más fuerte, desesperada por lograr que su secreto saliera a la luz—. Pero éso, esa marca en el rostro, las cicatrices en su espalda y en sus hombros, no son nada en comparación con la cicatriz que atraviesa su corazón. —Ya más calmada agregó—: No creo que su corazón vuelva a latir de la misma manera que antes. No, yo... —se mordió el labio superior—, no tengo derecho a pedirle más amor.

Se produjo un apenado silencio en la sala. Pablo y Rebeca se habían abrazado mutuamente con fuerza. Cristina y Rafael tenían las mejillas humedecidas por las lágrimas. La única persona con los ojos secos era Tomás, y parpadeaba repetidamente.

Greg se levantó. Dejó la puerta abierta para tranquilidad de Victoria y la ayudó a regresar a la silla donde él había estado sentado, más cerca de la puerta.

Carlos estaba sentado inmóvil en su asiento. Miraba hacia delante, respirando a un ritmo constante, sin dar señales de emoción alguna.

—Carlos, ¿cómo te sientes? —le preguntó Greg con gran delicadeza—. No tengo ninguna duda de su mutuo respeto o lealtad. No tienen nada que cambiar en ese sentido. Lo que tenemos aquí es una ruptura en la comunicación. Avanzaremos más cuando sepamos que sus corazones están seguros. Necesitamos tener la certeza de que cada uno de ustedes esté bien cuidado.

Carlos tenía en su mirada la tristeza más profunda, pensó Victoria. —Gracias, yo quiero continuar.

Bob explicó que le gustaría volver a Carlos en un momento, pero que todavía no quería dejar el lugar adonde habían llegado con los sentimientos de Victoria.

—Me parece que tu corazón ha sido herido tan profundamente, Victoria, que tú también tienes cicatrices marcadas —le dijo a ella—. Has sido bien cuidada por terceros (por tus amigos y la congregación), pero no le has permitido a Carlos que vea tu dolor ni tu sanidad. Tú eres la madraza fuerte y trataste de serlo para todos, te abocaste a ayudarlos a que sanaran. Quizás hayas sentido que esa parte del espacio que compartían ha muerto, pero si todavía hay un pequeño rinconcito que pueda seguir latiendo, tienes que permitirle vivir. No sientes que sea correcto pedirle amor a Carlos, y con esa falta, has aprendido a vivir sin él.

»Supiste cómo recibir amor de otros porque eres una sobreviviente; lo llevas en los genes. Desciendes de una línea de mujeres fuertes; sabes que tienes que mantenerte viva. Y aunque no le eches la culpa a Carlos por no satisfacer tus necesidades, me imagino que estás un poco frustrada de que él no haya tomado la iniciativa de su propia sanidad. Tomando todas estas cosas en cuenta, lo más probable es que hayas adoptado una posición similar a esta: 'Si yo no voy a sentirme amada y cuidada por ti, está bien. Pero no voy a darte lo que pidas, y por cierto, no me voy a molestar. Además, no seré clara contigo en cuanto a lo que verdaderamente quiero'.

Bob hizo una pausa.

—Tú eres en definitiva el juez en este asunto, Victoria. Así que, mientras piensas al respecto, ¿qué opinas?

—Me siento expuesta pero comprendida —hubo una discreta pausa.

—Déjame que te pregunte algo, Carlos —dijo Greg—. ¿Qué opinas de lo que hemos estado hablando?

Carlos estaba acostumbrado a elegir las palabras para producir un impacto. Victoria sabía que no se sentiría para nada intimidado por tomarse el tiempo que considerara necesario para responder.

—Quedé atrapado al tratar de enfrentar mi dolor y . . . mi culpa . . . a solas —se tocó la herida brevemente con su dedo largo y oscuro—. Pensé que era lo más bondadoso que podía hacer. Quería proteger a mi esposa, y la dejé afuera.

—Así fue.

—No la he cuidado bien —su barbilla se aflojó un poco—. No me sorprende que no quiera estar conmigo. No solo le fallé a mi nieto y a mi familia, sino también a mi esposa —cerró los ojos y abrió las manos—. Quiero saber qué puedo hacer para actuar correctamente.

—¡Mmm! Me doy cuenta de lo profundo que es tu amor por tu esposa y tu familia. Pero es interesante hasta dónde llegaste. Tomaste al pie de la letra lo que ella dijo y lo convertiste en una tarea por cumplir, un arreglo. Me pregunto, en cambio, si serías capaz de tener en cuenta su corazón.

Carlos se cruzó de brazos.

—No entiendo —dijo él.

—Te han sucedido muchas cosas y no quiero minimizar ninguna de ellas. En cuanto a tu matrimonio como un todo, tanto antes como después del accidente, pensaste: "Esto es lo que ella necesita de mí, y esto es lo que yo necesito hacer". Para que ella esté "bien" quieres hacer lo que sea.

»Parece que cuando Victoria se muestra emotiva te hace sentir muy incómodo. No da la impresión de que sepas qué hacer con su corazón, mucho menos con el tuyo. Te has esforzado para honrar a tu esposa, pero ¿has honrado sus sentimientos?

Bob tomó el osito de peluche que estaba al final de la mesa y lo mostró, meciéndolo en sus manos.

—Si esto fuera su corazón, ¿lo has tratado como si fuera una preciosa y valiosa obra de arte? Recuerda la definición de honradez: Eres confiable cuando, al acceder a esa parte de infinito valor de otro ser humano, particularmente a su corazón, demuestras mediante tus palabras y tus actos que has comprendido cuán valiosa y vulnerable es, y la tratas como tal.

—Sinceramente, doctor Paul, nunca lo pensé demasiado. Siempre intenté respetar a Victoria, pero nunca pensé que los sentimientos fueran tan importantes. La verdad es importante; la razón es importante; la rectitud es importante.

—Tú estás describiendo a la mente: Verdad, razón, rectitud. Pero estamos hablando del corazón —lo alentó Greg—. Victoria lo sabe y lo siente. Por eso es que ella no considera que tú cuides verdadera y profundamente sus sentimientos. Por consiguiente, ella *sabe* que la amas, pero no se *siente* amada.

»Mientras estuvimos hablando, me parece que esta parte tan importante se nos ha escapado. Sinceramente, en ninguna de tus descripciones previas sobre el matrimonio encuentro alguna sensación de tu corazón. No escucho que tus palabras realmente hablen de cuidarla. Yo sé que la amas, pero de lo que primero has hablado es de tu frustración y tu desilusión al esforzarte en hacer todas esas cosas que no funcionaron. Ubicaste cada cosa en su lugar y las manejabas bastante bien.

»De hecho, hasta se respetaban en sus mutuas diferencias, pero no cabe dudas que hay paredes entre ustedes que los hacen sentir muy solos . . . casi sin intimidad. Tu esposa no se siente segura y da la impresión que tú, Carlos, tampoco.

—¿Qué le hace pensar eso? —preguntó Carlos. Victoria también sentía la misma curiosidad.

—¿Le expresas tus sentimientos más profundos a Victoria?

—No, no los hablo con nadie.

—¿Por qué no?

—Porque no hay motivo para hablar de esas cosas. No es necesario y no veo por qué razón tenga que hacerlo.

—Sin embargo, ambos se sienten desconectados y no amados. ¿Verdad? Tengo el presentimiento de que estas dos situaciones están relacionadas.

—Doctor Paul, quiero aprender a cumplir mejor la tarea de cuidar los sentimientos de mi esposa, porque quiero que se sienta amada. Pero yo puedo manejar bien mis propias emociones.

—Carlos, ¿qué sientes por Victoria . . . en el fondo de tu corazón?

Carlos hizo una pausa por un momento, en el cual Victoria meditó sobre ese diálogo. Bob era bueno. Debía saber que Carlos se podía mantener firme con cualquiera pero cuando se trataba de ella, se derretía como manteca. Se ablandaba. Dejando de lado su racionalidad, dijo las palabras que hicieron surgir de nuevo lágrimas en los ojos de Victoria.

—La amo . . . profundamente.

—¿Y qué esperas de tu matrimonio? ¿Cómo quieres que sea la experiencia con Victoria? Si viviéramos en un mundo ideal, ¿cómo te gustaría que fuera?

—Quiero sentirla cerca de mí nuevamente —dijo casi susurrando.

—Te creo. ¿Quisieras que fuera una calle de un solo sentido, que te sientas cerca de ella, pero que Victoria no se sienta cerca de ti?

—No.

—De acuerdo, entonces aprendes a cuidar su corazón, y ella se siente fantástica y sientes que la amas profundamente. Pero ella se siente excluida de tu corazón y en consecuencia, sólo puede amarte a la distancia. Eso no sirve. La verdadera intimidad es aquella en la que dos personas abren su corazón y dan a conocer quiénes son al otro. Recuerden, la intimidad es la relación entre los corazones. La intimidad profunda significa dar a conocer nuestros sentimientos, heridas, temores, alegrías, pasiones, sueños y todo lo demás. Quizás incluya hablar, pero no siempre se trata de eso. La única cosa que requiere siempre es la franqueza, y esa es la cuestión.

»En el momento que le abres tu corazón a otra persona, te vuelves vulnerable. Eso es lo que lo hace tan riesgoso. Pero eso es lo que lo hace irresistible y poderoso. Es maravilloso ser capaz de sentirse auténticamente amado por otro, pero es increíble tener la oportunidad de amar y cuidar profundamente a alguien y que nos permita conocerlo. Sin quererlo estás impidiéndole las dos cosas.

Cuando Carlos se dio vuelta para mirar a Victoria, ella vio algo que no había visto en mucho tiempo: La expresión cariñosa que Carlos le había dado a la jovencita vulnerable de quien se había enamorado muchos años atrás. Más allá de cualquier otro motivo, pudo ver que él realmente quería sentirse cerca de ella otra vez.

—No sé qué esperar, doctor Paul. Ya no siento demasiado por nada, excepto frustración y depresión.

Bob se acarició la barba.

—Tu corazón ha sufrido algunas cicatrices graves, pero lo que es más importante, ha quedado prisionero. La buena noticia es que Jesús vino para liberar a los cautivos. En Isaías 61:1 dice que el Mesías prometido no sólo vendría para salvarnos sino para curar nuestros corazones quebrantados. Más que hacer, arreglar o debatir, recomiendo que concentres tu tiempo y tu atención en crear seguridad para ambos. En lugar de curiosear en tu corazón abierto, trabaja para lograr confianza y seguridad contigo mismo y con ella, y ella deberá hacer lo mismo. Les garantizo que una apertura en ese nivel será fabulosa —concluyó con una sonrisa contagiosa.

Luego agregó, como si fuera una idea de último momento:

—Me resulta interesante que tanto Victoria como tú tengan miedo de lo mismo, Carlos: Que de algún modo, tu dolor y tu pena sean demasiado profundos como para superarlos. Me pregunto si hay alguna cuestión de tu pasado que te esté complicando las cosas: Quizá las creencias que tengas acerca de los sentimientos. Quizá quieras explorar esas áreas como lo hizo Rafael. Pero por el momento, no nos preocupemos por esos aspectos de tu corazón. Trabajemos para ayudarte a ser capaz de relacionarte un poco más.

»El primer paso para que puedan comunicarse eficazmente entre ustedes, de una manera que permita que el matrimonio florezca —Bob miró directamente a Carlos—, es tomarse tiempo para entender profunda y completamente la manera en que tu esposa percibe la situación y qué opina al respecto. Y sobre todo, *interesarte por* lo que ella está sintiendo. De eso se trata *cuidar* con interés a tu cónyuge.

—¿Estás dispuesto a escuchar el corazón de tu esposa para entender con profundidad cómo se siente y qué cosas ha estado viviendo? —le preguntó Bob.

—Sí, lo estoy —miró al consejero a los ojos como si estuviera reuniendo valor y susurró—: De acuerdo, doctor Paul, enséñeme cómo hacerlo.

—¿Quieres conocer un mito particularmente desagradable, que evita que mucha gente experimente los enormes beneficios de la comunicación eficaz? En algún punto a lo largo del camino, hemos llegado a creer que la comunicación real ocurre cuando entendemos las palabras de la otra persona. Equivale a la observación precisa de las palabras y frases que escuchamos.

»Pero en realidad, la buena comunicación es más que eso. En una relación íntima, la comunicación emocional (o lo que nosotros llamamos conversación del corazón), a menudo no sucede hasta que cada cónyuge comprende los sentimientos que están por debajo de las palabras. La gente generalmente se siente más comprendida, cuidada y relacionada cuando el diálogo se centra en sus emociones y sentimientos más que en sus palabras o pensamientos.

»Carlos, recuerda que nuestra primera meta es que entiendas los sentimientos de Victoria.

Carlos asintió, mostrando estar de acuerdo, y Bob continuó:

—En este proceso es importante que ayudes a que Victoria exprese lo que esté sintiendo, porque de esa manera se sentirá comprendida por ti. Para lograrlo, necesitamos explicar el proceso de la conversación del corazón.

UNA CONVERSACIÓN CON LOS DOCTORES

Conversación del corazón

Cuando dos personas están en conflicto, a menudo consideran que su problema son sus diferencias. Sin embargo, no es así. A decir verdad, las diferencias son una bendición en un matrimonio, cuando sabes cómo manejarlas y descubres la manera singular que tiene tu ser amado de ver la vida, las pasiones y los sentimientos que encierra esa perspectiva. Debemos ir más allá de la comprensión de las palabras para entender el nudo emocional que está debajo de ellas.

Para mostrar qué es lo que realmente te importa, debes prestar atención a las emociones que hay debajo de las palabras, debes escuchar el corazón del otro con tu corazón. Ahí encontrarás el centro de su preocupación. Mucha gente queda atascada en la Danza del Miedo justamente en ese punto. Tienden a usar palabras relativas al "trabajo" para ser productivos o palabras relacionadas al "pensamiento" para sus acciones, en lugar de hablar con el corazón y expresar sus sentimientos o intereses más profundos. Siguen atrapados hasta que finalmente aprenden a percibir el nudo emocional detrás de las palabras. Sólo se liberan cuando descubren cómo ir más allá de los pensamientos y de las opiniones para llegar a las emociones subyacentes.

Cuando trabajamos para descubrir el nudo emocional, finalmente podemos decirle a nuestro miembro de la familia, a nuestro amigo o cónyuge: "Me importa lo que sientes. Tus sentimientos me interesan." Y cuando nuestros seres queridos entienden ese mensaje, se sienten profundamente cuidados. Es en ese momento cuando se sienten amados. Por otra parte, cuando no transmitimos este mensaje, la comunicación se estanca.

A muchos de nosotros nos cuesta desarrollar esta capacidad. Tendemos a pensar linealmente: Vamos al grano, al resultado final. Queremos resolver un problema y completar una tarea, no lidiar con emociones. Solamente queremos "solucionarlo".

Sin embargo, si no escuchamos ni respondemos a las emociones, aunque solucionáramos todos los problemas del mundo no llegaríamos a la raíz del problema real. Solamente cuando entendemos los sentimientos involucrados, podemos comenzar la tarea de resolver el problema. Además del intento de "solucionar" los problemas, hay otras cosas que son una pérdida de tiempo si nos concentramos en ellas durante una discusión.

Hagamos una pequeña encuesta. Cuando estás en conflicto con alguien, cuántas de tus conversaciones incluyen preguntas como las siguientes:

- ¿Quién tiene la razón? ¿Quién está equivocado?
- ¿De quién es la culpa de este desastre? ¿Quién es el culpable?
- ¿Qué pasó realmente aquí?
- ¿Cómo podemos resolver o solucionar el problema?

Por lo menos el noventa por ciento de las personas que vienen en busca de ayuda matrimonial, comienzan las

El ADN de las Relaciones para Parejas

sesiones haciendo exactamente estas preguntas. Creen que
si pueden dejar en claro quién tiene la razón y qué sucedió,
sus relaciones mejorarán.

Pero ¿sabes? Si se quedan estancados allí, es muy raro
que solucionen algo.

Cuando nos concentramos (al menos, como un
comienzo) en tratar de determinar quién tiene la razón y
quién está equivocado, nos embarcamos en una persecución completamente inútil. Comenzar por cualquier otra
parte que no sea atender a las emociones terminará, la
mayoría de las veces, en un descarrilamiento. Si comienzas
intentando descubrir quién es el culpable o qué pasó realmente, sólo alimentarás las luchas de poder y las discusiones hirientes.

La conversación del corazón (también conocida como
comunicación emocional), que está enfocada en relacionarnos y cuidar nuestras relaciones por uno mismo, con-
trasta fuertemente con la conversación que se desarrolla en
el lugar de trabajo; donde nos comunicamos simplemente
con el fin de producir y de alcanzar resultados
predeterminados.

Por otro lado, la conversación del corazón tiene como
meta escuchar y hablar con el corazón abierto. Aquí, el
centro es cómo se siente la persona. Recomendamos usar
estos cinco pasos:
- Establecer la seguridad como prioridad.
- Escuchar las palabras que expresa la persona
  que está hablando.
- Escuchar con el corazón.
- Demostrarle a quien está hablando que escuchas lo que está diciendo.
- Permitir que las emociones de la otra persona te
  toquen.

(Lee el Apéndice B para una explicación más detallada
sobre estos pasos y para mayor información sobre la Conversación del Corazón.)

Mientras Bob explicaba los pasos de la Conversación del Corazón, Greg los escribía en la pizarra.

CONVERSACIÓN DEL CORAZÓN
Meta: ¡Cuidar, no solucionar!

El que habla	El que escucha
1. Estoy centrado en mí mismo. · ¿En quién estoy centrado? En mí. 2. Hablo desde el corazón: · sentimientos, emociones, botones, miedos, anhelos/ deseos · ¿De qué hablo? De mis sentimientos	1. Repito y confirmo lo que dice mi cónyuge · No juzgo, sólo muestro curiosidad · ¿En quién estoy centrado? En el otro 2. Me concentro en su corazón: Botones, sentimientos, emociones, anhelos y otros. · ¿Qué es lo que estoy reflejando? Sus sentimientos · Permito que sus palabras me conmuevan, dejo que sus sentimientos toquen mi corazón.

La Clave: ¡Presta atención a tus botones cuando sean accionados!

Bob preguntó: —Victoria, ¿compartirías primero con Carlos qué te está pasando?

Ella respiró profundamente, agarrándose con firmeza al brazo del sillón en el que estaba sentada.

—Recuerda, Carlos, tu trabajo es concentrarte en el corazón de tu esposa y repetirle lo que escuchas que ella está diciéndote.

Victoria quitó los dedos de los brazos del sillón y giró hacia su esposo. No se sentía para nada cómoda con el ejercicio, pero decidió darle una oportunidad. Se sentaron frente a frente, listos para compartir sus corazones.

Victoria comenzó: —Yo . . . he estado pensando mucho sobre esto últimamente. Al comienzo de nuestro matrimonio, yo me sentía como si fuera tu asistente. —Miró hacia Bob, con la necesidad de explicar algo—. Así se consideraba a las mujeres cuando nos casamos, inclusive las que habíamos sido educadas en algunos de los mejores colegios para mujeres de la época. Éramos adiestradas para ser recepcionistas, secretarias y amas de casa. La mayoría teníamos buena presencia y poca influencia en las decisiones profesionales de nuestros maridos. Yo viví la era *hippie* y el movimiento por los derechos de la mujer, pero nunca me involucré en ninguno de ellos; era una chica de la alta sociedad. —Juntó las manos e hizo girar su anillo de bodas—. Pensábamos que estábamos por encima de todo eso.

—Victoria —interrumpió Greg—, estás haciéndolo muy bien. Continúa y háblale directamente a Carlos. Quizá podrías darle porciones más pequeñas para que él pueda repetir lo que expresas. —Luego le dijo a Carlos—: Inténtalo. Repite lo que escuchaste.

Carlos la miró.

—Así que me viste como un líder y tu papel fue más bien el de descubrir cómo ser una buena seguidora.

Ella ladeó su cabeza.

—En cierta medida, sí. Pero cuando estabas fuera, trabajando, la casa era mi territorio. Yo era la líder allí.

Ella había obtenido un título en literatura inglesa, y sus opiniones siempre eran apreciadas por los grupos sociales y por sus amistades. Era muy culta en una amplia variedad de temas. Carlos y ella habían pasado muchas noches leyendo juntos, pero rara vez hablaban acerca de lo que estaban leyendo.

—Yo intentaba considerar temas contigo en los primeros años —continuó ella—, pero parecía que siempre querías rebatirme, como diciendo: "No lo estás explicando apropiadamente, Victoria", o: "Tu punto de vista es demasiado miope, no puedes pensar de esa forma . . . " Entonces comenzaba el sermón. Y luego yo me quedaba callada . . . contigo por lo menos.

—Carlos —inquirió Greg—, me pregunto si se te accionaron algunos botones. Se te ve bastante alejado en este momento.

—Sí.

—¿Qué botones se activaron? —insistió Greg.

—Estoy sintiéndome como un fracasado.

—Ahora que has identificado el sentimiento, pregúntate a ti mismo qué necesitas en este momento.

Carlos pensó por unos segundos.

—Quiero saber si realmente he sido un fracasado todos estos años.

—Carlos, ¿puede consolarte Dios en este momento?

—Sí.

—¿Por qué no dedicas unos minutos para estar a solas con Él ahora mismo y le pides que te consuele? Quizá también quieras preguntarle la verdad acerca de ti. Si eres un fracasado o no.

Mientras Carlos cerraba los ojos, Greg se dirigió al grupo: —Por esto escribí en la parte superior de la pizarra que la clave para la Conversación del Corazón es prestar atención a tus botones cuando son activados. Mientras intentas continuar con la Conversación del Corazón, sé consciente de que tus botones serán activados en el proceso. ¡Es todo un reto! Cuando se activan tus botones del miedo, simplemente tómate unos minutos y cuida de ti mismo, para que tu corazón siga estando disponible para cuidar de tu pareja. Si no lo haces, tu corazón se cerrará y el proceso quedará interrumpido. Luego, ambos se alejarán, sintiéndose heridos y frustrados.

—Me gustaría intentarlo nuevamente —dijo Carlos después de algunos minutos. Se dio vuelta hacia su esposa—: Victoria, escuché que dijiste que nuestro hogar era tu territorio y que tú eras la líder allí. Suena como si te sintieras herida porque yo no apreciaba tus opiniones. Te escuché decir que habías intentado platicar sobre distintos temas en los primeros años, pero que yo te corregía y sermoneaba —y agregó—: Estoy seguro de que eso era doloroso.

Las lágrimas escaparon de los ojos de Victoria.

—Carlos, buen trabajo el de permitir que sus sentimientos toquen tu corazón y te conmuevan —afirmó Bob.

—¿Puedes decirme cómo te hizo sentir eso? —continuó Carlos.

—Me hería profundamente. Me sentí poco importante, por eso me cerré. Había muchos otros amigos y conocidos en mi vida que podían apreciarme a mí y a mis puntos de vista. A veces me sentía ofendida contigo, pero nunca perdí mi identidad. Mi madre me había inculcado una maravillosa convicción acerca de quién soy. Pero con los años me resultó difícil darme cuenta si tú me valorabas.

—Te escucho decir que no te sentías valorada por mí.

—No... —Victoria pensó unos instantes—. Sentía que reconocías mis valores en las funciones en las que querías que yo estuviera.

—Parece que sentías que no me tomaba el tiempo de entenderte y de interesarme por tus sentimientos —expresó Carlos—. Como si yo pensara que esa era la manera en que se suponía que las cosas tenían que ser.

—Sí.

—Amigos, están haciendo un gran trabajo —los alentó Bob.

—Parece que recién has descubierto que tu esposa tiene algunas opiniones, gustos y metas distintas a las tuyas. ¿Es así? —dijo Greg mientras se volvía hacia Carlos.

—Sí.

—Este asunto se percibe amenazante y es probable que no sepas exactamente qué hacer. Tu primera reacción siempre ha sido debatir y tratar de convencer a tu esposa de que tu opinión era la correcta. Cuando eso no funcionaba, comenzabas a molestarte por las diferencias y a alejarte.

»Recuerdo cuando Erin no quería darme a conocer sus sentimientos. Ahora que miro hacia atrás, entiendo lo que estaba pasando. Debido a que yo estaba muy desconectado y separado de mi corazón, me sentía increíblemente incómodo con los sentimientos en general. Entonces, yo intentaba hacer que se sintiera mejor, más feliz. Trataba de solucionar el problema haciendo toda clase de preguntas para lograr que tuviera sentido lo que ella estaba diciendo, pero es sumamente difícil usar el cerebro en cuestiones del corazón.

»Le decía que sus sentimientos no tenían sentido. ¡A ella eso la volvía loca! Finalmente, yo ignoraba sus sentimientos o los minimizaba. Cualquier cosa que hiciera, el punto era que no sabía cómo lidiar con las cuestiones del corazón, con los sentimientos y las emociones. Eso no sólo estaba matando nuestro matrimonio, sino que provocaba que Erin se desconectara de mí, como era de esperar. Yo no aceptaba ni cuidaba esa parte tan importante de ella. El resultado final fue que nuestros corazones se desconectaron.

»Carlos, parece que no estás seguro de qué hacer con el corazón de Victoria, por lo tanto tu tendencia es a debatir y discutir con ella. ¿Es verdad?

—Sí, diría que es precisamente así.

—¿Qué impide que te tomes el tiempo para comprender a tu mujer? No estamos hablando de posiciones, sino de sentimientos. En alguna parte por ahí, sus sentimientos se derramaban mientras tú tratabas de pescar los hechos.

»Estoy sugiriendo que cuando comienza el debate, es más fácil tratar de determinar lo correcto o incorrecto que escuchar y sentir, especialmente después de pasar gran parte de tu vida en el tribunal. Pero tan pronto el juicio se da, en ese momento, no te interesas por sus sentimientos. Tus habilidades productivas o de resolver problemas cobran prioridad sobre los sentimientos, y el que pierde en todo esto es el corazón.

»Supongo que enfrentarse contigo no es fácil. Estoy seguro de que tu personalidad es tan fuerte como la de ella. Pero eso no me preocupa mucho en este momento. Sólo quiero hacerte una pregunta importante.

Dejó un momento de silencio antes de decir:

—¿Quién es el experto en el corazón de Victoria?

A esto, Carlos lanzó una rápida y blanca sonrisa.

—Victoria —afirmó.

—Entonces, ¿de quién serás el aprendiz?

—De Victoria —ante esta manifestación, se rió de manera contagiosa y su rostro se iluminó completamente. Todos se le unieron. Encantador.

—Déjame sugerirte un punto de partida —continuó Greg—. Yo diría que a estas alturas probablemente no tengas la base adecuada de conocimiento para entender las cuestiones de su corazón. Y tus herramientas quizá no resulten demasiado eficaces en ese terreno. Quiero animarte a que seas paciente en aplicar las capacidades que ya tienes, porque quizás uses un martillo cuando ésa no sea la herramienta correcta . . . Quizás exista una manera en que ella pueda ser un recurso valioso para que obtengas el conocimiento que necesitas. Quizás hasta aprendas algunas nuevas habilidades que todavía no tienes. ¿Estás dispuesto?

—Sí, lo estoy.

La sala completa pareció suspirar.

Victoria se daba cuenta de que ella tenía una sonrisa radiante.

—Carlos, mira a tu mujer —le dijo Greg.

Él lo hizo. Y la miró como si lo estuviera haciendo por primera vez.

Pablo se quedó atrás mientras todos se dirigían escaleras arriba al comedor. "Greg, ¿te molestaría si hablamos a solas un momento?"

Las sesiones de la mañana habían finalizado y el ánimo estaba disipado. Todos estaban listos para la pausa del almuerzo.

—Será rápido —le prometió.

Salieron a la tibia tarde. Con las manos metidas en los grandes bolsillos de su chaqueta, Pablo temblaba.

—Greg, sé que ésta es mi oportunidad. Las otras parejas son la prueba de que todavía tengo esperanza de que todo vuelva a su lugar. También sé que si no me ocupo de mi problema rápidamente, perderé un tiempo importante. Me veo a mí mismo hundido de cabeza en un banco de arena movediza. Créeme, no quiero para nada patalear para salir ni empezar a cavar, pero necesito ser libre.

—¿Qué pasa, Pablo? —le preguntó Greg.

Necesitaba decir la verdad antes de que se asustara y dijera algo estúpido para cubrirse.

—Yo . . . ¡ejem! El romance no ha terminado del todo —ya no había retorno—. He estado involucrado con esa mujer, y . . . quiero romper con esa relación, pero me resulta difícil —en lugar de parecer despreocupado y casual como intentaba, las palabras se le enredaban—. Sinceramente, me cuesta creer que Dios me haya creado con este increíble instinto sexual y luego me haya dado . . . este "paquete familiar". No me extraña que los hombres hayan tenido sexo por su lado desde el comienzo de los tiempos. Rebeca y mi instinto sexual ya no están en la misma frecuencia. No puedo pretender que ella satisfaga esta necesidad que tengo. No es justo; ella no puede hacerlo.

»Pero tampoco quiero seguir lastimándola. No importa lo que haga, la lastimo. La cuido, pero honestamente . . . —Pablo tragó con dificultad—. No le he comentado esto a nadie —caminó nerviosamente—, pero ya no estoy seguro de estar enamorado de Rebeca.

—Pablo —replicó Greg—, veo que estás luchando por saber si amas o no a tu esposa.

—Sí.

—¿Te gustaría sentirte un poco tranquilo?

—¡Sí!

—A menudo escucho que la gente dice: "Ya no estoy enamorado de mi pareja." Pero como consejero matrimonial, lo paso por alto. No es realmente importante.

—¿Qué? —preguntó Pablo—. ¿Cómo puedes pasarlo por alto? ¡No sentirte enamorado de tu esposa es un gran problema!

—No es que ignore el hecho de que alguien no sienta "amor" por la otra persona; lo que hago es alentar sus ideas sobre el amor y sus orígenes. Hablemos más acerca de esto en la próxima sesión. Creo que es un tema bastante importante que los demás querrán escuchar.

Oh, genial, pensó Pablo. Ahora, ¿qué había hecho mal?

Victoria y Carlos salieron a dar un breve paseo por la terraza luego del almuerzo.

—¿Una mañana difícil, amor? —le preguntó Carlos.

—No tan mala como pensaba. Ay, Carlos, tenía tanto miedo de que te sintieras traicionado cuando hablé de Isaac.

—Aprecié mucho tu valentía.

—¿Sí? —ella se detuvo. Pensaba que él estaría enojado por lo que ella había contado.

El patrón de conducta de debatir estaba demasiado arraigado en Carlos. Ella se dio cuenta de que él estuvo casi a punto de discutir nuevamente. Con visible determinación, él bajó su tono de voz y la miró a los ojos.

—Era necesario que contáramos nuestra historia —dijo él—. De alguna manera, ya no tuvo tanto poder sobre mí luego de que la relataste en voz alta. Esta mañana fue definitivamente el momento y el lugar. Gracias.

Victoria respiró profundamente.

—Esos chicos sintieron tu dolor, Carlos.

—Y el tuyo —dijo él con firmeza, pero tan amablemente como pudo.

—Sí, el nuestro.

—Lamento tanto haberte dejado afuera, mi amor —dijo él—. Me hace mucho daño pensar todo lo que has soportado —a ella le encantó cómo él sostenía su mano libremente mientras se escabullían bajo la rama baja de un árbol—. ¿Por qué no pude verlo?

—Yo parecía estar bien, y me aseguraba que nunca percibieras mi dolor. Nunca quise ser deshonesta, pero creo . . . que lo fui —reflexionó Victoria—. No creía que pudieras comprender mis emociones. A veces tenía tanta rabia que tenía miedo de mí misma —ella recogió una ramita caída y miró su nudosa corteza—. Todavía estoy intentando encontrarle algún sentido.

Los pasos necesarios para escapar de su distorsionada danza matrimonial se volvían cada vez más visibles, especialmente después de observar la danza de otras parejas a través de sus diálogos.

—Era hora de que nos pusiéramos a trabajar y realmente lo intentáramos —concluyó ella.

Desde el primer día del encuentro intensivo, los Templeton habían observado que los consejeros demostraban a cada uno de sus pacientes el asombroso proceso de la conversación del corazón. Victoria jamás olvidaría el diálogo entre Bob y Cristina aquella primera mañana, cuando ella estaba tan asustada que no quería quedarse. Con fascinación, ella y Carlos recordaron juntos el especial cuidado con el que Bob y Greg habían escuchado a cada persona y confirmado lo que creían que habían escuchado, sin quedar atrapados por las palabras.

Su único propósito al comunicarse era el de crear un lugar seguro donde los demás pudieran abrirse y hablar desde lo profundo del corazón. Eso explicaba por qué Bob podía permanecer imperturbable ante los estallidos de ira de Tomás o las acusaciones de Rebeca, y por qué no se había puesto a la defensiva. Lo mejor de todo era que su enfoque era tan eficaz que hasta logró que Carlos se sintiera cómodo. Victoria deseaba que algún día ella pudiera tener esa gracia para con el hombre que amaba.

"Nadie ha nacido sabiendo cómo comunicarse con eficacia; es algo que debemos aprender y desarrollar a lo largo de la vida", había dicho Greg. *"¡Aun después de haber estado casado durante treinta y dos años, puedes tener éxito en aprender a cuidar tiernamente a tu cónyuge, escuchándolo!"* Dijo esto con tanta seguridad, que Victoria le creyó. Y eso era exactamente hacia donde Bob y Greg los habían encaminado. Habían llevado a Carlos y a Victoria a través de cada uno de los pasos de la conversación del corazón para que ellos mismos pudieran aprenderla y practicarla hasta incorporarla.

—Carlos, hiciste un excelente trabajo escuchando mi corazón —dijo Victoria.

—Creo que podría escuchar mejor si pudiera acercar mi oído a tu corazón —le respondió él con una tímida sonrisa.

Victoria no era del tipo sensible al tacto y tendría que tener en cuenta cómo el cariño físico encajaría en la escena de ahora en adelante. Tendría que hablar con honestidad, en lugar de ocultar sus sentimientos para complacer a Carlos y luego lamentarlo. Se ocuparía de esta cuestión en otro momento.

De pie detrás de su esposa, Carlos deslizó sus brazos alrededor de su cintura, mientras ella continuaba mirando los árboles envueltos por la niebla. "Realmente te amo, Victoria Templeton, y me importas tú, tus sentimientos, tus sueños . . . " No se habían besado desde Navidad, por lo menos no un beso adecuado, y Victoria no quería echar a perder este momento. En su tenso abrazo ella sintió que el cuerpo de su esposo le comunicaba un tácito pedido. Su corazón se paralizó. Agradeció que él no pudiera ver su rostro.

Carlos pareció percibir su tensión, porque retiró sus brazos y fingió estar entretenido con el botón de su manga. Victoria se dio vuelta juguetona, sosteniendo su ramita como una espada, buscando compensar su actitud egoísta: —¿Tienes una carretilla de mano, querido? —Lo miró a los ojos, con su sonrisa teñida por una súplica de espacio.

Su alegre pregunta lo hizo bajar la guardia. Con las cejas levantadas se le dibujó una sonrisa en el rostro. Él sabía que ella trataba de ganar tiempo. Pero también comprendió por qué lo hacía y no se ofendió por ello.

—Tengo que sacar algunos ladrillos de esa pared alrededor de mi corazón. Quizá me tome algún tiempo, pero creo que es un proyecto que podemos hacer juntos —dijo ella, apoyando la ramita contra el tronco de un arbusto.

Haciendo uso de lo que había aprendido recientemente sobre la conversación del corazón, él repitió sus palabras.

—Si te escucho correctamente, estás diciéndome que mi carretilla y yo estamos invitados a visitarte, pero que debería dejar mi excavadora en casa . . . ¿Cómo te hace sentir eso?

Ella rió con su tontería y lo atrajo hacia ella. Por primera vez en meses, lo deseó.

—Un poquito afiebrada y con las rodillas flojas en realidad.

—¿No es eso algo especial? ¡Yo también lo siento! —él se

aflojó y rió acariciándole el cuello—. Sólo fíjate adónde estás arrojando esos ladrillos.

A ella le gustó este nuevo coqueteo tierno. Su hombre lo había iniciado, pero era una invitación abierta más que una expectativa.

—Oh, mi dulce amor —su beso fue largo y dulce.

—¿Le gustaría ver mi habitación, señor Templeton? —le susurró como si estuviera diciendo algo prohibido.

—Victoria . . . —él buscó sus suaves ojos marrones—, me encantaría.

⊗ ⊗ ⊗

MIÉRCOLES, 2:10 P.M.

La sesión vespertina ya se había iniciado y todos simularon como si no hubieran notado que Victoria y Carlos se deslizaron disimuladamente hacia sus asientos, veinte minutos tarde. Rebeca pensó que eran encantadores, como dos niños traviesos moviéndose sigilosamente en la escuela. Victoria ya no usaba su capucha de cachemira y se le veía sospechosamente despeinada.

Rebeca intentó volver a prestar atención a la tarea que tenía entre manos. Parecía que durante el descanso del almuerzo, su esposo había llevado aparte a Greg y, luego de charlar un poco, le había pedido ser el próximo en hacer el trabajo. Ella estaba atónita, pero se había prometido a sí misma y a Dios que permanecería tranquila. No tenía idea hacia dónde iría esta sesión.

La voz de Greg interrumpió sus pensamientos.

—Pablo, te dije que en esta sesión hablaríamos del origen del amor. Permíteme que te haga una pregunta: ¿De dónde proviene el amor, dónde se origina realmente el amor?

—No estoy seguro. Realmente nunca he pensado en eso —Pablo se encogió de hombros.

—Yo tampoco había pensado en esto, hasta que me di cuenta de que hubo momentos en que Erin y yo estábamos tan metidos en nuestra Danza del Miedo que yo no sentía que estuviera "enamorado" de mi esposa. ¡Y eso me asustaba! Esto es, hasta que entendí de dónde provenía el amor. Entonces me sentí tranquilo. Piénsalo por unos minutos . . . ¿Sabes de dónde proviene el amor?

—Me imagino que la respuesta correcta es *Dios*.

—Así es. Pero perdemos de vista con facilidad esta verdad. En su lugar, empezamos a imaginar toda clase de alternativas. La gente tiende a pensar que el amor es mágico o que tienen la capacidad de arrancar el generador con una manivela y fabricarlo. El amor no se trata de química. Eso es una fantasía.

»Cuando no sentimos amor por nuestra esposa, tendemos a esforzarnos para, de alguna manera, generar amor hacia nuestro cónyuge. Y cuando fracasamos, nos convencemos fácilmente que algo está mal en nosotros, porque somos incapaces de generar amor, o que hay algo malo en nuestra pareja; que él o ella ya no es merecedor de amor, o que algo anda mal en el matrimonio.

»En realidad, no hay amor que provenga de nosotros. No somos los generadores. Dios lo es. ¡En 1 Juan 4:7-8 se dice que el amor viene de Dios y que Dios es amor! En el versículo 19 sigue diciendo que nosotros amamos porque Dios nos amó primero.

»Finalmente, tienes que preguntarte a ti mismo cómo es en tu caso. ¿Eres un hombre de amor? Déjame preguntarte, Pablo: ¿Eres un seguidor de Cristo?

—Yo quiero serlo, aunque lo eché a perder todo el tiempo. Me comprometí a creer en Él, si eso es lo que quieres decir.

—Si le has entregado a Cristo tu vida, su Espíritu está dentro de ti. ¿Lo crees?

—Sí, creo . . . creo que sí. Si Él todavía me acepta.

—¿Quieres amar a otras personas de la forma que Dios nos ama?

Pablo dudaba en comprometerse con algo que quizá no podría cumplir.

—Sí. Quiero decir, yo quiero.

Dios es amor

Nosotros no generamos ni una gota de amor. Todo viene de Dios. Recibiendo a Dios, recibimos su amor. Entonces podemos abrir nuestro corazón y compartirlo con otros. El amor nos hace sentir bien, pero simplemente estamos transfiriéndolo de Dios a otras personas. Y, haciendo una decisión consciente, podemos transferirlo a través de nosotros a nuestro cónyuge.

Cuando la gente dice que ya no siente amor por su pareja, suponemos que tienen cerrada la puerta de su corazón por alguna razón y de esa manera impiden que fluya el amor. Ése es el común denominador que vemos en casi todas las parejas de los encuentros intensivos que tratamos: Que las personas están "descorazonadas".

Están completamente desconectadas de sus corazones, especialmente de sus emociones. Son personas que viven en un mundo blanco y negro, su corazón está cerrado o apagado. No "sienten" la vida; racionalizan o se anestesian ante la vida y ante sus corazones. Aquí hay otras palabras que la gente usa para describir un corazón muerto:

- Desconectado
- Indiferente
- Paralizado
- Sin vida
- Insensible
- Solo
- Emocionalmente aislado
- Endurecido

Aquí está la clave. No le damos demasiada importancia a cómo amamos a nuestro cónyuge. Puesto que no tenemos ninguna capacidad de crear amor, en su lugar nos concentramos en el estado del corazón. La pregunta se transforma en: "Mi corazón, ¿está abierto o cerrado a mi pareja?" Si mi corazón está cerrado, el amor de Dios no emana de él a través de mí hacia mi pareja. Y entonces no nos sentimos "enamorados".

Si tu corazón está cerrado, quiere decir que has dejado afuera al amor de Dios. Eso es lo que sucede cuando la gente no se siente enamorada de su cónyuge. Sencillamente le han cerrado el corazón a su compañero (a menudo por buenas razones). Antes de que podamos abrir nuevamente la puerta de nuestro corazón debemos descubrir por qué está cerrada.

El paso final es pedirle a Dios que nos permita ver a nuestro cónyuge a través de sus ojos y sentir lo que Él siente por él o por ella. Cuando podemos ver en nuestra pareja las cosas que Dios valora y quiere de ella, y sentir el amor que Él siente, nuestro corazón se abre y se llena. A partir de ese momento, amar a nuestro cónyuge es fácil y casi no requiere esfuerzo.

—Pablo, ¿alguna vez alguien te ha acusado de estar emocionalmente aislado, de ser indiferente o insensible? —le preguntó Greg.

Rebeca no pudo evitar asentir con la cabeza. Este era un tema maravilloso.

—Claro que sí —respondió Pablo—. Mi esposa me lo ha dicho. Y para ser sincero, es verdad. Así es como soy.

—Entonces, ¿puedes ver que tus sentimientos hacia ella, o la falta de los mismos, no tienen que ver con el amor?

—No estoy seguro, pero creo que sí —su mirada era indescifrable.

—Ya que no puedes originar amor —continuó Greg—, te sugiero que, en lugar de eso, te concentres en tu corazón. La pregunta que te animo a hacerte es ésta: "Mi corazón ¿está abierto o cerrado a Rebeca?" Si tu corazón está cerrado a ella, no hay forma de que te sientas "enamorado".

—Sé que parezco un imbécil insensible, así que supongo que está cerrado.

—Supongo que te sientes como un imbécil, y éso es lo que te molesta —dijo Bob sin rodeos. Rebeca sintió que quería ovacionarlo. Al fin Pablo escucharía a los expertos. Bob continuó—: No te gusta verte como un imbécil y por eso te has convertido en esta otra persona, alguien que trata de agradar a todos a su alrededor. Pero lo pagas muy caro.

Greg intervino nuevamente.

—¿Puedes contarnos qué te llevó a ese momento en el que empezaste a cerrarte? No eras así de nacimiento, por lo que quizás exista una situación o una serie de sucesos que marcaron el cierre de tu corazón.

Rebeca también se hizo la misma pregunta. ¿Habría estado su esposo alguna vez en contacto con sus emociones como para saberlo? Ella lo observaba mientras él sacudía su cabeza, como intentando golpear físicamente algo perdido en su mente. Pero las siguientes palabras que dijo la sorprendieron.

—Nada logra hacer que el recuerdo se vaya, ni los kilos perdidos en el gimnasio, ni salir a navegar, ni el sexo . . . Nada podrá borrar lo que pasó . . . ¡Nada puede cambiar el hecho de que mi silencio haya matado a una madre y a las mellizas que llevaba en su vientre!

»Al principio, nada en ella llamaba la atención. Su nombre era . . . —Pablo se atragantó un poco— . . . Lisa. Aunque era una típica paciente común al principio, algo de ella me intrigó. Sus ojos parecían distantes, como si tuviera poco que ver con su situación. Pero no como una madre adolescente o de bajos recursos. Era hermosa y vivía en la zona rica de Newport.

Pablo intentó explicar que algo en ella había hecho que la cuidara más de lo que acostumbraba con otros pacientes. Dijo que lo había racionalizado quizá por el lado de que ella estaba embarazada de dos niñas. Rebeca tenía su propia teoría.

—Al principio, ella intentó dar explicaciones por sus moretones. 'Es que soy torpe, doctor Stuart. No se preocupe.' Pero yo sí me preocupé.

Pablo puso su mirada en las figuritas de papel de Greg y relató la historia sin emoción. —Hacia comienzos del tercer trimestre de Lisa, yo noté un cambio. Los moretones eran más grandes, y ella parecía inmersa en una profunda y oscura niebla. Hasta le prescribí Prozac para su depresión y la alenté a que hablara con alguien acerca de sus sentimientos.

No lo puedo creer, ¡el doctor Stuart alentando a alguien a visitar a un psicólogo!, pensó Rebeca. *¿Nunca se terminarán las sorpresas? ¿Cuánto más desconocía de este hombre?*

Pablo dijo que jamás olvidaría la última visita que le hiciera Lisa en la clínica. Tenía varios moretones terribles, esta vez en el rostro. Nuevamente ella los justificó diciendo que se había golpeado con la parte interna de la cuna mientras la armaba. Aquel día, Pablo la había encarado firmemente, porque era imposible que se hubiera lastimado de esa forma con la cuna; y volvió a preguntarle si había ido a ver al doctor Oliver a la clínica de mujeres. —Creí que había hecho las cosas correctamente, pero debería haber informado acerca de mis sospechas . . . Esas preciosas bebitas . . . —su voz se fue apagando, mientras él se perdía en sus propios pensamientos.

—Apenas unas horas más tarde, aquel mismo día, mi enfermera me llamó para decirme que había una emergencia y que me necesitaban en la sala inmediatamente. En mi interior, yo sabía que era Lisa, pero nunca hubiera imaginado que serían las tres.

—¿Qué quieres decir con 'las tres'? ¿Qué pasó? —le preguntó Rebeca antes de darse cuenta de lo que estaba diciendo. Pudo ver que Pablo apenas podía respirar; parecía a punto de vomitar.

—Su novio adinerado la había golpeado muy mal. Y finalmente la había arrojado escaleras abajo. La causa de la muerte pudo haber sido las heridas sufridas durante el ataque, pero lo más probable es que hubiera sido por la caída. Tenía heridas en la cabeza y múltiples lesiones internas. Tenía disección de la mayoría de los vasos toráxicos y abdominales, en el hígado y el mesenterio, así como fracturas múltiples en las extremidades y en la pelvis. No puedo creer que nadie sospechara que esto estaba pasando. También encontraron algunos antiguos moretones y daños en sus tejidos.

—Las bebés . . . —murmuró Rebeca.

—Las gemelas —Pablo continuó—, probablemente fallecieron por la muerte de su madre. Pero también encontramos destrucción de la placenta . . . y muchas fracturas óseas.

Rebeca sostenía un grupo de pañuelos de papel contra su boca mientras las lágrimas caían por sus mejillas. Nunca se enteró de eso. ¿Por qué no se lo había contado? Ella sabía la respuesta. Había muchas historias tristes en el hospital y a Pablo nunca le había gustado hablar de ellas en su casa.

—Pablo . . . —la voz de Bob puso fin al último capítulo de la pesadilla—, dijiste que cuando te diste cuenta de que no se podía hacer nada para salvar a Lisa y a sus bebés, fue ahí, a partir de ese momento, que comenzaste a cerrarte. Y supongo que fue en esa misma época que te volviste imprudente y te lanzaste a tus proezas sexuales. ¿Alguna vez vinculaste estos dos hechos?

—No estoy seguro —respondió él con voz inexpresiva.

—Quiero hablar de eso un momento. Me pregunto si puedes volver atrás a esa experiencia. Mírate a ti mismo cuadro por cuadro, si puedes —le pidió Bob—. Sé que es doloroso. Sé prudente y haznos saber si es demasiado fuerte. Pregúntate qué sentías durante ese período. Fíjate en las cosas sutiles que estaban sucediendo.

Pablo se inclinó con los codos apoyados en las rodillas y miró al piso. Rebeca no quería que su esposo tuviera que revivir toda la experiencia otra vez. Era enfermera y sabía con qué facilidad vienen a la mente las escenas: El sudor frío, las sirenas, las decisiones en medio segundo, y en esa ocasión todo había salido mal, tan mal . . . Podía imaginar el pánico que daba vueltas una y otra vez en la mente de Pablo . . . tan solitario . . . los detalles horrorosos . . . y durante todo ese tiempo ella no había tenido ni la menor idea de lo que él estaba viviendo.

El rostro de Pablo se endureció.

—Estaba absolutamente abrumado. Toda mi educación, mi adiestramiento, mis oraciones . . . todo había fallado. No sólo había perdido a una paciente, sino también a sus hijas. La madre y sus dos hijitas fueron declaradas muertas a las tres y dos minutos de la tarde del jueves —siguió mirando fijo, desconectado de todo—. Lo único que pude hacer fue decidir a qué hora registrar sus muertes en los certificados. Yo sabía que esa noche me iría a mi casa y abrazaría a mi esposa y a mis hijas. Antes de poder decírselo a la familia de la joven, la perdí. ¿No lo ves? No les quedó *nada* —mantuvo rígida sus mandíbulas—. No tenía otra opción. Pero no podía cuidar de nadie. Nada me interesaba. La vida perdió significado para mí a partir de ese día. Tres seres eternos se me habían escurrido de entre los dedos. Los profesionales estamos preparados para lidiar con la muerte, y he visto otras muertes luego de ésas. Pero ese día golpeó demasiado cerca de mi puerta.

—¿Qué fue lo que pareció que tocaba tu puerta? —preguntó Bob.

—Las bebés . . . las niñas . . . su hermosa madre . . . Me apagué. No sé, desde entonces, ya nada me importa.

—Pablo, me gustaría que repitieras lo que acabas de decir, una vez más, lentamente —le pidió Bob. Pablo estaba desconcertado.

—No . . . me . . . importa.

—¿No te importa, o te has cerrado a ti mismo y te has alejado de tu propio corazón?

—No lo sé, probablemente sea lo segundo. Pero no me atreví a empezar a beber, consumir drogas o hacer cualquier cosa que alterara mi precisión como profesional. Tenía una familia que mantener —emitió una risa morbosa.

Pablo había terminado. Se puso de pie y bebió un sorbo de su botella de agua, haciendo ruido al succionarla. Arrojándola al piso, salió indignado de la sala.

Rebeca estaba sentada con los pies debajo de ella, sin emitir sonido alguno, excepto su tranquila respiración. La sala estaba en silencio.

En respuesta a las expresiones de los rostros preocupados, Greg dijo: —Pablo estará bien. Hoy, más temprano, estuvimos hablando de lo que está pasando en su corazón. Tiene que resolver algunas de estas cuestiones. Algunos corazones se abren suavemente, y otros lo hacen a fuerza de un dolor interior que los hace pedazos. Pero la buena noticia es que aquí, en este lugar seguro, podemos mostrar compasión mientras Dios extiende su piedad y su sanidad. Cuando dos corazones se abren, tienen posibilidad de ser restaurados. Desde luego que no hay garantía del camino que escogerán Pablo y Rebeca, pero al menos ahora tienen la oportunidad de reponerse juntos. Prosiguió contándoles una historia.

—Unos meses atrás, Erin y yo tuvimos una discusión. Bob y yo habíamos estado conduciendo los encuentros intensivos durante mucho tiempo. Nuevamente entramos en una de esas discusiones que terminaban en peleas, y ella una vez más me acusó de no estar disponible para ella, especialmente en lo emocional. Ya la había escuchado decir cosas como ésas antes, y en ese momento me sacaron de quicio.

»Cada vez que ella decía eso, yo me ponía muy mal. No entendía lo que decía. Pensaba que estaba *muy* a su disposición.

»No sé qué pasó esa noche en particular, pero finalmente tuve un momento de madurez. Más tarde, el Señor me llevó a un lugar donde, de repente, por primera vez en mi vida, comprendí cuán desconectado y alejado había estado de mi corazón. Cuando Erin y yo hablábamos, mi reacción era: 'Bueno, ¿qué es lo que tenemos que resolver? ¿Cómo lo solucionamos?' Yo podía razonar, podía guiar a las personas a través de sus asuntos emocionales . . . podía escribir sobre eso y enseñarles, pero en la experiencia matrimonial, desde dentro de mi corazón, era diferente. Podía pensar en lo importante que era, pero nunca había experimentado verdaderamente cuán central es el corazón en la vida, especialmente para el matrimonio.

»Me sentí como el Hombre de Hojalata en *El Mago de Oz*. Cuando Dorothy y el Espantapájaros encuentran al Hombre de Hojalata en medio del bosque, él dice: 'Fue algo terrible pasar por eso, pero durante el año que estuve aquí, tuve tiempo de pensar que la pérdida más grande que había conocido, fue la de perder mi corazón. Mientras estaba enamorado, era el hombre más feliz del mundo; pero si alguien no tiene corazón, no puede amar, y estoy decidido a pedirle a Oz que me dé uno.'

»Empecé a darme cuenta de que yo también estaba bastante frío y sombrío en el centro de mi ser. Y comenzó a aumentar mi deseo de entender qué había perdido. Entonces, en lugar de pedirle a Oz un nuevo corazón, se lo pedí al Señor. Supliqué: 'Si es tan importante, Señor. Si mi corazón significa tanto para mi matrimonio y para mi vida, ayúdame a entenderlo.'

»Les puedo garantizar que fue el viaje más asombroso. Por fin comencé a sentir que mi corazón despertaba. Por eso ahora una de las cosas más importantes que explico a las personas que participan en los encuentros intensivos, es que a menudo nuestro corazón está cerrado. Por muchas razones diferentes, nos hemos apartado lentamente o somos indiferentes a nuestro corazón. Para algunos de nosotros, el dolor y las profundas desilusiones han logrado que nos cerremos y apaguemos.

UNA CONVERSACIÓN CON LOS DOCTORES
El corazón

En 1 Pedro 1:22 (DHH) dice: "Deben amarse unos a otros con corazón puro, y con todas sus fuerzas." Este versículo se ha convertido en la bandera para mi vida y mi matrimonio. Me di cuenta de que quiero amar profundamente a las personas, con todo mi corazón. Así que continué en este viaje y comencé a estudiar y leer todo lo que encontraba a mi alcance sobre el corazón. Supuse que si las cuestiones del corazón son tan importantes, la Biblia tendría que decir algo al respecto. ¿Y saben qué encontré? ¡Que hay casi mil versículos que hablan del corazón!

También encontré estudios que indican que hay neuronas en el corazón que son cinco mil veces más poderosas que las de la parte inferior de nuestros cerebros. Este hallazgo y otros me sorprendieron y me dieron una nueva comprensión de lo que dicen las Escrituras: "Porque cual es su pensamiento en su corazón, tal es él" (Proverbios 23:7, RVR). Cuanto más estudiaba, más buscaba la verdad. ¿Dónde vive Dios? En nuestro corazón, en el centro de nuestro ser. Hay muchas cosas en nuestra mente que no comprendemos, pero en las Escrituras se dice que podemos comenzar a entender con el corazón.

Uno de los grandes libros que ha cambiado mi vida es *Waking the Dead [Despertando a los Muertos]*, de John Eldredge. La premisa del libro es acerca de cuán importante es nuestro corazón y cuán perjudicial es cuando no nos conectamos con él. Eldredge señala lo que dice Isaías 61:1, el relato de la profecía de Isaías sobre la llegada del Mesías. El profeta dice dos cosas: que Jesús vendría para salvarnos y (me encanta especialmente la segunda parte) que Cristo vino a sanar a los quebrantados de corazón. Ésta se ha convertido en mi oración para todos los que hacen los encuentros intensivos con nosotros: Que podamos participar en la sanidad de los quebrantados de corazón.

Me ha apasionado ver a los corazones transformados cuando comienzan a despertar y nacer a la vida. Muy parecido a la película *Pleasantville*, en la que dos hermanos son llevados a un espectáculo televisivo en blanco y negro. La gente vive en blanco y negro hasta que comienzan a experimentar lo que son su corazón y sus emociones verdaderas. De repente, su vida empieza a ser en colores.

Es lo más parecido que puedo describir a lo que me sucedió a mí. De muchas maneras, siento como si la vida finalmente tuviera color, y si yo puedo vivir en colores, tú también puedes. Sabes, nos adiestran para trabajar duramente, para invertir, para ser amables, pero nadie nos ha enseñado cómo manejarnos con nuestro corazón. Nadie me enseñó cómo cuidarlo. Creo que uno de los versículos más poderosos de toda la Biblia es Proverbios 4:23, que dice: "Por sobre todas las cosas cuida tu corazón, porque de él mana la vida." Cualquier versículo que comience con "por sobre todo" es algo a lo que debiéramos prestarle mucha atención.

Hasta hace poco, no tenía ni idea de cómo cuidar el manantial de vida. No sólo no lo cuidaba, ni siquiera le prestaba atención. Lo dejé adormecido durante años, y cada vez que Erin me decía: "Yo no siento que estés disponible para mí" o "Pareces tan inconmovible", yo no entendía cuánta razón tenía ella. Nuestros corazones no estaban conectados porque yo no lo estaba con el mío.

Esta revelación ha cambiado tan dramáticamente mi vida, que estoy entusiasmado porque te pase lo mismo. Si en verdad quieres intentar comprender y redescubrir tu manantial de vida, tengo para ti un impacto relacional tan sorprendente que nunca volverás a ser el mismo.

Realmente creo que el corazón debería ser el aspecto fundamental con el cual lidiar en el matrimonio. Sin embargo, ¿no es extraño que sea algo de lo que casi nunca escuchamos hablar? Eso tiene la marca del enemigo. Si logra cerrar nuestro corazón o desconectarnos de él, nos saca del juego. Y ya sabes que somos una parte vital en el plan de Dios.

Aquí está el riesgo. La única manera en la que puedes vivir la verdadera intimidad, la verdadera relación con una persona, es cuando tu corazón y el de la otra se abren. Cualquier otra cosa distinta no es verdadera intimidad. La apertura de ambos corazones es central en la definición de intimidad: Dos personas con sus corazones y espíritus abiertos, conectándose y compartiendo algo acerca de quiénes son. Es un lugar extremadamente vulnerable. Es muy riesgoso. Pero menos que eso no es intimidad. Juntos, trabajan para crear un lugar seguro, un refugio resguardado, un santuario en su relación que les permita correr el riesgo de abrirse para conectarse y vivir la verdadera intimidad.

El cuadro que *no* queremos pintar es que deberíamos exponer nuestro corazón abierto y dejarlo colgado, con la esperanza de que nadie nos lastime. Debemos tener la capacidad de diferenciar entre cerrar de un portazo nuestro corazón y *cuidarlo* como si estuviéramos protegiendo una fuente de agua pura de la contaminación. En los momentos que no me siento seguro de Erin o de otras personas, guardo mi corazón y me cuido a mí mismo. Luego, cuando nuevamente comienzo a sentirme seguro, vuelvo a abrirlo. Mi objetivo es tener mi corazón abierto a Dios, a mí mismo y a otras personas, tanto como me sea posible, y eso me permite vivir la vida y las relaciones con intensidad. Pero eso quiere decir que a veces lo más amoroso que puedo hacer es guardar y proteger mi corazón para mantenerlo a salvo. Recuerda 1 Pedro 1:22: "Deben amarse unos a otros con corazón puro, y con todas sus fuerzas." Ese es el objetivo.

El efecto de la apasionante historia de Greg completó las piezas que faltaban del rompecabezas para las parejas en la sala, especialmente para los hombres. Rebeca se sorprendió al ver en Tomás una expresión de intriga más que de enojo. Aunque sus gestos distaban de ser cálidos, la mirada de desprecio y grave parsimonia habían desaparecido. El pastor y su esposa habían solicitado ser la siguiente pareja en trabajar, así que el grupo en conjunto analizó de qué se trataba este concepto del corazón para él y para Pamela.

Siguiendo el ejemplo de Pablo, Tomás también habló acerca de su infancia, que sin duda había sido traumática. Entre otras cosas, había perdido a su padre cuando era joven. Rebeca se conmovió al descubrir que, luego de la charla nocturna con Pablo, Tomás hubiera sido capaz de revisar diversos temas que lo habían mantenido atrapado. También encontró el valor para hablar con su esposa de sus inquietudes y temores más profundos.

Avergonzado, Tomás admitió que lo había sorprendido descubrir la fortaleza y compasión de Pamela ante lo que él estaba atravesando. No sólo eso, él también estaba descubriendo que ella era capaz de soportar circunstancias difíciles. No era necesario que la protegiera de todo.

Luego Tomás narró cómo le habían inculcado de forma constante la idea de que había sido llamado a ser un profeta, a proclamar el descontento de Dios con la falta de santidad de la humanidad. Siempre había entendido que esto significaba que sería rechazado. Había aprendido que los profetas serían menospreciados por la posición que tomaban. Aunque tenía algo de verdad, lo había distorsionado hasta pensar que no sería amado por nadie, ni siquiera por Dios.

Rebeca ya no pudo mantenerse distante. Dejando el sofá, se acercó al pastor. No lo tocó, pero se paró cerca de él. —Tomás, eso no es cierto. ¡Tú *eres* amado! ¿Recuerdas cuando dije que yo creía que era una inútil, que nadie me amaba? En los dos últimos días he estado leyendo en la Biblia que la amorosa bondad de Dios es eterna . . . que Él me escogió antes de que yo naciera. ¡Y Él te ha escogido a ti también! No sólo como un antipático y viejo profeta, sino como su hijo. ¡Él te ama!

—Yo no podría haberlo dicho mejor —reconoció Bob.

MIÉRCOLES, 7:30 P.M.

Al final del tercer día, el terror había disminuido. Victoria sabía que cada pareja, al igual que Carlos y ella, podría descubrir un nuevo rumbo y un renovado sentimiento de esperanza. Luego de que la última sesión de consejería terminó, se sentían más cómodos entre sí y descansaban en un fuerte sentimiento de seguridad que nunca antes habían experimentado. Una vez que hubieron expuesto todo, se estableció entre ellos un nuevo conjunto de reglas mientras hablaban en el comedor o afuera en la terraza. Victoria pensó que era interesante observar con cuánta naturalidad se reían y se entretenían en conversaciones triviales sobre los hijos, sus pasatiempos, sus pueblos y sus trabajos. Como nadie conocía los detalles normales de las vidas de cada uno, había mucho más por descubrir. Un sentimiento íntimo de comunidad estaba comenzando a tomar forma en este extraño y dispar grupo de personas.

Aunque todos tenían un largo camino por recorrer, habían hecho avances notables, y la mayoría estaba lista para bajar un poco la intensidad. Victoria pensó que sería bueno tener un poco de música y luces. Estaba acostumbrada a organizar eventos sociales, así que reunió a la tropa para salir a cenar al pueblo. Hizo una reservación para esto en el Candlestick Inn, como invitación de ella y de Carlos.

La comida era deliciosa y la atmósfera acogedora. A Victoria se le hizo difícil no emocionarse. Quería reír y llorar a la vez. Con el fondo de la vajilla de plata tintineante, la charla apacible y una vista espléndida del centro de Branson, Rafael mantuvo divertido al grupo. Y Victoria encontró en Rebeca, que estaba sentada frente a Carlos, una compañía encantadora.

—¿Tienes alguna foto de tus nietos? —le preguntó Rebeca en un momento de la velada—. Me encantaría conocerlos. —La muchacha ignoraba que había hecho la pregunta perfecta. Victoria sonrió.

Carlos sacó de su billetera la foto para mostrar a sus hermosos nietos. No eran retratos formales, como los que mucha gente lleva, sino encantadoras instantáneas en color de los niños jugando y saltando, tomadas desde diferentes ángulos.

Rebeca emitió una exclamación de asombro.

—¿Quién tomó estas fotos?

—Yo —dijo Carlos mientras dejaba escapar una sonrisa tímida.

—Son todos hermosos —dijo ella—. ¿Cómo se llaman?

Él dijo con orgullo cada uno de sus nombres.

Victoria podía ver que en el rostro de la amorosa chica se estaba formando una pregunta difícil.

—Rebeca —interrumpió Victoria—, quieres saber si Carlos tiene alguna foto de Isaac, ¿verdad?

—Sí, por favor. Carlos, ¿tienes alguna foto de él? —preguntó Rebeca—. Me encantaría que me hablaras más de él . . . quiero decir, si no te resulta demasiado doloroso.

Carlos sacó otra hermosa fotografía, y en voz baja y profunda empezó a hablar de su amado Isaac, mientras reía y se secaba las lágrimas.

Tomás los sorprendió a todos un rato más tarde, cuando pidió tocar el piano y los deleitó con una interpretación del difícil concierto para piano N° 20 de Mozart. Con sus defensas bajas, se entregó por completo a la música, mientras sus dedos flotaban sobre las teclas. El grupo permaneció sentado en silencio hasta que rompieron en un sonoro aplauso. Luego de que Tomás exhibiera su talento oculto, Victoria le dio un codazo a Carlos para que hiciera lo mismo. Durante veinte minutos más, ambos hombres tocaron una seguidilla de duetos espontáneos, dejando a todo el restaurante embelesado.

Estaba haciéndose tarde y el grupo de nuevos amigos dio un paseo por el muelle de madera en la fría noche. Río abajo, unos compases de música flotaban por sobre las aguas oscuras y brillantes, ejecutados por una banda de jazz. A Victoria le encantaba estar con estos nuevos amigos que conocían tan bien su corazón, y su marido parecía estar en la gloria. Se mantenía cercano pero no pegajoso. Justo en ese momento la banda tocó una melodía conocida. Carlos le extendió la mano, haciéndole una seña para que danzara con él. Esta vez ella estaba preparada. Los otros observaron asombrados mientras Carlos y su esposa danzaban en perfecta armonía: La intimidad se convirtió en un movimiento natural.

Los hombres dijeron que querían detenerse y escuchar la música, pero Rebeca y Cristina estaban empezando a sentir frío allí, a la orilla del río. Luego de ponerse de acuerdo, las mujeres decidieron que sería divertido regresar temprano para continuar la reunión. El grupo había salido en dos automóviles, así que las mujeres podían regresar a Bradford sin los hombres.

Vestidas con pijamas y pantuflas, se encontraron en la habitación de Victoria. Allí, ella les hizo una trenza a Rebeca y a Pamela, Rebeca se arregló los pies, Cristina hizo masajes en los hombros y espaldas de las chicas, y Pamela sirvió algunos bocadillos. La única condición fue que estaba estrictamente prohibida cualquier conversación que tuviera que ver con el matrimonio o cualquier otra cosa relacionada con la estadía en los encuentros intensivos.

Pronto las mujeres estaban divirtiéndose como colegialas, hablando trivialidades graciosas sobre sus vidas y acercándose más como hermanas y nuevas amigas.

❖ ❖ ❖

—Así que, ¿de qué hablaron ustedes las mujeres? —le preguntó Rafael a su esposa mientras se preparaban para irse a la cama.

—Puedes quedarte tranquilo —le dijo Cristina, riéndose de su curiosidad—. Las chicas prometimos no mencionar nada relacionado con el matrimonio ni nada serio. Hablamos un poco sobre los niños y nuestros intereses, cosas de mujeres. Sobre todo, nos reímos un montón. Fue maravilloso —se examinó las uñas de los pies, que se veían bonitas y rosadas—. ¿Sabías que a Pamela le encantan los caballos? ¡Y que Rebeca ganó concursos de escupidas cuando era chica . . . ! ¿Y ustedes, muchachos? ¿Qué hicieron?

Rafael miró hacia afuera de la ventana hasta que pudo disimular su sonrisa. No quería revelar lo que habían estado haciendo, y se sintió tranquilo de que las chicas no se hubieran reunido para una sesión de llanto.

—Tomás estaba tan relajado que me pregunté si sus dolores de cabeza no se calmarían después de arreglar algunos de sus problemas. ¡La tensión que ha sufrido es tremenda! ¿Viste el talento musical que tiene? —Rafael hizo ademanes exagerados con sus dedos hacia arriba y hacia abajo en un teclado imaginario—. Es como si hubiera expresado todo lo que había en su corazón con sus dedos. Realmente me liquidó —caminó hacia el baño y tomó la pasta dental—. ¿Y Carlos, es simpático o qué? —Rafael miró por encima de su hombro.

—¿Y Pablo? ¿Qué hizo? —preguntó Cristina, caminando hacia la puerta del baño.

Rafael terminó su historia mientras se cepillaba.

—Se quedó con nosotros. Al principio pensé que era un majadero, pero es asombroso lo que descubres de las personas cuando comienzan a abrirse. Creo que hasta podría caerme bien, pero todavía estaba callado. Ha sido un día bastante difícil para él, me parece. ¿Viste esa actitud de *no me interesa*? ¡Caramba! —hizo un buche con agua y gárgaras—. ¿Te parece que él y Rebeca se van a arreglar?

Cristina coincidió en que a ella tampoco le había gustado Pablo al principio.

—Pero él es muy sensible. Creo que es un alma torturada que está tratando de correr más rápido que su amor —también comentó que al principio no podía soportar a Rebeca, pero que ahora había llegado a admirar su fortaleza—. No es para nada débil; ha sobrevivido a muchas cosas.

Como era su costumbre, Cristina comenzó a ordenar la habitación y a preparar las cosas que usaría al día siguiente. —De todos modos —dijo ella mientras lo hacía—, no entiendo cómo los hombres pueden tener aventuras y seguir como si todo fuese normal.

Rafael sintió que se le arqueaban las cejas. ¿Cristina se daba el lujo de hablar de los hombres que tenían aventuras?

Ella se dio vuelta hacia él antes de que pudiera cambiar de expresión. —¡No me mires así, Rafael! Lo digo en serio. Yo no ando teniendo aventuras por ahí. Fue sólo una noche en la que estaba volviéndome loca. Y tenía que decirte la verdad después de esa noche.

Él retrocedió, mostrándose un poco herido todavía.

—Rafael, no puedes creer que te cambié por . . . ese contador, ¿verdad? Porque no fue así. Ya lo dije antes. No fue más que una estúpida reacción instintiva a mi enojo contigo y con la vida en general . . . No sé qué le pasa a Pablo, pero mi historia es diferente.

Rafael vio la mirada que ella le dirigía con seriedad antes de ponerse frente al espejo para aplicarse la crema hidratante en el rostro.

Con cautela, él respondió que había sospechado que algo estaba pasando, y pensó que quizá ella estaba tratando de indicar algo.

Ella permaneció inmóvil, frunciendo el ceño.

—No fue mi intención, en absoluto —dijo ella—. ¿Cómo se te ocurrió pensar eso?

—No lo sé.

Ella pestañeó con indignación.

—¿Qué puedo hacer para que me creas?

Acercándose a ella, le dio un golpecito con el cepillo y le dijo algo graciosamente provocativo.

Ella entrecerró los ojos y se cruzó de brazos. —Vamos, estoy hablando en serio.

No sabía si era el verde difuso de sus ojos o la dulce curva de sus labios, no estaba seguro, pero ella era irresistible. Rafael se levantó de la cama y caminó detrás de ella, rodeando su cintura con sus brazos y besando su sedoso cabello cobrizo.

—Rafael, eso no es cierto en absoluto, y tienes que creerme cuando te lo digo. Fue simplemente que yo estaba tan desconectada de ti, de mí, de Dios . . . Igual que Carlos, yo sentía que mi corazón se había cerrado por completo. ¿Viste ese versículo que dice que Jesús vino a sanar a los quebrantados de corazón y a liberar a los cautivos? Nunca pensé que eso fuera para mí.

Él respiró profundamente y le besó el cuello.

—Te creo, Cris —le dijo—. Puedo verlo en tus ojos.

—No puedes ver mis ojos.

—Sí puedo, sólo que no en este momento —abrazó fuertemente a la mujer de sus sueños. Envolvió su pequeña silueta y apoyó el mentón sobre su cabeza. Al mirar el reflejo de ambos en el espejo, los ojos de Rafael comenzaron a llenarse de lágrimas. Había pasado demasiado tiempo desde la última vez que ella le permitiera abrazarla.

Sólo cuando el cuerpo de ella se relajó y se dio vuelta hacia él, la besó. Acariciándole el cabello, dejó en claro que no era necesario que fueran más lejos si ella no estaba lista.

—Rafael, yo necesito espacio de vez en cuando . . . y necesitaba estar segura de cómo me sentía antes de que volviéramos a estar juntos. ¿Entiendes? —lo apartó un poco—. No quería ser presionada para conseguir que este matrimonio funcione. Pero cuando me encontraste anoche afuera en la lluvia, yo ya estaba regresando a ti. Me alegró que vinieras a buscarme. Realmente te necesitaba . . . como te necesito ahora.

El cuarto día en la Casa Bradford amaneció con rayos brillantes de sol preparando el ánimo del último día del encuentro intensivo: Un nuevo día de claridad, de redención y de milagros. —¡Hola! —dijo Victoria, pellizcando el borde de la oreja de Carlos mientras inspeccionaba la mesa del desayuno puesta para dos. Carlos había preparado un arreglo íntimo en la parte delantera del área del comedor.

Victoria observó a su compañero de toda la vida. Estaba escurriendo la bolsita de té con cuidado para prepararlo tan cargado como le gustaba a ella. Después revolvió un poco de leche y media cucharadita de azúcar y tomó una servilleta de postre para colocar debajo de la taza. La precisión de Carlos demostraba su amor por su esposa, y ella estaba finalmente preparada para recibirlo. Él le sirvió el desayuno exactamente de la manera que se lo habría servido ella misma: Una ración de yogur en su fruta fresca y cereal al costado.

Ella sonrió recordando la noche anterior mientras él completaba sus cuidadosos preparativos. Él le había hablado con respeto, diciéndole que era hermosa, y no solamente como un paso hacia su propio objetivo. En perfecta sintonía el uno con el otro, su galanteo había sido familiar, y sin embargo extravagante e indulgente. Carlos había hecho que ella se sintiera como una joya preciada.

—Victoria, ¿estás bien?

—Querido, te he extrañado tanto . . . y no puedo describir cuánto deseo esto para los demás —dijo ella—. ¿Crees que lo encontrarán?

❁ ❁ ❁

El baño estaba lleno de vapor; Rebeca se había envuelto el cabello con una toalla. Abrió la puerta, lista para ir a la habitación a elegir su ropa. Entonces lo vio.

Pablo estaba en la puerta.

Asustada, dejó escapar un alarido. No lo había oído entrar. Por la reacción de ella podría haber sido un acosador. ¿Cómo se atrevía a entrar así?

Pablo había mantenido la distancia durmiendo en el sofá de la planta baja cada noche. No lo habían planeado; habían vivido cada día como venía, y simplemente había sucedido de esa manera. Por supuesto, después de su primera noche de terror, ella aprovechó el hecho de poder usar la cómoda cama. No era más que justicia divina por todas las veces que su esposo había elegido dormir en cualquier otra parte en lugar de hacerlo con ella.

—¡Pablo! —por la sorpresa, ella no había notado sus ojos hinchados y su rostro pálido. Viéndolo más de cerca, parecía que había estado luchando con el mismísimo demonio toda la noche . . . y ella no se atrevía a decir quién había ganado.

Él le dio una penetrante mirada.

—Rebeca, necesito hablar contigo. Yo . . . sé que no quieres que esté aquí . . . no de esta manera —de golpe él pareció darse cuenta de la precariedad de la situación—. No estoy aquí para convencerte de nada ni . . . para obligarte a hacer el amor . . . ni siquiera para que me perdones.

—No . . .

—Sólo escúchame. ¿Está bien? Necesito hablarte.

Su tono apremiante logró su atención. Ella no sabía qué dirección iba a tomar él. Se preguntaba qué respondería si él le pedía que volvieran a estar juntos o le rogaba volver a casa. Ella no iría a buscarlo. No estaba preparada. Él todavía no había ido al médico, el único pedido que le había hecho. Era la primera vez que ella se daba cuenta de que podía vivir sin Pablo Stuart. Ella estaba sanándose . . . a pesar de que el intenso dolor en su estómago era una señal de su implacable amor por él.

Rebeca concentró la mirada en su boca y le miró los labios mientras él hablaba.

—Yo sólo quiero que sepas que este asunto emocional realmente está empezando a afectarme mucho —se le quebró la voz—. Anoche pensé irme. Estaba volviéndome loco —maldijo y golpeó con el puño el marco de la puerta—. Toda la noche luché contra lo cerrado e inseguro que he sido. No merezco tu confianza. He sido un completo idiota —comenzó a caminar de un lado al otro, evitando sus ojos. Se sentó a un costado de la cama por un momento, antes de ponerse de pie y volver a moverse de un lado a otro.

—Pablo. Detente.

Dejó escapar un gemido y golpeó su puño contra la pared. Comprobó que habían saltado pedacitos del recubrimiento de la pared, y su cuerpo se sacudió por los sollozos.

Rebeca permaneció inmóvil del otro lado de la habitación porque a pesar de sus actuaciones y sus estados frenéticos, ella nunca había visto a su esposo perder el control. Jamás. No sabía qué hacer.

—Algo le está pasando a mi corazón —dijo él, con su rostro contra la pared—. Me siento como si literalmente me estuviese partiendo en dos. Y me duele . . . —Él volvió a maldecir—. Pero . . .

¡estoy sintiéndolo! —Se dio vuelta, tomándose el pecho, mirando hacia todos lados excepto a ella—. He sido tan cerrado. Como dijo Greg, estuve viviendo racionalmente, en un mundo en blanco y negro. He levantado tantas paredes alrededor que ya no podía sentir nada. No sentía ningún remordimiento; no podía sentir mi dolor, ni el tuyo, y . . . eso quiere decir que tampoco he sentido ningún placer real. No sólo lo estoy diciendo, realmente lo siento. Me veo como en esa película de la que habló Greg. Estoy volviendo al color. Estuve pensando en Carlos y en el hecho de que Victoria no creía que él pudiera volver a amar, y . . .

Rebeca empezó a llorar.

—Anoche le entregué mi corazón marchito a Dios —continuó Pablo—. Pero lo hice de una forma diferente. En lugar de arrojarle el osito de peluche, le pedí que se uniera a mí, a nosotros dos, para sanar mi corazón. Sé que Él puede curar todo el dolor y la desilusión de mi pasado, así como está sanando el tuyo . . . —Se atrevió a darle una mirada—. Quiero entregarte lo que queda de mí. Pero no estoy seguro de cómo hacerlo, ni sé si quieres aceptarlo.

Rebeca permaneció en silencio.

—Estoy asustado. Tengo miedo de abrirme a ti —dijo él—. No espero misericordia después de lo que he hecho. Tienes todo el derecho de odiarme. No me importó nada por mucho tiempo, pero aunque sea demasiado tarde, ahora sí me importa.

—Por un lado, es algo muy bueno —dijo Rebeca—, pero en otro sentido…

—¿En qué otro sentido? —replicó Pablo—. No hay otro sentido.

—Sí lo hay. Al menos, yo creo que lo hay —Rebeca sacudió su cabello.

—Anoche Dios me mostró una y otra vez lo increíble que eres tú y . . . y también las niñas . . . y cuán valioso soy yo para Él. Me mostró la forma en que había desaprovechado y maltratado los más preciosos dones que me dio. Yo estaba enojado y desilusionado —su rostro se contrajo por el sufrimiento—. No supe apreciarte. Las he lastimado a ti y a las niñas, y me he convertido en el hombre que no quiero ser.

Cayó de rodillas y sollozó con sinceridad, con el rostro inclinado contra el piso.

—Lo siento . . . lo lamento tanto —enfatizó Pablo.

Rebeca siguió inmóvil. Sentía repulsión. Quería golpearlo y decirle algo cruel. Al descubrir su propio valor, también reconocía lo mal que se había portado Pablo con ella. Él no era mejor que su padre y todos esos asquerosos que . . . Era todo malo, terriblemente enfermizo y malo. De repente, sintió un odio como el que jamás había sentido.

Sin embargo, no era a Pablo al que ella odiaba. Eran las mentiras.

Como si se hubiera levantado un velo, ella comenzó a ver las mentiras que le había dicho, en las que ella había creído y la mentira en la que había vivido. Su vida había sido una vida falsa y distorsionada.

¿Y su héroe? Aquí, de rodillas frente a ella, no era más que un hombre quebrantado y común.

Pablo levantó su rostro húmedo y encontró la mirada de ella por primera vez desde que había entrado a la habitación. Sin decir una palabra, ella le alcanzó la toalla con la que se había envuelto el cabello, para que él pudiera limpiarse las lágrimas que caían desde su barbilla.

—¿Por qué estás enojada? —le preguntó él.

—No estoy enojada, estoy triste —ella no sabía por qué estaba tan disgustada—. ¿Recuerdas esa historia que contó Bob sobre no abrir su corazón a Jenni hasta saber que era seguro hacerlo? Creo que estoy en ese lugar. Mi primera reacción es la de consolarte, pero no puedo. Tengo que cuidarme a mí misma ahora. Ya no quiero que me demuestres nada, no quiero que seas mi fuente de seguridad y de confianza. Quiero que hagas tu viaje con Dios por tus propios medios, por un tiempo.

»Yo quiero perdonarte, Pablo. Realmente lo deseo. Pero no sé cuándo estaré lista para que seamos amigos nuevamente —ella alargó su brazo y le tocó levemente la cabeza—. Necesitamos volver a empezar. Me afectó mucho lo que dijeron Bob y Greg acerca de cuidar nuestro corazón. Pablo, en este momento no puedo abrirte mi corazón porque no me siento completamente segura . . . de verdad, quiero que esto sea diferente. ¿Recuerdas lo que nos dijo Bob ayer en el almuerzo sobre los límites? —él había dicho que la meta necesaria era crear un ambiente que fuera lo bastante seguro para que sus corazones y espíritus se abrieran, en lugar de que Rebeca intentara cambiar o controlar a Pablo—. Quiero eso para mí, y para nosotros.

»Bob dijo que el primer paso era hacer un pedido, lo cual significa que podemos llegar a decir que no. Aunque me parezca estrafalario, quiero pedirte que seas paciente conmigo y que me ayudes a sentirme segura contigo otra vez, sin forzarme hasta que esté preparada.

—Puedo hacer eso.

Ella se apresuró para no perder su ímpetu.

—Sé que parte de mi inseguridad en nuestra relación es que *yo* no confío en *mí*, así que voy a trabajar en eso, también —dijo ella—. ¿Y sobre el plan del cual habló Bob? Bueno, tengo uno ahora . . . Sé que necesito tenerte cerca hasta que me sienta preparada. Nunca hice esto. Pero tengo que hacerlo, por mí y por las chicas. Sé que Dios quiere que haga esto. Y, ¿Pablo?

Su rostro era ilegible, pero la escuchaba atentamente.

—Quiero que esto funcione. Para los dos —las lágrimas rodaban por las mejillas de él—. Quiero que seamos una familia.

Entonces, mirando el reloj, Rebeca comenzó a arrojar algunas prendas de vestir del armario a la cama.

—Apresúrate, Pablo. Tenemos que apurarnos o llegaremos tarde de nuevo.

UNA CONVERSACIÓN CON LOS DOCTORES

Estableciendo límites centrados en Cristo

Cuando una situación merece que se establezca cierta clase de límites, como la que Rebeca estaba viviendo, a menudo es difícil saber cómo poner ese límite de una manera eficaz. Para ser eficiente, un límite debe ser el que te proteja a ti y a tus intereses de manera que logre mejorar tus metas en lo personal y en las relaciones. Por lo tanto, la pregunta inicial es: ¿Qué estoy queriendo o intentando lograr?

Las dos respuestas más comunes son:

- Protegerme a mí mismo de las personas o de las circunstancias.
- Cuidarme dentro de las relaciones actuales de manera que las fortalezca y las edifique.

Si tu respuesta es la primera, la reacción típica será levantar paredes o barreras entre tú y las personas o circunstancias que sean difíciles o amenazantes (retraimiento), o intentar detener o cambiar el comportamiento actual por el que deseas (control, manipulación). Ambas respuestas, retraimiento o control, lastiman tanto a las relaciones como a la autoestima.

La segunda respuesta apunta a una pregunta más profunda: Entonces, ¿de qué se trata esto de cuidarse bien a uno mismo?

El verdadero cuidado de ti mismo requiere vivir conforme a lo que, según Jesús, son los mandamientos más grandes y fundamentales: Amar al Señor con todo tu corazón, con toda tu alma, tu mente y tus fuerzas; y amar a los otros como a ti mismo. Lo cual implica que además debemos amarnos a nosotros mismos. La postura necesaria para seguir estos mandamientos y por consiguiente, cuidar bien de ti mismo, es permitir que fluya el amor hacia ti y a través de ti, manteniendo el corazón abierto.

A menudo, la dificultad para mantener un corazón abierto es que esa apertura nos hace vulnerables y en consecuencia es riesgosa. La apertura es en realidad el estado más natural para los seres humanos, pero las experiencias dolorosas de la vida tienden a fomentar que nos pongamos a la defensiva y nos protejamos (distintas formas de cerrarnos). Sin embargo, cuando nos sentimos seguros, somos naturalmente propensos a abrirnos, porque es más cómodo y demanda menos energía. Cuando dos personas que se cuidan mutuamente se abren, la intimidad ocurre, y el amor de Dios fluye fácil y naturalmente en ellos, a través de ellos y entre ellos.

Por lo tanto, el objetivo final es intentar crear un espacio seguro, donde el cuidarnos permita a nuestro corazón mantenerse abierto a Dios, a nosotros y a los demás.

La esencia de un límite centrado en Cristo es mantener un corazón abierto. Los límites según Cristo están caracterizados por el amor, el honor y el respeto. También facilitan el movimiento hacia las relaciones, en vez de en contra de ellas. Por lo tanto, estos límites no pueden involucrar encierro, manipulación ni control.

Estos son los pasos para establecer los límites centrados en Cristo:

- Asegurarte que tienes el objetivo correcto: Intentar crear un espacio que te permita mantener un corazón abierto a Dios, a ti mismo y a los demás (incluso a aquellos a quienes les estás poniendo límites).
- Considerar una petición teniendo en cuenta si el comportamiento o las circunstancias te hacen difícil mantener el corazón abierto. Recuerda, una petición debe admitir que puedas aceptar un no. Si no es así, estás haciendo una exigencia, no un pedido.
- Establecer un plan alternativo. ¿Qué harás si tu pedido es denegado? Es una acción que puedes

emprender, que no depende de otras personas o circunstancias, que te mueve hacia un espacio físico, emocional o espiritual que facilitará la apertura de tu corazón.

JUEVES, 8:00 A.M.

Cuando bajó las escaleras hacia la sala de consejería, Rebeca aún estaba recuperándose del quebranto de su esposo. Las otras parejas ya estaban allí, y Greg estaba a punto de iniciar la mañana con una oración. Comenzó pidiendo una bendición sobre el íntimo grupo que se había unido de maneras tan inesperadas y notables. El ambiente era una rara mezcla de fiesta y nostalgia, pero aún quedaba trabajo por hacer.

Mientras los demás comenzaban la revisión de la mañana, Rebeca trató de poner en orden sus pensamientos. Sabía que había una tonelada de trabajo para hacer en su matrimonio y tenía miedo de que no hubiera suficiente tiempo. ¿Cómo haría para volver más tarde a casa, ese mismo día, cuando había tantas cosas sin arreglar entre ella y Pablo?

Se reanimó cuando Carlos hizo su resumen. ¡Qué tipo tan simpático!

—Doctor Smalley, doctor Paul, no tengo palabras para decirles lo feliz que soy en este momento —afirmó Carlos—. Pero debo confesar que me tomaron desprevenido sobre lo mucho que hiere el amor.

Sí, Rebeca podía identificarse con esas palabras.

—¿Puedes hablarnos un poco más al respecto, Carlos? —le pidió Greg.

—¿Sabes? Ayer tenía una gran pesadumbre en el pecho. Estuve meditando al respecto y pienso que es una carga de culpa. Nunca he dicho esto en voz alta, pero siento que nunca podría llegar a perdonarme por lo que le sucedió a mi nieto.

El rostro de Greg estaba atento mientras asentía y concedió una respetuosa pausa antes de responder.

—Me atrevería a decir (y no quiero simplificar demasiado lo que dices, porque solamente tú lo sabes con certeza), que lo que estás viviendo como culpa es en realidad una forma de dolor. Pero no es un dolor sano. Pienso que quizás estés rechazando el dolor, en lugar de aceptar esta angustia abrumadora como un testimonio de la profundidad de tu amor. Quieres deshacerte de él en lugar de decir: Amé a Isaac más que a mi vida, y por eso me duele tanto.

»Has tenido muchas pérdidas que lamentar, mi amigo. Pero no tienes por qué sentirte abrumado por ellas. En nuestra sociedad, hemos llegado a creer que el dolor es frío y vacío, que es una experiencia inútil y desesperante. Pero el sentimiento de frío, vacío y desesperanza, en realidad es miedo, no dolor. El dolor es simplemente una parte del amor. Nos duele porque amamos. Sin embargo, cuando tenemos que enfrentar nuestro dolor, nos sentimos heridos. Y más que ninguna otra cosa, el miedo al dolor dispara nuestra reacción natural de luchar o huir. Como consecuencia, cerramos nuestro corazón para protegernos, y eso es muy pesado.

»Carlos, tu corazón es sorprendente; está tan vivo . . . Tu dolor es evidencia de tu amor. Tu corazón todavía tiene tanto amor que no sabes qué hacer con él. Te aseguro que si no fuera así, no sentirías esa tristeza tan indescriptible. Honrarás a tu nieto con tu dolor y con todo lo que eso signifique. ¿Qué piensas al respecto?

—Creo que no lo he llorado como es debido.

—¿Por qué no?

—Tuve miedo de que me superara y no fuera capaz de continuar viviendo.

—¿Sabes que sin el miedo, el dolor no pierde sentido, como podríamos suponer? En realidad, es precisamente lo contrario. Cuando experimentamos el dolor sin temores, nuestro corazón está completo. Recuerda, el amor perfecto echa fuera el temor. A veces quizá nos sintamos desamparados en nuestro dolor, pero nunca tenemos que sentirnos desesperanzados. La profundidad de tu dolor da testimonio de tu amor, de lo mucho que te importaba. De hecho, el verdadero dolor no es una emoción aislada; es simplemente una faceta del amor. Observa que nunca te duele lo que no te importa.

Rebeca se dio cuenta de que Carlos era tocado por el concepto bondadoso de Greg.

—A veces hay una porción personal de dolor —continuó Greg—, pero también hay una manera en que podemos conectarnos profundamente con otra persona a través del dolor compartido —miró a los demás—. Todos ustedes han sufrido pérdidas . . . y sufrir por algo que les importa es una expresión del corazón de Cristo. Compartir ese aspecto del sufrimiento juntos, sin culpas, puede ser un precioso acompañamiento de amor. No es agradable, pero sí profundamente íntimo y lleno de significado. Permite una poderosa experiencia de unión y solidaridad. Espero ansiosamente que ése sea el tema central de hoy. Así que, ¿quién quiere comenzar?

A Rebeca le gustó que Pablo fuera el primero en hablar.

—Estoy empezando a reconocer algo del desastre que hice —dijo él—. Sé que me lo provoqué a mí mismo y a mi familia. Lo reconozco por completo ahora. Lo admito. Entiendo que no puedo crear amor, que tiene que fluir de Cristo a través de mí, pero no puedo apartarme del sentimiento de que todavía tengo que esforzarme mucho personalmente para ganarme la confianza de Rebeca nuevamente y restaurar todo lo que se ha perdido. No sé si es razonable. Quiero resolver cómo hacer que esto funcione, pero tengo miedo de que tan pronto como me vaya de aquí, ella empiece con sus exigencias de nuevo, y yo no quiero comenzar a ofenderla otra vez.

—¿Te lo estás preguntado porque no sabes del todo cómo hacerte creíble o quieres decir que no hay forma de conseguirlo? —preguntó Bob—. Si no te sientes bien haciendo algo y de todas maneras lo haces, no eres honesto contigo mismo.

—No, creo que es más simple que eso. Por ejemplo, cuando Rebeca me pidió que cambiara mi número de celular, tuvimos una discusión al principio, pero después cedí. Pero cuando ella quiso que también cambiara mi número de buscapersonas, tengo que decirlo, me costó demasiado. Discutí dos horas tratando de convencerla, y luego dije: "¿Qué está pensando ella y por qué estoy haciendo esto yo?" Entonces me enojé y me ofendí. Empecé a pelear con ella. Después de muchas discusiones, de arrojarnos cosas y volvernos locos, me di por vencido. ¿Qué pasaría si volviera a suceder algo así?

—Es como que aunque no te enojaras por sus pedidos, sientes que para hacerla feliz tienes que sacrificarte —le dijo Greg.

—Claro, y tengo miedo de que eso nunca termine. ¿Qué se supone que debo hacer? Ella le ha puesto restricciones a mi independencia y para ser sincero, creo que las necesito. Y quizá deba aceptarlo para que se sienta cómoda. Pero supongo que quiero entender si todo eso es necesario para mi protección o para su comodidad. ¿Tiene sentido lo que digo? Por ejemplo, si tengo que unirme a un grupo que rinde cuentas de sus actos, ¿lo hago por mí o por ella?

—Bueno, lo que parece ser un problema aquí es que tú crees que como resultado de lo que hiciste, ahora tienes la obligación de decir: "Está bien, Rebeca, de ahora en adelante tú mandas. Yo no tengo derecho a decir nada sobre casi ninguna cuestión." Si eso es en realidad verdadero o no, es irrelevante, porque lo que estamos tratando aquí es la manera en que te sientes. Eso es un hecho en sí mismo, y tú vas a reaccionar ante él. Déjame que te pregunte lo siguiente: ¿Cómo lo estás enfrentando ahora mismo?

—Estoy un poco disgustado.

—Rebeca dijo el primer día que quería un esposo fiel, lo cual parece un pedido completamente razonable —intervino Bob—. No obstante, también quería que el matrimonio permaneciera tal cual estaba. Pero no hay manera de que pueda volver a ser lo que era antes, por dos razones importantes. Primero, parte de su bienestar estaba basado en una ilusión de confianza perfecta que ahora se ha roto. Y segundo, había cosas en el matrimonio que obviamente no funcionaban para ninguno de los dos; es evidente al ver lo que ocurrió. Si el objetivo es tener un matrimonio en el cual ambos estén entusiasmados, entonces tienen que construir algo nuevo hasta lograr un enfoque que funcione para ambos.

—Eso me parece bien —dijo Pablo con sorprendente entusiasmo.

—¿Se dan cuenta de que están trabados en una intensa lucha de poder? ¿Pueden sentirlo?

Rebeca y Pablo se miraron.

—¡Sí, y odio eso! —se le escapó a ella.

—¿Podrías decir que las luchas de poder empezaron antes que las aventuras amorosas?

Pablo asintió.

—Los dos somos cabezas duras . . . quizás hasta un poco tercos . . . Yo sé que lo soy —Rebeca estuvo de acuerdo, agradecida por las sonrisas comprensivas que recibió de parte de los otros. Pablo continuó—: Sin embargo, casi hasta el momento del enredo amoroso con otra mujer, probablemente yo la haya obligado a hacer lo que ella no quería la mayor parte del tiempo.

—He llegado a la conclusión —dijo Bob—, de que la lucha por el poder es el truco más simple y genial que el enemigo haya imaginado jamás para destruir matrimonios, y ésta es la razón: ¿Quién es el enemigo de su matrimonio?

—Satanás —respondió Rebeca.

—Y cuando tú y Pablo entran en un conflicto, ¿a quién percibes como el enemigo?

—Al otro —dijo Pablo.

—Exactamente. Y en ese momento, Satanás los tiene precisamente donde él quiere que estén. De hecho, ni siquiera necesita quedarse con ustedes. Puede irse tranquilo, sacudirse el polvo de las manos e ir donde el vecino para originar nuevos líos, porque ya los tiene a ustedes totalmente cubiertos. A veces, las luchas de poder son muy sutiles, pero el resultado final es que en el momento en que ustedes se consideran enemigos, están acabados.

»Hace algunos años caí en cuenta de algo que transformó mi

matrimonio, y creo que podría hacerlo con ustedes. Lo interesante es que eso pasó durante un altercado con mi hijo mayor, no con Jenni.

»Chris y yo teníamos una 'discusión' sobre algo que desde mi punto de vista era un asunto de seguridad que él no estaba entendiendo. En ese momento él era un adolescente y no veía las cosas a mi manera, por lo que la 'discusión' estaba calentándose.

»Le dije: 'Chris, no te das cuenta, pero eso podría ser malo para ti.' Yo era muy vehemente con lo que decía. Le dimos vueltas al tema y utilicé todo lo que se me ocurría para dejar en claro mi punto de vista. Finalmente, después de una hora y media, lo entendió. Me sentí tan calmado que me desplomé en la cama y dije: '¡Gracias, Jesús!'

»Un rato después, vi que Christopher estaba sentado en el comedor con las manos en la cabeza. De repente, me sentí invadido por una sospecha. Me senté junto a él y le pregunté: 'Hijo, ¿quién crees que haya ganado en aquella habitación?' Él respondió: 'Tú, papá'.

»Lo miré y le dije: 'Chris, si es así, yo perdí.' Me miró como si yo fuera un extraterrestre.

»En esa época mi hijo estaba en las Ligas Menores de Béisbol, y jugaba con un chico llamado Chuckie. Le pregunté: 'Cuando tú y Chuckie están jugando, ¿hay alguna jugada en la que tú ganas y él pierde?' Me respondió que no. '¿Por qué?' 'Papá, estamos en el mismo equipo', me dijo, mirándome todavía como si yo fuera un extraño.

»'¡Exactamente! Hijo, yo no soy tu enemigo, soy de tu equipo. Por lo tanto, si tú pierdes, yo pierdo. La idea de que los integrantes de un mismo equipo puedan ganar y perder a la vez es un engaño que viene del centro del infierno. Satanás se metió entre nosotros.' Pude ver en su mirada que captaba la idea y me sonrió. Seguimos con una charla espectacular y pasamos un rato muy especial entre padre e hijo.

»La parte sorprendente de la historia es que, en los días

siguientes, empecé a darme cuenta de que por años, yo me había relacionado con mi esposa Jenni de la misma manera que con Chris. Jenni tampoco es mi enemiga; ella es parte de mi equipo, mi compañera, y yo estaba haciéndole el juego al enemigo. Satanás es el único que festeja cuando Jenni y yo nos enredamos en una lucha de poder. No sólo festeja, ¡se ríe de lo fácil que es derrotarnos!

»Este concepto me llamó la atención. En ese preciso momento decidí terminar con ese enfoque. Ese día adopté lo que ahora llamamos la 'estrategia de los no perdedores'. En pocas palabras quiere decir que, en una discusión, ninguno de nosotros debe terminar sintiendo que ha perdido la batalla. No les voy a decir que eso no ha sucedido desde entonces, porque sí ha ocurrido, pero ya nos damos cuenta de que no está bien.

»Hemos tenido que elaborar una definición diferente de lo que es ganar. Hemos llegado a reconocer que si cualquiera de nosotros pierde, el equipo completo pierde.

UNA CONVERSACIÓN CON LOS DOCTORES

Una estrategia de no-perdedores

¿Estás peleando con tu cónyuge? ¿Sientes a menudo como que ganas o pierdes en tu matrimonio? Si has contestado que sí, probablemente hayas caído presa de una de las trampas más comunes del diablo.

En cada lucha de poder, los esposos se convierten en adversarios; toman posiciones opuestas y tratan de aplastar a su oponente. Y en el momento que un hombre y su esposa se consideran antagonistas, el diablo ya puede enfundar sus armas y marcharse, porque sabe que los esposos que se han vuelto adversarios se lastimarán y destruirán mutuamente. No necesita hacer nada más. Jesús conocía esta realidad cuando dijo: "Todo reino dividido contra sí mismo quedará asolado, y una casa dividida contra sí misma se derrumbará" (Lucas 11:17).

Jamás olvides que tu verdadero enemigo no es la otra persona. Satanás es el enemigo de nuestras almas y de nuestros matrimonios. Si una lucha por el poder le da al diablo una forma ridículamente fácil de originar conflictos y discordias en un matrimonio, ¿qué tipo de estrategia podemos usar para contrarrestar con éxito ese truco? "¿Y si buscamos una solución en la que ambos ganen?", sugiere alguien. ¡Suena bien! Cuando todos ganan, las luchas por el poder se desvanecen. En realidad, todos queremos soluciones en la que no haya perdedores.

Sin embargo, ¿qué pasa cuando parece imposible de alcanzar una solución de ese tipo? Muchos nos conformamos con lo que parece un resultado en el que alguien gana y el otro pierde. Quizá no sea lo mejor, y nos gustaría otra cosa, pero al menos tampoco es lo peor. En otras palabras, aceptamos un término medio.

Sin embargo, cuando elegimos este enfoque no tenemos un ganador y un perdedor. En un matrimonio no existe tal cosa como un ganador y un perdedor. Ganan o pierden ambos. Eso es todo. No hay otra opción porque estamos en el mismo equipo.

Los miembros de un equipo ganan o pierden juntos. Es válido para los dos integrantes de una pareja, excepto que en el matrimonio cada día elegimos si ganaremos o perderemos.

¿Qué elegirás tú?

Te animamos a comprometerte con una nueva forma de hacer las cosas y a abandonar el viejo modelo de fracaso. Esto empieza cuando se establece una estrategia de no-perdedores. En ella, las parejas deciden no aceptar, a partir de ese momento, que alguno de los dos termine cualquier conversación sintiendo que ha perdido. Ambos cónyuges tienen que sentirse bien con la solución.

Recuerda lo que escribió Pablo en Filipenses 2:2-4,

"Llénenme de alegría teniendo un mismo parecer, un mismo amor, unidos en alma y pensamiento. No hagan nada por egoísmo o vanidad; más bien, con humildad consideren a los demás como superiores a ustedes mismos. Cada uno debe velar no sólo por sus propios intereses, sino también por los intereses de los demás".

Lee en el Apéndice C los siete pasos prácticos para una Estrategia de No-Perdedores.

Rebeca se sentía embrollada, mientras intentaba relacionar lo que Bob decía con las luchas de poder en su matrimonio.

—Espera un minuto, Bob, estoy confundida. Lo que dices es que, a menos que Pablo y yo estemos completamente de acuerdo sobre algún tema . . . —su voz fue apagándose.

—Sí.

—¡Pero en este momento no podemos ponernos de acuerdo en nada!

—¿Te gustaría ver si logramos ayudarlos a que desenreden algún tema en el que estén atrapados?

Rebeca pensó un instante.

—¿Qué pasa con mi necesidad de que Pablo vea a un médico? —luego dijo— Estamos en un punto muerto en ese tema.

—¿Estás de acuerdo, Pablo? —le preguntó Bob.

—Seguro.

—Ténganlo presente: El objetivo aquí es llegar a una solución con la cual los dos se sientan bien. Por eso necesitamos que cada uno se esfuerce por entender cómo siente el otro y por qué quiere lo que quiere.

—Rebeca, ¿por qué insistes en que Pablo se haga un chequeo médico?

—Para saber si tiene SIDA.

—Sí, tú quieres que él se haga los análisis para que puedas estar segura de que no tiene SIDA . . . y de esa manera . . . saber que tú tampoco estás infectada, ¿verdad?

—Sí.

—Es porque quieres cuidarte a ti misma, así que en realidad se trata de ti.

—¡Ejem! Está bien. Ahora entiendo que no puedo obligarlo a que lo haga, pero sigo pensando que él tendría que haberlo hecho de entrada sin tantos cuestionamientos. Lo que me da miedo, Bob, es que me he acostado con él desde entonces. Fui una estúpida, lo sé; pero lo hecho, hecho está.

—Te entiendo. Pero en ese momento, tener sexo con él era tu elección. Tú elegiste arriesgarte de esa manera.

—Pero estoy enojada con él porque me puso en esa situación. Primero, no puedo tener relaciones sexuales con él porque es infiel; segundo, porque él ha sido un obstinado . . . ya sabes por qué. No me gusta. Así que, o cargo con la culpa de "castigarlo" negándole sexo (y como consecuencia, él se siente con derecho de hacerlo con otra), o pongo en riesgo mi vida.

Rebeca pensaba que éste era un tema bastante importante como para comenzar, pero Bob parecía estar seguro de que podrían hallar una solución.

—Pablo —dijo Bob—, quiero que trates seriamente de entender lo que Rebeca quiere y siente. Recuerda que comprender y cuidar lo que ella siente, no significa que tienes que estar de acuerdo o hacer lo que ella quiera. Tiene que servirle a los dos, o no le servirá a ninguno.

—Para comenzar, dramaticemos la conversación hasta este punto. Rebeca, dile a Pablo lo que quieres. Yo haré el papel de Pablo.

—¿Tengo que tratar de ser agradable cuando lo diga? —preguntó ella.

—No, sé franca.

—Pablo, quiero que vayas al médico y te hagas las pruebas médicas necesarias.

—He tratado de decirte que usé preservativos —respondió Bob, quien hacía la parte de Pablo—. Te lo aseguro, estoy sano.

—No me interesa qué "precauciones" hayas tomado. Esto es lo que yo necesito que hagas, porque tengo miedo.

—Siento que estás tratando de controlarme.

Ella lanzó sus manos al aire en un gesto de exasperación.

—¿Ves? ¡Esto es con lo que tengo que luchar!

—Espera. Déjame que te sugiera una respuesta —le pidió Bob—. Inténtalo así: "Pablo, es lo único que sé hacer para cuidarme a mí misma. No es que no te ame, pero tengo miedo de que me hagas daño, y para liberarme de esa idea necesito confirmar que estás sano. No es por ti, Pablo, es por mí. Tengo miedo. Espero que de verdad me ames y me cuides. Tengo que estar segura, aunque a ti no te interese saber si estás sano." ¿Qué tal suena eso?

—Así es exactamente como me siento —dijo Rebeca.

Dándose vuelta hacia Pablo, Bob dijo: "Pablo, permíteme que te pregunte: ¿Qué escuchaste de lo que dijo Rebeca? Trata de resumir, concentrándote en sus sentimientos."

Pablo miró directamente a Rebeca.

—Escucho que estás muy asustada y necesitas que yo haga esto para que te sientas segura —dijo Pablo y se quedó en silencio por un momento y se pasó las manos por los muslos—. Creí que se trataba más de tu deseo de controlarme, pero ahora entiendo que es diferente.

Rebeca estaba desconcertada por la docilidad de Pablo.

—Yo no quiero controlarte —dijo Rebeca y agregó con calma—, simplemente no me pongas en peligro.

—Lo sé. Lamento tanto no haber sido capaz de escucharte de verdad. No sé si aún puedes hacerlo, pero quiero que te sientas segura conmigo.

—Pablo, ¿por qué fue tan difícil para ti llegar a esto? —preguntó Rebeca—. No estoy juzgándote, sólo quiero entenderte.

El ejercicio se volvió embarazoso, pero Pablo se mantuvo en él.

—Tenía demasiado miedo de permitir que me importe. Creo que ni siquiera quería enterarme. Para mí, las últimas veinticuatro horas han sido una sorpresa. Mi defensa ha sido que no me importe y quise usar el sexo para sentirme vivo en medio de la muerte en la que me estaba hundiendo. Pero . . . quiero sentirme vivo nuevamente. Quiero sentir otra vez mi corazón. Quiero ser un hombre del cual pueda estar orgulloso de nuevo.

Ambos miraron a Bob. —¿Y ahora qué? —preguntó Rebeca.

Bob sugirió que Rebeca le preguntara a Pablo qué quería él.

—Entonces, ¿qué quieres tú de mí? —le preguntó ella.

Pablo hizo una pausa antes de contestar.

—Yo también quiero que seas paciente conmigo. Sé que no será fácil para mí, porque me he acostumbrado a ser de esta manera. Quiero que aprendas a cuidarte a ti misma, pero no quiero que estés intentando controlarme todo el tiempo. Estoy dispuesto a escucharte y a cuidar de tus sentimientos, pero los míos también tienen que contar.

Bob asintió y miró a Rebeca.

—Rebeca, ¿cómo te suena eso?

—Estoy dispuesta a intentarlo. No suena como imposible.

—Pablo, ¿qué piensas tú?

Él sonrió con ironía.

—No sólo estoy dispuesto a ir al médico, sino que ya he hecho una cita para los exámenes médicos.

Rebeca estaba pasmada. ¿Cuándo había pasado eso?

Pablo agregó: —Quería darte un regalo. Un mensaje para demostrarte que me importas. Pero me siento mejor ahora que cuando lo hice esta mañana, porque me doy cuenta de que no es solamente por ti: Es por nosotros. Quizá —dejó salir un suspiro—, nosotros también podamos ganar.

Pablo extendió su mano hacia Rebeca y ella cautelosamente se la tomó. Él la apretó tiernamente. Un pequeño gesto para algunos, pero algo tremendo para el doctor Stuart.

Todos en la sala aplaudieron.

Cristina no quería llegar tarde a la segunda parte de la sesión matinal. Las chicas se habían tomado una excursión de diez minutos durante el recreo para estirar las piernas y disfrutar del fresco aire primaveral. Ella había corrido a su habitación para refrescarse un poco y ahora se apresuraba para regresar a la sala de consejería.

Dio vuelta en una esquina y se detuvo abruptamente. Estuvo a punto de interrumpir un momento íntimo entre Victoria y Carlos. Cuidándose de no llamar la atención de ellos, se desplazó silenciosamente hacia atrás, fuera del alcance del oído para que la pareja mayor tuviera otro instante de intimidad antes de que ella apareciera. Al regresar de su trote matinal había visto a Carlos, muy apuesto con su bata de raso, que salía de la habitación de Victoria. Ahora estaban riéndose y tratándose con ternura. ¡Qué imagen increíble! *El amor puede perdurar*, se dijo a sí misma. *¿Es tan genial eso?* Sí, ella quería envejecer con Rafael.

Justo en ese momento sintió que dos brazos fuertes la sujetaban por su estrecha cintura, levantándola del suelo. —¡Ay, Rafael! —murmuró—. ¡Bájame! —Él la giró y atrapó en un beso apasionado. No escuchó que Bob y Greg llegaban a la escena.

—Oigan, ustedes dos. Consíganse una habitación, ¿sí? —Greg le guiñó un ojo a Cristina.

—Ya lo escuchaste, cariño. Hay que hacer lo que dice el doctor —dijo Rafael, tironeándola juguetonamente hacia la escalera. Cristina sabía que sería imposible que su esposo se concentrara a partir de ese momento. Todo era tan surrealista . . . Tan sólo cuatro días antes ambos estaban perdidos y llenos de miedo, y ahora se sentían embriagados de vida, con la intensa urgencia de partir y entrar en acción. Ella sabía que Rafael extrañaba a sus hijos, Javier y Ana, y lo que más deseaba era estar bajo el mismo techo con ellos nuevamente. Esos maravillosos días que habían pasado en el parque, días que ella no había disfrutado como debía. Nunca más. Ahora conocía bien su valor. Hablando en términos de amor: Estaba casada con un hombre millonario.

Con una amplia sonrisa, Rafael la trajo junto a él y caminaron abrazados el trecho que faltaba hasta la sala de consejería.

Cuando entraron Tomás y Pamela, Cristina se dio cuenta de que Pamela tenía un dulce y fresco brillo. Esa mañana, Victoria le había enseñado cómo atarse el precioso pañuelo que Tomás le había comprado la tarde anterior.

Victoria cacareó como una gallina: —Te ves encantadora, querida. ¿Es nuevo ese pañuelo? —Cristina captó su secreta sonrisa femenina; sabía que Victoria tenía toda la intención de hacer que Tomás le prestara atención a su mujer.

—Ese color te queda hermoso —intervino Rebeca.

Pamela se veía avergonzada pero halagada. Se tocó el nuevo pañuelo de seda, ahora perfectamente anudado por una mujer que estaba a la moda.

❄ ❄ ❄

La historia sobre la estrategia de que no haya perdedores había impresionado a Tomás más que ninguna otra cosa de las que escuchara durante el encuentro. Bueno, pensándolo bien, eso no era completamente cierto, pero sí era el reto fundamental con el que iniciaría su viaje personal. La imagen de Chris, el hijo de Bob, agarrándose la cabeza con frustración luego de que Bob lo sermoneara, obsesionaba al pastor. ¿Cuánto daño había causado él con sus palabras? ¿Qué victoria había logrado Satanás en la familia Davis durante todos esos años en los que Tomás insistía que se sometieran a su rotunda autoridad? Había gobernado sin ser, ante todo, compasivo. El recuerdo de las luchas amargas y prolongadas entre él y su hijo, lo llenaba de remordimiento.

Durante el descanso de media mañana, Tomás había intentado desesperadamente llamar por teléfono a Zacarías para pedirle perdón. Pero éste se había negado a hablar con su padre. En ese momento Tomás se quebrantó, temiendo que fuera demasiado tarde.

Tomás tenía muchísimo trabajo por hacer. Con el fin de lograr que la norma de que no hubiera perdedores fuera eficaz, necesitaría familiarizarse bien con su esposa y sus hijos para escucharlos y para que todos pudieran explicar qué significaba para ellos *ganar*.

Era el momento de poner al grupo al tanto de dónde se encontraba él. —Me pasé la noche examinando en mi corazón si debo continuar o no en el ministerio —empezó—, y qué significaría esa decisión para mi familia. —Habló de la necesidad que sentía de tener un retiro privado como familia, un tiempo alejado del ministerio para redescubrir quiénes eran y para hacerles saber cuánto lamentaba haber estado tan enojado y haberlos excluidos de su corazón—. He tomado la decisión de hablar con el consejo de ancianos cuando regrese y pedirles una licencia de seis semanas. Quizá podamos pasar dos o tres semanas juntos acampando en las montañas, como una especie de reencuentro.

Todos escuchaban con atención. Tomás no podía creer cuánto lo apoyaban todos, especialmente después de lo prejuiciado que se había mostrado el primer día.

—Pamela, ¿cómo te va con todo esto? —quería saber Bob.

Tomás y Pamela habían conversado durante la noche, analizando sus planes y cómo afectarían a la familia.

—Deseo profundamente estar en el mismo equipo de Tomás —le dijo ella al grupo—, pero me doy cuenta de que debo quitar algunos obstáculos que hay en el camino. Como Rebeca, estoy un poco a la defensiva ahora que mi esposo ha sufrido de pronto un cambio radical.

❂ ❂ ❂

Pamela estaba tratando de ser sincera en lo que expresaba, pero en el fondo de su corazón suponía que no estaba muy segura de querer integrar el equipo de Tomás. A pesar del cambio en su corazón, la personalidad de él impondría la condición de estar en el equipo de un capitán exigente.

Ella podía entender las razones de todo lo que Tomás había hecho; aún así, sentía como que había perdido veinte años dedicados a este hombre. No estaba echándole la culpa; más bien, solamente por admitir en quién se había convertido, estaba haciendo un proceso de duelo. El camino de aprender a amarse y a cuidarse parecía lleno de obstáculos de ira justa. No solamente necesitaba reconocer el conflicto y trazar límites centrados en Cristo, sino también perdonar los errores del pasado en su matrimonio, como lo había hecho Rebeca. De acuerdo, su esposo no le había sido infiel; pero emocionalmente se sentía engañada. No se sentía segura de estar lista para perdonar a Tomás. Si ella era valiosa y preciosa como Bob había dicho, no podía cruzarse de brazos y dejar que continuaran el tono rudo y el maltrato.

Bob pudo sentir su ansiedad. —¿Eres capaz de perdonar a Tomás? —le preguntó repentinamente, tomándola desprevenida.

Dr. Greg Smalley + Dr. Robert S. Paul

UNA CONVERSACIÓN CON LOS DOCTORES

Perdón

El perdón le pisa los talones a la responsabilidad personal, porque cuidar bien de nosotros mismos incluye perdonar a nuestra pareja por habernos agraviado. No esperamos hasta determinar si la persona lo "merece", si ha sufrido lo suficiente, o si nos sentimos con una gracia especial ese día. Perdonamos porque vemos el perdón como una cuestión de responsabilidad personal. Cuando perdonamos, somos nosotros los primeros beneficiados. Por eso es una buena parte del buen cuidado propio.

¿Cuántos matrimonios se han tambaleado debido a que uno o ambos de sus miembros se negaban a perdonar? La Biblia deja en claro que cada cristiano tiene la responsabilidad personal de perdonar a quienes lo han herido, y eso no exceptúa a los esposos y a las esposas.

Cuando nos negamos a perdonar, pensamos que estamos haciéndole daño a quien nos ha lastimado, pero rara vez es así. De hecho, la única persona a la que lastimamos es a nosotros mismos. La falta de disposición al perdón conduce a un espíritu amargo, y un espíritu amargo se pudre en una cárcel fétida construida por uno mismo. Cuando decidimos perdonar, otorgamos gracia inmerecida y piedad a otro, como Jesús hizo con nosotros. La predisposición a perdonar libera a las dos partes involucradas y crea la posibilidad de restaurar la relación.

¿Quieres escapar de la tortura de tu propia prisión? Jesús tiene una palabra para ti: Perdona. No te ofrece ninguna otra llave.

El perdón nos da el poder de romper con los lazos del enojo, el furor, el odio y la venganza, los cuales conducen a un camino de destrucción. Son como toxinas para el alma, para las cuales el perdón es el único antídoto.

Recuerda, el verdadero perdón es una parte de cuidarte a ti mismo.

Lee en el Apéndice D algunas sugerencias prácticas para superar los obstáculos para perdonar.

—Pamela —continuó Bob con amabilidad—, pareciera que no eres capaz de perdonar a Tomás. Quiero que escuches a mi corazón. No estoy juzgándote. Hay muchísimas buenas razones para que no estés dispuesta a perdonarlo, y una muy importante es que no te has sentido segura.

Pamela estuvo de acuerdo.

—Me imagino que también te has sentido vulnerable, que tu corazón fue lastimado.

Ella asintió nuevamente.

Esta vez Bob la miró directo a los ojos y le preguntó: —¿Estás preparada para sentir algo de alivio?

Él había captado la atención de todos.

—Primero y principal, si voy a perdonar a alguien, es por mi bien. Quiero liberarme de arrastrar por todas partes la carga de no perdonar. Es pesada, y después de un tiempo, me canso de llevarla. A menudo, al único que necesito perdonar es a mí mismo.

Greg intervino: —Saben, el perdón es un tema complicado . . . pero creo que cuando comenzamos por el principio, no es tan difícil. Me resulta difícil perdonar cuando siento que no sé qué hacer con la situación, cuando todavía me siento amenazado, cuando no sé cuidar de mí y pienso que la situación podría repetirse. Todavía me siento vulnerable, y perdonar en ese momento es duro.

—Es exactamente como yo me siento —admitió Pamela. ¿Cómo puedo decir: 'Está bien, te perdono', si no estoy segura de que esto no volverá a repetirse?

Greg asintió y prosiguió, —Cuando comprendo qué es lo que podría haber hecho de otra manera, o cómo podría cuidarme en el posible caso de que volviera a suceder lo mismo, entonces soy libre para perdonar y seguir adelante. De nuevo: Estamos hablando del tema de la seguridad.

»Cuando adquieres la capacidad de cuidar bien a tu corazón,

puedes encontrar descanso bajo las alas del perfecto amor de Dios, permitiéndole llenar todos esos espacios rotos mientras dejas salir el temor. Te aseguro que a esa altura empezarás a ser libre, y podrá comenzar el proceso del perdón. El perdón forma parte de la naturaleza de Dios, así que si estás llena de su Espíritu, no tendrás que esforzarte para que eso suceda.

Bob habló: —Mi sensación es que si pudieras decir honestamente: 'Soy genial cuidando mis emociones, mi mente y mi espíritu. Puedo hacerlo y me sentiré completa y viva; ahora sé cómo cuidar mi corazón', el perdón simplemente ocurrirá. Como ya he dicho, el tema del perdón es muy grande y merece un estudio meticuloso. Espero que puedas encontrar la comprensión del perdón a ti misma y a los demás, pero por ahora concéntrate en permanecer en contacto con tu corazón.

Pamela les sonrió a Bob y a Greg por hacer que este asunto fuera más fácil de comprender. Luego de escuchar acerca del perdón durante gran parte de su vida, por primera vez tuvo para ella el sentido de que pudiera darle libertad, más que la obligación de ser justa.

Con un gesto de Bob, Tomás continuó hablando de sus planes y decisiones con el grupo. Pamela observaba, con la expectativa de entender qué quería decir. Todavía no era bondadoso con sus palabras. Él se dio cuenta de que su tono era brusco, se contuvo y dio marcha atrás con la esperanza de suavizar lo que estaba diciendo. Pero su manera iba aumentando en ímpetu hasta el punto en que podría llenar un auditorio. ¿Qué decisiones tomaría sobre el ministerio? ¿Dónde vivirían si se iban de la iglesia?

—Quiero que vean por qué tengo que hacer esto —dijo él con una fuerza notable. Su esposa generalmente escapaba cuando él decía algo por el estilo, pero esta vez ella vio algo más. Escuchó vehemencia detrás de una voz que todavía tenía similitud a la del Mago de Oz. Tomás realmente la cuidaba, así como a sus sentimientos, necesidades y deseos. A pesar de todo lo que habían vivido, a pesar de su eterna devoción a la esposa de Cristo, la iglesia, Pamela todavía era su esposa.

Ella sonrió. Estaba comenzando a comprender.

—Tomás, ¿te parece que tu esposa es fascinante? —Bob dirigió la atención hacia Tomás.

—Cuando llegamos acá, el primer día, la sentía como una carga terrible —replicó el predicador, con su habitual falta de tacto—. No sabía qué hacer con ella, especialmente porque estaba llena de tanto desprecio por sí misma. Pero con el correr de los días, he visto en ella la libertad y el coraje que me atrajeron al principio de nuestra relación —la miró, y ella sintió que su corazón se entibiaba—. Me gustaría que todo volviera a ser bueno. De modo que, sí, cuando anoche Pamela me confesó cosas que mantenía escondidas por temor a que yo las pisoteara o criticara, me sentí más desconcertado que fascinado. Pero creo que una vez que pueda encontrarle el sentido a todo, me sentiré fascinado.

—Quiero tomar clases de arte —anunció Pamela de pronto. Era el momento de preguntar, porque los demás la apoyarían. Ella esperó la reacción de Tomás.

Ella quería que él sonriera y estuviera tan entusiasmado como ella por su renovado coraje en concretar sus sueños. Era su esposo y ella lo había invitado a su corazón. Pero él solamente se mostró confundido, mientras juntaba sus dedos, adoptando la postura de juez. Ella se dio cuenta de inmediato lo que había ocurrido. Disciplinado como él era, estaba tratando de entender cómo y cuándo ella había tomado esta decisión y cuál sería el costo, tanto económico como emocional.

Ella se detuvo en seco y su sonrisa se desvaneció. Tomando conciencia, se replegó un poco.

—Sé que tendremos que analizar estas cosas —dijo ella—, pero me siento más viva ahora de lo que me he sentido en mucho tiempo. Es como . . . como cuando tú tocas el piano, cariño. —Se dio vuelta hacia los demás con las mejillas sonrojadas—. Me he dado cuenta de que si mi esposo me quiere ver animada y bien, necesito dedicarme a las pasiones que Dios ha puesto en mí. Debo amarme a mí misma para luego saber cómo amar a los demás.

Ahora Tomás le sonrió, y aunque ella pudiera decir que con cierto esfuerzo, al menos era un comienzo. Pamela comenzó a relajarse.

❂ ❂ ❂

Rafael escuchó cómo los demás daban sus resúmenes finales y los consejeros brindaban sus últimas palabras de sabiduría. Apenas si podía creer que después del almuerzo, en sólo una o dos horas más, las cuatro parejas tendrían que irse por caminos diferentes. ¿Cómo pudieron haber crecido, haberse vinculado entre sí y sanado tanto en solamente cuatro días? Y en ese sentido, ¿cómo había logrado él que Cristina estuviera dispuesta a venir al encuentro? Recordó cuán desesperado se había sentido el día que había llamado al Instituto Nacional del Matrimonio pidiendo ayuda. Mirando retrospectivamente se dio cuenta de que Dios había estado obrando un milagro desde entonces.

Miró alrededor mientras las personas comenzaban a despedirse y a expresar sus agradecimientos a Bob y a Greg. Era obvio que él no era el único en dar el debido mérito a estos hombres perspicaces, compasivos y buenos por facilitar que el milagro enorme de Dios hubiera comenzado a operar en sus matrimonios.

Carlos dijo que él y Victoria tenían planes de hacer una luna de miel el regreso a Dallas, y que habían marcado en el mapa algunos sitios románticos que había en el camino. La hermosa pareja tejana sonrió y abrazó a cada persona en la sala. Cuando Victoria dijo que seguiría en comunicación con ellos, no eran palabras vacías. Rafael sabía que volverían a verse si ella se lo proponía. Rafael estaba muy feliz de ver que Carlos había abierto su corazón no sólo a Victoria, sino al amor que lo rodeaba por todas partes.

Pamela, cuya situación casi le había partido el corazón el primer día, ahora se veía hermosa y segura de sí misma. ¡Y estaba de la mano de su esposo! Dijo que le desagradaba tener que dejar a las parejas que en esos cuatro días habían llegado a serle tan familiares. Se rió y dijo que deseaba poder meter a Bob y a Greg por la rendija de su puerta para que mediaran unos días más en la casa pastoral de la familia Davis. ¡Rafael coincidía con esa propuesta!

Y la pareja de supermodelos de California, Pablo y Rebeca . . . Rafael recordó cuán extravagantes e insólitos le habían resultado al principio. Sólo en televisión había visto a algunos parecidos a ellos. Pero con el paso de los días se habían convertido en personas reales, verdaderos amigos. Conocía sus corazones tanto como ellos el suyo. Rafael deseaba que pudieran seguir progresando en su relación y sortearan los escollos de los que habían hablado en las sesiones. Pablo había hecho en público un nuevo compromiso con su esposa, prometiendo ir al médico, como ella le había pedido, y además continuar con la consejería personal.

Finalmente, los ojos de Rafael se posaron sobre el amor de su vida, la única mujer con la que quería envejecer. Cristina estaba captando los momentos con su cámara digital y hablaba de cuán ansiosa estaba de volver a casa y estar con sus hermosos hijos. Los ojos de Rafael se llenaron de lágrimas recordando lo desamparado que se sentía el día que habían llegado. ¡Qué bueno había sido Dios con ellos! Sabía que tenía mucho trabajo por delante para construir la Tierra Prometida para su matrimonio, de la que habían hablado Bob y Greg, pero ahora sabía que era posible. Sí, él podía estar *entusiasmado* con su matrimonio. Y estaba ansioso por dar el próximo paso de ese viaje.

"Entonces, ¿Adónde Vamos Ahora?"

QUEREMOS HABLAR ACERCA de adónde tú, lector, irás a partir de ahora.

En primer lugar, estamos convencidos, después de todos estos años de coordinar los Encuentros Intensivos, que una de las claves para el éxito es el sentido de comunidad que experimentan las parejas. La verdadera comunidad es un lugar donde te aceptan y te cuidan, donde te sientes seguro de mostrarte como eres. La comunidad es el lugar donde puedes dar a conocer tus sentimientos, miedos, heridas, anhelos y cosas por el estilo. Creemos que el Señor quiere que vivamos ese sentimiento de comunidad y nuestra sociedad no lo hace fácil.

Queremos alentarte a encontrar maneras de incorporar la comunidad a tu vida, ya sea participando en un grupo pequeño, encontrando una iglesia grande o relacionándote con una organización comunitaria.

También queremos darte unos consejos para llevar a la práctica los temas abordados en los Encuentros Intensivos. La clave es tener una clara comprensión de este modelo y de los pasos específicos para usarlo.

La mejor forma de resumir todo lo que se ha enseñado durante

los Encuentros Intensivos es recordar la analogía del viaje de los israelitas a la Tierra Prometida.

El matrimonio representa la esperanza de entrar a la Tierra Prometida, la tierra donde fluyen la leche y la miel. Lamentablemente, muchos se desilusionan y desaniman a lo largo del camino. Se sienten "estancados", como si estuvieran atrapados en la esclavitud. Quizá se trate de un matrimonio caracterizado por el conflicto y la miseria, o simplemente sea decepcionante y aburrido, pero de cualquier manera está a años luz de lo que esperaban. Lo que nos mantiene atrapados es la Danza del Miedo.

Cada individuo tiene sus propios botones de miedo y sus reacciones. Y en un matrimonio, esos sentimientos y reacciones tienden a enfrentarnos al uno con el otro. En otras palabras, las maneras en las que reaccionas cuando te aprietan los botones, parecen ser útiles en ese momento y quizá te den cierta seguridad. En cambio, cuando consideras todo el proceso, se hace evidente que tus reacciones en realidad ponen en movimiento un ciclo que da vueltas y vueltas, y se termina la seguridad.

DANZA DEL MIEDO

TEMORES DEL ESPOSO
Por ejemplo, a ser controlado

**REACCIÓN DE
LA ESPOSA**
Por ejemplo, persiguiendo
al esposo

REACCIÓN DEL ESPOSO
Por ejemplo, retrayéndose

TEMORES DE LA ESPOSA
Por ejemplo, a ser abandonada

Por ejemplo, digamos que tenemos un esposo cuyo botón es el miedo a ser controlado y una esposa cuyo botón de miedo tiene que ver con el ser abandonada. Cuando se activa el botón de miedo del esposo, su reacción natural es cerrar su corazón y aislarse. Cuando se activa el botón de miedo de la esposa, ella empieza a hostigarlo. La Danza del Miedo de la pareja comienza cuando a los dos se les activan sus botones de miedo. Si el botón del esposo se activa, él se aísla. A su vez, su aislamiento acciona el botón de miedo al abandono de la mujer, lo cual dispara su reacción natural al hostigamiento. Su persecución realimenta el miedo de él a ser controlado, y el ciclo continúa. Después de repetir el ciclo muchas veces, el sufrimiento aumenta y finalmente, cada uno cierra su corazón al otro integrante de la pareja.

La clave entonces es identificar claramente tu Danza del Miedo. Te alentamos a volver al Apéndice A y hacer el examen. Una vez que ambos hayan completado el cuestionario, pueden hacer un gráfico de su danza siguiendo las indicaciones.

Una de las cosas más poderosas que ocurrirá cuando veas proyectada tu Danza del Miedo, es que empezarás a reconocer de qué manera las mínimas reacciones que tienes cuando te tocan tus botones del miedo, activan a su vez los botones de tu cónyuge. Cuando una pareja identifica con precisión su Danza del Miedo, se hace evidente que aparecen los mismos miedos y reacciones en casi todos los conflictos, no importa cuál sea el tema.

La Tierra Prometida

La Tierra Prometida representa todo lo que Dios tuvo intención de que fuera el matrimonio. Aunque es necesario que ocurran muchas cosas para que el matrimonio los entusiasme a ambos, el factor más importante es la seguridad. Hay dos caminos que puede tomar tu relación. De hecho, cada vez que interactúas con tu pareja, tienes que hacer una elección. Pueden contribuir a crear y mantener un entorno seguro para la relación, o pueden caer en la trampa de reaccionar de maneras que hagan que el entorno relacional sea inseguro y peligroso.

¿Por qué es tan importante la seguridad? El corazón es el epicentro de la vida y de las relaciones. Cuando el corazón se siente seguro, se abre. Cuando se siente en peligro o amenazado, se cierra. La seguridad y el miedo ponen en movimiento una cadena de reacciones que llevan a diferentes destinos. La sensación de seguridad define el corazón del matrimonio. Cuando las personas se sienten seguras, se inclinan naturalmente a abrir el corazón y el espíritu. La intimidad se produce sin esfuerzo cuando el corazón y el espíritu se abren entre dos personas. Abajo verás una representación simple de lo que estamos hablando:

Seguridad ➥ Apertura ➥ Amor/Intimidad

Una de las principales metas en los Encuentros Intensivos es crear un ambiente seguro en el cual las personas estén dispuestas a abrirse. En una situación típica de los Encuentros Intensivos, las parejas dan a conocer detalles íntimos de su vida y de su relación porque se sienten seguras. Como resultado, las personas del grupo comienzan a sentirse íntimas y conectadas unas con otras.

Te animamos a hacer el mismo esfuerzo para lograr seguridad en tu matrimonio. En el marco óptimo, sentirás a tu hogar como el lugar más seguro del mundo, donde los corazones prosperan y están llenos de vida. Responde las siguientes preguntas sobre la seguridad:

- ¿De qué manera he convertido nuestra relación en algo inseguro para mi pareja?
- ¿De qué manera daño la seguridad en mi entorno matrimonial?
- ¿De qué manera reacciono cuando me siento in-seguro?
- ¿Qué podría hacer para sentirme seguro?

Las discusiones sobre los miedos y la seguridad en una relación matrimonial pueden ser muy útiles. No obstante, muchas personas llegan a darse cuenta de la manera en la que contribuyeron para crear un ambiente inseguro en sus matrimonios, pero no saben cómo revertirlo y "desengancharse".

Pasos Hacia la Tierra Prometida

Después de trabajar con miles de parejas e individuos, nuestro equipo clínico ha comprobado que hay cuatro pasos principales que nos ayudan a superar la sensación de estar estancados e inseguros, para lograr un matrimonio seguro, abierto y conectado como el que anhelamos. Abajo, verás un modelo de cómo entendemos que funcionan estos pasos.

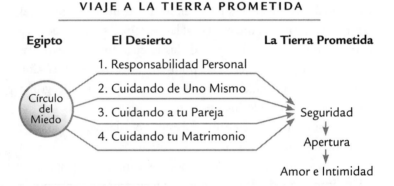

VIAJE A LA TIERRA PROMETIDA

Egipto	El Desierto	La Tierra Prometida
Círculo del Miedo	1. Responsabilidad Personal	
	2. Cuidando de Uno Mismo	Seguridad
	3. Cuidando a tu Pareja	Apertura
	4. Cuidando tu Matrimonio	Amor e Intimidad

Paso 1: Responsabilidad Personal—El Poder Interior

El primer paso para salir de la Danza del Miedo es la responsabilidad personal, también llamada el poder interior, que da a cada integrante del matrimonio el poder para llegar a ser la persona que Dios ha creado. Esto sucede cuando aceptamos la tarea de ser responsables por nuestro comportamiento y bienestar. Nos convertimos en una persona adulta cuando asumimos esa carga de responsabilidad.

La responsabilidad personal es la clave para el fortalecimiento. Permitir que tu bienestar, tus emociones y tu comportamiento dependan de otros es debilitante. Cuando entregamos nuestra responsabilidad, entregamos también la "fuente" de nuestra vida. Proverbios 4:23 establece: "Por sobre todas las cosas cuida tu corazón, porque de él mana la vida." Es tu tarea cuidar tu corazón. Entregar esa responsabilidad o asumir la responsabilidad por otro, significa no guardar tu corazón y eso te debilitará.

Responde las siguientes cuatro preguntas acerca de la responsabilidad personal:

- Según lo que reflejas en tu matrimonio, ¿en qué áreas de tu vida/conducta/reacciones te gustaría trabajar para llegar a ser más responsable de ti mismo?
- Vuelve al diagrama que hiciste de tu Danza del Miedo. ¿Te resulta más fácil señalar a tu pareja y ver qué cambio debería hacer, que observarte a ti mismo?
- ¿Hasta qué punto te has sentido debilitado porque esperas que tu pareja haga las cosas de otra manera? ¿Cuánta energía has gastado tratando de cambiar a tu cónyuge?
- Considera tu relación con amigos, familiares y personas importantes. ¿De qué maneras has luchado con tu comportamiento, palabras o acciones? ¿Cómo quieres que esas áreas sean diferentes en tu matrimonio?

En cuanto a escapar de la Danza del Miedo, la responsabilidad personal se logra cuando tenemos claro en qué deberíamos concentrarnos: En nosotros mismos. Cuando nos dedicamos a procurar que nuestra pareja cambie, nos debilitamos. Por otro lado, separar mis problemas de los suyos permite que me concentre en las cosas que sí puedo controlar. Eso es la responsabilidad personal. Regresa a tu diagrama de la Danza del Miedo y, como se ve en el diagrama siguiente, dibuja una línea diagonal separando tus miedos y reacciones de los de tu pareja. Todo lo que esté de tu lado de la danza es tu responsabilidad. ¡Fíjate que las "cuestiones" de tu pareja no están en tu parte!

Paso 2: Cuidando de Uno Mismo

El primer paso para salir de la Danza del Miedo es la responsabilidad personal, lo cual significa aceptar la tarea de cuidarnos a nosotros mismos. El segundo paso, entonces, es cómo cuidarnos.

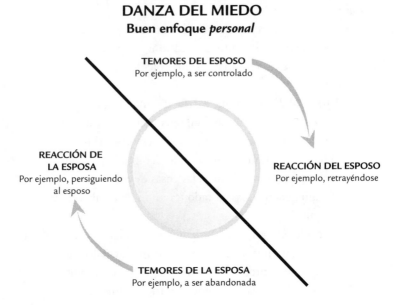

DANZA DEL MIEDO
Buen enfoque *personal*

TEMORES DEL ESPOSO
Por ejemplo, a ser controlado

REACCIÓN DE LA ESPOSA
Por ejemplo, persiguiendo al esposo

REACCIÓN DEL ESPOSO
Por ejemplo, retrayéndose

TEMORES DE LA ESPOSA
Por ejemplo, a ser abandonada

Cuidarte a ti mismo, a veces mencionado como el cuidado personal, es el proceso de recibir plenamente el amor y las provisiones de Dios, y darlos a conocer a los demás. Incluye estar lleno en todos los aspectos de nuestro ser: Mental, físico, espiritual y emocional.

Cuando ejercitamos el cuidado personal, hay mayor seguridad en un matrimonio, porque dejamos de ver a nuestro cónyuge como la fuente de nuestra plenitud. Ese es el trabajo de Dios. Cuando equivocadamente buscamos que otro nos llene, depositamos en esa persona y en la relación una carga que nadie puede soportar.

El cuidado personal comienza cuando nos concentramos en nuestro lado de la Danza del Miedo, en nuestro propio bienestar espiritual, emocional, mental y físico. Mira en el diagrama a continuación dónde está el foco. Regresa a tu diagrama de la Danza del Miedo y traza un círculo alrededor de tu parte de la danza. Esa es tu área de responsabilidad.

DANZA DEL MIEDO
Buen cuidado *personal*

TEMORES DEL ESPOSO
Por ejemplo, a ser controlado

REACCIÓN DE LA ESPOSA
Por ejemplo, persiguiendo al esposo

REACCIÓN DEL ESPOSO
Por ejemplo, retrayéndose

TEMORES DE LA ESPOSA
Por ejemplo, a ser abandonada

El objetivo fundamental del cuidado personal es el cumplimiento de los grandes mandamientos: Ama al Señor tu Dios con todo tu corazón, con tu alma, tu mente y tus fuerzas (un acto de dar y recibir, y el acto fundamental de amor por uno mismo), y ama a tu prójimo de la misma manera que te amas a ti mismo. Este proceso nos permite convertirnos en, y seguir siendo, vasijas llenas; y, de esa manera, dar de nuestra abundancia. El cuidado personal está relacionado con la plenitud.

Estamos llamados a amar al Señor con todo nuestro ser, pero, como el amor sólo proviene de Dios, primero debemos estar llenos de su amor. En la medida que permitamos que nos llene el amor de Dios, la esencia de la vida, estaremos de verdad amándonos a nosotros mismos. Una vez que estemos llenos de su amor, amarlo a Él y a los demás será algo natural. En ese momento estaremos cumpliendo con nuestro llamado.

Sin embargo, si acumulamos el amor de Dios, se pone rancio e inútil para todos. Si damos pero no recibimos, quedamos vacíos. Por lo tanto, si damos y volvemos a recibir de Dios, entonces damos algo más, nuestra agua permanece fresca, y nosotros, completos. De este modo, cuidar bien de nosotros mismos es bueno, y dar a los demás es bueno para nosotros. Por eso decimos que cuidarnos bien *siempre* beneficia al que lo hace y a los demás.

Este modelo de recibir y dar, dar y recibir, es la manera que Dios diseñó para que el mundo funcionara, y por consiguiente, toda la vida humana está basada en el mismo principio. Una relación saludable y sostenible es aquella en la que dos personas ven a Dios como su fuente de plenitud, se llenan de Él y luego comparten las bendiciones entre sí y con el mundo.

El cuidado propio excelente requiere encontrar un equilibrio saludable entre dar y recibir. El ciclo natural y los componentes necesarios para el cuidado propio son:

- Atender: Atender responsablemente el estado de tu corazón y determinar qué necesita y desea.
- Recibir: Abrir tu corazón para recibir de Dios y de los demás.
- Dar: Responder con responsabilidad a las necesidades y los deseos de otros.

Las personas a menudo evitan cuidar plenamente de sí mismas porque piensan que es egoísta. En realidad es todo lo contrario. Cuanto más lleno estés, más tendrás para dar. Cuanto más tengas para dar, más capaz serás de servir a Dios y a los demás. No hay nada de egoísmo en eso. Jesús dice: "Yo he venido para que tengan vida, y la tengan en abundancia" (Juan 10:10). Su deseo para nuestro corazón es que esté lleno, para que cuando demos, estemos repartiendo de la abundancia de nuestro corazón, en lugar de una reserva reducida. Responde las siguientes preguntas sobre el cuidado personal:

- ¿Cuán vacío, cansado o exhausto te sientes? ¿Cuán completo te sientes?
- Considera las categorías mencionadas: Física, mental, emocional y espiritual. ¿Estás cuidándote a ti mismo en cada una de estas áreas? Haz comentarios sobre cada una de ellas.
- Piensa por lo menos en tres formas en las que podrías (o puedes) cuidar bien de ti mismo en cada una de las cuatro categorías: Física, mental, emocional y espiritual.
- ¿De qué forma podría el buen cuidado personal mejorar tu matrimonio y hacerlo más seguro?

Paso 3: Cuidando a tu Pareja

El tercer paso para salir de la Danza del Miedo es cuidar a tu cónyuge. Como personas fortalecidas y plenas, podremos cuidar eficazmente a nuestro cónyuge como una preciosa criatura de Dios. Podremos procurar entender, animar y ayudar a nuestra pareja atendiendo sus necesidades y cuidando de sus sentimientos en su viaje para convertirse en una expresión plena de la persona que Dios creó.

Una de las primeras oportunidades de mostrar el cuidado por los sentimientos de nuestra pareja, es a través de la habilidad en la comunicación emocional, o lo que llamamos Conversación del Corazón. Con frecuencia, nuestra comunicación se concentra en detalles que distraen y hacen más difícil el progreso. Buscar quién tiene la razón, de quién es la culpa o qué sucedió realmente (particularmente cuando hay emociones fuertes involucradas), alienta a ponerse a la defensiva y hace que las personas se sientan como adversarios. La comunicación resulta más fácil y eficaz cuando los participantes son capaces de confiar en que son realmente comprendidos y que sus sentimientos importan. Cuidar los sentimientos de otra persona es una forma de cuidar de su corazón. Cuando nuestro cónyuge manifiesta una emoción, quizá podemos preguntar: "¿Qué está tratando de decir tu corazón?"

En la Conversación del Corazón, el objetivo es comprenderse plenamente a un nivel emocional. En el diagrama siguiente observa que el foco no está en las reacciones, sino en las emociones profundas (por ejemplo, los miedos).

DANZA DEL MIEDO
Buen enfoque *relacional*

TEMORES DEL ESPOSO
Por ejemplo, a ser controlado

REACCIÓN DE
LA ESPOSA
Por ejemplo,
persiguiendo
al esposo

REACCIÓN
DEL ESPOSO
Por ejemplo,
retrayéndose

TEMORES DE LA ESPOSA
Por ejemplo, a ser abandonada

Una vez que las personas creen que sus sentimientos son comprendidos y que verdaderamente importan, tienden a relajarse y a volverse más cooperativas. Son más propensas a interesarse por los sentimientos y las necesidades de la otra persona. Las relaciones sanas funcionan cuando construyen un fundamento de confianza para que cada uno tenga espacio para ser él mismo y mostrar cómo se siente. Saben que, fundamentalmente, serán respetados, comprendidos y cuidados. Tienen confianza en que no serán aplastados, juzgados o rechazados. (Lee en el Apéndice B más detalles sobre la Conversación del Corazón.) Responde las siguientes preguntas acerca de cómo cuidar de tu pareja:

- ¿Sientes que es buena la comunicación en tu matrimonio?
- ¿Te sientes profundamente comprendido y cuidado con frecuencia?
- ¿Buscas entender y cuidar los sentimientos de tu cónyuge a menudo?
- ¿Cómo podría aportar seguridad a tu comunicación el método de la Conversación del Corazón?

Paso 4: Cuidando tu Matrimonio

El cuarto y último paso para salir de la Danza del Miedo es cuidar nuestro matrimonio. Como personas fuertes y completas, que cuidan eficientemente de su pareja, aceptamos nuestro papel como miembros del equipo matrimonial y nuestra responsabilidad de procurar constantemente ser lo mejor que podamos, ayudar a nuestra pareja para ser lo mejor que pueda y hacer todo lo que esté a nuestro alcance para que el equipo tenga éxito.

Las luchas de poder parecen ser uno de los más grandes trucos de Satanás para causar problemas en un matrimonio. La dificultad reside en el hecho de que esa lucha de poder nos empuja a asumir la posición de adversario. Dado que el matrimonio está diseñado para ser un trabajo de equipo, considerar que nuestro compañero es un adversario crea una situación desesperada: El resultado ya está marcado. En el matrimonio no existe tal cosa como el resultado con ganadores-perdedores. Como compañeros de equipo, los cónyuges ganan o pierden juntos en cualquier situación.

Por lo tanto, te alentamos a adoptar una estrategia de No-Perdedores: Ambos serán ganadores o nadie ganará. Con esta estrategia, es inaceptable retirarse sintiéndose como si uno hubiera perdido. Ambos deben reconocer que si alguno pierde, todo el equipo pierde.

A fin de establecer una estrategia de No-Perdedores, las parejas necesitan lograr una nueva definición de lo que es ganar. No consiste en salirse con la suya, porque si el objetivo fuera ése, nos pondríamos nosotros mismos en la posición de adversario. Por consiguiente, ganar tiene que ser redefinido como el resultado de encontrar una solución con la cual ambas partes se sientan bien. Al final, puede ser nuestra manera, la de nuestro cónyuge, una combinación de ambas, o una opción creativa. En la medida en que ambos cónyuges se sientan bien con la solución y ninguno sienta que ha perdido, el resultado será que el equipo ha ganado. En el diagrama de abajo verás que el foco está en encontrar soluciones en las que ambas personas se sientan a gusto. O sea, ganador-ganador. (Lee en el Apéndice C más pasos prácticos para implementar una estrategia de No-Perdedores.)

DANZA DEL MIEDO
Buena Meta *relacional*: Política de No-Perdedores

TEMORES DEL ESPOSO
Por ejemplo, a ser controlado

REACCIÓN DE
LA ESPOSA
Por ejemplo, persiguiendo
al esposo

SOLUCIÓN
DONDE AMBOS
GANAN

REACCIÓN DEL ESPOSO
Por ejemplo, retrayéndose

TEMORES DE LA ESPOSA
Por ejemplo, a ser abandonada

Recuerda lo que escribió Pablo en Filipenses 2:2-4, "Llénenme de alegría teniendo un mismo parecer, un mismo amor, unidos en alma y pensamiento. No hagan nada por egoísmo o vanidad;

más bien, con humildad consideren a los demás como superiores a ustedes mismos. Cada uno debe velar no sólo por sus propios intereses sino también por los intereses de los demás."

El ideal para un buen matrimonio, tanto como para un buen equipo, es la unidad. Las diferencias son vistas a menudo como el enemigo del matrimonio porque son capaces de trastornar la unidad del equipo. Sin embargo, las diferencias son vitales para que un equipo sea eficiente y eficaz. Los problemas que experimentamos en nuestros equipos no son causados por las diferencias, sino por una falta de conocimiento y habilidad en cómo usarlas.

Responde las siguientes preguntas acerca de cómo cuidar de tu matrimonio por medio del trabajo en equipo:

- En este momento en tu matrimonio, ¿se sienten más como competidores o adversarios que como compañeros?
- ¿De qué manera pierde la relación cuando olvidan que son compañeros de equipo?
- ¿Cómo está relacionado el trabajo en equipo con la seguridad?

En Busca de una Visión para tu Matrimonio

Cuando abrazamos el propósito del matrimonio como un medio a través del cual Dios puede reflejar su imagen, hay mucha más esperanza de superar la rutina diaria.

La ventaja de ver la escena completa es que puede ser liberadora e inspiradora. Nos motiva a seguir creciendo. Es como el caso de un adolescente que trabaja en una tienda de alimentos para pagarse los estudios. O como el mozo o la camarera que trabajan de noche en un restaurante y durante el día se presentan a las selecciones de actores, con el sueño de convertirse en una estrella de Hollywood. Es en el propósito de cocinar otra comida, o lavar otra carga de ropa, donde un padre encuentra su motivación. Si el propósito es crear un ámbito de seguridad donde los niños puedan crecer bien, las tareas más inútiles pueden sentirse halagadoras y valiosas.

Entonces, nuevamente: ¡Abrazar un propósito para nuestro matrimonio puede ser algo muy estimulante!

Podemos detenernos y hacer preguntas conmovedoras: ¿Cómo podemos usar este conflicto, este reto o esta transición en nuestra vida para transformarnos en la persona que Dios quiere que seamos? ¿Cómo inspira nuestro matrimonio a que las personas se acerquen a Dios, a nosotros mismos, a nuestros hijos y a otros fuera de nuestro hogar?

Hacerse estas preguntas exige valentía. Responderlas requiere aún más valor. Pero Dios está dispuesto a ayudar, y a celebrar, mientras tú encaras la esencia y el propósito de tu matrimonio.

Identifica tu Danza del Miedo

1. Describe un conflicto reciente o una situación negativa con tu cónyuge, algo que realmente te haya "apretado los botones". Para este ejercicio, asegúrate que tú y tu pareja estén describiendo el mismo conflicto.

_____

_____

_____

_____

_____ .

2. ¿Cuáles fueron los botones que se apretaron durante el conflicto? O, visto de otra manera: ¿Cómo te hizo sentir acerca de *ti mismo* lo que sucedió durante el conflicto? ¿Qué dice el conflicto sobre *ti*? ¿Cuál es el mensaje que te envía a *ti*? Revisa las opciones descritas más abajo y úsalas para completar los espacios en blanco de esta frase: "Como resultado del conflicto descrito arriba, me siento _____ o tengo miedo de _____, o pensaba que pasaría _____." Marca los que correspondan, pero pon un asterisco junto a los sentimientos más importantes.

✓ o *	"A raíz del conflicto, me sentí..."	Mis sentimientos son
	Rechazado	Me rechazan; soy un inútil; mi cónyuge no me necesita; no soy necesario en esta relación; mi cónyuge no desea tener intimidad conmigo.
	No deseado	Mi cónyuge no me desea; no me prefiere; sigue conmigo por obligación o porque es lo "correcto".
	Abandonado	Estoy solo; mi pareja terminará abandonándome; no se comprometerá conmigo de por vida.
	Desconectado	Estamos emocionalmente desligados o separados; hay paredes o barreras entre nosotros.
	Fracasado	No tengo éxito como esposo/a; no puedo desempeñarme bien; no logro satisfacer las expectativas de mi pareja; no soy lo suficientemente bueno.
	Impotente	No puedo hacer nada para cambiar a mi cónyuge ni a mi situación; no tengo poder, recursos, capacidad o habilidad para conseguir lo que deseo.
	Controlado	Mi cónyuge me controla; ejerce autoridad sobre mí; debo someterme; mi pareja me impide hacer cosas, me trata como a un niño, o actúa como si fuera mi padre.
	Deficiente	Algo está mal en mí; yo soy el problema; no soy querible.
	Incompetente	Soy incapaz, soy un inepto.
	Inferior	Todos son mejores que yo; soy menos valioso e importante que los demás.

✓ o *	"A raíz del conflicto, me sentí..."	Mis sentimientos son
	Desvalorizado	Mi cónyuge no valora lo que soy, lo que pienso, lo que hago ni lo que siento.
	No amado	Mi pareja ya no me ama; no siente afecto por mí ni me desea; mi relación no tiene calidez, admiración, entusiasmo ni afecto.
	Insatisfecho	No logro sentirme satisfecho en la relación; me sentiré miserable por el resto de mi vida; no estoy satisfecho con mi matrimonio; no encuentro alegría en la relación.
	Se aprovechan de mí	Mi cónyuge me engaña; se aprovecha de mí; me niega lo que necesito; me siento como un felpudo; no recibo lo que deseo.
	Indigno	Soy inútil; mi cónyuge no reconoce lo que valgo; me siento desvalorizado. Mi cónyuge me da poco valor; no me considera valioso.
	No cumplo las expectativas	Nada de lo que hago es suficiente para mi cónyuge; siempre me exige que haga más piruetas. Nunca logro satisfacer sus expectativas.
	No aceptado	Mi cónyuge no me acepta; no está satisfecho de mí; no me aprueba.
	Juzgado	Mi pareja siempre me juzga injustamente; tiene opiniones negativas o equivocadas de mí; siempre me está evaluando; no me aprueba.
	Humillado	La relación es muy destructiva para mi dignidad y mi autoestima.
	Ignorado	Mi cónyuge no me tiene en cuenta, me siento abandonado.

✓ o *	"A raíz del conflicto, me sentí..."	Mis sentimientos son
	Poco importante	No soy importante para mi cónyuge; soy irrelevante, insignificante o sin importancia.
	Inútil	No soy útil en el matrimonio; no soy eficaz; no me necesitan.
	Miedo a la intimidad	Siento miedo de mostrar mis emociones ante mi cónyuge; si permito que atraviese mis murallas, seré herido.
	Incomprendido	Mi cónyuge no me entiende bien; tiene una idea o una impresión equivocada de mí; me interpreta mal.
	No respetado	Me siento insultado; mi cónyuge no me admira; tiene un bajo concepto de mí; no me respeta; me trata con indiferencia; no me considera.
	Fuera de control	Mi matrimonio es salvaje, ingobernable, intranquilo; mi cónyuge es inmanejable o incontrolable.
	Solo	Me siento solo; tengo que arreglármelas solo; no tengo ayuda; estoy aislado y solitario.
	Insignificante	Soy irrelevante para mi cónyuge; soy intrascendente; no vale la pena tenerme en cuenta, no existo; a los ojos de mi pareja no valgo nada.
	Desconocido	Mi cónyuge no me conoce; soy como un extraño; soy anónimo.

✓ o *	"A raíz del conflicto, me sentí..."	Mis sentimientos son
	Aburrido	En nuestro matrimonio no hay pasión; mi pareja me considera deprimente y apagado; nuestro matrimonio carece de interés; mi cónyuge cree que ya conoce de mí lo suficiente; siento que somos solamente compañeros de habitación; no hay sentimientos románticos entre nosotros.
	Frustrante	Soy una decepción para el matrimonio; mi cónyuge está desilusionado de mí.
	Falso	Mi pareja me considera un farsante, alguien falso; piensa que soy un fraude, un simulador o un impostor; mi cónyuge siente que no soy el que digo ser; me ve como un hipócrita.
	Tratado injustamente	Mi cónyuge me trata injustamente; quiere que yo haga cosas que él/ella no quiere hacer; hay un doble patrón de medida; me pide que haga cosas irracionales o excesivas; mi cónyuge no me trata como a los demás.
	Engañado	En nuestra relación no hay verdad, honestidad ni veracidad; mi cónyuge tuerce la verdad con alevosía con el propósito de engañarme o defraudarme; mi pareja me engaña, me confunde o da una falsa apariencia.
	Traicionado	Mi cónyuge es desleal o infiel; ya no se juega por la relación; me siento defraudado; mi pareja comparte asuntos íntimos con otras personas.

✓ o *	"A raíz del conflicto, me sentí . . ."	Mis sentimiento son
	Ignorante	No conozco lo que pasa en la relación; no tengo la información necesaria; estoy a oscuras; no me entero de nada; todo parece secreto, escondido, oculto; no estoy al tanto.
	Otros	

3. ¿Qué *haces* cuando aprietan tus botones? (Tus botones son los asuntos que revisaste en la pregunta 2.) ¿Cómo *reaccionas* cuando te sientes así? Identifica tus *estrategias habituales* para manejar ese sentimiento. Marca los que correspondan. Pon un asterisco junto a las reacciones o conductas más importantes.

✓ o *	"Cuando tengo un conflicto . . ."	Explicación
	Escapo	Evito a los demás y me alejo sin encontrar una solución; me pongo de mal humor o uso el método del silencio.
	Obstaculizo	Me convierto en un obstáculo porque no doy respuestas.
	Me descontrolo	Mis emociones entran en una espiral y escapan de mi control; discuto, levanto la voz, me enfurezco.

✓ o *	"Cuando tengo un conflicto . . . "	Explicación
	Me encierro emocional- mente	Me distancio y no le abro el corazón a mi cónyuge; me anestesio; no tengo emociones; no tengo en cuenta las necesidades de los demás.
	Trato de pacificar	Intento calmar, tranquilizar o aplacar a mi cónyuge; procuro que no tenga emociones negativas.
	Me esfuerzo	Me esfuerzo para ganar el amor y el cuidado de otros.
	Desvalorizo	Desvalorizo o falto el respeto con palabras o acciones; pongo apodos, insulto, ridiculizo, me burlo.
	Tengo pensamientos negativos	Pienso que la otra persona es peor de lo que en realidad es; la miro bajo una óptica negativa o le atribuyo motivaciones negativas.
	Tengo arrogancia	Me siento superior o más sabio que mi cónyuge.
	Culpo a otros	Echo la culpa a los demás y no acepto mis fallas; estoy convencido de que el problema es culpa de la otra persona.
	Tengo sentimientos de víctima	Percibo a mi pareja como a un monstruo que me ataca y me veo a mí mismo como explotado; me acusan injustamente, me maltratan o no me aprecian.
	Trato de controlar	Oculto cosas, sofoco, oprimo o domino a mi cónyuge; "gobierno" al otro; me adelanto o le impido a mi pareja que explique sus opiniones, perspectivas o sentimientos.

✓ o *	"Cuando tengo un conflicto . . ."	Explicación
	Soy deshonesto	Miento, no comparto, doy una falsa imagen, no doy a conocer mis pensamientos, sentimientos, hábitos, gustos, disgustos, historia personal, actividades diarias o planes para el futuro.
	Me niego	No brindo a mi pareja afecto, intimidad sexual o amor.
	Exijo	Intento forzar a mi pareja para que haga algo, por lo general amenazándola implícitamente con castigarla si se niega.
	Fastidio	Empleo hábitos irritantes o actividades con la intención de enfurecer, molestar o poner nervioso a mi cónyuge.
	Provoco	Agravio, fastidio, aguijoneo o irrito intencionalmente a mi cónyuge.
	Me aíslo	Me aíslo y me encierro en una cueva.
	Exagero	Exagero y agrando las palabras, vulnerando la verdad. Hago afirmaciones como "tú siempre..." o "tú nunca..."
	Me encapricho	Tengo arrebatos de mal humor. Me irrito, rezongo o me pongo gruñón.
	Niego	Me niego a admitir la verdad o la realidad.
	Desvalorizo	Desvalorizo a mi pareja; no aprecio lo que siente, piensa o hace.
	Me angustio	Recuerdo el problema una y otra vez; no puedo dejar de pensar en el conflicto o en lo que hace mi pareja, y que me frustra o me lastima.

✓ o *	"Cuando tengo un conflicto . . . "	Explicación
	Me manejo con autonomía	Me comporto en forma autónoma (separado de mi cónyuge) en cuanto a mis actitudes, mi conducta y mis decisiones.
	Reescribo la historia	Repaso nuestros primeros tiempos como pareja bajo una luz negativa; agrando el recuerdo de las desilusiones y de las pequeñeces del pasado.
	Me defiendo	En lugar de escuchar, me defiendo dando explicaciones; doy excusas por mis actos.
	Me aferro al otro	Mantengo un fuerte apego o dependencia emocional de mi pareja; me aferro a ella.
	Soy pasivamente agresivo	Muestro emociones negativas, resentimiento y agresión en formas pasivas tales como postergación, terquedad y olvidos.
	Evito	Me comprometo en otras actividades para evitar a mi cónyuge.
	Sobreprotejo	Asumo la responsabilidad por el otro, brindándole sostén y cuidado físico o emocional hasta el punto de hacerlo todo por él, aunque él o ella no hagan nada por ocuparse de sí mismos.
	Soy pesimista	Me muestro de manera negativa, recelosa, cínica y escéptica en cuanto a mi cónyuge y a mi matrimonio.

✓ o *	"Cuando tengo un conflicto . . . "	Explicación
	Tengo conductas negativas	Me enredo en conductas negativas, tales como el abuso de drogas o de alcohol, las aventuras extramatrimoniales, el gasto o las compras compulsivas, o el comer en exceso.
	Trato de componer	Me concentro casi exclusivamente en lo que se necesita para resolver el problema.
	Me quejo	Expreso mi falta de felicidad o hago acusaciones, críticas, o una lista de las fallas de la otra persona.
	Critico	Juzgo, condeno o señalo las faltas de mi pareja; ataco su personalidad y su carácter.
	Ataco o abuso	Me comporto de manera verbal o físicamente agresiva y abusiva.
	Manipulo	Controlo, influyo o manipulo a mi pareja para mi beneficio.
	Muestro ira y furia	Muestro fuertes sentimientos de disconformidad o emociones violentas y descontroladas.
	Tengo actitudes catastróficas	Uso expresiones dramáticas y exageradas para describir que la relación está en peligro o ha fracasado.
	Me obsesiono por encontrar la verdad	Intento definir qué sucedió realmente o quién está diciendo la verdad, en lugar de entender los sentimientos de mi pareja.
	Juzgo	Critico, evalúo o llego a conclusiones negativas acerca de mi pareja.
	Actúo con egoísmo	Me ocupo excesivamente de mis propios intereses, emociones o deseos.

✓ o *	"Cuando tengo un conflicto . . ."	Explicación
	Sermoneo	Doy sermones, hablo con desprecio, reprocho o reprendo a mi cónyuge.
	Respondo a una queja con otra	Respondo de inmediato a la queja (o a la crítica) de mi pareja con mis propias quejas, ignorando lo que me dice.
	Lloriqueo	Me expreso con un tono de voz infantil, nasal y agudo, y acentúo una sílaba al final de la oración.
	Uso lenguaje corporal negativo	Sonrío de manera falsa, doy la espalda o cruzo los brazos delante de mi pecho.
	Uso el humor	Uso el humor como un recurso para no encarar el asunto pendiente.
	Uso el sarcasmo	Uso humor negativo, palabras hirientes, comentarios despectivos, observaciones mordaces o palabras de desprecio.
	Desestimo	Declaro que la otra persona está exagerando el problema; desestimo o menoscabo el problema o los sentimientos de mi cónyuge.
	Racionalizo	Trato de hacer que mis acciones parezcan razonables; atribuyo mi comportamiento a motivaciones creíbles; procuro brindar razones creíbles pero falsas de mi conducta.
	Digo "sí, pero..."	Comienzo por estar de acuerdo (*sí*) pero termino en desacuerdo (*pero*).
	Soy indiferente	Me muestro frío y desinteresado; no muestro interés en mi cónyuge ni en mi matrimonio.

✓ o *	"Cuando tengo un conflicto . . ."	Explicación
	Descargo	"Vomito" mis emociones o las vuelco sobre mi cónyuge.
	Abdico	Renuncio a mis responsabilidades; niego mis compromisos.
	Me autocensuro	Me desvalorizo o vuelvo muy crítico hacia mí mismo.
	Anticipo	Saco conclusiones acerca de los sentimientos, el comportamiento, o las motivaciones de mi pareja.
	Repito	Repito mi punto de vista una y otra vez en lugar de considerar el punto de vista de mi pareja.
	Debato	Discuto quién tiene la razón; polemizo cuál es la posición correcta.
	No cuido de mí	Me abandono; me descuido; cuido de todos excepto de mí.
	Creo reaccionar con justa indignación	Considero que tengo derecho a estar enojado, a estar resentido o molesto con mi pareja por lo que hizo.
	Soy obstinado	No me muevo de mi opinión; soy inflexible e insistente.
	Insisto en la moral	Convierto todo en un problema moral o discuto las cuestiones de moral o rectitud.
	Me hago el tonto	Simulo no entender o no saber de qué está hablando mi pareja.

✓ o *	"Cuando tengo un conflicto . . ."	Explicación
	Hostigo	Acoso, molesto, atormento u hostilizo a mi cónyuge para que haga lo que yo quiero.
	Otros	

4. En lugar de experimentar los sentimientos que marcaste en la pregunta 2, ¿cómo *quisieras* sentirte en tu matrimonio? Estos sentimientos frecuentemente son lo contrario a los botones del miedo que anotaste en la pregunta 2 (por ejemplo, lo contrario al sentimiento de fracaso es el de éxito; lo contrario al desamparo es el poder; al rechazo, es la aceptación, etc.) Marca los que correspondan. Pon un asterisco junto los deseos o necesidades más importantes.

✓ o *	"Quiero..."	Mis sentiminetos son
	Aceptación	Quiero que me reciba con calidez y sin condiciones.
	Gracia	Quiero algo bueno (por ejemplo, ser perdonado) aunque no lo merezca.
	Contacto	Quiero estar unido a otros
	Compañerismo	Quiero relaciones profundas, íntimas.
	Éxito	Quiero lograr algo; quiero tener éxito como cónyuge.

✓ o *	"Quiero..."	Mis sentiminetos son
	Autodeterminación	Quiero ser independiente y tener una voluntad libre.
	Ser cuidado	Quiero que mi pareja esté atenta a mis necesidades; quiero estar bien cuidado.
	Comprensión	Quiero que me conozcan y me comprendan en un nivel profundo.
	Ser un héroe	Quiero ser el caballero de la armadura resplandeciente; quiero ser el campeón de mi pareja.
	Amor	Quiero resultar atractivo para mi cónyuge; quiero ser admirado, quiero sentirme querible.
	Reconocimiento	Quiero ser valorado por lo que soy, lo que pienso y lo que siento.
	Habilidad	Quiero tener destrezas y habilidades que me permitan alcanzar el éxito.
	Respeto	Quiero ser admirado y estimado.
	Ser importante	Quiero sentirme relevante, valioso e importante para mi cónyuge.
	Ser valorado	Quiero ser honrado y sentirme como un tesoro inapreciable.
	Compromiso	Quiero contar con una seguridad incondicional en mis relaciones.
	Pasión	Quiero entusiasmo, fascinación, intriga, romance y aventura.
	Propósito	Quiero tener significado y propósito.
	Recibir atención	Quiero ser tenido en cuenta.

✓ o *	"Quiero…"	Mis sentiminetos son
	Bienestar	Quiero tener una sensación de bienestar.
	Respaldo	Quiero que mi pareja me respalde y se interese por las cosas que me importan.
	Aprobación	Quiero caer bien y que me acepten.
	Ser deseado	Quiero que me busquen, que me deseen.
	Seguridad	Quiero sentirme protegido y seguro.
	Afecto	Quiero sentir cariño y ternura.
	Confianza	Quiero confiar en mi pareja.
	Esperanza	Quiero tener confianza de que conseguiré lo que amo y deseo.
	Alegría	Quiero sentirme satisfecho y feliz; quiero sentirme entusiasmado con mi matrimonio.
	Poder	Quiero sentir que tengo la capacidad de controlar las consecuencias o de influir en el rumbo de mi matrimonio.
	Ser parte de un equipo	Quiero sentir que mi cónyuge es mi compañero de equipo o mi socio; quiero que ambos tengamos la misma responsabilidad por el matrimonio.
	Sentirme adecuado	Quiero sentir que satisfago las expectativas.
	Aprecio	Quiero que mi pareja reconozca lo que aporto al matrimonio y que sienta gratitud.
	Sentirme útil	Quiero sentirme necesitado.

✓ o *	"Quiero..."	Mis sentiminetos son
	Ser interpretado bien	Quiero que me interpreten correctamente; quiero que mi pareja me describa de una manera veraz y acertada; quiero ser observado positivamente.
	Recibir ayuda	Quiero tener un ayudante; quiero respaldo, apoyo y ayuda de parte de mi pareja.
	Paz	Quiero serenidad y tranquilidad; quiero un matrimonio distendido.
	Intimidad	Quiero abrir mi corazón y no quiero que haya murallas en mi matrimonio; quiero intimidad profunda.
	Otros	

5. Ahora es tu turno de diagramar tu danza personal del miedo. Ve al cuadro vacío llamado "Tu Danza del Miedo", en la página siguiente. Completa los sentimientos que marcaste en la pregunta número 2 (por ejemplo: *Rechazado, no querido, abandonado*, etc.), en las líneas en blanco debajo de "Miedos del marido (o de la esposa)". Pídele a tu cónyuge que complete la otra sección tomando en cuenta tus reacciones. Luego, completa las estrategias que has marcado en la pregunta 3 (por ejemplo: *Retirarse, poner obstáculos,* etc.) en las líneas en blanco debajo de "Reacciones del marido (o de la esposa)". Nuevamente, pide a tu pareja que complete la otra sección tomando en cuenta sus reacciones.

TU DANZA DEL MIEDO

TEMORES DEL ESPOSO

**REACCIONES
DE LA ESPOSA**

**REACCIONES
DEL ESPOSO**

TEMORES DE LA ESPOSA

Poner en Acción la Conversación del Corazón

LA CONVERSACIÓN DEL CORAZÓN, o comunicación emocional, está enfocada en conectarnos y en cuidar nuestras relaciones personales. Tiene una marcada diferencia con la conversación de trabajo, en la que nos comunicamos simplemente con propósitos productivos o para lograr cierto resultado predeterminado. La Conversación del Corazón requiere escuchar y hablar con el corazón abierto. Debes preguntarte: ¿Qué está sintiendo esta persona? Recomendamos usar cinco pasos sencillos.

1. Haz de la seguridad una prioridad

Puedes tener las mejores herramientas, las ideas más novedosas, la determinación más firme y las estrategias más poderosas, y aún así fracasar, si el entorno no es el adecuado. En un ambiente seguro nadie teme ser avergonzado, rechazado, castigado o atacado por mostrar sus creencias y sus sentimientos personales. Un entorno seguro facilita la Conversación del Corazón, que a su vez genera mayor seguridad.

2. Escucha las palabras que dice el que habla

No tienes que coincidir con lo que dice tu pareja, o tener miedo de que tengas que cambiar tu manera de actuar como consecuencia de sus puntos de vista. Simplemente estás escuchando para lograr un mayor entendimiento sobre quién es esta persona y qué sentimientos está expresando.

3. Escucha con el corazón
Escuchar con el corazón al punto que la otra persona se sienta profundamente comprendida y cuidada. Es exactamente lo que la Biblia dice que hagamos: "Ámense de todo corazón los unos a los otros" (1 Pedro 1:22).

4. Confirma lo que has escuchado
No reacciones a palabra alguna en particular; más bien, intenta descubrir qué emociones hay debajo de las palabras. Repite lo que has escuchado, usando palabras distintas, y luego pregúntale: "¿Es esto lo que dijiste?" Luego de que tu pareja confirme que has escuchado las palabras correctamente, pregúntale sobre sus sentimientos. Haz preguntas tales como: "¿Qué sentías cuando te pasó eso?", "¿Cómo te hace sentir?" o "Cuando eso me sucede, me siento a veces de tal o cual manera, ¿es eso lo que tú sientes?"

5. Permite que las emociones de los demás te conmuevan
Una cosa es escuchar esas emociones y decir: "Vaya, se te ve realmente enojado". Pero otra muy distinta es permitir que esas emociones penetren en tu corazón, y permitirte a ti mismo sentir el dolor o la tristeza. La clave es no sólo entender esos sentimientos, sino permitir que éstos te toquen.

¿Qué nos detiene?
Hay muchos factores que nos hacen dudar de utilizar la Conversación del Corazón. Algunas personas tienen miedo de:
- Tener que hacer lo que la otra persona quiera.
- Que esto signifique estar de acuerdo con la otra persona.

- Que los hagan sentir culpables si salen a la luz demasiados sentimientos durante la conversación.
- Ser demasiado vulnerables ante una emoción profunda.

La Conversación del Corazón ahorra tiempo

¿Te parece que es mucho trabajo o que llevará mucho tiempo? ¡Ten cuidado con querer "ahorrar tiempo"! Tomar una decisión apresurada no resolverá tu problema. Cuando las personas no se sienten comprendidas ni cuidadas, quizás estén "de acuerdo" con alguna decisión, pero no felices con ella. En cuanto a la relación, no las hace sentir que sea una solución satisfactoria o eficaz. Y al final, tendrás que hablar de estas cosas otra vez.

Si cierras el diálogo, quizás no tengas que lidiar inmediatamente con más palabras, pero tendrás que hacerlo con la indiferencia, el alejamiento u otras consecuencias por no tomarte el tiempo de prestarle atención a los sentimientos de la otra persona. Es por esa razón que la Conversación del Corazón *nos ahorra* una enorme cantidad de tiempo.

La práctica perfecciona

¿Es fácil este método? En un sentido no: Probablemente sea muy diferente a lo que has hecho hasta ahora. Por lo tanto, te requerirá cierto esfuerzo llevar estas ideas a la práctica. Al principio quizá sea difícil y te sientas torpe al hacerlo. Pero en la medida que lo practiques más, se volverá fácil.

La comunicación desde el corazón es un asunto complejo. Si entras en ella esperando que las cosas fluyan con facilidad y sin mucho esfuerzo, te estás engañando a ti mismo. Te recomendamos que revises tus expectativas.

Habrá problemas y malos entendidos

Hasta los mejores comunicadores fallan en comprender a los demás y a veces ellos mismos no logran hacerse entender.

Será necesaria mucha paciencia

La Conversación del Corazón lleva tiempo. Tú y tu cónyuge quizá no se conecten o estén en la misma onda al primero, segundo (o hasta un tercer o cuarto) intento. La impaciencia puede impedir el éxito de la comprensión genuina. En cambio, deberás admitir que la comunicación emocional merece paciencia y un intento consciente de comprender no sólo las palabras que se dicen, sino también las emociones que hay detrás de ellas.

Habrá mucho de ensayo y error

Las personas tienen diferentes maneras de comunicarse. Si bien todos podemos dominar y usar poderosas herramientas para la comunicación emocional, la manera en que las usamos varía de persona a persona. (Para conocer algunas herramientas de la comunicación eficaz puedes leer *La Caja de Herramientas Relacionales de los Hombres* de Gary, Greg y Michael Smalley.) Le sacamos mejor provecho a las herramientas para la comunicación cuando las adaptamos a nuestro propio estilo y personalidad, y eso requiere ensayo y error.

¿Te gustaría disfrutar de tus relaciones por el resto de tu vida? ¿Te gustaría que perduren hasta el final de tu largo camino? ¡Puedes hacerlo! Cuando decides dominar el arte de la Conversación del Corazón, más que el de la conversación del trabajo, puedes ayudar a que todos tus seres amados *se sientan* amados y cuidados. Y una relación de amor es una relación en crecimiento.

Muchachos, tomen nota

Los hombres se sienten frustrados a menudo cuando sus esposas parecen quejarse sin parar. Por eso tenemos una palabra especial para los hombres que leen este libro: *La Conversación del Corazón finalmente es más eficaz y toma menos tiempo que cualquier otro método.* Piénsalo: Si no tienes que volver repetidamente sobre el mismo tema, puedes dedicarle tu tiempo a otras cosas. Muchas veces, la razón por la que las mujeres siguen hablando de lo mismo es porque no se sienten *emocionalmente* comprendidas. Si los maridos se tomaran el tiempo de descubrir realmente los asuntos emocionales de sus esposas, la conversación podría avanzar y los hombres no tendrían que escuchar lo mismo una docena de veces, desde seis ángulos distintos. Cuando los hombres finalmente lo "captamos", se nos enciende la lamparita. Entonces nos entusiasmamos por nuestra habilidad de abreviar la conversación.

Si tu esposa repite lo mismo una y otra vez, casi podemos garantizar que ella considera que tú no comprendes su corazón. Puedes decir: "Me he dado cuenta de que repites lo mismo, y eso hace que me pregunte si sientes que no te comprendo. ¿Se me escapa algo?" Es sorprendente lo que sucede cuando una mujer se siente profundamente comprendida en lo emocional.

Así que deja de lado tu urgencia por resolver los problemas, y escucha con tu corazón. Las habilidades de resolver problemas son sumamente valiosas, desde luego, pero son mucho más eficaces *después* de que entiendes las emociones involucradas. Por eso, ¡ahorra tiempo! ¡Sé eficiente! Y busca el nudo emocional.

APÉNDICE C

Pasos para una Estrategia en la que no Haya Perdedores

Una estrategia en la que ambos ganen hace que ambas partes se sientan bien, le da un impulso positivo al matrimonio y lo lleva a un lugar distinto (y mejor) del que se encontraba antes. ¿Cómo logras una estrategia ganador-ganador? Hemos encontrado siete pasos que ayudan a que ambos cónyuges en el matrimonio.

Paso 1: Establecer una estrategia en la que no haya perdedores

Por sobre todo, recuerden que están en el mismo equipo. ¡Eso es genial! Tener esto presente puede cambiar la manera en que se tratan mutuamente mientras se comunican y toman acuerdos. Una estrategia de no-perdedores dice que no es aceptable para ninguno de ustedes alejarse sintiendo que ha perdido. Podrías decir: "Quiero que sepas que no me sentiré bien con cualquier tipo de solución con la que tú no te sientas bien." Si cualquiera de los dos dice: "No me siento bien con esta decisión" o "Siento como si estuviera perdiendo"; ahí está. Da marcha atrás y vuelve a empezar. Es sencillamente inaceptable que cualquiera de los dos sienta que está perdiendo.

Este primer paso crea instantáneamente una señal positiva que tiende a mejorar radicalmente el trato entre ustedes. De hecho, haciendo nada más que eso, verás una enorme mejora en tu relación. La preocupación se diluye y es reemplazada por un sentimiento de seguridad.

Paso 2: Escuchar cómo se siente la otra Persona

Hablen entre ustedes. Escucha al corazón. Tómate el tiempo para entender cómo se siente tu pareja y por qué prefiere una determinada solución. ¿Por qué parece ser ésta la manera correcta de proceder? ¿Por qué es importante? Por lo general, tu pareja tiene razones para estar en una posición de crítica, pero tienes que indagar para conocerlas. La clave es continuar haciendo preguntas y ser curioso. "¿Por qué esa solución es tan importante?" "¿Qué te ayuda a lograr?" "¿Qué es lo que realmente quieres?"

Esfuérzate hasta que ambos se sientan completamente comprendidos. Es probable que tu conflicto desaparezca en la medida que profundicen y comprendan mutuamente los principales sentimientos y preocupaciones de ambos. A menudo, las parejas descubren que no estaban tan alejadas como pensaban.

Una vez que capten los sentimientos profundos, dejen a un lado sus diferentes puntos de vista. Pónganlos en el estante. No tienen que desecharlos ni insistir en ellos; sólo háganlos a un lado. Ténganlos a mano por si quieren volver a ellos en otra oportunidad.

Paso 3: Preguntarle a Dios su opinión

Oren juntos. Hablen acerca de sus perspectivas en cuanto a lo que piensan que dice la Biblia con respecto al tema. Recuerden que la Biblia no se ocupa en forma específica de todos los temas. Pero si hay una opinión de Dios al respecto, ¿no sería su respuesta la mejor?

Algunos conflictos se resuelven en ese momento, cuando disciernen la dirección de Dios sobre un asunto. Además, es prácticamente imposible tener ganas de orar con alguien cuando estás muy enojado o tu corazón se encuentra cerrado. Este paso es una buena oportunidad para revisar nuestro interior. Si no quieren orar juntos, probablemente por ahora no debieran intentar resolver el conflicto; es muy probable que no se sientan seguros y que digan o hagan algo que los lleve de nuevo a la Danza del Miedo.

¿Quieres saber algo que te sorprenderá? En última instancia, la opinión de Dios sobre el asunto quizá no sea tan importante como el acto de buscar juntos su guía. Porque en ese acto de acercarse a descubrir la perspectiva de Dios, ustedes están trabajando hacia la unidad, y eso coincide con el plan de Dios para ustedes. Nos encanta ese versículo que dice: "Que gobierne en sus corazones la paz de Cristo, a la cual fueron llamados en un solo cuerpo. Y sean agradecidos" (Colosenses 3:15).

Paso 4: "Tormenta de ideas y soluciones" en la que ambos ganen

Hagan lo que se conoce como "tormenta de ideas" para encontrar soluciones. Sean creativos. Ahora que cada uno entiende en qué posición está la otra persona, pueden comenzar a generar ideas que tengan la posibilidad de transformarse en una solución en la que ambos ganen. No juzgues ni critiques las ideas en este momento, la consigna es ser creativo y generar una lista de opciones. Permite que cada uno tenga la oportunidad de expresar cualquier sugerencia que le parezca útil. Asegúrate de que sea una sesión espontánea, un momento en el que ambos se sientan seguros de expresar sus ideas. Luego, repásenlas todas, marcando las que puedan ayudarlos a resolver su dilema. Si sientes que necesitas más información, investiga en la biblioteca o en la Internet. Quizá puedan consultar a un profesional. El objetivo es analizar muchas opciones.

Paso 5: Escoger una solución en la que ambos ganen

Ahora llegó el momento de evaluar las opciones y elegir una solución de ganador-ganador, una con la que ambos se sientan bien. No importa quién haya sugerido la solución; lo importante es que ambos sientan que ganaron.

Habrá muchas ocasiones en las que terminarás haciendo exactamente lo que tu cónyuge quería desde el principio, pero ahora te sentirás muy bien con la solución ganador-ganador. En otras oportunidades sucederá lo contrario: Harán exactamente lo que tú proponías, pero ahora tu cónyuge se sentirá bien con hacerlo como ganador-ganador. A veces, tú serás quien proponga soluciones creativas que a ninguno de los dos se le había ocurrido anteriormente. Otras, negociarán y construirán algo juntos: Un poco de él, un poco de ella. Pero la meta es que ambos se sientan bien con la decisión final, sin importar cómo hayan llegado a ella.

Paso 6: Poner en práctica la solución

¡Simplemente, hazlo! Una vez que encuentren una solución que les parezca adecuada, pónganla en práctica. Pero háganlo con la misma actitud que los ayudó a encontrar esa solución: Asegúrense de que siguen sintiendo que ambos ganan.

Paso 7: Evaluar y, si es necesario, replantear la solución

Una solución en la que verdaderamente ambos ganan debe mantener ese carácter. Muchas veces pensamos que hemos logrado una idea genial, y luego descubrimos que no funciona tan bien como esperábamos. "No pensé en eso", decimos, o "No es ni por casualidad tan bueno como esperaba". Si se dan cuenta de que es así, no la descarten. Simplemente tienen que revisarla. Recuerden, la meta es comenzar y terminar siendo ambos ganadores. Asegúrense de que es el equipo el que gana.

Respuesta a Dos Objeciones

Algunas personas que nunca han experimentado una estrategia de No-Perdedores, dudan de aplicarla en su matrimonio. Las siguientes son dos de las objeciones más comunes que escuchamos.

Llevará mucho tiempo

"No tengo tiempo para poner en práctica todos estos pasos", dicen algunos. "Con todos los desacuerdos que tenemos, ¡nos llevaría una eternidad!"

Pero ¿sabes qué hemos descubierto? Una estrategia de No-Perdedores en realidad ahorra una enorme cantidad de tiempo, especialmente una vez que se convierte en un hábito. Te diremos por qué.

Cuando te sientes como si tuvieras que defender tu territorio, tiendes a actuar como un cabeza dura y a tirar de la soga durante un tiempo prolongado y agotador. La batalla continúa hasta que una de las partes se rinde, y eso puede dilatarse un tiempo muy largo. Cuando implementas una estrategia de No-Perdedores, en cambio, dejas de preocuparte por defenderte. Ya no te sientes ansioso porque tus pensamientos no se tienen en cuenta. Y cuando esa tensión desaparece, la esencia de los desacuerdos a menudo resulta ser bastante insignificante. Una vez que tengas poco por lo cual preocuparte, avanzarás a través del proceso con agilidad. Es muy eficiente y no demandará mucho tiempo.

¿Qué pasa si no llegamos a un acuerdo y alguien tiene que tomar una decisión?

¿Sabes qué? Eso rara vez ocurre. Recuerda, el problema pocas veces es el problema. Si pones en práctica los siete pasos, es difícil que alguna vez te encuentres en un punto muerto.

Pero ¿qué pasa si sucede? Permítenos decirte algo más que hemos descubierto. La mayoría de las decisiones "urgentes", las que nos llevan a apurarnos, que nos hacen sentir que estamos a punto de perder la gran oportunidad de nuestra vida, casi siempre terminan siendo las menos urgentes. O bien la oportunidad no era tan buena como parecía o la mejor oportunidad aún no se hizo presente. A menudo nos damos cuenta de que si hubiéramos tomado la primera decisión, hubiéramos perdido la segunda.

Por lo general, es sabio no decidir hasta que hayamos

alcanzado unidad de criterio. Pero si es imprescindible tomar una decisión, conviene analizar quién parece ser el más indicado para tomarla (por experiencia, preparación o alguna otra razón), y dejar que decida. Muy a menudo, los varones dicen cosas tales como: "Mira, yo soy el hombre, ¡así que tú tienes que someterte!" (Las tan temidas palabras.)

Una palabra breve para el esposo que está tratando de seguir las verdades bíblicas. Efesios 5:21 dice: "Sométanse unos a otros, por reverencia a Cristo." Ambos debemos someternos. Pero el hombre hace más que someterse a su esposa; en realidad sigue el ejemplo de Cristo y entrega su vida. Efesios 5:25 continúa diciendo: "Esposos, amen a sus esposas, así como Cristo amó a la iglesia y se entregó por ella."

Es como la gallina y el cerdo. ¿Quién hace el mayor sacrificio para el desayuno? El cerdo. La gallina sólo pone un huevo por día. Pero el cerdo entrega su vida. Así que, muchachos, necesitamos ser como el cerdo. (La próxima vez que tu mujer te diga cerdo, dale las gracias.) El hombre que está dispuesto a morir por su esposa encontrará a una mujer dispuesta a descubrir una solución en la que ambos ganen y a someterse a la decisión final, una con la que ambos se sientan bien. Recuerda: La única otra posibilidad es que tu equipo pierda. No hagas que se trate de un tema de sometimiento; la meta es conseguir que ambos ganen. Esto es honor. Esto hace que el matrimonio sea seguro.

Si nos sentimos obligados a tomar una decisión a la que nuestra esposa se opone, hagámoslo con gran cuidado. Digamos: "Me siento obligado a tomar esta decisión, pero como no estamos de acuerdo, estoy dispuesto a reconocer que quizás estoy equivocado. Por lo tanto, tomaré la decisión, pero quiero que sepas que también me retractaré si me equivoco. Y seré el único responsable ante Dios. Tú estás libre de responsabilidad." Es muy distinto decir: "¡Yo soy el hombre, así que hazte a un lado y sométete, porque yo soy el que decide!"

Lo repetimos, en un matrimonio no existe tal cosa como una

solución ganador-perdedor. Somos ganador-ganador o perdedor-perdedor. No existen otras opciones. El apóstol Pablo trabajó para lograr que sus jóvenes iglesias comprendieran este principio básico. Carta tras carta les suplicaba que cooperaran, trabajaran juntos y encontraran soluciones que los beneficiaran a todos. "No hagan nada por egoísmo o vanidad", le dijo a una iglesia; "más bien, con humildad consideren a los demás como superiores a ustedes mismos. Cada uno debe velar no sólo por sus propios intereses, sino también por los intereses de los demás" (Filipenses 2:3-4).

Cómo Vencer los Obstáculos para Perdonar

"¿POR QUÉ NO PUEDO PERDONAR?", preguntan a menudo las personas. "Sé que Dios quiere que lo haga, pero no tengo fuerzas para hacerlo." Cuando nuestra pareja nos ofende, tenemos que elegir: Podemos negarnos a perdonar los errores y permitir que la ofensa destroce nuestra más preciada relación, o podemos decidir perdonar y dejar que Cristo nos sane tanto a nosotros mismos como a nuestro cónyuge.

Seamos sinceros: A nadie le resulta fácil perdonar. Hemos encontrado que hay cinco obstáculos frecuentes que nos hacen dudar en perdonar.

Los Cinco Principales Obstáculos para Perdonar

1. Tememos que el perdón de alguna manera libere de responsabilidad a nuestra pareja

Algunas personas confunden perdón con aceptar lo equivocado. Creemos que perdonar es justificar. Sentimos como si nos pidieran que condonáramos lo que nunca debería ser condonado. Pensamos: *¡Si perdono a mi pareja, justifico lo que él (o ella) hizo!* Nuestro temor es que si perdonamos la conducta del ofensor y lo liberamos de la responsabilidad, no aprenderá la lección y muy probablemente volverá a ofendernos.

Pero el verdadero perdón no tiene nada que ver con pasar por alto las acciones pecaminosas de alguien. Tiene que ver con permitirnos ir más allá de la ofensa y encontrar la fuerza y la estabilidad disponibles por medio de la gracia de Dios.

2. Pensamos que perdonar significa olvidar

Escuchamos muchas veces la frase "¡Perdona y olvida!" Eso es casi imposible, a menos que se deba a una severa lesión cerebral. No queremos olvidar la ofensa, porque tememos que, si perdonamos y la dejamos pasar, volverá a repetirse. Si mantenemos el dolor y el sufrimiento, razonamos, nos recordará que debemos protegernos o le recordará a la otra persona que no vuelva a lastimarnos.

Pero perdonar no significa olvidar. Dios no programó nuestro cerebro para que olvidáramos por completo los sucesos dolorosos. Nuestro Señor utiliza las pruebas y experiencias dolorosas para que su pueblo madure. Cuando creemos que podemos olvidar los hechos dolorosos y tapar nuestras heridas, sólo postergamos lo inevitable. Si ocultamos las heridas en lo profundo de nuestro ser, corremos el riesgo de una explosión. Así como un volcán, la intensa presión de calor de las heridas del pasado aumentará hasta hacer erupción. Y las cenizas calientes y la lava líquida arrasarán todo a su paso.

Otra versión de este obstáculo es creer que perdonar significa reconciliar. Falsamente creemos que con el fin de perdonar también debemos reconciliarnos con la persona que nos ha lastimado. En el fondo esto crea más temor y nos hace sentir más inseguros. La realidad es que sería peligroso al extremo y personalmente imprudente que la víctima se reconciliara o se reencontrara con su agresor antes de que éste haya admitido la responsabilidad personal por sus acciones.

Dios nos ordena que perdonemos, pero no estamos obligados a reconciliarnos. Las Escrituras dicen: "Si es posible, y en cuanto dependa de ustedes, vivan en paz con todos" (Romanos 12:18). La reconciliación solamente ocurre en los casos en que la víctima se siente segura, cuando confía que podrá cuidar bien de sí misma, y cuando el agresor asume la responsabilidad que le toca por su conducta hiriente y reconoce el dolor de la víctima.

3. No reconocemos nuestra pecaminosidad

Si no podemos reconocer nuestras propias faltas y errores, ¿cómo podremos tener una actitud de perdón en nuestro matrimonio? Primero tenemos que admitir genuinamente que no somos perfectos y que somos capaces de herir a nuestra pareja. Recuerda lo que dijo Jesús: "¿Por qué te fijas en la astilla que tiene tu hermano en el ojo, y no le das importancia a la viga que está en el tuyo? ¿Cómo puedes decirle a tu hermano: 'Déjame sacarte la astilla del ojo', cuando ahí tienes una viga en el tuyo? ¡Hipócrita!, saca primero la viga de tu propio ojo, y entonces verás con claridad para sacar la astilla del ojo de tu hermano" (Mateo 7:3-5).

4. Tenemos ira no resuelta

Las personas que guardan ira sin resolver tienen varias formas de mostrarla. Una de ellas es insistir de manera cruel o irracional en sus derechos. Tales personas parecen estar exigiendo su "libra de carne" (en referencia a la obra de Shakespeare, *El Mercader de Venecia*). Otras quieren vengarse, hacer que la persona pague por lo que ha sucedido. Si al ofensor le cuesta algo, quizá recuerde no volver a hacerlo. Otras quieren enseñarle una lección al ofensor. Piensan: *Si las personas realmente aprenden la lección, no volverán a hacerlo.*

Otra faceta de la ira no resuelta es querer que el ofensor reconozca nuestra herida y sufrimientos. Si no nos sentimos validados por el ofensor, si no sentimos que la persona realmente comprende nuestro dolor o le importa habernos hecho sufrir, entonces tenemos miedo de que pueda lastimarnos nuevamente.

Si nos negamos a renunciar a la amargura, a la rabia o al odio, quedamos atados a fuerzas enormemente destructivas. Estas fuerzas se oponen al poder del perdón. Ambas fuerzas no pueden coexistir; no puede haber armonía ni tregua entre ellas.

5. Tememos volvernos débiles y vulnerables

Esta es una de las razones más fuertes por las que algunas personas se niegan a perdonar. Surge del temor a no poder cuidarnos ante un dolor, una herida o un nuevo rechazo. Si no podemos cuidarnos adecuadamente del dolor, nos sentimos débiles y vulnerables, y por eso no perdonamos.

La solución es encontrar la verdadera fuente del poder. Nunca estará en otra persona. Solamente se halla en el Señor y en su obra en nuestra vida.

Construimos muros y fortalezas para protegernos. Cuando nos sentimos amenazados, se dispara nuestro mecanismo instintivo de protección y supervivencia, y tendemos a protegernos y a cerrar el corazón. Si quieres ocuparte de tu debilidad y tu vulnerabilidad, concéntrate en crear un espacio seguro para ti mismo. Esto se logra respetando tus sentimientos y aceptando que, por el momento, no estás dispuesto a perdonar. Si bien Dios nos ordena perdonar, no se trata de un proceso instantáneo ni fácil. La clave consiste en no considerar a tus muros como un obstáculo que debes eliminar, sino como una estrategia temporal para proteger a una persona valiosa: Tú. En otras palabras, cuidar a quien está detrás del muro y honrar tu derecho de usar cualquier método (por ejemplo, no perdonar) para cuidarte a ti mismo.

No pongas toda tu atención en el perdón y más bien considera tus temores (el de sentirte impotente y vulnerable). No te juzgues por no poder perdonar y más bien pregúntate por qué te resulta difícil hacerlo. Cuando nos juzgamos a nosotros mismos ("yo debería ser capaz de perdonar"), esto nos pone a la defensiva, lo cual dificulta el progreso. La curiosidad sin juicio te hará sentir más seguro y te será más fácil abrirte, lo cual facilitará el progreso.

Siempre tienes la alternativa de dar validez a tu propio dolor.

Es exactamente lo que hizo José en el Antiguo Testamento, cuando le tocó ocuparse del sufrimiento de haber sido rechazado por sus hermanos.

> Por eso le mandaron a decir: "Antes de morir tu padre, dejó estas instrucciones: 'Díganle a José que perdone, por favor, la terrible maldad que sus hermanos cometieron contra él'. Así que, por favor, perdona la maldad de los siervos del Dios de tu padre". Cuando José escuchó estas palabras, se echó a llorar. Luego sus hermanos se presentaron ante José, se inclinaron delante de él y le dijeron: "Aquí nos tienes; somos tus esclavos". "No tengan miedo", les contestó José. "¿Puedo acaso tomar el lugar de Dios? Es verdad que ustedes pensaron hacerme mal, pero Dios transformó ese mal en bien para lograr lo que hoy estamos viendo: Salvar la vida de mucha gente. Así que, ¡no tengan miedo! Yo cuidaré de ustedes y de sus hijos". Y así, con el corazón en la mano, José los reconfortó (Génesis 50:16-21).

José es un gran ejemplo de alguien que supo cuidarse a sí mismo y no necesitó controlar ni manipular a sus hermanos para que reconocieran su responsabilidad o admitieran que se habían equivocado al venderlo como esclavo. Te repetimos, tú puedes manejar tu dolor. Aunque es maravilloso cuando el ofensor se da cuenta de nuestro dolor, el poder y la seguridad provienen de nuestra capacidad de hacerlo por nosotros mismos. Admite que alguien te ha herido. Observa que fue eso lo que hizo José cuando dijo: "Ustedes pensaron en hacerme mal . . . "

Además, escucha al salmista David: "Mis amigos y vecinos se apartan de mis llagas; mis parientes se mantienen a distancia. Tienden sus trampas los que quieren matarme; maquinan mi ruina los que buscan mi mal y todo el día urden engaño" (Salmo 38:11-12). Él está admitiendo su dolor.

Escucha al apóstol Pablo: "Ya sabes que todos los de la provincia de Asia me han abandonado, incluso Figelo y Hermógenes... Demas, por amor a este mundo, me ha abandonado y se ha ido a Tesalónica... Alejandro el herrero me ha hecho mucho daño... se opuso tenazmente a nuestro mensaje" (2 Timoteo 1:15; 4:10, 14-15).

Hasta Jesucristo lloró en la cruz: "Dios mío, Dios mío, ¿por qué me has desamparado?" (Mateo 27:46).

Estos no son los lamentos de personas que intentaron esconder o negar el hecho de que fueron víctimas de sufrimientos. Ellos sintieron profundamente el dolor causado por otros y lo expresaron abiertamente y sin vergüenza. Así debes hacerlo tú.

En el fondo, el objetivo es abrir tu corazón a Dios, a ti mismo y a los demás. Eso es lo que le sucedió a José. Su corazón estaba sinceramente abierto a Dios, a sí mismo y a sus hermanos. Pudo hacerlo porque se alimentó de los infinitos recursos de Dios y se llenó de Él, y porque se cuidó maravillosamente bien mucho antes de reconciliarse con sus hermanos.

En términos de perdón, encontramos que cuando las personas...

- Respetan sus propios muros y se abstienen por un tiempo de perdonar al ofensor
- No se concentran tanto en el acto de perdonar como en el de comprender y ocuparse de sus temores (por ejemplo: Sentirse débiles y vulnerables)
- Asumen la responsabilidad por sus temores, sus sufrimientos y sentimientos
- Aprenden a confiar en que podrán cuidar de su propio bienestar
- Se conectan con Dios para encontrar en Él la fuente de la verdadera plenitud
- Evalúan la experiencia de dolor y sufrimiento desde la perspectiva de Dios ("pero Dios cambió ese mal en bien")
- Liberan al ofensor de "corregir" lo que hizo mal

. . . entonces el perdón se da naturalmente.

Cuando te cuidas bien y te sientes seguro contigo mismo, no necesitas forzar el perdón. Ya no te sientes débil ni vulnerable. Cuando tenemos confianza y sabemos que podemos cuidarnos; cuando creemos en nuestra propia capacidad para cuidarnos frente a futuros sufrimientos, ofensas o rechazo; cuando nos cuidamos adecuadamente durante el sufrimiento; entonces nos sentiremos fortalecidos (lo contrario a la debilidad), y nos sentiremos seguros y en paz (lo opuesto a la vulnerabilidad).

¿Reconoces alguno de estos obstáculos para perdonar en tu matrimonio? ¿Te impiden perdonar a tu esposo o esposa? ¿Eres capaz de decir: "Estaba o estoy equivocado"? ¿Cuándo fue la última vez que le dijiste a tu pareja: "Lo que hiciste me produjo enojo" o "Me siento mal por lo que dijiste"?

No dejes que esos obstáculos detengan tu viaje hacia el perdón. Tu matrimonio no puede permitirse esa demora.

Buscar el perdón

Cada matrimonio, no importa lo sano o maduro que sea, debe considerar el perdón como una prioridad continua. Vendrán períodos de dificultades y de tensión emocional, pero en la medida en que ambos continúen comprometidos en practicar el perdón, los tiempos difíciles se transformarán en una ventaja. Te recomendamos tener en la mente tres cosas mientras buscas perdonar.

1. Recuerda que la manera de acercarte define el carácter de la conversación

Proverbios 15:1 dice: "La respuesta amable calma el enojo, pero la agresiva echa leña al fuego." Cuando hablas de manera suave y te muestras receptivo a los sentimientos y actitudes de tu cónyuge, es más probable que te escuche. Sé amable, tierno, tranquilo, calmado y moderado. Es bueno que nos preguntemos: *¿Soy humilde en este momento? ¿En qué medida estoy dispuesto a escuchar lo que dice mi* *esposa (o mi esposo)?* Si nos predisponemos a refutar al otro, es probable que no estemos preparados para escuchar.

Recuerda lo que dice el rey Salomón: "Con paciencia se convence al gobernante. ¡La lengua amable quebranta hasta los huesos!" (Proverbios 25:15).

2. Pregunta a tu pareja de qué manera la ofendiste

A menudo nos equivocamos al diagnosticar de qué manera ofendimos a nuestra pareja. Es conveniente reconocer los sentimientos y las necesidades del otro cuando le preguntamos de qué manera nuestras palabras o acciones le produjeron dolor. Si tu cónyuge no quiere describir la ofensa en ese mismo momento, no insistas. Dale tiempo para que ordene sus pensamientos. A veces puedes hacer preguntas que le ayuden a entender con más claridad cómo fue que la ofendiste.

Proverbios 20:5 nos enseña: "Los pensamientos humanos son aguas profundas; el que es inteligente los capta fácilmente." ¿Cómo podemos extraer estas "aguas profundas"? Por medio de la paciencia, el interés genuino y las preguntas apropiadas.

3. No te concentres en lo que te hizo tu cónyuge

Recuerda que el perdón surge de la responsabilidad personal. Tú no controlas a tu pareja; por lo tanto, no puedes forzarla a pedir ni a aceptar el perdón. Solamente puedes hacerte cargo de ti mismo y de la manera en la que te comportas hacia tu cónyuge. Cuando pides perdón con humildad y reconoces todas las facetas de tu mal comportamiento, limpias tu parte del desorden. Dios no te hace responsable del pecado de tu cónyuge, pero sí te pide cuentas de tus decisiones y de tu comportamiento.

El perdón es un proceso

El perdón no es algo que ocurra en un instante. Es un proceso. Con demasiada frecuencia escuchamos cosas tales como: "¡Si de verdad me hubiera perdonado, ya no lo volvería a mencionar!"

Eso no concuerda con la realidad. No tenemos que esperar una sanidad inmediata o un perdón instantáneo, especialmente si hicimos algo muy hiriente. Tu cónyuge no se recuperará de inmediato; eso toma un tiempo.

El dolor de algunas ofensas nunca desaparece por completo. Cuando un suceso provoca un viejo recuerdo, quizás el dolor regrese. Quizá sea la manera en que Dios nos mantiene humildes. Es menos probable que demos por sentada nuestra madurez emocional o espiritual cuando recordamos como fueron antes las cosas.

Debemos renunciar a la creencia de que una vez que decimos las palabras mágicas "te perdono", todo el dolor y el sufrimiento desaparecerán en forma instantánea. El perdón es un proceso, y sólo cuando lo recorremos comenzamos a sanar.

El Instituto Nacional del Matrimonio

El Instituto Nacional del Matrimonio fue originalmente fundado como Instituto Matrimonial Smalley bajo el liderazgo del doctor Greg Smalley. Debido al crecimiento del ministerio y a su efecto a nivel nacional, cambiamos el nombre de la organización por el de Instituto Nacional del Matrimonio (INM), el cual representa más adecuadamente las metas del ministerio. Bajo la dirección de los copresidentes, doctor Robert S. Paul y Mark Pyatt, los miembros del equipo del INM se caracterizan por la diversidad de sus capacitaciones y experiencias, pero comparten una única pasión: Lograr una influencia eterna en la vida de las parejas.

A través de nuestros Encuentros Intensivos conocidos en los Estados Unidos, los miembros del equipo logran dos propósitos muy importantes: Depender del poder transformador de Dios para la restauración de los matrimonios y continuar aprendiendo, aplicando y enseñando conceptos que transforman la vida y producen matrimonios exitosos.

Con el propósito de expandir el efecto del ministerio, el INM se ha dedicado a presentar los principios, los conceptos y las herramientas de los Encuentros Intensivos a consejeros profesionales, capellanes, pastores, consejeros matrimoniales y líderes de grupos pequeños. Consideramos que al enriquecer y capacitar a estos líderes, quienes a su vez influyen en una gran cantidad de parejas, tendrá lugar un avivamiento matrimonial que podría cambiar el mundo.

Si desea más información sobre estos programas, sobre el dictado de conferencias, o sobre cómo sumarse como socio del ministerio, puede visitar el sitio www.smalleymarriage.com o llamar al 1-417-335-5882.

Centro para el Enriquecimiento de las Relaciones Universidad John Brown

ENRIQUECER LAS RELACIONES PARA
TODA LA VIDA

El Centro para el Enriquecimiento de las Relaciones (CER), bajo el liderazgo del doctor Gary Oliver, capacita a las personas para mantener relaciones sanas mediante la consultoría, la enseñanza, los recursos, la investigación y la evaluación, todo con base bíblica. El CER usa varias de las siguientes iniciativas o programas para cumplir su misión y visión.

1. Iniciativa de las relaciones en las iglesias

Un aspecto importante de la misión del CER es asociarse con líderes de iglesias con el fin de aumentar su eficiencia al ministrar a la amplia gama de necesidades personales e interpersonales en sus congregaciones. Como parte de esta misión, el CER ha diseñado una encuesta de las relaciones en la iglesia.

2. Servicios de consultoría y adiestramiento

El CER ofrece servicios de consultoría y adiestramiento a organizaciones y a líderes cristianos, con el propósito de contribuir a la sanidad y eficacia de los ministerios personales e interpersonales. Administramos nuestra evaluación de relaciones en la iglesia. Esta encuesta nos brinda información detallada acerca de la salud y la eficacia de los ministerios relacionales que se ofrecen a la congregación. Luego se entrega esta información al personal, a los pastores, ancianos, diáconos y líderes laicos.

Si desea más información sobre estas encuestas o sobre los servicios de consultoría y adiestramiento, puede comunicarse con nosotros al 1-479-524-7105 o CRE@jbu.edu.

3. Equipo especial de conferenciantes

El equipo de conferencistas del CER, que incluye al doctor Gary y Carrie Oliver y al doctor Greg y Erin Smalley, está preparado para facilitar las herramientas necesarias para enriquecer las relaciones en los matrimonios y familias de su iglesia. Nos encantaría tener la oportunidad de analizar las necesidades personales y programar una conferencia que logre el mayor efecto posible. Para solicitar a nuestros conferencistas, puede comunicarse con nosotros al 1-479-524-7105 o CRE@jbu.edu.

EL CENTRO
DE RELACIONES SMALLEY

El Centro de Relaciones Smalley ofrece conferencias y material de consejería para parejas, personas solteras, padres de familia, así como también para la iglesia. El Centro está dedicado a la investigación y al desarrollo de prácticas efectivas para fortalecer las buenas relaciones.

Los materiales disponibles incluyen:

- Más de cuarenta éxitos de librería sobre el tema de las relaciones
- Programas de estudio: consejería matrimonial y cómo aprender a ser buenos padres/madres de familia
- Campañas a larga distancia a través de publicaciones, correos electrónicos diarios y mucho más
- Series de vídeos/DVD
- Consejería para recién casados y para novios(as)

El sitio del Centro (www.garysmalley.com) incluye:

- Más de trescientos artículos sobre el tema de las relaciones
- Consejería semanal sobre problemas cotidianos
- Devocionales diarios
- Fechas y lugares de las conferencias
- Eventos especiales
- Carta semanal
- Perfiles y estudios gratuitos de la personalidad
- Formulario electrónico para solicitar un representante del Centro en sus eventos especiales

Para obtener información adicional sobre el calendario de presentaciones de Gary Smalley y sobre las conferencias que ofrece el Centro, así como para recibir la carta electrónica semanal que contiene temas de consejería y artículos sobre las relaciones, visitar el sitio: www.garysmalley.com

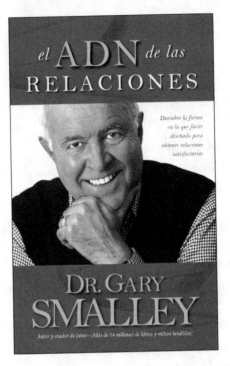

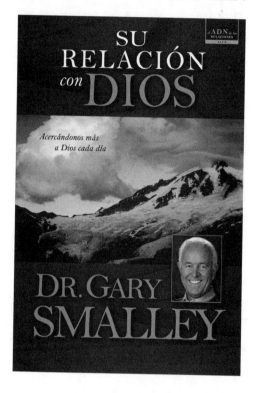

EL DOCTOR GREG SMALLEY es director del Ministerio de las Relaciones en la Iglesia, dependiente del Centro de Enriquecimiento de las Relaciones en la Universidad John Brown y profesor de las disciplinas Matrimonio y Familia en esa Universidad, además de fundador y miembro del consejo directivo del Instituto Nacional del Matrimonio. Se desempeña en la tarea de consejería, en los Encuentros Intensivos para Matrimonios, donde se especializa en la atención de parejas en crisis y conduce seminarios sobre matrimonios en todo el mundo. Obtuvo su título en psicología clínica en la Escuela de Psicología Rosemead, de la Universidad de Biola. Es autor y coautor de varios libros, entre ellos: *The Marriage You've Always Dreamed Of*, *The DNA of Relationships [El ADN de las Relaciones]*, *The DNA of Parent-Teen Relationships*, *Men's Relational Toolbox [La Caja de Herramientas Relacionales de los Hombres]*, *Life Lines: Communicating with Your Teen*, *Winning Your Wife Back* y *Winning Your Husband Back Before It's Too Late*. Greg se ha presentado en programas de televisión y de radio que incluyen Focus on the Family [Enfoque a la Familia] y Hour of Power. Greg y su esposa Erin tienen tres hijos y viven Siloam Springs, Arkansas.

EL DOCTOR ROBERT S. PAUL es co-presidente y gerente del Instituto Nacional del Matrimonio y es creador, director y principal innovador de los ampliamente reconocidos Encuentros Intensivos. Es licenciado en consejería por la universidad Estatal de Georgia y posee un doctorado honorario en consejería cristiana del Instituto de Estudios Psicológicos. Recibió una maestría de la Universidad Estatal de Georgia, un diploma en consejería cristiana y un doctorado honorario del Instituto de Estudios Psicológicos. Tiene una certificación profesional y nacional como consejero. Bob es orador en encuentros profesionales y de matrimonios. Es coautor de *The DNA of Relationships* [*El ADN de las Relaciones*]. Fue docente en la Universidad Evangel, donde enseñó tanto en el departamento de Estudios Bíblicos como en el de Psicología, especializándose en consejería matrimonial y familiar, sexualidad humana e integración de la fe al resto de la vida. Bob y su esposa Jenni tienen cuatro hijos y viven en Branson, Missouri.

epicnet. org
206 615 2557
1425 388 7268